追求文学史家的视野
阐扬文字的正气
表述研读中品后的热烈兄辣

双叶集
SHUANG YE JI

李蕙芳　任　贵 / 著

远方出版社

双 叶 集

作者照

双 叶 集

作者照

作者简介

李蕙芳 民盟盟员、副教授、文学评论家。1941年生于湖南新化。1965年7月,内蒙古大学中文系毕业后从事中学语文教学13年,先后在呼和浩特师专、呼和浩特教育学院从事文学教育21年,主讲外国文学和美学。1998年12月退休于教育学院(今呼和浩特职业学院)。撰写、发表文学评论、文论研究、教育教学论文、文史研究及诗文等80余篇(首)。出版著作8部(合著),其中4部获奖:《简明外国教材》(广西教育出版社出版),1987年获中南五省(区)优秀教育读物一等奖;《外国文学手册》(北京出版社出版),获1987年全国优秀畅销书奖;《美学基本理论》(副主编之一,内蒙古大学出版社出版),1999年获内蒙古第六届社会科学优秀成果奖优秀奖、河北省第七届社会科学优秀成果奖三等奖;《大盛魁闻见录》(副主编之一,内蒙古人民出版社出版),2012年获内蒙古哲学社会科学优秀成果政府奖三等奖。其他4部是《昭君文化研究》《百年历程》(副主编之一)《内蒙古民间故事全书·呼和浩特卷》(主编之一)《呼和浩特现当代文学史》(副主编之一)。2015年为呼和浩特职业学院校史展撰写解说词。

内蒙古文艺评论家协会会员、《呼和浩特现当代文学史》立章评论家。

作者简介

任贵 民盟盟员、教授。生于1941年,祖籍山西,呼和浩特市人。1965年7月内蒙古大学中文系毕业。从事中学语文教学10年,高校语言文学教学和管理28年,先后执教于呼和浩特教师进修学院、呼和浩特教育学院,主讲现代文学等多门课程。1986年起任呼和浩特教育学院中文系主任16年,2003年退休于呼和浩特职业学院。对于中文系学科建设、师资培养多有建树。1999年获全国高等师范院校优秀教师奖(又称曾宪梓奖)三等奖。2011年获民盟内蒙古区委所授全区先进盟员称号。

舌耕同时笔耕。有《美学基本理论》(主编之一)《大盛魁闻见录》(副主编之一)《内蒙古民间故事全书·呼和浩特卷》(主编之一)《呼和浩特现当代文学史》(副主编之一)等7部出版,另有编辑、统稿著述《呼和浩特市政协志》《岁月留踪》等8部出版。发表文学评论、教学论文、散文、诗歌40余篇(首)。有自选集《杏坛草》面世,系《呼和浩特现当代文学史》立章评论家。

历任民盟内蒙古第一届委员会委员兼宣传部副部长、民盟呼和浩特市第二届委员会副主委,市政协第七届、第八届委员会委员(兼文史委副主任)、内蒙古政协第八届委员会委员,市政协第十届、第十一届、第十二届委员会特邀委员;内蒙古中小学教师继续教育专家咨询委员会委员、教材编译委员会委员。

序 一

董恒宇

本书两位作者都是民盟盟员,我与他们相识于20世纪90年代初。那时我知道,他们是老盟员,民盟内蒙古区委筹委会期间呼和浩特市最早入盟(1982年)的七位盟员中的一对夫妇。

日后,又逐渐感知他们在教育岗位上潜心育人、精心教学,桃李遍及自治区各地,敬业精神和专业素养给予学生良好影响,在呼和浩特地区教育界口碑甚佳;更可贵的是,他们热爱民盟,敬仰民盟,以浓郁的民盟情怀积极参与各级盟组织参政议政、社会服务等活动,堪称好盟员。

近年来,得知他们在文学评论、文论研究有不俗的表现。20世纪80年代初开始,他们在舌耕的同时笔耕,发表的文学评论在区内外有一定影响。专业人士认为,他们的评论"底蕴深厚,具有原创性";他们主编的《美学基本理论》有"不少创见"。八九十年代以来,他们与同人合作编撰著作七八部。这些著作涉及较广,除了文学的,还有教育的、文化的、地方志的,其中关于本土人文历史的著作尤其引人注目。

两位学者从呼和浩特教育学院退休后依然笔耕不辍,老而弥坚,在求真问学中过着充实而愉快的生活。专业写作的同时,撰写《呼和浩特民盟志》,编著《民盟呼和浩特市地方组织三十年历程》。任老师协编盟刊、盟讯着力更多。

近几年,他们参与编撰《呼和浩特现当代文学史》,任副主编。发挥专长,孜孜不倦,无冬无夏,完成统稿和撰写部分内容的任务,获得同行赞许。

  本书题为"双叶集",是两位学者的合集。他们将多年来部分文学评论、文论研究、教育教学、文史研究以及诗文辑录,展现其业绩、劳作并与读者交流,可喜可贺。谨祝他们身健笔健,幸福永远。

  展读两位先生之作,感慨系之,欣然命笔,乐以为序。

2017年夏,于呼和浩特

(序文作者系全国政协常委、内蒙古政协副主席、民盟内蒙古区委主委)

序 二

尚静波

回想一下,我和任贵、李蕙芳两位先生的相识该是上个世纪80年代初的事情了。那时,文学很走俏,文坛很热闹;社会上时不时地便有人举办各类和文学有关的讲座、研讨会或是笔会等活动,丰实着人们的生活,也让文学以自己特有的魅力引领着人们走出迷茫和苟且,去憧憬诗和远方……

我那时,就职于一家文学杂志社,编余也写些小说,算是文学青年;而任、李两位先生则位列杏坛,一边做着传道、授业、解惑、教书育人的事业,一边又笔触文艺、激扬文字,已是自治区文坛颇有些名气的青年文艺评论家了。所以,我们都该算是文学中人。而大约正是因此,便使我们有了见面相识的机会。

说来有些诧异,我已记不准是在哪年哪次哪个文学活动上又是以怎样的方式和两位先生见的面了,但却又似乎能在记忆中找出初见时对他们的印象:年轻儒雅、谦和有礼。这很应验着人之初识难忘第一印象那句话。为写此文,我曾多次搜索记忆,仿佛每次都能记起初见两位先生时,他们的目光及他们对我说的第一句话:"你的小说我们读过的……"这让我恍然大悟为什么会在脑海里保留着当时两位先生的模样——先生的目光和话语里是一定有一种对我的关注的,而这关注是有温度的。

我对两位先生的了解是在时间的推移中因接触多了而加深的,特别是读了先生们诸多著述后,了解变得真切而厚实了,我们之间的交往也因了解而多了起来。由此也可见，我们之间的交往说到底是文学之交。这交往虽然平淡，但却朴实而纯净。我知道，两位先生近年来，是多被人慕名请了去编辑文史类图书的，其主编的《归绥师范学堂——呼和浩特职业学院百年历程》《内蒙古民间故事全书·呼和浩特卷》及副主编的塞外晋商名号《大盛魁闻见录》及《呼和浩特回族史料》多集是都被文史界和读者们认同点赞的。这些书我是获赠后便逐一读过的。而读后很是感慨：两位先生主编或副主编的这些图书着实是下了功夫的，书之内容价值之高和编排之精美是翻卷可知的，而他们撰写或统稿的功夫则是隐于字里行间的。有深厚文学功力的人下功夫去编撰的图书能不好吗？所以，当文联和作协受市里所托编写《呼和浩特现当代文学史》时，我们第一时间便决定邀两位先生出手相助。两位先生也真的不负众望，将副主编和统稿的工作做得认真细致，让人称道。我啰里啰唆地写下上面这许多文字，似乎有偏本文要旨——这和要序的《双叶集》有关吗？其实，我倒觉得读了我啰唆的以上这些文字，也便会对《双叶集》是本什么样的书有所想象的。

两位先生将自己的新书取名"双叶集"，其意蕴是很明了的，那是一种自喻，但我敢断言：会有许多人和我一样会从这自喻中读出他们的自谦来的，当然也会从这自喻中读出他们被诗文浸润久了便渗透到血液里的那种诗意。

《双叶集》所收乃是两位先生多年来的散佚之作，内容广泛，体裁多样，既有博征旁引、以理服人的文艺批评等，又有劳作杏坛、耕耘教育的心得体会，还有品评生活、参悟人生的抒怀短章……两位先生将这些散作搜集整理，自选成集，该是件颇费时日也颇辛苦之事。但这对他们来说，那种孤灯做伴、伏案写作的情景该是充满别样滋味的回忆，那回忆会让他们生出快乐和幸福之感的：那是收获的快乐，是有所作为的幸福。

我一向以为，旧作新读，是会读出新感新悟新得的。我读两位先生的《双叶集》，便读出一种人生的路径（这路径和奋斗有关）、读出了一种人生的快意(这快意和成功有关)。两位先生一边教书育人一边作文论道,在文坛和杏坛自由地转换角色,且均有建树,向我们指点的不正是一种人生的路径吗?两位先生把本职工作、业余爱好卓有成效地融合在一起,将自己人生的路径越走越宽、越走越亮堂不正是一种有益的示范吗?而教书育人和码字成文都是一种耕耘劳作,这耕耘劳作纯洁高尚,受世人和社会尊重,焉能没有人生之快意?

我相信,《双叶集》留给人们的是一笔文字的财富,也留给人们一个文坛佳话。人们在记住书中的那些诗文时,也一定会记住一对叫任贵、李蕙芳的文坛伉俪。

2017年夏末于青城

(序文作者系呼和浩特市作家协会名誉主席、一级作家)

Contents 目录

001　序一　　　　　　　　　　　　　　　　董恒宇
003　序二　　　　　　　　　　　　　　　　尚静波

双叶一·李蕙芳

001

杏坛走笔

005　感情与责任的巨大冲突
　　　　——试论历史剧《蔡文姬》的主题
011　感人的寻觅　可贵的探索
　　　　——评江浩1983年中篇新作
023　时代洪流中的民族生活浪花
　　　　——评孟和博彦的小说创作
034　她在走自己的路
　　　　——评李慧鹃小说
040　金钱·爱情·人道主义
　　　　——读《一个女人一生中的二十四小时》
044　杰克·伦敦《一块牛排》解析
050　吴尔夫《黛洛维夫人》评介
053　尤奈斯库《秃头歌女》评介

056	存在主义文学
058	美的本质
066	论崇高
072	论悲剧
081	悲喜剧:由戏剧类型向审美范畴升华
090	命运悲剧的框架　社会悲剧的内涵
	——论哈代小说《德伯家的苔丝》
097	究竟谁为诗歌辩护
099	再议谁为诗歌辩护
102	小说《红楼梦》的世界文学名著品格
108	"红楼"之辩二题
114	赛罕区全景式教育画卷印象
117	模仿·真实性·审美感受
	——评《生死疲劳》兼与李悦商榷
124	必然律可然律之于情节
	——再评《生死疲劳》
127	成功的人物形象塑造
	——三评《生死疲劳》
131	昭君之美
136	文学观念与文化意义

目 录

- 139 呼和浩特现代文学的开创性
- 144 呼和浩特当代文学的良好开端
   ——新中国成立后呼和浩特十七年文学管窥
- 147 新时期呼和浩特小说的时代性和人民性
- 153 新时期呼和浩特诗歌的抒情美
- 157 新时期呼和浩特散文与报告文学的描绘美
- 162 新时期呼和浩特影视戏剧文学的民族性和地域性
- 166 新时期呼和浩特历史纪实文学的丰富性
- 169 理性思考　深入探索
   ——新时期呼和浩特文学批评文论研究蠡测

短章抒怀

- 175 夏游
- 176 悼念周总理
- 177 贺母校百年华诞十韵
- 178 相聚
- 180 阅市赏燕
- 182 三赴千千村
- 184 重逢
- 186 观《民主之澜》受心灵洗礼

188	呼唤
190	咏紫鹊梯田
191	《民盟呼和浩特市地方组织三十年历程》后记
193	一首动听的电视剧主题曲
194	评职之惑
198	寻找《呼和浩特现当代文学史》之魂
	——《呼和浩特现当代文学史》首发式暨研讨会上的发言
200	呼和浩特：草原文化与农耕文化融合铸就的历史文化名城

双叶二·任 贵

杏坛走笔

209	讨论不应忘记作品
	——也谈历史剧《蔡文姬》
216	评照日格巴图的侦探小说
224	再见吧，莫须有！
	——评《公仆，我们在想什么……》兼与张尚英讨论
239	鄂伦春文学的一束新花
	——敖长福创作简评

目录

- 247 风雨路上的足迹
  ——薛庆煜先生访问记
- 262 美感的心理要素
- 272 美育的界定
- 275 美育的特征
- 279 论荒诞
- 284 在有限文字的背后
- 301 触摸历史　感受事功
  ——《呼和浩特市政协志》读后
- 304 呼和浩特百年中高等师范教育及其他
- 314 一部具有史学价值的书
  ——读《岁月留踪》有感
- 316 拂去尘埃　尽显真相
  ——评《大盛魁闻见录》
- 319 市政协文史工作刍议
- 323 昭君事迹传播中的误读
- 328 呼和浩特现代三十年文学
- 340 新时期呼和浩特诗歌
- 348 新时期呼和浩特散文与报告文学
- 354 过好自己选择的生活

短章抒怀

361　接班人之歌(节选)

364　贺同学百年好合

365　致冯国华

368　你我

　　　——赠别启秀、梁冰、儒仪、振杰诸友

371　等待

　　　——为《扬帆》创刊而作

372　题《小草》

373　贺杭州教育学院校庆联语

　　　——特格舍院长雅嘱

374　走进您的书斋

376　心香遥祭胡先生

379　谢周蒙师

380　绝句四首

382　献词:感恩与祝福

384　瞬间的永恒

　　　——为某儿童摄影室而作

385　和董君二首

386　口里行

目 录

389 寻觅
391 大同行四首
394 忆昔赠二王
396 蛇年即兴赠妻
397 写给孙儿的诗
398 示孙三首
400 戏作古风
401 自述
402 一剪梅·赠存厚
403 父亲的酱园子

附录

409 李蕙芳任贵著述目录
412 任贵的文学批评和文论研究
420 李蕙芳的文学批评与文论研究
428 读《美学基本理论》　　　　　　许桂良
430 《美学基本理论》读后（节选）　　胡经之
431 怀想海上花（节选）　　　　　　沈胜农

433 后记

双叶一
李蕙芳

杏坛走笔
XINGTAN ZOUBI

感情与责任的巨大冲突

——试论历史剧《蔡文姬》的主题

郭沫若的历史剧《蔡文姬》以新颖的主题思想、浓郁的抒情气息、感人的艺术形象,为戏剧艺术增添了异彩。然而,长期以来人们对这个戏的主题的理解却并不一致。有人认为民族团结是这个戏的主题;有人认为主要是为曹操翻案,同时也歌颂了民族团结;今年第一期《草原》上查洪武同志又提出:"'重睹芳华'是这个戏的主题。"我认为这些提法都有商榷的余地。

诚然,郭沫若自己说过:"我写《蔡文姬》的主要目的就是替曹操翻案。"从作品的实际看,作者也是达到了这一目的的。自宋朝起一千多年来,在舞台上,特别是在《三国演义》里,曹操一直被歪曲为犯上作乱的"奸雄"。郭沫若在《蔡文姬》中,洗去了涂在曹操脸上的白色油彩,对曹操做出了肯定的评价,毫不犹豫地把这个旧案翻了过来。历史上的曹操是杰出的军事家、政治家和诗人。《蔡》剧侧重表现了诗人曹操的形象,同时还表现了政治家曹操爱惜人才、执法如山和勇于认错、改错的一面。这样,在《蔡文姬》中,曹操作为一个正面形象就立起来了。但是这个剧的主人公毕竟不是曹操,这个剧的情节毕竟不是以曹操为中心展开的;曹操主要是以文姬归汉的提出者出现的。我们分析作品的主题不能只看作者的宣言和意图,还要从作品的实际出发,即从作品所描述的情节,主要人物的言语、行动以及人物之间的关系去考察。

这里有必要说明,曹操赎回文姬是建立在这样一个事实上的:文姬是以战俘之身流落到南匈奴,而不像西汉时的王昭君那样以汉朝公主的身份远嫁和亲到南匈奴。她们的命运、遭遇、地位、责任是全然不同的。作为封建时代的丞相,曹操考虑的是文姬的处境和地位,而不会是文姬夫妇的感情,这是可以推想的,同时也是不能苛求于古人的。值得肯定的是,曹操在处理这件事情上考虑到了民族关系。剧中人南匈奴单于呼厨泉的话可以为证:"曹丞相这次送来了厚礼要迎接蔡文姬回去,实在也是对于我们南匈奴至诚和好的一种表示。匈奴和汉朝多少年以来屡以兵戎相见,现在已经如同一家,这并不是一件小事。董都尉传达曹丞相的意旨,是说只因匈奴和汉朝已如一家,所以蔡文姬才能回去。曹丞相还再三嘱咐过,蔡文姬回不回去决不勉强,一切都由我们决定。"曹操用重金赎回一个"俘虏"(蔡文姬的处境因遇见左贤王而有所改变是另一问题),并由对方做最后决定,按说是无可非议的。

这个戏的主题是不是"歌颂民族团结"呢?不少人都给予肯定回答。"民族团结主题说"十分普遍。不错,从剧中看,作者是要极力表现两个民族的友好团结。但民族团结只是这个戏的背景,不是这个戏的主题。文姬归汉的故事因发生在两个民族之间,必然牵扯到民族关系。作者对这个问题的处理基本上是正确的。《蔡文姬》剧中悲欢离合的情节是在"两国交欢罢兵戈"的历史背景下,在民族和睦的气氛中展开的。无可否认,中华民族在几千年来的逐步融合、形成的过程中,有过不断的分分合合、刀兵玉帛的交错。这只能看作是我们祖先的艰难缔造中的功过得失。今天中华各民族在社会主义祖国的大家庭中,亲如兄弟,团结合作,但不能用今天的尺度来衡量历史上的民族关系。历史上,即使在一个民族的形成过程中,尚且有过互相掠夺、互相兼并的战争,所谓"春秋无义战"不是很好的说明吗?恩格斯在论述古代的战争时说:"古代部落对部落的战争,已经开始蜕变为在陆上和海上为获取家畜、奴隶和财宝而不断进行的抢劫,变为一种正常的营生。"(恩格斯:《家庭、私有制和国家和起源》)这段论述也同样适用于奴隶社会和封建社会各分散的小国之间进行的战争。值得称道的是,郭沫若在《蔡文姬》一剧中,虽选取了中原纷乱的时代背景,却描绘了兄弟民族水乳交融关系,这是作者的独到匠心。作者笔下的南匈奴单于是一个深明大义、珍重匈奴和汉朝和睦的单于,而左贤王更是一个爽朗明快、肝胆照人的动人形象。他对文姬诚挚坦率的爱情,对文姬归汉由恋恋难舍到毅然赞许,特别是左贤王和董祀的生死之交,南匈奴和汉朝友好使节的往还,这一切都生动而真实地再现了汉朝与北方少数民族友好团结的历史生活画面,也体现了两族人民长期和好的美好愿望。至于郭沫若在剧本人物表中称他为"匈奴的民族主义者",这也可以理解。"民族主义"和"大民族主义""狭隘民族主义"是不同的概念。民族主义在不同的国家和不同的历史时期起着不同的作用。我认为,在一个民族的形成过程中,它是有进步作用的,在今天反殖反霸的斗争上不是仍然起着进步作用吗?我们反对的是大民族主义和狭隘民族主义。

那么,这个戏的主题是"重睹芳华"吗?"重睹芳华"是这个戏的结局。这个结局说明蔡文姬心境的变化,感情的升华,由沉浸在因个人遭遇而产生的种种痛苦到为汉朝文化做贡献而产生的欢乐。这种变化也是服务于全剧主题的。我以为《蔡文姬》的主题比起"重睹芳华"来,要丰富得多,深刻得多。现在,就让我们从情节和人物的描绘中来考察这个戏的主题吧。

《蔡文姬》的主人公是蔡文姬,主要情节是文姬归汉;围绕文姬归汉,作者描写了一个感人肺腑的悲欢离合的故事,但又不是一个普通的悲欢离合的故事。

蔡文姬是一个博学多识、才华横溢的女诗人。但她命运多舛,累遭不幸。少年时代,颠沛流离;成年以后,父亲含冤下狱,接着又死了丈夫;随后,在战乱中,流落于南匈奴。所以曹夫人卞氏才说蔡文姬"灾难重重""有天大的伤心"。有人把蔡文姬作为俘虏流落异域十二年和今天内地汉族同志到少数民族地区建设祖国边疆相比附,实在不相宜!蔡文姬从一个封建社会的大家闺秀,到沦为被俘的弱女子,去到远离家乡的异域,"对殊俗兮非我宜,遭恶辱兮当告谁",这种痛苦难道不能为一般人所理解吗？反过来说，一个匈奴女子如果被汉军俘虏来到内地，她为受到的屈辱（为俘怎能不受屈）而伤心，为思乡而痛苦，不也是人之常情吗？所幸蔡文姬碰到了左贤王，左贤王对她十分关心、体贴，娶她为妻，这是文姬不幸中之万幸。这里还有必要指出，汉族进入封建社会最早，封建礼教最严酷，女子出嫁必须有"父母之命、媒妁之言"。从封建道德看来，文姬在战乱中为左贤王妻是一种失节行为，所以在《胡笳十八拍》中才有"戎羯逼我兮为室家"这样的句子。文姬归汉以后，这一直成为她的一个思想负担，她后来写的《悲愤诗》（见《后汉书·董祀妻传》）里有这样的句子："流离成鄙贱，常恐复捐废。"郭沫若在《蔡》剧中没有表现这方面的思想，固然是为了抛弃封建性的糟粕，还有更重要的原因是着力描写左贤王和文姬的感情以表现民族之间的友好。

历史上文姬归汉的原因，据《后汉书·董祀妻传》记载，是曹操"素与邕善，痛其无后，乃遣使者以金璧赎之"。郭沫若在运用这一素材时，没有拘泥于历史事实，而在不违背历史真实的原则下，进行了艺术集中和虚构，表现历史的精神，即郭沫若于史剧的"失实求似说"，剧中所描写的曹操赎回文姬的目的是因为文姬博学多才，可以继承父业，"参与《续汉书》的撰述"。这种虚构是那个时代可能发生的，并符合历史人物的思想性格。历史上的曹操确实是一个在文治上做出一番大事业的人物，文姬也确实是一个才华横溢的女诗人，在整理她父亲的遗著上做出过贡献。

归汉的问题一提出，就在蔡文姬的心中掀起了狂波巨澜，一来是"喜出望外"，因为十二年来她"无日无夜都在思念"乡土，想回去替父母扫墓，特别是父亲"有不少著作，经过战乱，遗失了"，回去以后"总可以收集得一些"。但十二年来"总得不到回去的机会"，现在机会来了，怎能不喜出望外呢？可是在这喜悦中又交织着巨大的悲痛。文姬在南匈奴的十二年生活中，已和左贤王建立了深厚的感情，有了一儿一女，如果归汉，就必须别夫离子，这种生离是痛苦的，比死别还要痛苦。作者用了很大的篇幅,从各个方面渲染了这种痛苦:临行前"去住两情"的难以排解,上路时"一步一远"的"肝肠搅刺",凭吊父墓时悲怆的哀诉,梦寐中"六合难容"的痛楚……这一切都融入了作者的深切感受。郭沫若曾在日本亡命十年,已有了妻室儿女,但抗日战争一爆发,便毅然"别妇抛雏""投笔请缨",回到祖国参加民族解放战争,作者把别妻离子的痛楚熔铸在蔡文姬这一艺术形象里了。正是在这个意义上郭沫说:"《蔡文姬》是我用心血写出来的,蔡文姬就是我。——是照着我写的。"

作者为什么要描绘这种骨肉分离的痛苦呢?剧本通过情节和形象回答得很清楚。曹操赎回文姬,文姬终于下定决心归汉,四姨娘支持文姬归汉,甚至连左贤王最后也赞许文姬归汉,他们的目的是一个:发挥文姬的才能,对汉朝的文化做出贡献。文姬要承担起这个责任,就势必忍受骨肉分离的痛苦。这里所描写的是感情与责任的巨大冲突。这就是历史剧《蔡文姬》的主题。这个主题由于蔡文姬沉郁的痛苦而显得格外深刻动人;文姬的痛苦也因社会责任而引起而加深,因而具有了一定的社会内容。所以这已经不是普通的悲欢离合故事。作者本人正是为了民族解放大业而舍弃了家庭,可见郭沫若说"蔡文姬就是我"并非故作惊人之语。

爱情与责任的冲突这种主题,早在公元前一世纪罗马诗人维吉尔写的史诗《伊尼德》里就已经出现了。主人公伊尼德为了到意大利重建邦国,离开了热恋中的妻子——迦太基女王狄多,致使狄多自杀。后代欧洲文学里描写这种主题的作品时有出现。"生命诚可贵,爱情价更高。若为自由故,二者皆可抛。"匈牙利诗人裴多菲的诗句已为广大中国读者所熟悉。在中国漫长的封建社会中,青年男女没有恋爱的自由,所以中国古代文学中的爱情题材,主要是表现为争取恋爱自由而与封建势力作殊死搏斗,还谈不上感情与责任的冲突。在现代和当代文学作品中,描写革命者舍弃一切投身革命事业的形象很多,然而集中描写感情与责任冲突的作品还不多见。今天话剧舞台上出现的《泪血樱花》表现了这种主题。自然,蔡文姬的感情内涵与革命者是不同的,这毋庸赘述。

《蔡文姬》的这种主题是积极的,有现实意义的。我不认为"对于今天正在少数民族地区工作的汉族同志""不免会引起消极影响"(见查洪武同志的《情难容理不该》)。蔡文姬为了继承父业不得不别夫离子;今天在少数民族地区工作的汉族同志的责任是和少数民族同志一道,肩并肩心连心共同建设富饶的边疆,那么就应该克制并战胜思念家乡的感情,以边疆为家乡,在边疆安家落户,况且今天用不着"别夫离子"或"抛妇别雏",如果要比,似乎应当这样来比,这才是我们从《蔡文姬》中得到的极为有益的启示,这才是《蔡文姬》积极的思想意义。

文姬归汉的副产品是创作了《胡笳十八拍》,这是中国文学史上的千古绝唱,其文学意义是不可低估的。作者借曹操之口说,"这是《离骚》以来一首最好的诗",是用生命写出来的。曹操本人给予这首诗的评价,明确地阐述了文姬归汉的又一意义:"蔡文姬有了这《胡笳十八拍》,我看她这一次回来也就大有收获了,我很高兴,做了一件好事。她如果不回来,是做不出这首好诗的。"郭沫若通过历史剧《蔡文姬》的创作,结合有关历史考证,在这首上承《离骚》、下压建安诸子的诗《胡笳十八拍》名下赫然写下蔡琰(文姬)的名字,恢复了它的"创作权"。

话剧《蔡文姬》在处理古代民族关系上基本上是正确的,但也应该防止使用伤害民族感情的字眼如"归化"等,查洪武同志指出这一点是正确的,如果郭老在世也会欣然接受。

综上所述,我认为《蔡文姬》的主题思想是深刻、新颖、别开生面的,这是它具有巨大魅力的重大原因。《蔡文姬》是历史剧中一朵鲜艳、别致而永不凋谢的花。

《草原》1980年第2期

感人的寻觅　可贵的探索

——评江浩1983年中篇新作

一

读完江浩1983年发表的两部中篇新作，我首先想到的是作者不但了解蒙古民族的现状，而且熟悉蒙古民族的历史；不但洞察过这个民族的风土人情，而且理解他们的心理状态、思想感情；不但熟识他们的生产方式、生活方式，而且谙熟他们的语言。尤其可贵的是，作者不仅了解这个民族，而且深深地热爱这个民族，热爱这个民族的宽广的胸怀，粗犷、豪爽的民族性格，宽容、善良的民族素质，勇武、进取的民族精神。江浩是位年轻的满族作家，为什么与蒙古民族结下如此浑厚的缘分呢？读过江浩的创作札记《我在马背上寻觅……》之后，我们得到了圆满的解答：是讲义气的蒙古族兄长，把他——一个十四岁的流浪少年扶上了马背，结束了个人的流浪生涯，开始了赶马人的生活；又是两年后，这些蒙古族兄长，用赶马挣来的钱，为他置办了行装，送他走入了上山下乡的知识青年的行列——到牧区插队落户。从某种意义讲，是蒙古族兄长成全了他。正是在同蒙古民族朝夕相处的岁月里，他和蒙古民族结下了血肉相连的情谊；进而受到蒙古族文学艺术的熏陶：浩瀚的蒙古族诗歌，培育了他的韵律感，其中悠长深远的长调民歌，使他感受到了民歌的浑厚气魄；优美的蒙古族民间传说激起了他对理想的抒怀，悲壮的蒙古族史诗培育了他的审美情操。所有这些又都归结到一点上：蒙古民族的性格、气魄、胸怀，蒙古民族的优美的文学艺术，教会他"怎样去做一个大写的人",使他寻觅到了生活中的美;这种美,唤醒他的才华,召唤他去用那枝生花之笔,来描绘草原的昨天和今天,来表现潜藏在草原人们心灵中的真善美,来倾吐他心中的激情:"受人滴水之恩,理应涌泉相报。"

怎样描绘草原生活,表现蒙古民族的思想性格呢?江浩在不断地探索着。他说过,不仅要写出一个民族的固有的民族特点,而且要写出强烈的时代特点,写出生活在今天的民族的新特点。江浩今年发表的两部中篇新作:《告别吧,灰色的猎场》(《江南》1983年第1期)、《在考察匈奴古墓的日子里》(《萌芽》增刊1983年第2期),说明他正在实践着自己的艺术追求。浓郁的草原风格和新鲜的时代气息的有机融合,古老的风俗习惯和新的人与人之间的关系的水乳交融,渗透着时代精神的民族心理素质的展示,打上了时代烙印的民族性格的刻画,构成了江浩这两部中篇小说的鲜明特色。

二

使自己的作品既有鲜明的民族特色,又有鲜明的时代特色,这是江浩着意追求的,也是他一次有益的探索。文学的民族特色和时代精神,都应该是内容和形式的、思想和艺术的综合统一的表现。在内容方面,民族生活题材,对形成叙事性文学作品的民族特色具有重要意义。如果在对民族生活描绘的同时,注入了新鲜的时代气息,写出了民族生活在新的历史条件下的发展和新的人物关系,写出了当前的政治经济文化生活在人物性格上的投影,那么,这样的作品就会产生民族特色和时代特色相结合的效果。江浩正是这样去探索的。他在处理题材上有几个引人注目的特点。

首先,作者注意题材的独特性。每个民族由于自然条件、生产方式、经济文化发展水平、历史传统等各方面的差异,而形成某些独特的生活和生产方式。如《告别吧,灰色的猎场》(以下简称《猎场》)所描绘的狩猎生活,是乌呼锦山谷牧民所独有的生活方式。作者在描绘狩猎生活时,既写出了对民族优良传统的继承,又写出了对民族传统的发展,同时还写出了对某些带有封建色彩的传统的挑战。乌呼锦山谷的狩猎传统,是成吉思汗的长子术赤留下的传统。历史上的狩猎,"既是蒙古人的重要游乐,也是训练士兵的校场"。成吉思汗时代,狩猎是经济生活和军事训练的结合,在大自然的猎场上,培育起牧民—士兵的勇敢、公正、友爱和吃苦耐劳的精神。今天的牧区,并不缺乏肉食,狩猎的经济意义对于现代蒙古民族已不重要,但他们"仍未忘记术赤的有益的训诫,依旧沿袭术赤制定的扎撒狩猎"。小说的主人公吉日嘎郎和巴雅斯古楞等牧民在狩猎中仍然遵守术赤时代的规则:要互相帮助——带武器的老猎手要帮助没带武器的新猎手;要公正无私——谁的猎狗先咬住猎物,猎物就归谁所有;要注意安全——不许破坏围猎线……但是,今天的牧民又增添了新规矩:无论是谁,猎到手的第一件猎物必须交给生产队,以孝敬没儿没女的孤独老人。这是新时代新的生产关系所带来的人和人之间的新关系,新的道德风尚。

  狩猎生活,带给男性公民无上的荣光:每当他们打猎归来,即使只打到一只不到一斤重的小山兔,也像凯旋的将军,"耀武扬威地骑在马上,绕着林子炫耀地跑上一程"。这种荣光,加强男性公民家庭中的地位,但造成较为严重的夫权思想。这种夫权思想的表现,又带有牧区生活的特点:打猎归来的男人,在林子里炫耀过以后,跳下马,走进毡房,盛气凌人地坐在地毡上,专等妻子或姐妹来侍候。妇女们要做的事可就多了:先把马拴好,然后侍候男人;男人吃喝完毕,再去收拾猎物:倒肠子、收拾内脏、卸肉块……收拾完猎物,还要随即将猎物连夜蒸好;干完这些重活以后,最后还得去饮马……干多少是小事,妇女们总感到一种精神上的压力:低男人一头。《猎场》中的女主人公格日乐(巴雅斯古楞的妻子)和莎茹娜(吉日嘎郎的妻子)为了摆脱夫权的压抑,反抗带有封建色彩的传统,进行了一场勇敢的挑战:在男人们出猎的同时,她们在家"屠杀精牛"。她们要用自己的劳动和勇气来显示妇女的力量,提高妇女的地位。这种行为多么勇敢,而又多么实际。我们读过宰牛的惊险场面以后,不能不佩服这两位年轻妇女的见识和魄力。她们有力量摆脱夫权的束缚,改变家庭生活的旧面貌。试想,如果不是时代的感召,不是新生活给她们带来的乐观、自信,妇女们会有如此壮举吗?她们会显示出自身的力量来向传统挑战吗?

其次,江浩注意写出民族生活在新历史条件下的发展,展现当前社会的各种复杂的人物关系。在小说《猎场》中,作者虽然落墨于大自然的猎场,意蕴却在人生的猎场。今天的乌呼锦山谷,不仅有着广袤的大自然的猎场,也出现了灰色的人生猎场。社会上的不正之风刮进了淳朴的草原,污染着人们的心灵,破坏着人们之间的正常关系。主人公吉日嘎郎和巴雅斯古楞本来是生死与共的朋友,他们的友谊是用生命和鲜血凝结成的:吉日嘎郎是巴雅古楞的救命恩人。然而,即使像这种"如山峰河水一样永生永存的友谊"也曾遇到过危机。作者在展示产生这种危机的社会根源时,使作品所描绘的社会生活打上了时代的烙印。供销社售货员陶洛斯为了拉关系、送人情,给别人弄三张质优价廉的羊皮,竟把巴雅斯古楞家的三张一等羊皮压成二等价收购。性情倔强的巴雅斯古楞受不了这口窝囊气,用一个简单的办法报复:把一只在冰窟里呛死的乳牛皮揉进了九斤重的湿沙子,卖给了供销社。这一下掉进了陶洛斯的陷阱:狡黠的陶洛斯佯装没有看出破绽,仍以高价收购了乳牛皮。耿直的巴雅斯古楞以为达到了整治陶洛斯的目的,没想到陶洛斯以掺沙子的乳牛皮作为罪证,到公社告发了他。不幸的是,巴雅斯古楞对为他做善后处理的吉日嘎郎产生了误会,以为是吉日嘎郎出卖了他。从此,仇恨凝结在他心头,痛苦咬噬着他的灵魂;从此,他悟出了一条新的"道理":"被人类所赞美的正直和善良,在社会上却难以生存下去;而被人类唾弃的奸诈和阴险,在社会上却有立足之地";从此,他有了新的做人准则:"不坏他人之意,也不成人之美。"带着这种思想情绪,在猎场上,他不接受大队长——往日挚友吉日嘎郎分配的任务,不去帮助向他求援的邻村小孩子,甚至干出了蒙古民族认为最卑鄙、最丑恶的事：将吉日嘎郎的猎物据为己有。这是破坏传统、践踏美德的行为。在他干这件事的时候，他的内心是平静的：既然你伤害了我，我也可以伤害你。可恨的不正之风就是这样毒化着人们的心灵，扭曲着人们的性格，破坏人们的淳朴关系。作者需要我们向灰色的猎场告别什么，也就不难理解了。

民族特点是个历史概念。它的内涵和外延都随着民族生活的发展而发展。有些人以为只有写蒙古包、蒙古袍、套马杆、勒勒车、放牧、挤奶、狩猎，才能体现蒙古民族文学的特点。在这种思想影响下，作品的题材自然受到了限制。江浩显然有他自己的对民族特点的理解。为了展现前进着的内蒙古民族的生活画面，他在《在考察匈奴古墓的日子里》（以下简称《考察古墓》）这部中篇小说中，有意识地描写了两代蒙古民族知识分子的命运。蒙古民族有自己的作家、画家、考古学家，有更多的年轻一代的知识分子。他们在建设祖国和蒙古民族的精神文明方面有着不可磨灭的贡献。他们也和各族人民一样，经历了"文化大革命"的痛苦生活：老一辈被迫害，年轻一代走过曲折复杂艰难的生活历程，有的在痛苦中经受了磨炼，保持着纯洁正直的美德，如莎茹娜；有的虽因生活的逼迫，在少年时代有盗墓经历，但在实践中赎回了自己的罪过，洗刷了心灵上的污点，成长为坚强、勇敢、宽容、具有牺牲精神的新型知识分子，如乌云巴图；也有的在苦难中接受了反面教训，变得嫉妒和自私，人性遭到异化，如德力格尔……这部作品可能更多地映射出时代的折光，特别是动乱年代留给人们的印记；但是，从人物的性格上，从一幅幅草原风景画和风俗画的描绘中，从醇香的"奶子味"的歌声里，我们仍然能感受到蒙古民族的生活气息。的确，时代在变化，作家也应大胆开拓描写民族生活的新领域。江浩在这方面所做的努力是值得肯定的。

写出民族地区的风景画和民族生活的风俗画，是江浩处理题材的又一特色。江浩在他以前发表的短篇小说中，已显露出"对大自然的敏感和绘声绘色地表现的才能""他的景物描写有声响、有色彩、有表情"。作家在他新发表的两部中篇新作中，不时地给人们展现一幅幅精彩动人的牧区风景画。在乌呼锦牧场，"鸿雁和天鹅，在伊荷淖尔的芒苇丛中喃喃细语；山鹿与野驴，交颈在毛道吐的绿荫下表示昵近；狐狸，像是无数幽灵扰乱了平静的草滩；豺狼，用它的残忍在制造骇人的骚乱；天真无邪的野兔，愉快地在深草丛中跳来跳去似乎在寻找同类的亲善；一群群行动敏捷的黄羊，宛如一排排横飞的响镝，在山崖和丛林中穿来穿去；三十四条渠水，在这里巧妙地织出一张偌大的银网，茂密的牧草在网眼里显示着旺盛的生命力；十九片蓝如宝石的淖尔，等距离地镶嵌在绿色的地毯上"。在这一幅明朗、跃动的草原景色的画面上，涌起了飞驰的马群、奔逐的猎狗；惊慌的野兽四处逃散。围猎的壮观场面犹如一个个电影镜头在眼前闪过，狩猎，狩猎时人和人的纠葛、冲突，作者巧妙地将大自然的猎场和人生的猎场交织在一起，给读者一种壮阔的美感并产生对人生的思考。在《考察古墓》中，江浩为我们描绘了另一幅草原景色："悲哀的晚风哼着凄凉的长调民歌，脚步踉跄地穿过沉重的暮色。疲惫不堪的乌日根塔拉大草原，目光呆滞地瞅着从呼善斯敖尔河谷里慢慢地涌出的乌云。一片片牛羊的白色骷髅，像是一堆堆风化石零散在绿色的得乐苏草丛里。几只失群的羔羊，站在飒飒作响的芦苇旁，发出绝望和胆怯的呼唤。狼群，在缓缓移动的乌云掩藏下，屏息蹑足地偷偷出动了。"在这幅凄清的图画里出现的，是动荡年月的知识青年为一个上调名额而竞争的冒险的赌赛……作者总是用景物描写来烘托人生的活动场景、人物的思想感情和性格。江浩的写景，抒情色彩浓郁，能引起读者的遐想，似乎走进了草原，看到了飞翔着的鸿雁和天鹅，奔跑着的野兔和山羊，听到了羔羊的呼唤、狼群的嚎叫，感受到了或欢悦或哀怨的情绪。更重要的是，通过这些优美的风景画，传达出草原的生活气息，这对增强作品的民族特色是不可缺少的因素。

江浩描绘的风俗画，使作品增添了更为浓厚的民族生活气息。显然，作者非常熟悉蒙古民族的礼节和表情达意的特殊方式。如吉日嘎郎从狼窝中救出巴雅斯古楞以后，作者写到这样一种传统的礼节："巴雅斯古楞将一只全羊送上,同样按照礼节,吉日嘎郎用一锅羊肉款待了全村所有的青年。"这种礼节,不仅仅是为了表达感谢救命之情,还有更深意义:让舍己救人的传统,靠这种方式代代相传。有时为了表达对送礼者的厌恶和绝交,只收下羊头,如陶洛斯给格日乐送去全羊时,巴雅斯古楞就准备这样做。这种方式使一些心地不那么光明正大的人在众人面前抬不起头来,这也是给予他们的一种刺激和教育。在猎场上有偷猎过失的人,一旦认识自己的错误,表示认错和悔改的方式更其独特。我们看看巴雅斯古楞是怎样承认自己的错误的:"他慢慢弯下身子,手哆嗦着抓住狍子的耳朵,刀子缓缓而又坚定地朝狍子脖颈移去,……用锋利的猎刀割下狍子头,双手捧着走到马桩前。他把狍子左耳贴在木桩,然后狠劲用刀子把它钉在木桩上。"这是一张没有文字的布告,向人们宣布了自己的丑行。看来,蒙古民族不喜欢用语言,而是用行动来表达自己的种种感情。这种行动又以与民族生活内容有关的礼仪固定下来了。作者通过这些风俗习惯的描写,很自然地也比较深刻地展示出这个民族的心理素质。这是作者处理民族题材的成功之处。

三

江浩在他的两部中篇新作中,写出了几个个性鲜明的人物。如《猎场》中的吉日嘎郎,是个干练、成熟的生产大队长,他办事认真、守信用,待人宽厚,关心集体,关心国家利益,他还具有非凡的勇敢和舍己救人的精神。他的好朋友巴雅斯古楞却显得暴躁、倔强、耿直、剽悍,心胸有点狭隘;格日乐是那样泼辣,言辞锋利;莎茹娜是那样温柔、体贴;《考察古墓》中的研究生乌云巴图知识渊博、性格坚强,但由于少年时代的过失,心灵上总压抑着沉重的负罪感,时而流露出沉郁、悲愤的情绪;莎茹娜纯洁、正直、是非分明、爱憎分明;德力格尔却在"文化大革命"中性格被扭曲,变得嫉妒、自私,甚至为了个人的感情和利益不惜坑害无私地帮助过他的好人。这些人物,不管他们的性格有多大的差异,我们总是能够从他们的行动方式里(包括表情达意的方式)、言谈举止中,甚至从外貌特征、性格气质等各方面,清楚地辨认出他们的族属。这是作者有意识地在他们身上注入了民族精神的结果。

江浩总是赋予他的正面人物以勇敢的特质,但和平时期生活的人们和战争中的英雄的勇敢的表现方式不同,草原上的人们和内地的人们勇敢的表现方式也不同。草原上人烟稀少,豺狼出没,遇到狼群的袭击是常有的事,草原上的牧民积累了丰富的和豺狼搏斗的经验以及搭救被狼群围困的处在险境中的人的经验。且看吉日嘎郎得知好友被群狼围困在洞穴三百米处驰马救援的描写:

就在青云以流星般的速度,冲到洞穴前时,吉日嘎郎把外套伏身一抢,然后麻利地挂到鞍子上,自己敏捷地跳下马背,就地一滚,钻进洞穴。这一切都必须在狼处在发懵的三秒钟内完成,稍有差池,警醒的狼会把他撕得四肢断裂,命归西天。

…………

狼群以为骑手将洞穴里的人搭救走了,于是疯狂地朝吉的马追去……

吉日嘎郎也顾不得多说,拽着大脑还未反应过来的巴雅斯古楞就往外跑。

"这是一个最冒险的行动,也是祖先传下来的唯一搭救被狼群困在洞穴里的人的办法。"这轻轻的一笔,就把主人公的勇敢和民族传统结合起来了。当然,如果没有主人公的勇敢、舍己救人的精神,这惊险的一幕不会发生;如果没有祖先传下来的办法,这次救人,也不一定能成功。

如果说,吉日嘎郎这次救人以动作的速疾和麻利取胜的话,乌云巴图的救人则以镇静取胜。在一个电闪雷鸣的夜晚,对生活失去信心的莎茹娜跑到乌力吉木仁河边,准备投河自杀。这时狼群逼近了莎茹娜。

偶然路过这里的乌云巴图见到此情此景,毫不犹豫地朝姑娘跑过去。在狼面前,逃跑只能是死路一条。乌云巴图以罕见的镇静,保护着莎茹娜:"只有一个办法,就是别动,也别叫,即使狼群扑到脚下,也要镇静地别叫起来。要想活命,现在就得比狼还胆子大。"这两个人的异常镇静,终于使狼撤退、逃跑。如果没有草原生活的习染,年轻的乌云巴图恐怕也想不出这种化险为夷的绝招。

不仅男青年是勇敢的,女青年也是不乏勇气。格日乐和莎茹娜敢于承担宰牛的任务,这勇气够惊人的,而在宰牛出现意外事故时,她们又用人们意料不到的行动,用平时听老人们说过的办法,避免了一场事故。她们的勇气,同样打上了民族生活的印记。

江浩还喜欢赋予他的正面人物以宽容、厚道的性格。吉日嘎郎的胸怀像辽阔的草原那样宽广,对待犯有严重过失和侵害过自己利益的朋友,总是伸出热情的手,帮助朋友认识错误,让友谊在新的起点上开始;乌云巴图救活德力格尔的一幕,表现出高度理智和感人的宽厚。乌云巴图曾无私地帮助过德力格尔,后来他们一起成为考古研究生,德力格尔以为乌云巴图夺走了他的女朋友,在学问上又难以和乌云巴图抗衡的情况下,自私的德力格尔产生了报复的邪念:向党委写信,诬告乌云巴图曾盗过荣献公主的陵墓,诬告他现在与盗窃匈奴古墓的罪犯有联系,诬告他和莎茹娜搞阴谋诡计,诬告他抢占别人的论文题目。乌云巴图偶然看到这封诬告信的底稿后,愤怒是难以遏制的。但就在这时,德力格尔被一条蝮蛇咬伤。乌云巴图也曾闪过一刹那的复仇念头,但他马上上恢复了理智,全力救活德力格尔,使之脱离险境。德力格尔今后会发生什么变化,作者没有告诉我们,但乌云巴图的善良、宽厚却给我们留下了难忘的印象。

善良、宽容、厚道是蒙古族人民对性格美的一种要求。这种性格的形成,与辽阔、富饶、美丽的大草原的自然环境的熏陶以及逐水草而居的单纯的生活方式的培育是有一定的关系的。

《猎场》的另一形象巴雅斯古楞,性格上虽有一些弱点,仍不失为一个活灵活现的耿直、倔强的可爱蒙古青年形象。他"身体健壮,粗胳膊粗腿","长得浓眉大眼,高颧骨方脸庞,肌肉呈古铜色。他坐在那里像一块卧牛石,站起来像一座移动的山"。一看,就是一幅典型的蒙古族青年的肖像。他是倔强的,以为朋友出卖了他,一见到对方"扭头就走"。朋友给他分配任务时,拒不接受。他犟得很,内心却像小孩一样的单纯。作者这样描写他在猎场上拒绝任务时的心理活动:"他本来只是拗着性子,假意提出不愿当后马督察。他原想,吉日嘎郎会策马跑到他的面前求他。他早就打定主意,吉日嘎郎说第一句话,他坚决摇头;说第二句话,他沉闷不语;说第三句话,他长长叹一口气,表示无可奈何的应承。实际上他是一个外刚内柔,还有点爱面子的人。他承认错误时的直截了当,更体现出他的耿直、坦荡。可以说,在巴雅斯古楞身上传达出蒙古民族性格的另一面:粗犷、豪爽的美。

　　作者除了注意从他所描绘的人物中传达出民族精神、民族气质以外,还注意在他们身上注入新鲜的时代气息。吉日嘎郎关心集体,关心国家利益;乌云巴图知识渊博,能用理智克制自己的感情。他们的思想,他们的新的精神境界是旧时代的蒙古青年所不具备的。即使像巴雅斯古楞的狭隘、德力格尔的自私,也都打上了时代的印记,德力格尔是十年动乱造成的人性异化的形象。作者追求的"民族的精神和时代的气息,汇聚在他们一身"的艺术理想,基本实现了。今后,在时代精神的追求上,还可以再大胆一些,使这种艺术理想得到更为完满的实现。

四

　　在语言的运用上,江浩也是下了很大功夫的。词汇丰富,句式讲究,综合运用修辞手段。这里只想谈谈作者在追求语言的民族风格上的匠心。江浩非常熟悉蒙古族群众的口语、惯用语和富于生活情趣的比喻。他写人物的对话时,生动的比喻常常冲口而出。格日乐这样责备丈夫的窝囊:"在草原上都直不起腰的人,还能在毡房里跳高?"巴雅斯古楞讲到人都有面子时说:"大人有大脸,小孩有小脸,骆驼还有个带毛的长脸呢!"吉日嘎郎讲到一个人要守信时,是这样强调的:"说出的话,是落地的山,许下的诺,是射出的箭。""一个人要是不讲信用,就像骏马没了长鬃,勒勒车没有辕子……"这种美妙的比喻,比比皆是。不仅长期生活在牧区的人经常用这种贴切的比喻来表达自己的心地,年轻一代的知识青年也是如此。三个考古系研究生在讨论论文题目时,莎茹娜向乌云巴图挑战,乌云巴图又表示出获胜的信心时,莎茹娜回答:"是走马不是走马,赛马场的终点判断吧。"德力格尔表明自己也选中了乌云巴图的论文题目时说:"咱俩是两条牛钻到一个栅栏,两匹马拴到一个桩子上了。"这些比喻的特点是用来做比喻的事物,总能和草原生活联系起来。这些比喻也是蒙古民族实践生活的体验,智慧的结晶,蕴含着人民的丰富的想象力和审美情趣。作者有意识地运用这些富有草原生活气息的语言,也是为了刻画民族性格和增强作品的民族特色。

五

　　江浩是一个有才华的年轻满族作家,他的创作是有前途的。因此,我们有理由对江浩提出更高的要求。当前,改革之风吹遍了神州大地。有人说,八三年是改革之年。改革,将关系到我们国家未来的面貌。因此,广大读者已经发出了呼吁:用改革文学代替伤痕文学,他们渴望在文学作品中看到当前改革中出现的新情况、新问题、新思想和新人物。关心文艺的领导同志也殷切地勖勉作家们勇敢地投身于改革,"为改革大喊大叫"。有见识的作者放下了手中的创作计划,深入工厂农村去体验新的生活,准备反映这一重大的,与国家前途、人民命运息息相关的题材。当然,这样说,绝不是要在题材上限制作家。每个作家都有自己的生活基础,有自己熟悉的领域,作家有选择题材的充分自由,可以在自己熟悉的领域内进行深入的开掘,写出有社会意义和美学价值的作品。但是鲁迅先生在20世纪30年代所说的"选材要严",对今天的作者仍然是有益的忠告。即使不正面描写改革,也可以在作品的背景上透露出一些改革的信息,让跳动着时代脉搏的重大社会问题在人物的性格上有所投影,使作品具有更鲜明的时代感和历史感。江浩在1983年发表的这两部中篇,还没有透露出一点这方面的信息,是可以理解的。因为改革还刚刚开始,很多作家还没有来得及把眼光注视到这一初露端倪的新生事物上来。我们希望在江浩今后的作品里在写作自己熟悉题材的时候,更紧地把握住时代的脉搏,反映出更广阔的社会生活。写到这里,笔者想起了两年前温小钰同志在给江浩的公开信中提到的"搞清自己所投身的潮流,认识它的力量、它的现状和它存在的缺陷,研究同行的作品,对于写作者来说,绝非多余的事"。两年后的今天,我仍然愿以此作为对江浩的殷切期望。

《民族文艺论丛》1983年第3期头条

发表时署名李惠芳

时代洪流中的民族生活浪花

——评孟和博彦的小说创作

在我区文学队伍中,有一批20世纪50年代初步入文坛的少数民族作家。这些作家以他们丰富的小说、剧本、诗歌和散文作品使自治区的文艺百花园争妍斗艳,芬芳馥郁,从而奠定了内蒙古当代文学基础。他们的名字不但为区内广大读者熟知,而且在国内同龄作家中也令人瞩目。我们可以一口气数上他们的名字:玛拉沁夫、敖德斯尔、扎拉嘎胡、孟和博彦、巴布林贝赫、特达木林、朋斯克、安柯钦夫、超克图纳仁、葛日乐朝克图……这些作家生于20世纪二三十年代之交,青年时代即投身革命,在从事革命工作的同时或不久,即开始了最初的文艺创作,写诗、写歌词、小演唱、写剧本。是党的培育、人民的革命斗争生活激发了他们的创作热情;而且不可否认,本民族的民间文学,特别是东蒙说唱文学都不同程度地哺育了他们,成为他们重要的创作基础,形成他们作品中民族和地区特色的重要因素。此后,20世纪50年代初,他们先后以蒙古文或汉文发表文学作品,获得了文学意识。走过一段创作历程之后,他们中的大多数分别进入中国作协文学讲习所或内蒙古大学文艺研究班学习,这种深造对他们的创作生活无疑产生了重要影响。

现在要谈论的是孟和博彦,他是达斡尔族。他的经历已如上述。和其他几位不同的是,他是以少数民族文学评论家的身份活跃于区内外的,因此,他的文学创作就似乎被淹没在大量的文学批评的文字中了。

孟和博彦于1954年开始他的文学评论,曾编选过评论、杂文集《欣欣向荣的内蒙古文学》。与此同时,也创作小说、散文,发表他的第一批小说:《奔腾的激流》《乌聂尔额吉》《一棵老柳树的故事》《少年劳动先锋》《妇女突击队》《喀尔沁老人》。"文化大革命"中,他像大多数正直的作家一样,被加上种种罪名关进"牛棚",被迫辍笔。20世纪80年代,在中断了十余年的文学创作之后,又重新拿起笔,发表了《足迹》《扫寻梅》《奶、洁白的奶》《在河边的摆渡口》《兽医宝迪》等小说,这些作品散见于《民族文学》和区内《草原》《科尔沁文学》,比起五六十年代的作品,无论思想深度和艺术水平,都有了显著提高。不过如若仔细揣摩,从那时到现在,孟和博彦的创作始终保持着他独有的一贯的特色。

也许因为孟和博彦是一个文学理论工作者,他的创作表现出一种自觉性的特质,也就是说,他的创作实践和他的文学观点保持一致。

为了了解这位作家的文学观点,我们走了近道,阅读他发表在今年《草原》第二期的理论文章:《时代精神和民族特色》。这篇文章代表了他在文学和生活关系方面认识上的一些主要见解,自然也包含了他自己创作实践的一些体验。比如他认为,"既没有脱离时代的民族,更没有不包括对某些民族的历史活动为内容的时代",因此,对于文学作品来说,"时代精神是作品的灵魂,民族特色则是它的躯体";他特别强调文学的教育作用:"社会主义文学除一般具有认识作用、审美作用外,更重要的,还应当坚持以共产主义思想教育人民";他提倡作家站在马克思主义立场,热情歌颂人民群众的"共产主义理想、信念和道德,表现他们爱国主义的主人翁思想和集体主义思想,以及为实现四化而奋斗的献身精神和共产主义劳动态度"。见之于1982年刊物上的孟和博彦的这些观点无疑是有感而发之论。对那些偏执一端的不顾及作品社会效果的作者,无疑是一种针砭。那么他自己如何呢? 应当说,从20世纪50年代中后期到80年代初,他一以贯之地实践着自己的主张。他的作品全部选取民族生活题材,以少数民族人物为主人公,作品中鲜明地跳动着时代脉搏。他的作品是少数民族前进的记录,又是新生活的赞歌；他以表现少数民族的新思想、新道德、新面貌激励、鼓舞读者，陶冶他们的心灵，提高他们的道德情操为职志。这体现了这位作家严肃的创作态度和社会责任感。

在文学创作如何表现时代精神和民族特色的问题上，孟和博彦绝不猎奇。他既无意在作品中炫耀关于民族生活风俗的知识，也决然不描绘某些华夏遗风。他所写的只是处在时代激流中的民族生活，是具有新思想的少数民族人物，并且在这些民族生活画面上，透露出民族精神。因为孟和博彦认为，"民族特点中，带有最根本性的特点，乃是一个民族的民族精神"。我们认为，这样看，就能使时代精神和民族特点在作品中达到较为和谐的一致；这样做，既符合生活真实，又反映人民对民族文学的要求。

为了使时代精神和民族特点较好地达到和谐统一，很多作家都在题材上下功夫。这无疑是对的。正如乡土文学是关于乡土生活的文学一样，民族文学应当是关于民族生活的文学，民族题材是构成文学民族特点的客观因素。孟和博彦也是如此。他的眼光总是紧紧注视着达斡尔族、蒙古族劳动人民的生活，从这些民族生活中获取素材。但是，在理论和实践上，也不可把民族题材看得太狭窄，以为写蒙古族就必须写蒙古袍、马奶酒、骑马、放牧，写鄂伦春、鄂温克民族，就必须写狩猎，舍此无他。实际上，民族题材的广泛、多样化，不但无损于文学民族特点的形成，反而会丰富它的基调，增添它的光彩。民族在前进，生活方式也在逐渐地变化；况且，他们共处在一个多民族的大家庭中，各民族所处的历史环境、时代激流，是大抵相同的。在朝"四化"进发的征途上，各民族努力发挥各自长处，又互相影响、渗透、彼此学习、交流。所以，不论哪一个民族的作家都应该写出处在时代激流中的民族生活。对于这一点，孟和博彦和其他少数民族作家一样，正在作出可贵的努力。在他的20世纪50年代中后期的作品中，已经表现出这种探索。他那时的作品中所写的，主要是生产斗争中的新人新事，是人民的高涨的劳动热情和共产主义思想品德。他笔下的少先队员、突击队劳动妇女、年迈的牧人都自觉地投身到社会主义建设高潮中。像《少年劳动先锋》,写的是一群蒙古族少先队员的队日。他们看到公社社员们在紧张地灭虫后,经过有意义的争论,决定放弃原定的采集花草的活动,牺牲了准备考试的复习时间,帮助公社灭虫。人民的利益高于一切的主题,通过一次队日活动以及以后的考试、评选优秀集体的活动表现出来。有那个时代实感的读者,自会感到熟悉而亲切。《妇女突击队》写的是一场秋雨过后,妇女队长扎格斯尔玛带领妇女奋不顾身抢救被洪水淹没的蔬菜的故事。那面她们自己绣的"妇女突击队"的红旗,飘扬在她们的行列中,是她们心血、汗水和忘我劳动精神的闪光。在20世纪50年代中期社会主义改造和社会主义建设高潮中,集体主义战胜个人主义是一个重要课题。孟和博彦在《喀尔沁老人》里写的正是一个名叫敖云图的蒙古族老牧民、老匠人把病马医治健壮后献给公社的故事。小说在新旧社会对比的叙写中向读者展示了这位心灵手巧、心地纯洁的蒙古族老人的美丽心灵。那匹病马是一位无依无靠、身染重病的中年牧人强卖给他的,敖之图既给中年人百元钱治病,又打算治好病马后归还主人。中年人病逝后,老人不愿给自己的心灵留下污点,把病马治好养好交公了。《奔腾的激流》可以看作孟和博彦20世纪50年代的代表作。这篇作品反映的生活画面更广阔一些。他写的是生产队改造自然、扩大牧场中的矛盾冲突。这里有关于"沉睡的湖畔"的传说和历史变迁,有历史上在"沉睡的湖畔"发生过的阶级斗争,有当时牧民的幸福生活情景,有生产队干部围着生产、生活安排展开的热烈的民主讨论,有干部之间细致入微的思想工作,有广大牧民高涨的劳动热情;紧张的劳动,愉快的生活,真诚坦率的相互关系,民主的政治空气,构成了小说的生活画面。

总之,从以上的这些作品中,我们从不同侧面感受到了20世纪50年代人们的奋发昂扬、生气蓬勃的风貌。这正是当时的时代精神。在透露出新鲜的时代气息的同时,这些作品还自然地体现了民族特点。首先,作家笔下的达斡尔、蒙古族的特有的生活画面从客观上使作品呈现出浓郁的民族特点。我们来一同感受领略一下这种生活吧。

  在牧民定居点的村落里,到处洋溢着欢乐的气氛。只见男社员们人人脸上沁着汗水在紧张地劳动,他们有的拿着斧、刨修理车辆,有的聚精会神地坐在地上挑拣柳条枝子为牲畜编造圈笆;女社员们个个脸上呈现出喜悦,她们有的拿剪子给羊剪耳记,有的三三两两地立在羊圈门口数点着新编成的畜群。在定居点周围的牧场上,更是一派沸腾的景象。带皱纹的和留着胡子的有经验的牧民聚到一块,挨个儿给马打尖印子、鉴定良马,勇敢的驯马手们则耀武扬威地骑在马上,手里挥着长长的套马杆,在牧场驰来驰去为人们训练坐骑……(《奔腾的激流》)

  这种和本民族生产方式紧密相连的生活情景,当然会给作品增添民族色彩。再看作品中所写的生产斗争。这篇小说的情节是围绕改造"沉睡的湖畔"、扩大牧场的事件展开的。经过调查研究,经过群众和干部的充分讨论酝酿,他们制订出周密的计划,这计划既不妨碍抓夏膘(及时倒场),又腾出劳力(合并畜群)投入让"松迪河改道,叫沉睡的湖醒来"的战斗。符合群众愿望的计划,很快变成了行动。在"沉睡的湖畔",涌来了改造自然的劳动大军,"像一股奔腾的激流,掀起巨澜,发出呼啸,以排山倒海之势向着一个伟大的目标前进"。这里所写的生产斗争完全是与蒙古族、达斡尔族牧民的生活联系的生产活动;那些活跃在其中的人物——爽直、好激动的生产队长扎木扬,冷静沉着、谦逊和蔼的支部书记阿格顿色,敢于发表不同意见、善于听取群众呼声的生产委员道尔吉,容易发火、也很快息怒的其日玛身上,也都体现出淳朴、憨厚、勤劳、豪爽的民族性格,以及战胜一切困难、奔涌向前的民族精神。这样,我们便看到了富于时代气息的民族生活。所以我们认为,《奔腾的激流》代表孟和博彦20世纪50年代在探索小说民族化上的成果,是作家把时代精神和民族特色结合得较好的篇章之一。作为探索,孟和博彦的第一批作品也有不足和缺憾,从今天的眼光看,它们还有围绕故事安排人物的痕迹,一般来说,作家对塑造人物性格尚未给予足够重视。当然,这与当时整个文学创作的水平有关。

在沉默十余年之后,到了20世纪80年代初,孟和博彦的短篇创作的重大变化,便是把笔触集中到人物形象的塑造上,注重挖掘、剖析人物行动的社会的、心理的根据,让读者看到人物的心灵撞击。短篇《奶,洁白的奶》中干部家属、女牧民索丽亚,短篇《失误的伯乐》中的旗委书记苏日太、青年知识分子乌尼满都、老劳模鄂文生,报告文学《足迹》中的牧场场长恩和,短篇《在河边的摆渡口》中的两个知识青年鄂嫩日图、敖云格日勒等人物都性格丰满,可以区别得清清楚楚。

在塑造人物形象时,孟和博彦自觉地赋予人物性格以民族色彩,索丽亚有达斡尔族妇女勤勉、耿直、柔顺的性格,扎木扬、恩和等人具有蒙古民族豪迈、质朴的气质又折射出时代光辉。20世纪80年代塑造的党支书阿格顿色,是一个值得重视的有意义的形象。他没有凌驾于人的气势,和蔼可亲、平易近人,非常尊重生产队干部的意见。每当大队干部们发生意见分歧时,他都不急于表态,不把自己的意见强加于人,在充分听取大家意见的基础上,抓住问题的症结,然后对症下药,或引导干部实地考察,或发动干部深入群众,从中汲取智慧和力量;每当干部闹思想情绪时,他又能耐心细致地做思想工作。经过发扬民主,集中群众智慧,终于制订出从群众中来、体现群众意愿的切实可行的计划,从而见诸行动。阿格顿色还注意到在改造自然的斗争中锻炼、培养干部,提高他们的领导水平。阿格顿色确实是一个具有较高组织才干的牧区基层党组织干部的形象。他没有包揽一切、代替一切,却又切切实实地体现了党在生产建设中的领导作用。这个形象在今天仍然有现实意义。今天,我们在恢复和发扬党的优良传统时,可以从这类形象上看到当时党的基层干部的风范。如果能使这个人物的个性再鲜明一些,将会产生更好的艺术效果。

20世纪80年代初,孟和博彦在为数不多的短篇和报告文学作品中,塑造了一些令人难忘的形象:美丽多情、勤劳贤惠、是非分明的索丽亚,正直热情、关心他人、意志顽强的敖云格日勒,纯洁高尚、富有自我牺牲精神的路华,工作兢兢业业、善于发现人才但在启用时又不善决断的旗委书记书苏日太,有文化有知识、善于学习、勇于探索的乌尼满都,多才多艺、头脑清醒的老人鄂文生,一心一意为牧民服务的兽医宝迪,忠于党、忠于人民、事业心极强的牧场场长恩和……从身份来说,这些人物中有干部,有群众,也有中青年知识分子,在刻画普通劳动者勤劳淳朴的美德时,特别刻画他们心明眼亮的特点。例如索丽亚,虽是普通牧民、干部家属,但对三中全会以后党对农林牧区的方针政策的理解,比她的丈夫——公社主任特木热,更实在、更直接。她不愿吃闲饭,要饲养乳牛,特木热认为一个干部家属不能像一般社员一样去发展自留畜,而索丽亚却坚信党的政策,坚定不移地养起了乳牛。落实新时期农牧区政策中的冲突,两种思想的斗争,从家庭纠葛中反映出来。特木热从旗里开会学习"新精神"后,才解除了思想顾虑。这时,索丽亚一语道破了特木热的思想症结:"当干部的就怕自己犯错误,社员就不是这样的。"朴实的语言道出了平凡的真理:干部如果时时事事怕犯错误,怕丢掉乌纱帽,就会囿于名利,看不到人民和国家的根本利益。老劳模鄂文生在推荐选拔干部时,就比旗委书记苏日太清醒得多。苏日太打算长期考验他认定的乌尼满都,鄂文生直截了当地指出:"依着我看,你若有胆识,现在就把他拿到公社去当领导,准比现在的干部还要强哩。"后来,上级下达任免令,旗委第一书记竟是他原拟调到公社当一般干部的乌尼满都!作家对苏日太的心理做了细腻准确的剖析:"这突如其来的消息,就像往他的头上浇了一盆连汤带水的残羹剩肴,真可谓酸甜苦辣俱全,也说不出是一种啥滋味!当然,如果仅仅为了提拔一个曾受过他的领导、没有他资历深的人,也不致使他感到如此。大势所趋嘛!现在全国上下都在物色、挑选德才兼备的青年干部,接替前辈人的工作。他也称得上是明白人,即使心里有些沟沟坎坎,总不会做'反对派'。可是——'为啥不调别人,偏偏调他!'想到上级领导没有事前同他商量(因为他正继续'考验'乌尼满博都),不禁激动得挥拳顿足,大发雷霆,恨不得马上宣布退休才觉得解气。于是便借了一匹马,决定要以一名普通老百姓的身份回到家乡去务劳……"故事开始的时候,正是苏日太怀着这种"解甲归田,弃官为民"的异常症结和孤寂的感觉来到库尔其渡口,他不期而然和鄂文生相遇了。寒暄之后,他吐露了自己的满腹牢骚,请听鄂文生怎么说——

"嗯,你的病兴许就在这块?"鄂文生若有所思地理着胡须说,"现在你听我走后再奚落你几句吧。以前,你我是都给大粮户耪过青、扛过大活,在一个热炕头上滚过的人。后来你当了干部,要说嘛,这么多年来你辛辛苦苦,像个做领导的样子哩。可是现在,你也变得爱怨这怨那的,火气还不小。说句实情话,你算是有眼力的,只不过暂时被一种啥东西蒙住了眼睛。那东西是啥?我也说不清楚。不过,我觉得你们这些当惯了官的,好像都沾了点这种毛病。"

老人一席话以及他那矫健的劳动者的身影,启发着这位达斡尔族干部潜在的不被困难降伏的、倔强的民族性格,他又策马返回旗里。我们可以看出,正是这些普通群众无私无畏的美德,他们心底蕴藏着的无穷不尽的智慧和力量,使苏日太这样的干部重返征途。在孟和博彦的小说创作中,这一点值得注意:五六十年代作品里的形象,大抵是干部的思想境界高于群众,总是干部去说服动员群众做这样那样有益于国家、集体的事情,而在20世纪80年代的作品中则塑造了一些思想境界高于干部的普通群众。这当然并不意味着我们以此为标准衡量作品的深浅高下,只是说,这表明孟和博彦对生活的认识深化了,以更趋敏锐的目光发现表现生活中生动、丰富、复杂的内容。这也表明我们的文学更加民主化。

孟和博彦塑造的知识分子形象,也是颇有的特色的。乌尼满都从林学院毕业后,下放农村接受再教育,他没有怨天尤人、随波逐流,而是趁此机会拜老劳模鄂文生为师,学习他的宝贵的实践经验,决心用文字把他的经验整理总结出来。他不但向实践学习,而且想方设法阅读国内外有关保护生态平衡和介绍如何发展多种经营的资料。他的政治敏锐性也很强,在党的十一届三中全会精神鼓舞下,他大胆提出鼓励社员个人造树加快林业发展速度的主张。身为普通群众,他踏踏实实钻研业务,在接到升任旗委书记的调令以后,他仍然带领公社干部前往大兴安岭苗圃选择树苗树种。他给自己选择了一条崎岖不平的道路。兽医宝迪,也许算不上什么大知识分子,但毕竟是牧区有知识有技能的人物。而他走过的道路,他的命运和遭遇,在知识分子中很有代表性。他医道高明,待人宽厚,尽心竭力为牧民服务。只因为他给牧主的种马灌了一服药,从此成为历次政治运动挨整的人:社教运动中是"重点教育对象"、四清时又是"四清对象","文化大革命"前期是"勾结牧主破坏无产阶级专政的敌对分子"、到后期又成了"新内人党党徒"。即使被整严整去,他仍然身不由己地"自发"地给牧民的牲畜治病。他只求做一个正派人,"正正本本地给大家办事"。然而在那个"史无前例"的时期,一个正直知识分子连这点起码的要求也难以得到满足。小说用较多篇幅描写他在"文化大革命"中被专案组当作"内人党"党徒审讯的情景。诱逼无济于事,他的"交代"简单而明确:"拉布敦和宝迪都是共产党员,1954年入党",可他何曾想过,他成为"内人党"党徒,正是这位战友"态度较好"的结果。粉碎"四人帮"之后,拉布敦曾带一种负疚的感情安慰宝迪,也感谢宝迪曾为保护自己坐了监狱,甚至还带点玩笑的口吻推举宝迪当"千里马"(千部)。作品通过对话描写,展示了这位普通兽医的旷达大度的器量、晶莹透亮的心地。

孟和博彦近年来的创作中,基层干部的形象也值得注意。作家通过在落实新时期党的各项政策,例如牧业政策、干部政策……中这些基层干部与普通群众的矛盾冲突加以表现。这些20世纪50年代成长起来的公社、旗县干部,都走过一段坎坎坷坷的路程。到了20世纪80年代,由于历史上形成的"左"倾思想的影响,有的仍沿用陈规对待新事物,如苏日太尽管发现了人才,但又要"长期考验人才";有的向群众宣传新政策,而在自己家属身上却不敢落实新政策,实则口头赞成,心有疑虑。自然,把他们的过失都推给历史,那是不全面的。他们的失误原因,作品中的群众其实看得再清楚不过,他们的褊狭、犹豫,从根本上说还是个人主义作祟。作家不但在小说的对比描写中了了分明,而现实生活中也确实存在无私无畏的基层干部,这就是孟和博彦笔下的报告文学《足迹》中的恩和。这是一个创业者的形象。在解放战争中,他是骑兵连副连长,负伤后奉命留下建立军马场。他冒着残匪袭击的危险,不辞辛苦走遍草原,打下了军马场的基础。1956年军马场改为培育良种畜的种畜场。经过艰苦奋斗,"文化大革命"前牲畜头数增加100倍、而"文化大革命"的急风暴雨,竟使牲畜头数损失一半。动乱结束后,经过几年努力,牲畜数回升至13700多头,并正朝着新的目标迈进。人民的事业高于一切。"文化大革命"中,种种摧残折磨和人身污辱,他都忍受下来了,唯一不能忍受的是良种畜受到的损失。所以在一次牧场领导班子调一部分科尔沁细毛羊去"支援大会战"食用时,他偷偷动员另一职工采取一次革命行动(真正意义上的革命行动),把这群羊从火车上截下,由他自己赶进山谷。他在山谷里过了8个月野人一般的生活,将个人安危得失置诸脑后,利用这"千载难逢、绝无仅有"的机会做了一次了解细毛羊生活特性的调查。这是一个真实活着的"犯人"李铜钟(张一弓《犯人李铜钟的故事》主人公),是感人泪下的忠于人民、执著于事业的革命干部!

在短篇小说的形式上,孟和博彦也表现出自觉性的特点。他的小说篇幅短,最短的只有6000多字,最长的也不过1万多字。这在当前的短篇字数向中篇靠拢、中篇字数接近长篇的风气中,孟和博彦严格遵守短篇这一特点,是难能可贵的。这是其一。其二,他的短篇都是截取生活中较有意义的一段,或采取一人一事的某些片断,以经济简洁的文字来表达较丰富的内容。正因为如此,他的短篇才能做到短。这是今天特别应该倡导的文风。

孟和博彦在文学上的自觉性还表现在不断地追求一种独特的风格,力求表现出自己的特色。他的作品显然不属于正面切入时代生活、以重彩浓墨勾勒一个时代的历史巨变和重大的斗争的那类作品,而是描写普通人的生活和感情,通过描述时代洪流中的朵朵浪花来折射时代精神,回响时代涛声,形成一种简约、清新、明丽的艺术风格。这种风格在20世纪50年代的作品中已露端倪,到80年代,在《奶,洁白的奶》《失误的伯乐》《兽医宝迪》等作品中已趋定型,希望在今后的创作中日臻圆熟。

与任贵合撰
《民族文艺论丛》1984年第2期头条
发表时署名惠芳　之初

她在走自己的路
——评李慧鹃小说

李慧鹃是由从事农村文化工作走上文学创作道路的。她给公社业余演出队写过100多个小戏、曲艺、话剧等文艺作品,为文学创作打下了坚实的基础。她1980年才开始在文艺刊物上发表作品。几年来,发表的诗歌、散文、小说、报告文学等有十余篇。数量不算很多。但这为数不多的作品,已显示出她创作的某些特色。她不蓄意追赶潮流,她的作品却又显得较为合时;她不刻意提出某个社会问题,可是通过人物的命运,使人不得不思考一些社会的和人生的问题;她写人物个人的命运,个人的悲欢离合,却能让你感觉到时代的脉搏。

认识生活的角度

蒋子龙在一次文学讲座中谈道,一个作家必须找到自己的文学位置,"要找到自己看生活的角度"。蒋子龙提出的问题,实际上是一个作家的创作有无独特性的问题。一个作者,有了自己看待人及生活的角度,他的作品就不会和别人雷同,就不会亦步亦趋跟在别人后面。当然要找到一个认识社会本质、看透人的灵魂的角度并不是那么容易的。这与作者的生活阅历、文学修养、知识水平有关。从李慧鹃的散文《心灵的旋律》(《百柳》1983年第2期)、短篇小说《清明》(《草原》1981年第9期)、《花开了、在开花的季节》(《草原》1983年第6期),诗歌《爱》(《百柳》1981年创刊号)等作品来看,李慧鹃认识生活的角度,用一句话来概括,就是:愚昧是社会前进的阻力之一。

前几年以"文化大革命"为题材的作品,起初大多从"伤痕"的角度来写的,写"四人帮"的祸国殃民,写动乱中的悲欢离合,写人们心灵中的创伤,即所谓"伤痕文学";后来转入挖掘产生动乱的社会根源,回顾三十年来走过的道路,即所谓"反思文学";由反思到考虑当前建设社会主义物质文明和精神文明中出现的种种问题,而产生了"问题文学"。李慧鹃的作品既不单纯写"文化大革命",也不单纯写当前生活,而是把两者结合起来叙写。对动乱造成的伤痕,她一般不作过分的渲染,而是着重谴责动乱中的种种愚昧行为和由动乱结出愚昧的苦果。年轻教师用心血写成的书被投入到"熊熊燃烧的火堆里"(《心灵的旋律》);因"著书立说"而"被打成修正主义黑干将"(《爱》);仅仅因为"如醉如痴地爱着自己的事业",文物工作者吴华修被当作"横扫"的对象,带上"复古狂"的帽子,驱逐到乡下去劳动改造,呕心沥血写出的著作不得出版。诸如此类,不一而足。

李慧鹃的笔没有停留在这些动乱中司空见惯的愚蠢行为上,而是集中笔墨塑造某些处于愚昧状态的青年人形象。《清明》中的小燕,其愚昧达到了"令人心寒齿冷"的地步。22岁的小燕,聪明、活泼,整天嘻嘻哈哈,在街面上很吃得开;她生活得也很幸福,正喜气洋洋地准备办婚事。这样一个似乎很有生气的青年,内心世界却是一片混沌。她不能理解父亲的事业,认为搞文物工作没油水,被人瞧不起,宁愿放弃文物工作,而去当她认为有油水可捞的电影院的售票员;她不珍惜父亲的心血:父亲顶着巨大的政治压力,克服重重困难,披肝沥胆写下的历史著作,在埋没了十几年之后,全国人民重新呼唤精神文明之时,能够出版了,这该是一件多么令人欢欣鼓舞的事。可是,书稿已被她和她的爱人精心制作了一个漂亮的纸门帘,成了他们"献给新生活的第一个纪念品"! 小燕的姐姐不由得悲愤地喊出:"那摧残文化的年代所造成的愚昧还要持续多久?"这句话道破了作者构思这篇小说的主旨。类似小燕的青年,是"文化大革命"的产物。小燕在儿童时代就遭蹂躏,吃够了当"狗崽子"的苦头。异常的环境造成了异常的心灵,她接受了一种极不正常的价值观念,待人接物以有无实惠为转移,遇事以随大流、别出头为原则;没有事业心,没有理想,津津乐道的是时装、立柜、沙发……我和作者一样思考:唤醒这样的青年,使他们投身于创造新生活的洪流中去,是何等迫切。

在《花开了,在开花的季节》中,我们看到了另一种处于愚昧状态中的年轻人形象,看到愚昧、虚荣怎样使一个人失去理智,随着险波恶浪浮沉,给别人和自己带来痛苦。主人公林茹本来是一个事业心很强的中专毕业生,一到农村,就进行大白菜当年采种的科学试验。但是她毕竟年轻、幼稚,又缺乏坚定的信念,特别是还有一定的虚荣心,从某个角度讲,内心世界也是一片空虚。所以当"批林批孔"的政治旋风刮来时,当公社团委书记、公社党委书记的荣耀光临她时,她晕头转向了。幼稚、愚昧,既使她因种种虚荣而欣喜若狂,又使她心冷如铁。她不无创造性地搞什么"赶社会主义大集",竟然把打击的目标对准曾协助她进行科学试验的"菜把式"刘守玉。当刘守玉不愿把75斤菜籽拿出来赶集时,她亲自命令民兵去搜查,气焰嚣张地叫喊:"搜出菜籽全部没收!坚决不允许他当资产阶级暴发户!"纵使刘守玉的妻子即将临产,她也坚决执行县委指示:"在大集上批斗刘守玉,杀一儆百!"对"四人帮"搞的那一套,是如此狂热;对战友、对一个普通农民,却是如此冷酷。这不是愚昧所致吗?由于她的冷酷,造成了刘守玉一家的悲剧:刘守玉的妻子临产前到黑市卖菜籽,因摔跤而导致产后大出血,来不及抢救而身亡;几年后刘守玉患心肌梗死而丧生。至于林茹本人呢,也经历了失去朋友、失去群众、身患重病的痛苦。诚然,《花开了,在开花的季节》这篇小说的内容不能完全用"谴责愚昧"来概括,但林茹在广大干部和群众对"四人帮"有所认识、有所抵制的时期——"批林批孔"时期,她对"四人帮"的倒行逆施却是肝脑涂地,挖空心思地搞出许多新名堂,既害人又害己。对年轻单纯的林茹来说,这些行为不单是出自权欲,主要还是出自幼稚愚昧。

从以上几篇作品来看,李慧鹃认识生活的角度,主要是立足于根除愚昧。的确,尽快摆脱愚昧,建设社会主义高度的精神文明,是一个很有意义的话题。中国封建社会历史漫长,专制的封建统治使人民长期处于愚昧状态。新中国成立三十多年来,思想战线比较偏重于对资产阶级思想的批判,对封建思想的余毒认识不够,因而批判扫荡也不够。迷信、盲从,几乎带上了普遍性的品格,这就是"四人帮"在短时期内得以恣肆暴虐的思想基础。不彻底扫除封建思想,不彻底根除愚昧,社会主义精神文明无从建立。看来,这个主题还可以继续挖掘下去;在今天的改革浪潮中,只有人人发挥聪明才智,个个当家做主,充分运用自己应有的民主权利,杜绝盲从、迷信,改革才不会流于形式。当然,作家认识生活的角度还可以变换,但总要找到自己感觉最深、认识生活本质最有力的角度,才能为创造打下良好的基础。

把人物置于典型环境中

自从高尔基的"文学是人学"的理论重放光彩以后,无论是理论界还是创作界,对典型人物典型性格,都给予了足够的重视,研究典型性格的文章随处可见;作家们也创造了许多有血有肉的、个性鲜明的人物形象,甚至创造出一些典型人物。与典型人物相比,理论界对典型环境的研究显得薄弱,有的作者也不自觉地陷入了一种不良倾向:用纯粹的感情关系、道德关系取代社会关系和阶级关系,描写游离于时代之外的人性典型。可喜的是,李慧鹃的创作,从宏观的角度来看,虽说刚刚起步,但她从一起步就已注意到把人物放在典型环境中来塑造。她笔下的人物大多具有比较鲜明的个性,有他们自己的命运和生活道路。这些人物的命运和时代的变化紧密联系,他们的思想、性格、行为,基本上能找到环境的根源,如前面所述小燕思想性格的形成,这里不再赘述。我们不妨再提一下她做纸门帘这一行动。这一行动的动机似乎来自她个人的欲望,实际上这一行动包含了比较丰富的社会内容:她不理解父亲的事业,她蔑视精神财富。她的精神状态代表了"文化大革命"中成长起来的一部分青年的人生观和处世态度。恩格斯指出:"人物的动机不应从琐碎的个人欲望中,而应当从他们所处的历史潮流中吸取得来"。如果能做到这一点,也就能够正确地体现人物和环境的关系。李慧鹃通过做纸门帘这一情节,较好地展示了在特殊环境中形成的小燕的思想性格。所以这一情节的设计是成功的。林茹的生活道路、命运、性格与环境的关系更为密切。她放弃自己的事业,去当不称职的团委书记、党委书记——"火箭式的提拔"风使然;她别出心裁地搞什么"赶社会主义大集"——为上任后烧好"三把火"使然;批斗刘守玉——为坚决贯彻县委指示使然。林茹就是生活在一个我们非常熟悉的典型环境中,这个人物完全是那个时代的产物。高尔基曾说:"我知道,如果'面貌丑陋,人们就会埋怨镜子',但是我也认识到,'面貌丑陋',不是因为人们要丑陋,而是因为有一种毁损一切人和一切事物的力量,在生活里起着作用,必须加以反映的是这种力量,而不是被它歪曲的人。"高尔基的这段话用来作为指导反映"文化大革命"时期的社会环境,是很适宜的,对反映当前的某些局部环境仍然适宜。在《花开了,在开花的季节》中,林茹的命运和性格的变化,让我们看到了那种毁损人的力量,从而反映出那个时代的某些本质方面。

　　由于李慧鹃找到了一个自己认识生活的角度,在具体的描写中,又注意把人物放在典型环境中去塑造,所以她的作品给人留下的印象是:比较深刻。当然她的作品也有弱点。由于她较多地注意了普遍性,对人物个性的描绘不够充分,心理描写还欠细致,所以人物形象还不够丰满,此其一;其二,个别细节经不起推敲。如对林茹手术前后的一些描写。林茹患子宫积液,需要做子宫全切的手术,这种病情不至于手术前昏迷不醒,手术后昏迷三天。同时,这一情节的设计对表现林茹的命运、性格有什么作用,也值得斟酌。林茹经历了悲喜剧的命运。作者把失去朋友、失去群众、"解甲归田"、身患重病——做子宫全切手术等当作悲剧性的一面来写的。除了做手术这一点以外的悲剧因素,都可以看出社会内容,而做手术这一悲剧因素的社会意义欠明了。因为林茹的病是在"西水东调"的工程中落下的,而对这一工程作品没有展开描写。作者既没有肯定它是正确的,又没有指出它是错误的。这就减弱了这一情节的社会意义。

对于一个从事业余创作不久的作者来说,李慧鹃取得的成绩是可喜的,创作中存在一些不足是可以理解的。今后多向理论学习、向生活学习,多多实践,相信她一定会给人民奉献更多更好的精神食粮。

《草原》1984 年第 5 期

金钱·爱情·人道主义
——读《一个女人一生中的二十四小时》

金钱、爱情是19世纪以来批判现实主义作家写得最多的题材，人道主义思想是贯穿于批判现实主义文学中的一条主线。巴尔扎克无情揭露金钱的罪恶，托尔斯泰深刻展示恋爱心理的秘密（当然不止托尔斯泰，托尔斯泰也不只写爱情），雨果把人道主义思想发挥得淋漓尽致（这里且不论雨果人道主义的进步性和局限性）。而斯蒂芬·茨威格（1889—1942年），这位以20世纪三四十年代为创作旺盛期的奥地利作家，则用他高超的心理描写技巧、独特的艺术风格，"真正的艺术家才具有的奇异表现力""惊人的诚挚语调""罕见的温存和同情"（高尔基语），写出了极富艺术魅力的关于金钱和爱情题材的作品，读起来动人心弦，与其他大家毫无雷同之感。他的作品令高尔基"深为震动"，称赞他"真诚、明睿而又心地单纯""不愧是一个真正的艺术家"。他的《一个女人一生中的二十四小时》《一个陌生女人的来信》等作品，最能代表这位作家的风格。

中篇小说《一个女人一生中的二十四小时》，写的是一个英国资产阶级妇女C太太一天之中的情感经历。作品通过C太太对"我"的自述，展示出两个人物的命运：一位是不知姓名的年轻人（以下姑且以"年轻人"称呼这位小说的主人公），作家写了他的堕落和毁灭；另一位就是C太太，作家写了她一段奇特的意外发生的"违反本来心意"的突发式爱情，以及这段爱情的既不幸又万幸的结局。

年轻人出生在一个奥国籍的波兰贵族家庭，一直在维也纳求学，准备将来进外交界服务。由于在一次考试中获得优异成绩,他得到当军官的叔叔的奖励:领他在市郊游乐区观光了一次,又用在赌馆赢来的大把的钱,请他在一家豪华的餐馆吃喝了一通。从此,这年轻人摸到了白手发财的便捷门路,竟抛开时间和学业,全部身心投入赌博。开始,他时赢时输,后来越赌越输,当尽了自己的东西,又偷了婶母的两枚贵重的胸针。当掉胸针的钱,输了一半,用另一半逃到摩洛哥的蒙特卡洛,梦想在大赌馆的轮盘赌上发一注大财。岂料也输得精光,最后决定自杀。不期而遇的 C 太太献出了全部热情来挽救他,企图使他悔过自新,走上新路。年轻人也一度表示悔改,但终因敌不过金钱的诱惑而走上了绝路。

这个年轻人,是资本主义社会里被金钱腐蚀而堕落的青年形象。他的灵魂浸透了铜臭味。面对 C 太太真挚、纯洁和不顾一切的爱情,他毫无所感;而一见到金钱,却"嘴唇发白""神经紧张地战栗",一到赌场上便又忘记一切(包括他自己),像着了魔似的如醉如痴,为赢钱而狂喜,盯着赢来的金钱,"两眼闪闪熠熠",如磁石一般吸引他的心意;面对救命恩人的规劝,居然怒不可遏地高声叫嚷:"不用管我的事!""你走远一点吧!"爱情在金钱面前显得何等苍白,何等软弱无力!这就是小说给我们展示的资本主义社会的冷酷的现实。

C 太太是一个带有理想色彩的人物。她出身于资产阶级化的贵族家庭,有过美满的婚姻。在 42 岁以前过着平静的生活。除了在 40 岁时由于丈夫的病逝带给她一些痛苦和空虚以外,可以说,她的生活和心灵没有蒙受过一丝一毫的阴影。就在她 42 岁那一年的某一天,为了急于挽救这个走上绝路的年轻人的生命,在一种非常独特的境遇里,C 太太与年轻人相处了 24 小时。随着时间一小时一小时的推移,C 太太对年轻人的感情一步步地加深,终于爆发出"雪山突崩""狂风乍起似的激情",竟至于决定牺牲自己的姓氏、财产、名誉,心甘情愿地跟随年轻人走遍天涯海角。然而她的努力并没有救了年轻人的命,反倒从此使心灵永受困扰。

C太太这24小时的经历告诉我们，在资本主义上流社会里，真正的爱情极为罕见；社会的弊端既然根深蒂固，靠人性感化、靠人道主义当然解决不了社会问题。

C太太的婚姻显然是美满的，但是从她后来的自述里，可以窥见她心灵深处不曾产生过真正的爱情。她说过她自己"一向拘谨冷漠""从来没有过激情"，她还说过"跟随他一起逃走……对于自己先前的生活，我决不会稍稍回顾一下"；所谓的美满，不过是门当户对、娴静优雅而已。在她和那个年轻人相处时，她内心的感觉是她从未领受过的。"何必隐瞒呢，我那时看着他确实心神荡漾了，领受感谢是幸福和愉悦，这般透彻的情意更是少见，柔腻的至情原是一种福惠，对于我这个素来拘谨的人，如此洋溢的真情确实是有益身心的新鲜感觉。"遗憾的是，她这种纯净的真情，不过是她生活中一个闪电，一颗流星。她所爱的人根本不值得她爱。不过，她没有获得年轻人的爱，既是不幸，也是万幸。因为她如果真的和年轻人一起逃走了，那么"她明天……一定会深深陷入不幸"。这句话虽然是小说中的"我"用来评述亨丽哀太太的私奔的，现在用来推测C太太与年轻人逃跑的结局，也非常恰当。这句话还一语道破了资本主义社会中资产阶级妇女的处境：要么承受没有爱情的婚姻，要么为爱情而陷入不幸。

人道主义思想对欧美知识分子的影响是极深的。斯·茨威格也曾是一位真诚的人道主义者。在这篇小说里，他把他的人道主义理想部分地寄托在C太太身上。他通过C太太的口一再强调C太太救年轻人的动机确乎不是出自对年轻人的爱恋，而是出自一种"急于救人的本能行动"。为了救人一命，她顾不得贵妇人的矜持，也毫不吝惜自己的金钱，做了自己所能做的一切。但是，从这个故事的结局可以看出作者清醒的认识：人性感化不可能使深受金钱毒害的年轻人改邪归正，人道主义解决不了资本主义国家的社会问题。当然，作为一个资产阶级作家，茨威格也不可能指出解决这些问题的办法，指明社会的出路。

资本主义社会是一个金钱统治一切的不人道的社会。社会矛盾重重,弊端百出。一些进步的资产阶级知识分子,仍然幻想用资产阶级上升时期的思想武器,来解决资本主义国家的社会问题,是不切实际的空想。茨威格的小说以严肃的现实主义精神,同样给我们提供了这样的结论。

关于小说的作者,有必要补充几句。

茨威格是人道主义、唯美主义、反法西斯主义的进步作家。他的压卷之作《象棋的故事》,沉痛地描绘法西斯铁蹄下精神饥饿的痛苦,愤怒地谴责法西斯主义。他本人也曾受到法西斯的迫害,于1934年远离故乡维也纳,流亡巴西。终因忍受不了精神上的折磨,于1942年2月与妻子双双自杀。这是资本主义社会里一个追求进步、文明的反法西斯主义作家的悲剧。

《内蒙古妇女》1984年第6期

杰克·伦敦《一块牛排》解析

《一块牛排》是 20 世纪初美国杰出的现实主义作家杰克·伦敦（1876—1916 年）的代表作之一。小说通过一场拳击赛的描写，表现老年运动员的凄凉晚境以及他们为了生存而拼搏的悲惨命运，从而揭示资本主义社会的本质。

全文分为四部分。

第一部分，写汤姆·金的赛前晚餐和夫妻话别。

这部分分为四层。第一层写汤姆·金的晚餐。他赛前一顿重要的晚餐仅是他妻子用最后两个小钱买来的一个小块面包和加了一点面粉的汤。他得忍着饥饿去参加耗费体力极大的拳击比赛，而他的妻儿干脆什么也没有吃。汤姆·金一家已经到了一贫如洗的地步。这暗示了他这次参赛必然失败的结局。第二层写汤·金的外貌、性格。"又旧又邋遢的服饰"，再次展现他的贫穷。"多处受伤的脸""粗壮而残忍的下巴""剪短的头发""野兽的眼睛""断过两次的鼻子""老是肿着的耳朵"，显示出他的身份、经历和遭遇。这些描写抓住了人物的突出特征，给读者以深刻印象。然而他的性格却不像他的外貌那样凶狠，相反是善良随和的，年轻时"对人非常慷慨，不为自己打算"。可见，凶狠的外貌只是职业经历留在脸上的印记罢了，善良才是他的本性。这种外貌与性格形成强烈反差的写法，是少见的。第三层点题，主人公渴望吃一块牛排而不得。一贫如洗的汤姆无钱购买一块为他增加体力的牛排；商人预料他不能取胜而拒绝赊账。他不得不带着饥饿的肚子和深深的遗憾去参赛。这一块牛排成了主人公心理的活动的线索和情节发展的关键。作家选用"一块牛排"作为小说标题,新颖而别致。第四层写夫妻话别。汤姆夫妇都期待这次比赛获胜,以便赢得30金镑的奖金付清赊账。可见主人公的参赛是迫不得已的,而对手参赛却是为了荣誉和前程。

这部分从汤姆赛前的晚餐到夫妻话别,从汤姆的外貌到处境,处处揭示他失败的必然性,在结构上起了铺垫作用。

第二部分写主人公徒步去赛场路上的回忆。

这部分又可分为两层。第一层再次写到汤姆的贫穷:没钱坐车,只得步行两英里去赛场。这无疑是对体力的消耗。他一边走,一边想,很自然地引入第二层:汤姆的回忆。回忆的主要内容是青年时代的辉煌业绩,比赛场上观众的狂热,自己在赛场上赢得的荣誉和财富;多少对手惨败退下,掩泪而终,老斯托什尔败后在更衣室痛哭,尤其令人难以忘怀;目前自己的处境:年老体衰,头脑、筋骨不济,为了还债务、养活妻儿,被迫接受年轻选手的挑战,而这些对手,却全是为了荣誉和钱财。今昔荣辱的对比,叫他理解了老拳击手惨败后的痛苦,同时也预感到自己的厄运:成为别人成功的梯石。这些回忆是运用人物内心独白的方式表现的,情绪色彩浓重。这种回忆在前后文时隐时现,所以即使作家只写了一场比赛,实际上我们能够由人物的自白了解到他的赛场生涯,使得人物形象丰满,故事始终笼罩着悲剧气氛。

第三部分写比赛经过。

这一部分是小说的主体。作家一共写了11个回合的比赛。作家对这部分的处理得极为精彩、灵活。

首先写双方年龄、身体、经历和心理的对比。对手桑德尔年轻、强壮,"结实的,肌肉发达的脖子""厚厚的胸脯、强壮的筋肉""全身充满了活跃的生命";他的动作"很敏捷,很灵巧";步伐轻捷,心情急切,有些轻敌。而汤姆年老体弱,肌肉结成了硬块,神经麻木,动作迟缓;赛前没能好好锻炼,又没有吃饱;脸上"露出一种沉思悲愤的神气"。从以上的对比,可以看出双方力量的悬殊。

其次写双方经验、智慧的对比。对手桑德尔初出茅庐,缺乏经验,只想凭自己的力量和必胜的愿望速战速决,比赛中不动脑子;而汤姆经历了20多年的拳击比赛,积累了丰富的经验,人又聪敏,战略战术高明。第一回合中,桑德尔就发动了旋风式的猛攻,以排山倒海的拳法压倒了汤姆。汤姆采取避其锐气的战略,在头两个回合竟没有回过一拳,"只是掩护、抵挡、躲闪""或是跟对方扭抱起来以免遭痛击"。第三个回合,他才抓住对方的破绽,给桑德尔"第一次真正的一击",强壮的桑德尔"像一头阉牛似的倒了下去",但没有击中要害。在以后的三个回合里,汤姆仍顽强地坚持"拖延战略"。六个回合下来,浪费了对手很多的精力,而汤姆则保存了实力,所以形势发生了有利于汤姆的变化。半小时后第十一回合时,汤姆便使出全部力气,发起猛攻。

在策略上,汤姆更是高出一筹,比如,在对手气势盛时,他故意把头一低,经受一击重拳,可对手却为此付出一个指节的代价;又如,每个回合结束时,他总把战斗引向自己的一角,比赛一停,他可以立即坐下休息,而逼着对手走对角线回到另一角,如此十余回合,也使对手消耗很多精力;还有,他从不放过一次扭抱的机会,"每次扭抱起来,他总是用肩膀硬撞对方的筋骨",这跟用拳头给对手的伤害是一样的,而自己消耗体力要少得多;汤姆还用一个更为巧妙的策略对付桑德尔的右拳猛击:在对手拳头打到之前的瞬间,用左手碰对方的双头肌,使对手的右拳失去力量;汤姆即使在半昏迷状态,还想出了一个以守为攻的招数:伴装左拳进攻,而后退却半步,再迅速出右拳的全力向上猛攻。由于汤姆运用灵活多变的战略战术,把年轻气盛的桑德尔击倒多次,第七回合他几乎击昏对手,甚至使桑德尔"躺在垫子上直哼哧"。到第十一回合,赛场就完全成了汤姆的天下。这种形势的出现,充分展露了汤姆的智慧。

再次写观众反应。在这场比赛中,写观众的反应有7次之多。在第一、二回合、第五六个回合汤姆采取拖延战术时,观众催促他,甚至愤愤质问他为什么不打,汤姆或用伴攻敷衍,或干脆不理,顽固坚持自己的方针,显示汤姆的冷静、机智。在第三回合,汤姆第一次用钩拳击倒对手时,"观众倒抽了一口气,喃喃发出了一种敬畏的喝彩声";在第十回合,汤姆用巧妙的策略猛击对手时,"全场观众观站起来,空气中充满了狂吼的喝彩声";当汤姆占绝对优势时,"全场都疯狂了",人人高喊,为汤姆加油;而汤姆失败时,观众为之惋惜。这些描写表现了观众对汤姆的敬畏和同情,也从侧面表现汤姆高超的战略战术,同时把赛场气氛烘托得紧张而激烈。

最后着力描写比赛的结局。在汤姆取得绝对优势、胜利在望时,形势逆转。"只要狠狠的一拳""桑德尔就会败在他手下"。可惜,汤姆缺乏的就是这有力的一击。他饿着肚子,没能吃上那块给他力量的牛排。"他鼓足力气,打了一拳,可是分量不够重,出手也不够快";他鼓足力气,打了一拳,"只打到肩膀上""后来又勉强打出一拳",竟然完全落空。关键的三拳没有击倒对方,自己反而用尽力气,结果被逐渐恢复体力的年轻对手打中,昏倒过去,等他睁开眼睛时,比赛已经结束。汤姆认为这次挫败完全"因为那块牛排"。作者也反复渲染这块牛排成了决定胜负的关键因素。汤姆的失败似乎出之偶然。其实,他失败的必然性正寓于这偶然性之中。资本主义社会职业运动员没有生活保障,不论年轻年老,都得靠比赛取胜以维持生计。主人公年轻时击倒无数老拳击手,给他们带来悲惨的结局,现在同样的命运又降临到他的头上。无论他怎样用尽力量智慧,仍然无法取胜。这类似于自然界生存竞争法则:弱肉强食、适者生存,这就是资本主义社会的残酷现实。年老、体弱、贫穷,是汤姆挫败的必然原因。这也是贯串全文的一条内在线索。

第四部分写失败后的汤姆怀着悲惨的心情回家。

这一部分是全文的结局。作者再一次用人物内心独白的方式描写他的心理活动。触动失败后的主人公心灵的主要是两个人:一是他的妻子,他想到在家等他、听他比赛结果的妻子,顿觉心头沉重;一是他赛前想起过的老斯托什尔,想起他失败后的痛哭,自己也涌出了不常有的泪水，更深地理解了他的痛苦。这些心理描写和前文相呼应，增加了小说的悲剧气氛。

这篇小说通过对一场拳击比赛的描写，塑造了一个生活于社会下层的普通老拳击手汤姆·金的典型形象，揭示了他的悲惨命运，反映了资本主义社会下层人民生存无着、风雨飘摇的处境，表现资本主义社会弱肉强食、适者生存的现实。

这篇小说不但人物描写（肖像描写、心理描写）很有特色，而且场面描写也极具特色。赛场气氛紧张激烈，攻守进退，目不暇接。但作者却写得起伏跌宕、张弛兼备，把一般作家难以写好的单调的拳击比赛写得极具艺术魅力。这种场面描写的主要特点是：

11回合的描写有详有略、有缓有急。作者详写的是第一、二、三、十、十一等5个回合，略写的是第四、五、六等三个回合，对第七、八、九等三个回合则是概括描述。第一、二两回写得较为舒缓，第三回以后，高潮迭起，第十一回达于最高潮，并很快走向结局。由此显出结构上的疏密有致。

各回合描写，内容各有侧重。第一、二回合突出描写桑德尔的气势和汤姆的战略；第三、四、五等回合突出描写汤姆的策略、战术，桑德尔对体力、精力的浪费；第七、八回合突出描写双方的苦斗；第十回合突出描写汤姆的绝对优势；第十一回合写占绝对优势的汤姆由于缺乏有力的一击而败北。

采用欲抑先扬手法。作者写的是汤姆的失败，却集中用墨于他由劣势转为优势，写足了他即将取胜的趋向，在胜利唾手可得之时，由于饥饿乏力，突然被对手击倒，给观众留下了深深的遗憾，给读者留下了思考的空间。

小说用很多比喻描写人物外貌和动作。这些比喻新颖、形象、准确，是塑造人物的有力手段。比如用卷心菜来比喻汤姆受伤的耳朵，而用"像活的东西在缎子似的白皮肤下面滚动"来比喻对手的肌肉，对比极为鲜明；又如同"钢铁同弹簧组成的机件，在灵巧的扳机操纵之下，来往不停"比喻桑德尔的急躁灵活,但缺乏经验和策略,无益地消耗自己体力的情景,而用"像一头仿佛沉睡的狮子,突然间闪电似的伸出爪子来"比喻汤姆注意保存实力,到关键时才向对方出猛击的老谋深算;再如用"观众的脸好像一片大海,在他面前波澜起伏"比喻汤姆被击中后的剧烈眩晕,写出汤姆用全力拼搏后不堪一击的惨相。这些比喻,显示了作家驾驭语言的高超能力。

《高中语文补充教材教学参考书》
内蒙古教育出版社 1992 年 4 月出版

吴尔夫《黛洛维夫人》评介

中篇小说《黛洛维夫人》(1925年)是英国女作家吴尔夫的代表作。吴尔夫(1882—1941年),本名弗吉尼亚,从夫姓吴尔夫。生于伦敦文学世家,自幼深受文化学术氛围的熏陶,且受多方面的高深的教育。父亲去世后,其住宅成为伦敦的文学中心,座上客有传记作家斯特雷奇、小说家福斯特、詹姆斯、诗人艾略特等。1921年与伦纳德·吴尔夫结婚,1917年夫妻创建著名的霍斯加出版社。二战波及英国后,她情绪不安,住所也遭到轰炸,1941年3月投河自尽。

吴尔夫是一位女权运动者,也是一位富有特色的评论家。在文学创作上,主要成就是小说。这些小说以细致的心理描写和意识流手法风靡一时,与乔伊斯(爱尔兰)、普鲁斯特(法国)一起开创意识流小说。高度的敏感,深刻的辨析,强劲的诗歌风格,使她的意识流小说在表现人的自我意识、生活经验上有一定的独创性。代表这种风格的作品是《黛洛维夫人》(1925年)、《到灯塔去》(1927年)、《海浪》(1931年)、《幕与幕之间》(1941年)等。

《黛洛维夫人》写的是黛洛维夫人在1932年6月中旬某天,从早晨出去买花到傍晚即将举行宴会12个小时左右的生活。小说通过描写女主人公买花前后的行动和买花途中所见所闻在她的意识荧光屏上留下的印象,以及由此展开的联想,唤起她对往日的回忆、对未来的展望,从而追溯了她从18岁至52岁几十年的经历。

作者运用意识流的主要手法是把女主人的行动和她的所见所闻作为一块跳板,让女主人公的意识不断地通过这块跳板跃前退后,向过去或未来流动。譬如早晨买花前,女主人公推开窗子,清新空气扑面而来,这时她感受到的是18岁时在布尔顿与恋人彼得站在窗口谈话的情景。然而从女主人公以后的回忆中,我们知道当年的克莱丽莎,是位娴静内向的姑娘,而彼得热情开朗,但是他对感情的要求是完全占有,不给对方一点独立自主,终因性格不合导致两人分手;她嫁给了老成持重的下院议员理查德·黛洛维先生。彼得去了印度,与克莱丽莎多年未曾谋面;最近她接到彼得来信,他就要从印度回来了。这种方法,贯穿小说始终。女主人公买花途中听到国会议堂塔上的钟声,联想起生活中各种美好事物,人们(包括她自己)对生活的热爱;又联想起五年前六月中旬,战争(第一次世界大战)结束了,许多人的亲人在战争中丧生,"这次大战事的后期,使得所有的男女泪如泉涌"。好在一切已经结束了。

路上,黛洛维夫人邂逅来伦敦给妻子看病的休·惠特布雷德。休是她童年就相识的好朋友。他们之间能够互相理解,有着手足般的情谊。但是彼得不喜欢休,甚至说休的坏话,说休是个傻瓜,没有心肠,没有头脑;其实休是一个有教养、懂礼貌的人,对一切都不会过分,不会使人受不了,跟他一起散步极其令人愉快。为此,彼得大发雷霆,不能原谅她,甚至还责骂她具有"成为一个十足的旅店女老板的素质"。她似乎感到他们还在进行辩论。

当黛洛维夫人在邦德街马尔伯里花店里精心挑选鲜花时,突然传来一声汽车回火时的巨响,她吓了一跳。同时,在路旁公园休息的史密斯先生也感到惊恐不安。史密斯在第一次世界大战中大脑受了震动而患了精神病。他的妻子送他去找霍姆斯大夫治疗,但大夫说他没有病。黛洛维夫人买花回到家里,得知布鲁顿夫人只请她丈夫赴宴而没有邀请她,感到十分妒忌和生气。使她烦恼的还有她的女儿伊丽莎白,由于家庭教师基尔曼小姐从中作梗,与自己关系日益疏远,一种莫名的忧虑向她袭来。她走上楼去,躺在床上看回忆录。女友萨莉·塞顿的形象浮上心头。她们之间有着亲密的、真挚的、纯洁的感情。她们曾坐在顶楼的卧室中,一小时接一小时地谈话。"谈的是生活,她们要如何去改造世界",最好是"建立一个铲除私有财产的社会"……傍晚,她穿衣下楼,想起了将要举行的宴会的情景。彼得、休·萨利等老朋友都来参加,还有首相、西班牙大使、布鲁德夫妇等政界要人和社会名流也会光临。但他们只是给萨利做衬托而已。萨利将会送给她一件珍贵礼物、她们亲密无间地待在一起,彼得走过来,拆散了他们,"使她们的幸福变得难受",但是她还是感激彼得曾给予她的赞扬:"多情善感""文明的"……这一切,是怎样的冰冷,怎样的狂喜,黛洛维夫人不禁思忖。

作者就是通过展现女主人公的意识活动,表达了对非人道的战争的谴责,对人与人之间关系的相互理解,对毫无私欲趋势的情谊的渴望,从而宣扬了以仁爱为本的人道主义。

这篇小说具有独特的严密结构。它打破时空顺序,把主人公 18 岁以来直到未来的情景无逻辑地交织在一起,在十几小时里经历了 30 余年的意识活动。各种意象,如清晨的邦德大街、钟声、鲜花、飞机、小山、江河、沙州、粗野的怪物等等,反复出现。

《外国文学作品选读习题集·附录》
内蒙古自治区教育厅师训处 1993 年颁行

尤奈斯库《秃头歌女》评介

《秃头歌女》是法国剧作家尤奈斯库的第一部独幕剧,荒诞派戏剧代表作。

尤奈斯库的父亲是罗马尼亚人,母亲是法国人。尤奈斯库在法国度过童年后,返回罗马尼亚求学,1938年定居法国。二战期间在巴黎从事出版校对工作。1970年当选法兰西喜剧院院士,被誉为"荒诞派戏剧经典作家"。尤奈斯库用法语写作,1949年以来写了40多部戏。他的《秃头歌女》(1950年)、《椅子》(1951年)、《犀牛》(1958年)等剧本,不仅风行法国,列入权威的法兰西剧院的节目单,而且上演于五大洲许多国家的舞台。

尤奈斯库的剧作表达的是"人生是荒诞不经的"观点。《秃头歌女》描写英国两对典型的中产阶级夫妇的无聊对话,《椅子》描写一对高龄夫妇在生命结束前对着满台空椅发出荒唐的梦呓,《犀牛》着力描写人异化为犀牛的过程。在创作手法上,他自称"反戏剧",没有完整的戏剧情节,没有戏剧冲突,没有人物个性;而突出表现人与物的矛盾;重视调动一切舞台手段,凡此都是为了突出剧本的荒诞特色。

《秃头歌女》是西方第一部荒诞派戏剧。这个剧本的荒诞性,首先表现在作者采用反戏剧的荒诞手法上:全剧没有故事情节,没有戏剧冲突,没有人物性格。11场戏,全部由出场人物间的无聊对话构成,他们是史密司夫妇、马丁夫妇、女仆玛丽、消防队长,此其一;其二,人物语言杂乱无章,谈话内容荒诞不经。戏开场时,史密司夫妇坐在起居室里,丈夫在看报,妻子在补袜子。妻子毫无感情地唠叨起日常琐事来,什么土豆肥肉片,英国色拉油,鱼汤大葱,八角茴香,儿子喝啤酒,女儿吃糊糊……

丈夫看到报纸上登着他们夫妇的朋友博比·沃生死亡的消息,两人一起闲扯起来。他们一会说博比·沃生去世已经3年了,一会又说参加葬礼已经1年半了,一会说他的死已经3年了,一会又说他的死已经4年了;还说他是大不列颠最漂亮的尸体,而且尸体还有热气;更荒唐的是他们说博比·沃生的妻子也叫博比·沃生,两人长得一模一样,以致分不清谁是先生谁是太太。更有甚者,沃生的叔父、姑妈、女儿、堂兄弟、另一个叔父、姑妈的儿子,通通都叫博比·沃生,而且通通是商店推销员。为了增加故事的荒诞性,作者还安排了第八场主人公们讲荒诞故事的场面。史密司讲的是一只狗装成公鸡居然没有被人认出来的怪事;马丁讲的是一个女人在马蜂窝里吃鸡的奇闻;消防队长讲了好几个荒唐事,其中一个是一头小公牛吃了碎玻璃,生下一头母牛;而这小公牛是个男孩子,小母牛不能叫它妈妈,也不能叫它爸爸,因为总还是牛;这小公牛就只好同一个人结婚了……这些故事毫无生活逻辑,荒诞之至。其三,人物之间的关系也荒诞无比。前来访问史密司夫妇的马丁夫妇,竟然素不相识,见面后腼腆地笑着,面面相觑。更荒诞的是,马丁夫归之间似乎也不相识,在交谈中他们才慢慢想起,他们都在曼彻斯特居住过,又慢慢弄清他们都是在那里出生的,离开已有5周;他们又同乘一班车来到伦敦,并且又坐同一节车厢,座位又紧挨着;到了伦敦以后,他们又住在同一条街、同一幢房子、同一层楼、同一个套间、睡在同一张床上;他们的女儿都是一只眼珠白一只眼珠红。这时他们方才恍然大悟,原来他们是夫妻。但女仆玛丽说,男方的女儿是左眼红右眼白,而女方的女儿却是右眼红左眼白。这样一来,他们到底是不是夫妻又成了问题。玛丽和消防队长的关系也很荒诞,他们在一起闲谈良久,形同路人,可是玛丽突然投入消防队长的怀抱——原来他们是一对情人。第四,细节的荒诞性。在整个剧本中,伴随着主人公无聊的、毫无生活逻辑的、荒诞不经对话的,是杂乱而不可理喻的钟声。第一场开场时,"英国挂钟敲着英国的 17 点钟"。当史密司夫妇闲聊时,挂钟有时敲 7 下,有时敲 3 下,有时半下也不敲。以后的各场次,也是有时"钟敲两点又敲一点",有时"钟很响地敲了一下,敲得叫观众吓一跳"。第五,主题指向的荒诞性。剧本通过荒诞的人物关系、台词、细节、表现手法力图告诉人们,世界是毫无意义的,其本身就是荒诞的;生活在这个世界上的人们精神极端贫乏,生活穷极无聊;人与人之间的关系冷淡隔膜,人的本质已无法辨认,夫妻、情人见面不相识,家人与亲戚姓名全一样,甚至人格也可以互换,马丁夫妇和司密司夫妇在剧本结束时就互换了位置。对剧本的这一主题指向,作家本人也谈过:"《秃头歌女》里的人物不知饥渴,没有意识的要求,他们烦得要死。"他们是"那种在不知不觉中被异化了人们"。

本剧剧名"秃头歌女"和剧情毫不相干,只在结尾处出现一次,可见剧名也是荒诞的。

《外国文学作品选读习题集·附录》
内蒙古自治区教育厅师训处 1993 年颁行

存在主义文学

存在主义文学是存在主义哲学基础上产生的现代派文学流派之一。20世纪30年代末40年代初产生于法国,第二次世界大战之后广泛流行于西欧和美国。代表作家有法国的让·保罗·萨特(1905—1980年)、阿贝尔加·加缪(1913—1960年)等。

存在主义文学有以下特点:

一、鲜明的哲理性。存在主义哲学是存在主义文学的思想核心,存在主义文学是存在主义哲学的主要表现形式。因此,文学和哲学的融合,鲜明的哲理性,就成为存在主义文学的突出特征。萨特是存在主义理论的集大成者,他的存在主义哲学观点对存在主义文学影响最大。他的主要观点是"存在先于本质""自由选择""世界是荒谬的,人生是痛苦的"。存在主义的所谓"存在",首先是自我的存在,是自我感觉的存在。我不存在,则一切都不存在。"存在先于本质"也就是自我先于本质,或者说,人的自我决定自己的本质,因为只有根据人的行为,才能判断人的好坏。所谓"自由选择",即人在选择自己的行动时是绝对自由的。有许多人在行动时总受他人意志的左右,不能按个人意志做出"自由选择",这等于丢掉个性,失去自我。但是自由选择往往难以实现。人生之旅,步步都有障碍、限制甚至不幸,每个人都是荒谬而冷酷处境中的一个痛苦而孤独的人。所以,这样的世界是荒诞的,这样的现实是令人恶心的。

二、直觉的真实性。存在主义作家从"存在先于本质"的原则出发,提出了文学应有自然主义倾向的"高度真实性"。按照这一理论的要求,作品的人物和情节只要是生活中的真人真事,情节无须加工提炼,人物不要集中概括,只求原原本本,朴实无华,更不必刻意雕琢、集美丑于一身。这种真实性,既不同于欧美古典文学中的现实主义那样重视"细节的真实性",又不同于马列文论中的"真实性"那种在集中概括基础上的"整体的、本质的真实",简言之,是一种具有存在主义特定内涵的带有自然主义倾向的状态,是对典型化艺术手法的否定。

三、环境的规定性。在自然选择中,人不能离开一定的境遇,离开了就没有自由选择可言。这一观点表现在存在主义文学中,就是人的处境,即"环境规定性"。但是,它和传统文学中的典型环境不同:它既不表现时代特征和历史规律,也不为塑造性格服务;它只给作品中的人物提供主观感受和自由选择的客观条件。

《外国文学作品选读习题集·附录》
内蒙古自治区教育厅师训处1993年颁行

美的本质

美是什么？尽管前人作过多种多样的回答，其中不乏真知灼见，但却很难说是建立在科学基础之上。马克思主义诞生之后，人们才开始找到了一条科学的探索途径，开始一步步地揭开美的奥秘。有了马克思主义的指导，我们就不会像旧唯物主义那样，纯粹从感性直观方面去研究美，也不会像唯心主义那样，只是抽象地从主观能动方面去研究美，而是坚持辩证唯物主义和历史唯物主义的基本观点，从整个社会历史发展中，从人类认识世界、改造世界的实践活动中去研究美、考察美，把美学研究纳入科学的轨道。下面我们将从美是人类的社会现象、美与人的本质力量、美是人的本质力量的感性显现三个层次来逐层深入地探索美的本质。我们的观点很明确：美是人的本质力量的感性显现。

美是人类的社会现象

美究竟是自然现象还是社会现象，这是美学研究中首先碰到的一个复杂问题。有人认为，阳光、月光、星光、鸟语、花香、春雨、夏草、秋风、红叶、江河湖泊、雪原雾凇等自然美在人类社会出现以前就早已存在，怎么能说美是人类的社会现象呢？很多学者有这种困惑。生物学家达尔文在他的《物种起源》等著作中，不仅认为美可以先于人类社会而存在，还论证了美感也非人类所独有，动物中有的展示羽毛，有的呈现异彩，有的发出鸣叫等，声称这些都是为了炫耀它们的美。人类社会出现以前的自然界是否存在美，动物是否有美感？我们的回答是否定的。

1. 在人类社会出现以前,自然界不存在美。因为没有人类存在便没有把自然物当作观赏对象的主体存在;同时自然物虽然早已存在,但它们都是自在之物,"全是不自觉的,盲目的动力",它们不能自觉为美;美是客观事物对人的一种特殊价值,它就像"有用""无用"一样,没有人便无从谈起,不能用今天人类对自然物的审美感受去推论在人类出现以前自然物的美就已存在。比如今天的人类一般都以太阳为美,而太阳的美是人类的社会实践发展到一定历史阶段之后才产生的。人类对太阳的感情经历了恐惧、敬畏、企图凭借想象力去征服它、支配它到赞美它的不同阶段,只有人类的物质生产力达到完全摆脱了对太阳的敬畏感,充分认识它的规律并有效地利用它的时候,太阳才成为自然美的对象,如杜甫"迟日江山丽,春风花草香"、白居易"日出江花红胜火,春来江水绿如蓝"等诗句中的太阳,莫奈、梵高等人画中的太阳,成为了人类的审美对象。可见美的本质不仅仅存在于物的属性、特征之中,还必须到人类社会生活领域中去寻找。

2. 动物界不存在美和美感现象。动物的存在是生命的自然存在,它的活动并不改造自然,自然界也不留下它意志的烙印。因此,自然界并不存在它的对象,它的整个生命活动是无意识的。"它没有自己和自己生命活动之间的区别"(马克思语),"动物自身没有历史"(今道友信语)。与此相适应,它的一切感觉和心理反应也只能是生物本能的生存反应,只能被动地感知事物的某些符合它生存需要的自然属性,绝不可能感知和理解对象中所包含的属于它自身的生活内容。因此,动物的感觉纯属生理行为,与人类的美感有本质的区别。

我们认为,美是一种人类的社会现象,当然美必须以事物的自然属性作为物质基础,但美之所以为美,关键还在于这些自然属性同人类社会生活的联系。美是社会历史发展的产物,它必然受到人类社会生活的制约;只有随着社会历史的不断发展,美才能不断丰富和发展起来。

人的本质力量

马克思说:"自由自觉的活动恰恰就是人的类的特性。"马克思的话从不同角度揭示了人的本质和本质力量。人的本质力量首先表现在人区别于动物的特征之中。人与动物的根本区别,并不只是表现在人比动物在生理上更加完善一些,在智能上更加聪明一些,而是表现在人有社会实践活动能力。动物也有活动能力,如捕食、营巢、防御、进攻等,但动物的活动是消极的、被动的,它只能盲目地顺从自然,却不能认识和改造自然。即使是动物中最聪明的猿猴,也仍然是自然的奴隶,它无法从自然界获得自然所能给它的更多的东西。人却不同,他能通过自己的实践活动,逐步地摆脱蒙昧、野蛮的状态,熟悉和掌握客观世界的必然性,从自然中不断提升自己,从而获得改造自然、利用自然、再造自然的自由。随着社会实践活动的发展,人类的精神物质文化生活水平越来越高,对于自然的认识也越来越深,因而在实践中认识、改造自然,使之造福于人类的自由也愈来愈大。人类向着文明世界前进的历史,就是不断地从必然王国走向自由王国的历史。人类的活动不仅是自由的活动,而且是自觉的活动,在活动之前存在着一定的思考和安排。马克思说过,蜜蜂建造蜂房,使得一切建筑师惊叹不已,但是他接着说:"最蹩脚的建筑师从一开始就比灵巧的蜜蜂高明的地方,是他在用蜂蜡建筑蜂房以前,已经在自己的头脑中把它建成了。劳动过程结束时得到的结果,在这个过程开始时,就已经在劳动者的表象中存在着,即已经观念地存在着。"这说明,人的活动是有目的、有意识的活动,即是一种自觉的活动。人正是通过这种活动,不断地使"自在之物"转化为"为我之物"。人与动物的本质区别,从物种关系上说,就在于人会劳动,人的活动是自由自觉的,人具有自由创造的能力。

人的本质力量还表现在人与人相区别的特征之中。人类的生产劳动是一种社会性的劳动,只有在一定的人与人之间的社会关系的制约下,才能有效地进行。社会关系指经济关系、政治关系、伦理关系、文化关系、血缘关系,以至于亲属关系、朋友关系、师生关系等等。人的本质力量要受到这种复杂的社会关系的制约,并且打上种种社会的烙印。社会关系是一个历史范畴,是随着人的劳动、实践的发展而发展的。所以,人们的社会关系不同,他们的本质力量也不同,有的顺应历史潮流,不断创造新生活而推动历史前进,求真向善,在改造客观世界的同时不断改造自己的主观世界;有的则相反。人的具体的现实的本质力量,应该是指一定历史时代的人类整体或某一个体所具有的最先进、最具创新性质的精神力量、物质力量、性格、素质等,可以概括为一种促进社会发展、推进历史前进的求真向善的自由创造力量。只有这种本质力量的感性显现才是美的。

美是人的本质力量的感性显现

这里,我们要讨论两个问题:一是人的本质力量是如何显现出来的;二是人的本质力量的感性显现为什么在人的感觉中是美的。

1. 人的本质力量的显现

人的本质力量是在社会实践中显现出来的。社会实践的过程就是人的本质力量显现的过程,社会实践的成果就是人的本质力量显现的物化形态。

(1)人的本质力量在社会实践中显现。人类的社会实践首先是生产劳动。生产劳动是人类为了维护自己和种族的生存,向自然摄取各种生活资料的基本手段,是社会历史不断向前发展的基本动力。恩格斯说:"人们首先必须吃、喝、住、穿,然后才能从事政治、科学、艺术、宗教等等。"这说明,为直接满足吃、喝、住、穿等实际需要的生产劳动,是支撑整个社会的基础,人的其他活动都是在这个基础上派生出来的,审美活动也是如此。在生产劳动中,自然逐渐被人认识、利用、改造、占有,或与人密切共处,首先成为人类有益有用之物,成为人类生存的依赖之物、养育生命之物，与人建立了实践关系，而后才逐渐成为人类有意味、感兴趣的可爱之物，建立起审美的或情感的关系。这就是说，事物对于人是使用价值先于审美价值。例如，人类在制造石球以及石珠中发展了对圆的感觉；后来在磨制石器中发展了对线与面、对光滑、圆润、匀称的感觉；再以后从彩陶及玉器的制作中发展了对色彩的感觉。马克思指出："人的感觉、感觉的人类性——都只是由于相应的对象的存在，由于存在着人化了的自然界，才产生出来的。五官感觉的形成是以往全部世界史的产物。"所以说，生产劳动不仅创造了审美对象、审美客体，还同时创造了新的需要、新的能力——审美主体。正是在主客体互相影响、互相转化的对立统一过程中，主客体同时发展了。所以我们说，人在生产劳动中创造了美，同时也发展了人的审美能力和审美需要，进而又以此发展了的能力和需要去创造更新更美的事物。

（2）在社会实践中人们按照一定的规律创造美。对美的创造规律，马克思曾说过一段至理名言："动物只是按照它所属的那个种的尺度和需要来建造，而人却懂得按照任何一个种的尺度来进行生产，并且懂得怎样处处都把内在的尺度运用到对象上去；因此，人也按照美的规律来建造。"

我们理解马克思所说的"按照美的规律来建造"，就是运用两个"尺度"来建造。马克思所说的第一个"尺度"，即"任何一个种的尺度"，就是指客观事物本身所具有的规律性，亦即事物的"真"。这种规律性，人们只能认识它、掌握它，而不能任意摆布它。人们在生产劳动中只有遵循这种客观规律，才能进行自由创造，从而使客观事物的"真"不断为人们所掌握，达到预期的目的。例如，人们培育庄稼、豢养动物、防旱防涝、建造房屋、修桥筑路时，所采取的种种措施都必须符合对象的客观规律。人们越能深刻地掌握对象的规律，越是懂得"按照任何一个种的尺度来进行生产"，就越能使更多的"自在之物"转化为"为我之物"，获得更多的自由。马克思所说的第二个"尺度"，即"内在的尺度"，是指人的尺度，即人类自身发展的要求和目的。人的生产劳动总具有一定的目的,总是为了使对象产生对自身对社会有益、有利的变化,这是广泛意义上的"善"。人们在生产劳动中必须准确地把握这种目的性,并千方百计地把它体现在自己实践的对象中,从而使主体的"善"不断地在劳动中得到实现,成为对象化了的"善"。让庄稼茁壮成长,是为了获得丰收;让牲畜圈满膘肥,是为了给人们提供更多的食品及营养等等。这里体现了人类劳动的自觉性。所以,人类的生产劳动过程,必然包含两方面的内容。一方面,认识与遵循客观的规律性("真");另一方面,把握与实现主体的目的性("善")。这种真与善的统一,合规律性与合目的性的统一,掌握了的真和实现了的善的统一就是"按照美的规律来建造"的最基本内容。我们认为,人的本质力量的显现,正是通过实践活动,把自己掌握真和实现善的进行自由创造的力量作用于对象而产生的结果。

人的社会实践是多种多样的,除了生产劳动,还要从事社会斗争、科学研究、艺术创造活动。人们在这些活动中,也在不断地显示着和实现着自己的本质力量。比如,数十万解放大军挥戈南下、横渡长江的场面,亿万军民用自己的血肉之躯保卫大堤、抵御洪水的壮举,科研人员殚精竭虑不断地揭示出物质世界的内在奥秘及其发展规律的科研成果,文艺工作者呕心沥血生动再现人民群众的实践活动和崇高精神的文艺作品等,都是人的本质力量的感性显现。

2. 美是人的本质力量的感性显现

人的本质力量的感性显现在人的感觉中为什么是美的呢？我们从以下两方面加以说明:

(1)人的本质力量的感性显现令人产生"自由的愉快"。社会实践是人类发挥自己一切本质力量所进行的创造性活动,是打破客观世界对人的肉体和精神束缚而创造自由的活动。通过社会实践的创造,人类能够使周围世界从属于人的目的。社会实践的过程和结果有着双重意义:一方面,作为达到某种实际目的的活动,社会实践的过程和结果能够使人的某种需要得到满足,这就使人的肉体获得了某种自由,这是令人愉快的;另一方面,社会实践的过程和结果能使人类的理想变为现实,满足了人类某种精神的渴求,使人获得了精神上的自由,这种自由尤其令人愉快。后一种愉快是在前一种愉快的基础上产生的,是与前一种愉快性质不同的更高层次的愉快。它不仅由于见到了自己创造的自由而愉快,更是由于感到自己有能力创造自由而愉快,所以可称之为"自由的愉快"。在这种愉快中,人感到最宝贵、最可爱的东西是感性显现出来的人创造自由的本质力量。这种愉快犹如母亲面对自己的婴儿,小孩面对自己在水中造成的圆圈,原始人面对自己手中那把得心应手的石斧,农民面对金灿灿的麦田,运动员面对冉冉升起的国旗,艺术家面对自己的杰作,所有这些,都是一种精神获得解放的愉快,它与实际需要获得满足或功利目的获得实现而引起的愉快是不同的。这种愉快我们称之为美感。

(2)人的本质力量的感性存在物必须具有令人赏心悦目的有意味的形式。美感的产生伴随着形式的要求,即人的本质力量的感性存在物不是呈现为笨拙、粗糙、低劣的感性形式,而是以令人赏心悦目的有意味的形式呈现出来。

所谓有意味的形式是指该形式与内容完全适应,能够圆满地恰如其分地显现人的真与善相统一的本质力量。比如在原始狩猎部落里,人们用野兽的角或爪装饰自己,被人们看作是美的,这并不是因为那角或爪的感性形式本身,而在于这种感性形式充分显现着他们战胜野兽的勇敢、智慧、才能和力量。而文学作品中语言的美是因为恰当地显现了作者的意蕴。总之,完全适合内容的形式令人产生美感。

赏心悦目的形式是与人类在长期生活实践中形成的审美形式感相适应的形式。许多形式,如绘画的色彩、音乐的节奏、舞蹈的动作、文学作品的语言等等,人们往往并不单纯为了追求它们所体现的内容,即使仅仅为了追求这赏心悦目的形式,也要去观赏它们。这是为什么呢?这是因为这些感性形式本身能够满足人们审美形式感的需要。审美形式感的满足是一种愉快,因而这些形式就成为赏心悦目的形式了。可见,形式产生的美感,不仅因为它与美的内容相适应,还因为它与人类已经形成的审美形式感相适应。从这一方面看,形式之所以美又与形式本身有关了,就是说这些形式本身已经成为独立的审美对象,已经由美的形式转化为形式美了。

《美学基本理论》第一编第一章第二节

论 崇 高

崇高是与优美相对应的美学范畴。古罗马美学家朗吉弩斯（公元213—273年）最早提出崇高的概念,他在《论崇高》的名篇中提出了构成"崇高"的五个条件："庄严伟大的理想""强烈而激动的情感""运用藻饰的技术""高雅的措辞""整个结构的堂皇卓越"。朗吉弩斯是从修辞学的角度提出崇高的概念的,但他很重视"庄严伟大的思想"。他说："把整个生活浪费在琐屑的狭窄的思想和习惯中的人是决不能产生什么值得人类永久尊敬的作品的。"要达到崇高必须重视人的精神力量,重视人的自身价值,因为"崇高就是伟大心灵的回声"。他的观点对后世产生深远的影响。

18世纪英国美学家博克最早对崇高和美进行了比较研究,他在《论崇高与美两种观念的起源之哲学的研究》（1757年）中,从生理学和心理学的角度分析了崇高和美（实质上是优美。——引者注）。他认为美源于人的社会交往的本能,表现为同情、模仿、竞争心;而崇高则源于人的自我保全本能,表现力的恐怖和惊惧。崇高的对象具有恐怖性的特点,如巨大、晦暗、力量、无限、永恒、壮丽、突然性等,反映在艺术上往往采用粗犷有力的直线条,具有奔放不羁的风格。他进而指出,一个对象引起危险和痛苦的观念,而实际上又不使我们真正陷入危险和痛苦的境地,这样才能成为崇高的对象。而美（优美）恰与崇高对立,表现为小巧、明亮、秀美等。

博克把崇高和优美归结为事物的基本客观属性,是朴素的唯物主义观点,但他把崇高与恐怖等同则是片面的。崇高未必恐怖,恐怖未必崇高。

把崇高上升到哲学高度进行深入研究的美学家首推康德。康德认为"崇高"对象的特征是无形式,即对象形式无规律、无限制,具体表现为体积数量无限巨大(数量的崇高)以及力量的无比强大(力的崇高)。这种无限的巨大、无穷的威力超过主体想象力(对表象直观的感性综合能力)所能把握的限度,即对象否定了主体,因而唤起主体的理性观念。最后理性观念战胜对象,即肯定主体。这样,主体就由对对象的恐惧而产生的痛感(否定的)转化为由肯定主体尊严而产生的快感(肯定的),这就是崇高。这里我们可以看出,康德所说的崇高与其说是客观对象,不如说是人意识到的崇高。把崇高对象由客观引入主观,是康德主观唯心主义哲学的表现。

黑格尔把崇高视为无限观念的一种显现。一旦观念压倒形式,无限的理性观念突破有限的感性形式而直接显露出来,就是崇高。崇高的本原就是理性。车尔尼雪夫斯基批判了黑格尔崇高观念的客观唯心主义实质,指出崇高与主体无关,它存在于事物本身,所谓"崇高"就是"形体十分巨大"。车氏只看到崇高的表面特征,忽略了崇高与人类社会的实践关系,没有从主客体的辩证统一中揭示崇高的本质。

崇高和优美都源于人类改造客观世界的实践活动。在人类改造现实的漫长艰巨的过程中,有些历史成果易于获取,并日益为人们所熟悉和掌握,从而转化为人们所欣赏的审美对象——它们常常以优美的形态展现在人面前。还有一些历史成果则需要人们去经历严峻的斗争的考验,克服千难万苦,甚至需要流血牺牲才能取得。正是这些不断给人们带来严峻考验的对象能充分激发起人的本质力量,唤起人的伟大使命感,从而使之转化为让人倍感自豪、骄傲的审美对象——它们常常以崇高的形态展现在人们面前。所以崇高是人们改造客观现实时,不断克服实践主体和实践客体之间的矛盾冲突,实现两者统一的进程和那些不断给人们带来严峻考验的对象。例如我国1998年夏季发生历史上罕见的特大洪水之后,亿万军民万众一心、不屈不挠、奋力拼搏,最终战胜洪水的过程和结果,成为崇高的审美对象。

崇高表现为以下三个特点:

1. 崇高表现为一种矛盾冲突由不和谐趋向和谐的动态美。崇高的对象在本质上并不适宜(顺化)人的生存,它们违背人这个主体把握世界、支配世界的主观意愿(即违背人追求自由的哲学本质)。要使这些现象人化,需要主体付出艰辛的努力,这是一个充满激烈冲突的矛盾斗争过程。斗争的结果,人最终以某种方式征服了对象,达成和谐统一的结果,人的本质力量得到最充分的显现。这一过程激荡人心,它的形式具有粗犷、刚劲、雄浑、有力的特色。这就是与静态的优美相对应的动态美。有一些外观是静态的自然景色,如巍峨青山、广袤草原,它们之所以成为崇高的审美对象,原因在于人类对自然的征服已经作为一种美感经验积淀在个体对这些现象的观照之中,因此虽然欣赏者此时无须与对象展开一个动态的对抗或征服过程,也会感到对象的崇高。静态的崇高现象仍然体现了矛盾冲突的本质。

2. 崇高充满力的强烈和数的巨大,在外观上呈现为难以把握的形态。崇高基于人类社会实践活动中的对抗和冲突,要造成强烈的对抗,对象必须在力和量上有压倒主体的气势,否则容易达成和解,便只能产生优美。在自然领域里,峥嵘突兀的丛山、无边无际的海洋、朦胧幽深的夜空等,就以其数量、体积(空间)的巨大导致崇高;而奔腾翻滚的江河、雷电交加的暴风雨、撼天动地的山崩石裂等则以力量的巨大导致崇高。这些"大"的现象,在形式上常常是突兀、粗糙、凹凸不平甚至是丑的,因此给人难以驾驭的感觉。这里所说的"丑"不是"丑恶"的"丑",而是指形式上的缺乏和谐、统一的特点,有些画家就以丑石、怪石为美。另外,并不是所有"大"的东西都可以成为崇高的审美对象,只有那些能直接或间接地体现人的本质力量,与人的社会实践活动相联系的"大"的现象才可能成为崇高的对象。

在社会生活中,崇高的"大"体现为正义力量和与之对抗的力量的激烈冲突,因此崇高常常与重大事件相联系。在这种冲突中,正义力量往往要付出巨大代价。最终,正义力量克服了非正义力量,便成为崇高;反之便成为悲剧。因此,有的美学家把崇高和悲剧看作两个紧密联系的美学范畴。事实上也是如此。崇高美的对象往往带有悲壮美的特点;悲剧特别是英雄悲剧具有崇高的风格。还有人说,悲剧并不意味着悲而意味着崇高。

3. 在审美感受上,崇高首先引起恐惧痛苦,再向审美愉悦升华。由于崇高的本质包含了由冲突到统一的运动过程,因此它所产生的美感相应也有一个运动变化过程,即冲突使人感到不适、痛苦、恐惧,但它们最终又被人的本质力量的确证产生的自豪、愉悦所化解。在现实审美行为里,审美主体之所以能够获得由痛感向美感的升华,有两个条件:其一,主体必须与引起恐怖的对象保持适当的距离,也就是说对象实际上并不能造成对人的危害,主体是安全的。正如康德在《批判力批判》中所说:"假如我们发现自己是在安全地带。那么,这景象越可怕,就越对我们有吸引力,我们称呼这些对象为崇高。"当然,安全感的真正原因还要到人的本质力量与对象的关系里去寻找;其二,主体力量强大,足以克服或终于克服与之对抗的力量,这时,恐惧痛苦就会向审美愉悦升华。人们战胜种种自然灾害的过程和战胜邪恶势力的过程就是一个由痛苦向愉悦升华的过程。

崇高在不同的领域呈现出不同的形态特点。

自然界的崇高表现为量的巨大和力的强大,如无垠的星空、浩瀚的海洋、辽阔的大地、巍峨的青山;闪电雷鸣、暴风骤雨、洪涛汹涌、山呼海啸等,凡此种种,无不显示出无穷的威力,以压倒之势向实践主体挑战。由于它们已被实践主体征服或表现出终将被征服的趋向,从而向相反方向转化,成为崇高的审美对象。但那些正在危害人类的强大的自然现象,如洪水泛滥、森林起火、火山喷发,体积并不小,威力并不弱,但不能说它们是崇高。

社会生活领域,凡是体现了人类斗争的正义性、艰巨性、坚韧性、不屈性,体现了人类巨大的精神力量和伟大品格的现象,都是崇高的。社会崇高具有明确的伦理性质,它的内容就是至善,"沧海横流,方显出英雄本色""天垮下来擎得起,世披靡矣扶之直"(郭沫若《满江红·领袖颂》)。社会崇高,可以是正剧式主人公的胜利,也可以是悲剧式主人公的毁灭,只要是推动历史前进的、为征服自然而做出巨大贡献的英雄人物都是崇高的。

艺术领域中的崇高,是对现实领域崇高的反映,而且比现实中的崇高更集中、更凝练、更理想。内容方面,歌颂生活中的崇高人物和事件的作品;形式上,庄严的文体、宏伟的结构、豪迈的语言;风格上,雄浑、磅礴、粗犷,均属于崇高领域。例如《被缚的普罗米修斯》《战争与和平》《静静的顿河》《屈原》《南冠草》等悲剧或史诗性作品,诗歌中李白的《蜀道难》、苏轼的《念奴娇·赤壁怀古》、毛泽东的《长征》等豪放风格的作品。

有人把西方美学中的崇高与中国古典美学中的壮美机械等同,这是不妥的。如前所述,崇高是主客体在对立冲突中趋向统一的动态美,它以内容和形式之间的不和谐、不统一为基本特点。而我国古典美学中的壮美、阳刚之美以及雄浑、豪放等品格,以内容和形式的和谐统一为特点。当然不是说历史上没有崇高的对象。事实上,无论是自然崇高(雄伟的泰山、浩渺的沧海、苍茫的草原等)、社会崇高(历次农民起义及其领袖人物、反抗侵略的民族战争和民族英雄)、艺术中崇高的反映形态(屈原的《离骚》、司马迁的《史记》、李白的诗、苏辛的词、施耐庵的《水浒传》等),在我国历史上是大量存在的。而我国古典文论只论及了壮美或阳刚之美,没有论及崇高。有人把这种现象归结为历史条件:"作为审美范畴的崇高,在西方是与资产阶级的革命要求相联系的""中国历史发展的具体情况,没有出现"这种"历史条件"。我们认为,把一个审美范畴的出现直接与某一个历史阶段、某一个阶级的历史要求相联系,有些牵强。即使考虑历史条件,也只能作为间接原因来考察,直接原因还是应该到东西方不同的哲学观和审美观中去寻找。西方哲学以研究人对物、人对自然的关系为主,充满着躁动不安和返思的特点。古希腊时期就产生过强调对立面斗争和转化的赫拉克利特的哲学;西方最早的审美观既有毕达哥拉斯的"美是和谐"说,也有赫拉克利特的通过对立面的斗争和转化达到和谐的观念。中国古代哲学以研究人与人之间的关系为主,强调"天人合一""中庸之道",表现出宁静、清淡、稳健的特点,审美观是"适度""中和",崇尚静态美。而崇高是主客体在对立冲突中趋向统一的动态美,这可以从西方的哲学观和美学观中得到解释;壮美都是以内容和形式相谐为特点的,仍属于静态美的范围,同样可以从中国古代哲学和审美观中得到解释。所以我国古典美学论及壮美、阳刚之美,而没有论及崇高。

《美学基本理论》第一编第五章第一节之二

论 悲 剧

作为美学范畴的悲剧同戏剧艺术的悲剧类型,既有联系又有区别。从二者的联系看,美学范畴的悲剧概念来源于戏剧艺术类型的悲剧,内容上互有交叉,如《奥狄浦斯》《哈姆莱特》《窦娥冤》,它们既是美学范畴又是戏剧艺术类型的悲剧。人们常习惯于从戏剧艺术的悲剧类型中去体验悲剧性内容,所以美学的悲剧研究也总是联系到戏剧作品。二者的区别是,美学范畴的悲剧比戏剧艺术的悲剧类型具有更广阔的范围。就艺术来说,小说、诗歌、雕塑、绘画、音乐等艺术形式都可以表达悲剧性的内容,人们耳熟能详的安娜、林黛玉、祥林嫂等人物的悲剧性就是小说中表现出来的;现实生活中也常有悲剧事件发生、悲剧人物出现。值得注意的是,现实生活中,悲剧常常被当作苦难的同义词,例如我们说:"不能让旧中国的悲剧重演。"另外,现实生活中的悲剧事件也不是全都能够进入审美领域,偶然的意外事故、伤亡和病痛因缺乏美学意义而无法归入悲剧。即使能够进入审美领域的悲惨事件,首先激起的往往是人们生理上的痛感和特定的功利态度与行为,不能立即进入审美领域。艺术中的悲剧以现实生活中的悲剧为基础,根据艺术家的审美理想经过典型化手段创作而成,具有更深广的内涵,所以美学研究以艺术中的悲剧为主要对象,也是不无道理的。

悲剧的本质

1. 西方美学史上对悲剧本质的探究

西方最早研究悲剧理论的是亚里士多德。他在《诗学》里主要讨论了悲剧和史诗(有关喜剧的部分已经散佚了),关于悲剧的主要观点有:"悲剧是对于一个严肃、完整、有一定长度的行动的模仿""悲剧总是模仿比我们今天的人好的人""悲剧所模仿的行动……要能引起恐惧与怜悯之情""引起怜悯和恐惧来使感情得以陶冶"。亚里士多德阐述了悲剧的性质、特点、效果和作用,其中强调的是悲剧的严肃性,与喜剧的滑稽、引人发笑截然不同。悲剧的主人公是好人,他的行动是可怕的和可怜的行动,悲剧效果是引起恐惧和怜悯,达到净化人的心灵的作用。亚氏的悲剧观,奠定了西方美学史上的悲剧理论,其影响之深远,使相当长时间里的许多悲剧观无法与其匹敌,直到黑格尔出现,使悲剧理论呈现出新的面貌。

黑格尔从矛盾冲突入手研究悲剧。他认为悲剧不是个人的偶然原因造成的,悲剧的根源和基础是两种实体性伦理力量的冲突,冲突双方所代表的伦理力量都是合理的,但同时又都有片面性,每一方都因坚持自己的片面性而损伤另一方的合理性,这就必然导致悲剧冲突,这种冲突是善与善的冲突。黑格尔把古希腊悲剧家索福克勒斯的名剧《安提戈涅》作为自己立论的典范。《安提戈涅》写的是奥狄浦斯王后代的故事。奥狄浦斯王遭放逐后,其二子厄忒俄克勒斯和波吕涅克斯争夺王位,互相残杀,一同死去。此前波吕涅克斯曾勾结外敌攻打祖国,烧毁了神殿,残杀了族人。于是新国王克瑞翁(他们的舅父)下令将波吕涅克斯的尸体弃于野外,让飞禽走兽吞食,不许人们为其收尸。这个禁令与古希腊传统的宗教观念相矛盾:如果死者得不到埋藏,他的阴魂就不得入冥府,因此亲人有义务埋葬死者。波吕涅克斯之妹安提戈涅出于手足之情和宗教律条,毅然埋葬了兄长。为此,国王大怒,把她囚禁起来,后又悔悟,前去释放她,这时她已自杀。她的未婚夫海蒙(国王之子、她的表兄)拔剑刺杀父王未遂后亦自杀。海蒙的母亲为儿子的死痛苦不堪,终亦自杀,国王也陷入痛苦之中。黑格尔对此剧分析道:单就某一方面来说,他们各自都是合理的、正义的,因为一方面代表国法,另一方面代表家法和宗教;但从另一方面看又都是片面的,因为他们相互损害,因此又都是有罪的,不能不遭到惩罚或毁灭。作为两个片面性的被否定,其结果是"永恒的正义"获得了胜利,达到了"和解"。

　　黑格尔的悲剧观强调了悲剧的矛盾冲突及其所蕴含的必然性,直接启发了马克思、恩格斯对悲剧的论断。黑格尔认为悲剧的结局使"永恒的正义获胜",蕴含着乐观精神。但是他对悲剧冲突的分析和结局的"和解"抹杀了正义与非正义的区别和美丑善恶的斗争,表现出理论保守的一面,沾染了向现实妥协的"德国庸人"气息。

　　车尔尼雪夫斯基批判了黑格尔的悲剧观,用"悲剧乃人生中惊心动魄的事"取代黑格尔的冲突论,认为悲剧虽与可怕的事情、艰苦的斗争相联系,但与必然性没有任何联系,纯粹是偶然因素造成的。"有一只船遇着风暴给暗礁撞坏了,可是却有几百只船抵达港口。"尽管车尔尼雪夫斯基所言流露了俄国民主主义者事在人为、勇敢进取的革命乐观情绪,但因为排斥了悲剧的必然性,不能不成为对人类社会历史发展的一种肤浅的理解,从而丧失了悲剧特有的审美意义,完全抛弃了黑格尔理论中的合理内核。这可以说是美学上的一次倒退。

　　2. 马克思、恩格斯对悲剧本质的理论贡献

　　马克思、恩格斯扬弃了黑格尔悲剧理论中的保守性,将悲剧中所包含的必然性和社会倾向性与推动历史前进的社会斗争联系起来,从而深刻地揭示了悲剧美学的社会历史含义。恩格斯在《致斐·拉萨尔》的信中出,悲剧的本质正是由"历史的必然要求和这个要求的实际上不可能实现之间的悲剧性的冲突"所决定的。凡是代表历史的必然要求、有益于推动历史前进的社会力量,在伦理上是善的,在审美上是崇高的;它的反面是恶与卑下。人类历史发展的主旋律正是由那些高举

着"敢于斗争、敢于胜利"的旗帜呼啸着前进的人民群众及代表他们的英雄人物谱写的。他们那种不惜牺牲自己以换取社会进步的"知其不可为而为"的英雄行动,是最高的善和最伟大的崇高。他们在斗争中会遇到来自自然力量、社会力量以及自身认识不足等方面的困难,甚至会暂时失利、失败而造成悲剧。这种代表"历史必然要求"的实践主体在与阻挡历史前进的现实社会势力及其他阻力进行斗争时所遭到的失败,这种现实存在对实践要求的压倒和摧毁,却愈能暴露现实存在的不合理性和必然衰亡,也就更加显示出实践主体要求的合理性和必定胜利。这就是以否定的形式肯定了人们的实践和斗争,具有崇高的美学价值。

悲剧的基本特征

1. 悲剧人物具有正面素质

亚里士多德认为悲剧模仿的是"比我们今天的人好的人";黑格尔认为悲剧的冲突是善与善的冲突;恩格斯认为悲剧主人公代表的是"历史的必然要求";鲁迅认为"悲剧将人生有价值的东西毁灭给人看"。这些论述都指向一点:悲剧人物是具有正面素质的人,代表的是正面的、进步的、美好的人生价值。事实也是如此,东西方艺术史上塑造的悲剧主人公莫不是具有正面素质的人。古希腊悲剧中的普罗米修斯、奥狄浦斯,莎士亚戏剧中的哈姆莱特、李尔王,17世纪古典主义悲剧中的熙德,易卜生悲剧中的娜拉,托尔斯泰小说中的安娜,卡夫卡笔下的格里高尔,中国古代小说戏剧中的悲剧人物窦娥、林黛玉,鲁迅笔下的祥林嫂、子君,郭沫若笔下的屈原、如姬等,他们或伟大崇高,或正直善良,却"遭受不应遭受的厄运"(亚里士多德语)。他们所体现的正面价值及其要求,不是从琐细的个人欲望中,而是从时代的现实的生存方式及发展潮流中取得来的;他们或为了实现远大理想,或为了维护国家的、集体的、家庭的、个人的正当权利——为了维护国家的、个人的尊严所进行斗争属于正义的行为；他们的失败或毁灭激励人们进行真理的探索和伦理的追求，给予人们悲剧美的审美享受。

悲剧中也有正面人物变成反面人物的情节，如莎士比亚的悲剧《麦克白》。麦克白不像理查三世那样从头到尾都是罪大恶极的人物，他本来是一个英勇善战的英雄，在平定内乱和抵御外寇时建立过奇功，由于野心的诱导，他陷入了罪恶的泥沼中。在他从犯罪到毁灭的过程中，道德力量使他感到深刻的悔恨和强烈的痛苦，因而令观众和读者对他多少有些同情和怜悯。

2. 悲剧表现出失败、挫折甚至毁灭的必然性

马克思、恩格斯在评论《弗朗茨·冯·济金根》时，一再指出悲剧主人公失败、毁灭的必然性。济金根是骑士阶层中较有远见的人物，他领导的骑士暴动反对教会，企图统一德国，具有一定的进步意义。而当时德国的现实是"没有一个等级已经发展成熟到足以从自己的立场出发来革新德国局面，连农民阶级也没有发展到这样的程度"。所以不仅骑士暴动必然失败，农民起义也不可能胜利。悲剧人物失败的原因可以归结为两方面：从客观方面来说，由于敌对势力强大，斗争条件不成熟，有着种种难于克服的障碍；主观方面，由于所属阶级的局限、行动上的失误、力量上的薄弱等等。因为这些暂时不可能改变的主客观情状，其结果就是悲剧主人公在体现历史的必然要求时，也不可避免地遭受失败、挫折甚至毁灭。

悲剧的必然性并不排斥偶然性，相反，必然性恰恰是通过偶然性起作用的。马克思说："如果偶然性不起任何作用的话，那么世界历史就会带来非常神秘的性质。"哈姆莱特的死是必然的，但这又是由他和雷欧提斯决斗且两人又交换了剑的偶然性造成的。偶然性不是目的，但偶然性的妙用能使必然性的内容得到充分的表达。

3. 悲剧以美的毁灭来达到肯定美、否定丑的目的，本质是乐观的

悲剧人物主要是英雄人物或正面人物，或者是有缺点或犯错误的具有一定正面素质而非极端邪恶的人，他们的失败、挫折或毁灭引发的

不是悲观绝望,本质是乐观的。悲剧英雄代表历史的必然要求,维护国家和人民的最高利益,向邪恶势力做斗争而不惜牺牲生命。他们不仅指明人们前进的方向,而且鼓舞人们斗争的意志。我们从他们身上看到人的社会理想可以多么远大,精神境界可以多么崇高,并且感到人的信念可以多么坚定,力量可以多么强大。他们的失败或死亡固然令人感到哀痛,但人们又觉得他们虽败犹荣、虽死犹生,哀痛就转化为尊敬,并且相信他们为之奋斗的理想终有一天会实现。普通人的悲剧激励人物发扬真善美,痛恨假恶丑并与之做斗争,导向仍然是乐观精神。美国剧作家密勒认为:"在真正的悲剧中所显示的剧作家的乐观主义精神比喜剧更丰富。悲剧的最后结果应该增强观众对人类最光明的憧憬。""在悲剧中,而且只有在悲剧中,才蕴藏着一种信仰——比方说,对于人的完美抱有乐观主义态度。"

4. 悲剧使人的心灵得以净化、超越

亚里士多德认为悲剧效果是"激起怜悯和恐惧,从而导致这些情绪的净化","怜悯是由一个人遭受不应遭受厄运引起的,恐惧是由这个遭受厄运的人与我们相似而引起的"。怜悯和恐惧属于痛感,悲剧快感的来源就是使这些过分强烈的情感得到"净化"(宣泄)。黑格尔认为悲剧中,主人公虽然失败了甚至死亡了,但是"永恒的正义"得到了胜利,所以悲中又有积极振奋的因素,悲剧快感由此而来。尼采认为关键在于主体的审美态度,主体以审美的眼光来看悲剧的痛苦,因而使痛感转成了快感。叶朗主编的《现代美学体系》认为:"悲剧感是对命运(必然性)的焦虑和恐惧。而这种对命运的焦虑和恐惧,会在主体身上引发一种正视命运,接受命运挑战的勇气和决心。观众在看了一场悲剧之后,似乎在心灵深处暗暗对自己说:看来任何人都免不了种种禁忌而遭受命运女神的惩罚,既然这样,那就让我们和命运女神决一胜负吧!这就使得悲剧除了令人怜悯和恐惧之外,还使人振奋。"这些观点都说明了悲剧快感的根源,也阐明了悲剧净化心灵的作用。

悲剧不仅有净化心灵的作用,而且能使心灵获得超越。人们从对悲剧的观赏中领悟到一种永恒、深远的意蕴，形成对人生、命运、社会、宇宙的新的认识和理解，获得一种智慧的超越。马克思、恩格斯从人类整体、整个历史过程来看待悲剧，把个体看作是"类"，是历史前进的殉道者。"死似乎是类对特定的个人的冷酷无情的胜利，并且似乎是同二者的统一相矛盾的；但是特定的个人不过是一个特定的类的存在物，并且作为这样的存在物是必死的。"这些悲剧英雄的死表明，"种族的利益总是要靠牺牲个体的利益来为自己开辟道路的"。从悲剧英雄的失败看到历史必然要求的胜利，也就完成了对悲剧的超越。对悲剧的感受是复杂的，但是悲剧的超越给感受明晰地注入了信念、力量、振奋、向往、赞美、崇敬等心理内容，使人经历情感的高峰体验，由情绪的亢奋、沉醉到实现人格的升华。

悲剧的类型

按照欧洲传统观念，悲剧的分类有所谓命运悲剧、社会悲剧、性格悲剧之别，还有英雄悲剧、恐怖悲剧、家庭悲剧、心理悲剧、异化悲剧等分法。我们根据悲剧冲突的性质，把悲剧分为英雄悲剧、普通人的悲剧、旧事物旧制度的悲剧三类。

1.英雄悲剧

此类悲剧也可称为新生力量的悲剧。马克思说，"一切伟大的世界历史事变和人物""第一次是作为悲剧出现"的。新生力量的悲剧，实际上是新的社会制度代替旧的社会制度的信号。从盗火的普罗米修斯、治水的鲧、农民起义领袖陈胜、吴广、托马斯·闵采尔到巴黎公社英雄、李大钊、方志敏、张志新等无数为国捐躯的民族英雄和献身于革命事业的先烈，都集中而突出地显示着这种悲剧美。悲剧英雄的特点，首先是英雄自觉自愿地为真理而斗争，为理想而献身；其次是悲剧人物高悬一种可贵的人生价值，在巨大的苦难中展示出非凡的震撼心灵的高尚品格和精神力量，体现出悲壮、自豪、无畏的特点，常常与崇高交织在一起,甚至就是崇高的集中的表现,在悲剧的感受中交织着强烈的崇高感。

2. 普通人的悲剧

鲁迅说:"人们灭亡于英雄的特别的悲剧者少,消磨于极平常的,或者简直近于没事情的悲剧者却多。"实际上普通人的悲剧更为多见。在私有制条件下,历史的必然要求表现为普通人基本的生活必需和对生活的正当要求。但是这些起码的要求被剥夺、压抑和摧残。这种悲剧虽然没有英雄悲剧那种大起大落的力量和崇高感,但在社会中却是大量存在的。它们看似平常,司空见惯,但一旦经艺术家的创造使之典型化,就会产生巨大的、深沉的艺术力量,例如窦娥、林黛玉、子君、祥林嫂的悲剧等等。普通人的悲剧依然是对苦难世界的不合理的抗议、质疑,对人类自由的渴望、追求,在普通人的悲惨命运和毁灭中显示出有价值的东西。在社会主义时期,尤其是社会主义的初级阶段,仍然有普通人的悲剧——当然也有英雄悲剧。在社会主义制度下,那种客观必然性作为盲目的异己力量压倒实践主体的悲剧势将逐渐消亡。但是社会主义仍然存在着旧社会的痕迹,存在着千百年来形成的旧的习惯势力,存在着生产力和生产关系、经济基础和上层建筑之间的矛盾,存在着先进与后进的矛盾,存在着官僚主义、贪赃枉法、以权代法、贪污腐败、草菅人命等丑恶现象,这就决定了不断产生的"历史的必然要求"和这些要求实际上不可能立即实现之间的矛盾冲突,矛盾冲突的结果有可能产生悲剧。悲剧的审美价值,在于引起人们的震惊和深思,使人们在感情的激荡和理性的探索中更好地认识和掌握客观规律,增强战胜丑恶事物的勇气,从而推动社会主义事业不断前进。

3. 旧事物旧制度的悲剧

这类悲剧有两种情况:一种情况是旧制度与新生世界的冲突。马克思说:"当旧制度本身还相信而且也应当相信自己存在的合理性的时候,它的历史是悲剧性的。当旧制度作为现存的世界制度同新生的世界进行斗争的时候,旧制度犯的就不是个人的谬误,而是世界性的历史谬误。因而旧制度的灭亡也是悲剧性的。"什么叫作历史的合理性呢？马克思在《〈政治经济学批判〉导言》中说："无论哪一个社会形态，在它们所能容纳的全部生产力发挥出来以前，是决不会灭亡的；而新的更高的生产关系，在它存在的物质条件在旧社会的胎胞里成熟以前，是决不会出现的。"长篇历史小说《李自成》中，作为封建制度代表者的崇祯皇帝就处在这样的历史地位。他宵衣旰食，力图振兴朱明政权，但由于主客观多种原因，不可逆转地走上了覆灭的道路。他虽然是旧制度的代表者，因其具有某种存在的合理性，仍然能够引起人们一定的悲悯和同情。

另一种情况是旧世界旧事物之间的冲突。在旧世界内部，居于统治地位的剥削阶级与处于在野境地的剥削阶级代表人物之间，常常存在尖锐的矛盾。后者对前者的激烈反抗，可能在客观上反映着某种程度的历史必然要求。济金根的悲剧就是如此。作为骑士的济金根是垂死阶级的一个代表，但他所代表的力量在旧制度中不占主导地位，既不属于第一营垒的保守的天主教派，也不属于第二营垒的路德宗教改良派，而是属于德国的第三营垒。他的暴动目的虽然不在于推翻封建统治阶级，但却削弱了封建统治，客观上有利于农民的反封建起义和斗争。更重要的是，济金根要求德国统一的愿望代表了"历史的必然要求"，具有一定的进步意义。正是在这个意义上，马克思、恩格斯才肯定《济金根》有一定的悲剧意义。

《美学基本理论》第一编第五章第二节

悲喜剧：由戏剧类型向审美范畴升华

我们所论的悲喜剧，不仅是一种戏剧类型，而且是一种审美范畴。范畴是一个学科中反映事物特征和关系的基本概念。西方美学史上的审美范畴主要有优美、崇高、悲剧、喜剧等，中国美学史上则有中和、意象、意境等。戏剧类型的悲剧、喜剧和审美范畴的悲剧、喜剧既有联系又有区别。审美范畴的悲剧、喜剧源于戏剧艺术的戏剧类型，并主要从戏剧作品取例来研究；但审美范畴比戏剧类型具有更高的概括性和更广阔的范围，仅就艺术而言，不但戏剧可以表现悲剧、喜剧的审美特征，而且小说、诗歌、雕塑、绘画、音乐等艺术形式都可以表现出悲剧、喜剧的审美特征。因此，研究审美范畴的悲剧、喜剧就不能仅以戏剧艺术为对象，而应当以各种艺术形式乃至现实生活的范例为对象。本文拟以堂吉诃德、阿Q等形象作为范例予以论证。

我们可以从戏剧艺术追本溯源，从悲剧、喜剧说起。悲剧、喜剧的概念，源于古希腊戏剧的两种类型。作为审美范畴的悲剧（或悲剧性）、喜剧（或喜剧性），也是从戏剧类型的悲剧、喜剧开始的，并由戏剧类型扩展延伸到其他艺术门类。西方戏剧创作和戏剧理论大体上经历了4个时期。第一个时期是古希腊时期。古希腊戏剧从迎神赛会的乐舞发展而来，是古希腊文学最辉煌的成就之一。文艺理论家亚里士多德从古希腊戏剧作品中总结了悲剧、喜剧理论，他指出："喜剧总是模仿比我们今人坏的人，悲剧总是模仿比我们今天好的人。"对此，我们可以这样理解：悲剧人物是正面人物，是应该肯定或基本肯定的人物，喜剧人物是应该否定的人物。悲剧效果是"引起恐惧与悲悯之情"，喜剧效果是"滑稽"。这一时期，悲剧和喜剧是有严格界限的。

第二时期是文艺复兴到18世纪。在戏剧创作上，莎士比亚首先打破了悲剧和喜剧的严格界限，在悲剧中注入喜剧因素，在喜剧中注入悲剧因素。例如在悲剧《哈姆莱特》中穿插了波洛涅斯对儿子讲述人情世故的滑稽场面和两个掘墓人掘墓时插科打诨的场面；在喜剧《威尼斯商人》中安排犹太商人夏洛克磨刀霍霍准备割下威尼斯商人安东尼奥三磅肉的情节。马克思在《议会的战争辩论》一文里指出："英国悲剧的特点之一就是崇高和卑贱、恐怖和滑稽、豪迈和诙谐离奇古怪地混合在一起，它使法国人的感情受到莫大的伤害，以致伏尔泰竟把莎士比亚称为喝醉了的野人。但是莎士比亚在任何地方都没有让丑角在英雄剧中担当开场的任务。"这段论述表明，马克思看到了莎士比亚戏剧中悲剧、喜剧因素的结合。但是从莎氏戏剧的实践看，悲剧和喜剧的界限还是很清楚的。莎士比亚没有创造出悲喜剧的类型。

17世纪古典主义戏剧继承了古希腊戏剧传统，悲剧、喜剧的界限仍然是严格的；同时又受到莎士比亚戏剧的影响，悲剧、喜剧因素互有渗透。例如高乃依的悲剧《熙德》中出现了大团圆的结局，莫里哀的喜剧《达尔丢夫》中奥尔恭一家几乎面临家破人亡的危险。但是，尽管戏剧创作上出现了一些新的因素，而在理论上，古典主义理论家布瓦洛仍然坚持悲剧、喜剧的严格区分，并做出规定：悲剧主人公必须是上层人物，而第三等级只能在喜剧中出现。

18世纪启蒙思想家、美学家狄德罗从强调戏剧的教育作用，强调戏剧的市民性、家庭性出发，建议创造一种不同于古典主义戏剧的新戏剧。狄德罗认为："一切精神事物都有中间和两极之分。一切戏剧活动都是精神事物，因此似乎也应该有中间类型和两个极端类型。两极我们有了，就是喜剧和悲剧。但是人不至于永远不是痛苦便是快乐的。因此喜剧和悲剧之间一定有个中间地带。"这就是说，在悲剧和喜剧之间应当有一个新的剧种。狄德罗把这个新剧种统称为严肃剧，其中又分严肃喜剧和家庭悲剧，创作了《私生子》《一家之主》，以实践他的严肃剧创作理论。狄德罗的严肃剧(后世称作正剧,即西方话剧的滥觞)理论和实践,打破了悲剧和喜剧的界限,扩大了戏剧表现现实生活的范围。尽管如此,狄德罗却是反对悲喜剧的。他说:"悲喜剧只能是个很坏的剧种。因为在这种戏剧里,人们把相互距离很远而且本质截然不同的两种戏剧混在一起了。"狄德罗在这里所说的悲喜剧是一种戏剧的类型,不是审美范畴。在狄德罗的影响下,博马舍写出了成功的严肃剧:《塞维尔的理发师》和《费加罗的婚姻》;德国戏剧家莱辛在本国掀起了市民剧运动。他在《汉堡剧评》中阐发了他的关于"新剧种"即市民剧的观点。这种市民剧既不是悲剧,也不是喜剧,而是一种由莎士比亚型的悲喜剧、混杂剧演变出来的法国的泪剧和英国的市民悲剧。就喜剧而言,"在喜剧里也哭一哭,从宁静的道德行为里找到一种高尚的娱乐";就悲剧而言,"过去认为只有君主和上层人物才能引起我们的哀怜和恐惧,人们也觉得这不合理,所以要找出一些中产阶级的主角……"莱辛自己创作了德国第一部市民悲剧《萨拉·萨姆逊》。他的市民悲剧除了主人公是普通市民阶层人物之外,其余种种特征同古典主义的悲剧没有多大差别,所以从审美意义上来说,莱辛的市民悲剧仍然属于悲剧类型。纵观这一时期的戏剧创作,莎士比亚、高乃依、莫里哀等大师突破了悲剧、喜剧的严格界限,使悲剧、喜剧因素有所融合;而狄德莱辛创造了正剧的类型。在理论上,狄德罗和莱辛为悲剧、喜剧的融合奠定了基础,特别是马克思对莎剧的评价,直接启发了别林斯基对《堂吉诃德》的评价:他们共同开拓了悲喜剧由戏剧类型向审美范畴升华的道路。

　　第三时期是19世纪。19世纪戏剧创作的代表是挪威戏剧家易卜生的"社会问题剧"。易卜生的创作正是实践了狄德罗的理论,使正剧这一体裁真正展现在现代戏剧舞台。对中国的影响,便是诞生了完全异于中国传统戏剧的新兴文体:话剧。中国的话剧以正剧为主,也有悲剧色彩较重的,或喜剧色彩较重的,鲜见悲剧、喜剧因素高度融合的作品。

第四时期是20世纪。20世纪欧洲各国及我国的戏剧创作,除了正剧以外,最有影响力的是50年代出现于法国,之后流行于欧美的荒诞派戏剧。这种戏剧以"反戏剧"为旗帜,完全突破了传统戏剧的范式,刻意采用支离破碎的场景,滑稽怪诞的形象,荒谬悖理的情节,夸张怪异的动作,语无伦次的对白,使荒诞的内容与荒诞的形式相统一。既然荒诞派戏剧是一种"反戏剧"的戏剧,所以也就无所谓悲剧、喜剧、悲喜剧之分了。

综上所述,从古希腊时期到20世纪,在创作上,从悲剧、喜剧的严格区分,到互有渗透,到正剧的诞生,再到荒诞派戏剧的流行,其间经历了一个漫长的过程。但是两种因素高度融合的,特别是戏剧主人公既具有悲剧性又具有喜剧性的悲喜剧类型实为罕见。诚如狄德罗所言:"想用不易看出的不同色调来把两种本质各异的东西调和起来是根本不可能的。每一步都会遇到矛盾,剧的统一性就消失了。"因为戏剧的基本要素是戏剧冲突,要在有限的舞台空间和演出时间内高度集中地展开尖锐激烈的矛盾,既要展现悲剧性冲突,又要展现喜剧性冲突,那是困难的。所以戏剧类型的悲喜剧即正剧,往往是既有对正面人物的歌颂赞扬,又有对反面人物的讽刺批判,最后以正面力量取胜或预示其必然胜利的前景告终。近年来有些文学评论也采用了"悲喜剧"的概念,例如陈思和的《中国当代文学史教程》在分析陈奂生等人物形象时,把他们的命运概括为"小人物的悲喜剧"。这里的"悲喜剧"应理解有悲有喜的"正剧"。因为陈奂生这个人物只不过是在上城卖油绳、买帽子、住招待所、返乡的过程中经历了愉悦、痛心、自豪的情绪变化,是一个审美意义上的"正剧"人物,还不能进入"悲喜剧"的范畴。我们提出的属于审美范畴的悲喜剧,不是一般的有悲有喜,有愉悦有烦恼的"正剧",其本质是以悲剧、喜剧因素的高度融合、以含泪的笑来塑造悲喜剧人物形象,已从一种戏剧类型升华为一种审美范畴。这种典型事例可以在小说中找到。小说,特别是中长篇小说,其容量、界限,是广阔无边的。我们援引塞万提斯的长篇小说《堂吉诃德》和鲁迅的中篇小说《阿Q正传》来论证悲喜剧审美范畴的本质和特征。

主人公的性质是区分悲剧或喜剧的重要因素。悲剧主人公是被肯定的正面人物,喜剧主人公是被否定的可悲可笑的人物。界定悲喜剧也应当首先考察主人公的情况。我们认为,悲喜剧主人公是一些肯定、否定两种因素既两极对立又水乳交融、难分难解的具有悲喜剧性格的人物。堂吉诃德和阿Q正是这类人物的典型。

堂吉诃德是16世纪西班牙的一个穷乡绅,读骑士文学走火入魔,以至于坠入狂热的骑士传奇的幻想中,决计恢复已经衰落了的游侠制度。为此,他甘冒生命危险,以草原、山岩、丛林为家,以扶弱济贫、申雪无辜、惩罚不义为己任,甚至幻想为君为王,然后凭借至高无上的权力来推行平等和正义之道。堂吉诃德的社会理想中显然有应当否定的因素:他要顽固地在当时的西班牙恢复早已灭亡的骑士制度。那时候的西班牙是一个貌似强大实质腐朽衰弱的封建社会,资本主义生产方式已经萌芽,漫游的骑士制度是不可能"与一切社会经济形态同样地可以并存的"。因此,堂吉诃德的这种理想具有明显的封建社会的色彩。但堂吉诃德的理想又是复杂的:从表层看,他是要去恢复骑士道;从深层看,他的理想和行为动机具有令人敬佩的崇高性和进步性,在这个意义上,不妨说堂吉诃德是保卫弱小者和备受压迫者的崇高理想的体现者。他憎恨奴役和压迫,崇尚自由。他多次冒险,主观上都是为了解救受奴役的人,他放走苦役犯时说:"我认为人是天生自由的,把自由的人当奴隶未免残酷。"这些都表达了反对封建、反对奴役、要求自由、要求个性解放的人文主义思想。这体现了历史的必然要求,是进步思想。

堂吉诃德的行为,人们公认是荒唐可笑的:战风车、冲羊群、释囚徒、斗猛狮,苦战比斯盖人,甚至失耳掉牙、头破血流,遭人嘲笑和揶揄,把他当作笑柄,视为"疯子"。所以在很长一段时间内,人们一般把堂吉诃德视为喜剧人物,直到20世纪80年代前后,国内外国文学评论界仍持这种看法。确实,堂吉诃德的行为,有其荒诞、愚蠢、可笑的一面;但是不应该忘记,他的行为完全是为了实现维护正义的理想,为此从不胆怯,从不退缩,勇敢向前,义无反顾,即使牺牲性命也在所不辞。这种毫无利己打算的献身精神不能不令所有正直的人们深深感动,肃然起敬。堂吉诃德的思想和行为都有值得肯定的因素,而且同被否定的因素扭结在一起,形成了统一的堂吉诃德性格——悲喜剧性格。别林斯基的评论极其中肯:"在一切著名的欧洲文学作品中,像这样把严肃与滑稽,悲剧与喜剧,生活中的庸俗糟粕与伟大美丽交融在一起的例子,……只能在塞万提斯的《堂吉诃德》里找到。"这个评价简直是对悲喜剧审美特征的极好概括,只是没有使用"悲喜剧"这个概念罢了。

鲁迅塑造阿Q以表现"沉默的国民的魂灵"。精神胜利法是阿Q形象的基本性格特征。一个生活中的弱者,却希望成为强者,在现实中一次又一次地遭凌辱、受欺负,而在幻想中却一次又一次地陶醉于得意和满足之中:"我总算被儿子打了""我的儿子会阔得多""你还不配"。就是自轻自贱,也是"第一个",乃至"擎起右手,用力在自己脸上连打了两个嘴巴",使自己从无端被抢的失败中立刻转败为胜,心满意足。他的愚蠢、荒唐、可笑同堂吉诃德难分轩轾,但阿Q没有堂吉诃德那样高尚、明确的理想,有的只是在烛光闪闪、醉意朦胧中遐想"革命"到来时的快意:杀掉大仇人赵太爷、假洋鬼子,甚至连看不上眼的王胡和龙虎斗中打了一个平手的小D也牵连进去;捞取元宝、洋钱、洋纱衫、秀才娘子的宁式床;为了不至于"断子绝孙",根据传统标准在未庄女人中挑选一个合意的老婆。如此看来,阿Q是一个应该被否定的人物了。其实不然,阿Q并不像答尔丢夫、阿巴贡那样可恶可悲,也不像葛朗台、泼留希金那样可憎可恨,阿Q身上有不少值得肯定的因素。他是未庄社会的一个赤贫者,靠打短工维持生计,"割麦便割麦,春米便春米",未庄人夸他"真能做",这是一个体力劳动者诚实、勤劳的品德因素。他不谙人情世故,喜怒哀乐之情往往溢于言表,"怒在心里的,后来每每说出口来",为了子嗣,便径直跪在吴妈面前"求爱",对自己进城做偷儿的事,也"并不讳饰",甚至还"傲然的说出他的经验来"。阿Q要有一个姓氏,想要个老婆,以及想为吴妈唱好几句戏文等等,都说明他的自尊自负和自珍自重，而所有这些都是为了取得一个做人的起码权利。这些都是应该肯定的。

由此看来，悲喜剧人物既不是一些应该基本肯定的正面人物，也不是一些应该完全否定的被批判的人物，而是一些既有应否定的一面，又有应肯定的一面的具悲喜剧性格的人物。这是悲喜剧审美范畴的首要特征。

其次，悲喜剧的另一特征是悲剧因素和喜剧因素的高度融合。阿Q、堂吉诃德被否定的一面，是他们性格、命运中的喜剧性因素，被肯定的一面和他们最后的命运属于悲剧性因素，二者是高度融合的。被剥夺姓名权的阿Q曾想获得自己的姓氏，这是正当合理的，但是这个合理的愿望在未庄社会是被压抑的，只能在酒后放肆时泄露出来（伴随着作者夸张的描写，显得特别可笑）。当一声"你配姓赵吗？"和一记耳光上脸把阿Q和赵太爷的阶级对立尖锐地揭示出来时，读者就不仅是嘲笑阿Q行为的荒谬了，相反，油然产生对阿Q的同情，在笑声中掺和着眼泪。阿Q那"女人……女人……"的狂热是滑稽的，他求爱的方式也是可笑的，但赵太爷可以纳妾，秀才娘子能够生育，为什么三十来岁的阿Q娶妻的愿望就不是自然和合理的呢？何况阿Q为此付出了惨重的代价，"五项条约"被剥夺得只剩下一条"万万不可脱掉的裤子"，这不是同样激起人们的同情吗？堂吉诃德同样如此，在他那看似疯傻癫狂的行动中，人们不难发现他确乎又是一个善良而可爱的人。他的荒诞不经的思想行为并没有淹没他那合理而崇高的情趣和意向，生活在他疯狂的头脑中被颠倒了，但他主观上却是竭力要按照往昔"黄金时代"的面貌把颠倒的生活再颠倒过来。屠格涅夫在论及堂吉诃德形象时说："堂吉诃德是可笑的，……但在笑声里却有一种和解与宽恕的力量。"这种"你所嘲笑的人，就是你已经宽恕的人，甚至是你准备去爱的人"。所以说，在这些悲喜剧人物身上，两种因素是高度融合的，正如我们上面征引的别林斯基对堂吉诃德的评价。

再次，悲喜剧的审美效果是"含泪的笑"。"含泪的笑"的提法，始见于别林斯基对果戈理短篇小说《旧式地主》的评价。他说:"这是一部名副其实的含泪的喜剧""你看到这动物性的、丑恶的、谑虐的生活的全部庸俗和卑污,但你又是这样关心着小说里的人物,你嘲笑他们,但是不怀恶意……"《旧式地主》写的是两个不像人样的人物,接连几十年喝了吃,吃了喝,然后像自古已然那样死掉。这样的人物应该属于喜剧人物。"含泪的笑"主要来源于作者的同情。因为这些人物还不是彻头彻尾的坏蛋,特别是作者与作品主人公有相同的出身,产生了类似鲁迅对他笔下的农民的感情:"哀其不幸,怒其不争。"别林斯基"含泪的笑"这一论断,为喜剧研究提供了新的类型。我们借用"含泪的笑"来概括悲喜剧的审美效果也是恰当的;但含义已有了变化。这种"含泪的笑",不仅仅是作者、接受者对作品主人公的同情,并且这些人物本身是悲剧、喜剧因素高度融合的载体,是一些具有悲喜剧性格的人物。

　　由以上三个特征,可以概括出悲喜剧的本质:以悲剧因素和喜剧因素高度融合和用"含泪的笑"来表现悲喜剧性格的人物。

　　悲喜剧人物的悲喜剧性格植根于社会历史的土壤之中;用"含泪的笑"来表现,则源于作者的思想感情和审美选择。

　　堂吉诃德的思想言行是一种没落的封建骑士阶级思想情绪和社会进步力量理想的结合,这种奇特现象可以在16世纪西班牙特殊阶级的结构和社会思想结构中找到现实根据。如前所述,16世纪末的西班牙是一个貌似强大实质腐朽衰弱的封建社会,资本主义生产方式已经萌芽,但遭到封建生产关系的严重压抑,新兴社会力量还不可能得到充分发展。在这种社会历史的转型时期,堂吉诃德身上就打上了封建社会的时代烙印,流露出对没落的骑士制度的留恋;另一方面,社会矛盾的激化又引起了一些具有人文主义思想的政治家、思想家、文学家的关注,他们不断地从英国资产阶级那里学习,认真地探索着祖国的命运和前途。所以堂吉诃德形象便以曲折的方式反映了受压抑的新兴资产阶级企图获得存在、发展的主观愿望,而这种主观愿望在当时是不可能实现的。阿Q生活的20世纪初的中国,那是一个病态的畸形的社会,同时又是一个新的社会力量潜滋暗长并将取而代之的过渡性社会。面对风雨飘摇、岌岌可危的困境,封建统治者仍以老大帝国自居,把破烂当国粹,视脓疮为桃花,这种渺小而空虚的自大狂,作为一种统治意识,其流毒所及遍于国中。与此同时,社会基本矛盾和民族矛盾的发展,促进了社会进步力量的壮大,近代中国的资产阶级革命民主派应运而生,发动了民族民主革命运动,将中国引进了一个由封建主义到资本主义发展的新的历史转折时期。阿Q正是这一历史转折时期的产物。

用"含泪的笑"来表现,源于作者的思想感情和美学选择。塞万提斯是一位爱国主义英雄和人文主义者,在1571年10月7日抗击土耳其人入侵的勒班多战役中失去了左手,在此后的几年中又多次立下战功,于1575年回国途中被土耳其人俘虏,过了5年痛苦的俘囚生活,回国后担任征税员,始终站在人民一边,强烈反对压迫人民的封建贵族和反动的天主教会,多次被诬入狱。塞万提斯本人的经历和思想感情就是悲剧性的,赋予堂吉诃德形象勇敢、正义、善良、虔诚、百折不挠的品质是很自然的。而塞万提斯创作这部小说的直接动机是要扫除骑士传奇的影响,采用戏谑手法写出骑士传奇的荒谬无理,以供人笑骂。这就是堂吉诃德愚蠢荒唐可笑性格的来源。鲁迅是伟大的思想家、文学家,他对阿Q这类人物是怀着"哀其不幸,怒其不争"的诚挚心态创作,他同情阿Q的不幸遭遇,同情他们的正当愿望不可能得到实现;又痛惜他们的落后、愚昧、不觉悟,尤其对精神胜利法,给予辛辣的嘲笑,从而引起"疗救的注意"。鲁迅塑造阿Q等形象的这种复杂感情,就形成了阿Q的悲喜剧性格。由于两位艺术大师的匠心巧运,人物身上的对立因素被融合得巧妙自然,天衣无缝。

与任贵合撰
《内蒙古大学学报》2002年第4期

命运悲剧的框架　社会悲剧的内涵
——论哈代小说《德伯家的苔丝》

19世纪后期英国杰出现实主义作家托斯·哈代的长篇小说《德伯家的苔丝——一个纯洁的女人》是一部批判现实主义的名著,作家在小说中塑造了一个内心纯洁、天资聪颖,具有丰富精神魅力和诗意的女主人公苔丝·德比菲尔德的形象。然而她的命运却非常悲惨,是个悲剧人物。苔丝的悲剧感人至深,具有很高的审美价值。但在外国文学教学和评论界,对苔丝悲剧意义的评价却有所保留。从20世纪六七十年代以来出版的几种通行的也较有权威的外国文学教材中看得很明显。1979年11月出版的杨周翰等人主编的《欧洲文学史(下卷)》这样评价哈代的小说和苔丝的悲剧:

> 哈代的小说具有浓厚的悲剧色彩,他认为苔丝……的悲剧是冥冥之中由神的意志安排定当的,无论人们怎样努力和反抗,总逃不脱神的意志的主宰。他把工人、农民的悲剧归结为命运的捉弄,不去深入提示悲剧的社会原因,从而减弱了作品的社会意义。

1980年,中国人民大学出版社出版的朱维之等人主编的《外国文学简编》的论断是:"哈代用唯心论解释社会变化的原因,认为有一种弥漫宇宙的意志主宰着人类的命运。他的小说表现人类无法改变自己命运的宿命论思想。"

1993年天津人民出版社出版的张良村等人主编的《世界文学》上

编也有类似的论断:"哈代认为人世充满了忧患和疾苦,冥冥之中有一种命运在捉弄人,使人摆脱不了不幸的遭遇。他的悲观主义是建立在宿命论的基础上的。"

类似的论断还可以在各种外国文学教材中见到。从上述教材的论述中可以得出两点:

其一,哈代的小说具有浓厚的悲观色彩,他的悲观主义是建立在宿命论的基础上的;其二,哈代小说主人公的悲剧虽有一定的社会意义,但其悲剧的根源主要在命运。

关键问题是对于悲观主义的解释。"悲观主义"其实是维多利亚时代文坛上一些"乐观主义者"——现存制度的辩护者送给哈代的一个绰号。当时正是资本主义上升时期,资本主义发展快速,资产阶级经济力量加强,工人运动趋于低潮,因此不少文人对资本主义的前程抱着乐观态度,他们为资本主义大唱赞歌。但哈代与那些"乐观主义"者不同,他早就注意到了资本主义上升时期的矛盾,因而在他的早期文学作品中,对资本主义的发展采取坚决批判的态度,这引起了那些"现代制度辩护者"公开的一致的不满,于是送给哈代"悲剧主义者"的绰号,此外,还故意责难他的作品"缺乏乐趣""硬邦邦地不协调"。哈代曾再三对这些责难加以驳斥。他写道:"乐观主义者的口号或实践是:对实际病症闭眼不看,只是为了预防征兆而采取经验主义的万灵药。""我的口号是,首先正确地诊断出疾病……确定疾病的原因;然后去寻找药品,如果有药品的话。"哈代的文学创作有力地证明他是这样去实践的。当然,能否"正确地诊断出社会机体地疾病,能否找到可以医好疾病的药石",是又一个问题。由此可见,被称为哈代的"悲观主义"是针对资本主义的,是怀疑乃至否定资本主义的态度,而对整个人类社会的前景,对人格美和个性美的伟大力量,则是肯定的,显然他的文学作品不能视为充满悲观主义色彩,而是具有一种悲剧美;悲剧美和悲观主义是不同的范畴。我这里选取苔丝的悲剧来阐述我的观点。

19世纪80年代末,哈代开始写作他的"性格和环境小说"的第六部(共 7 部)《德伯家的苔丝》。在这部小说中,作家以充满感情的笔触,鲜明生动地塑造了一个淳朴美丽的农村姑娘苔丝的形象。贫苦的苔丝美丽、善良、纯真、勤劳、柔顺、有责任心,如果处在一个合理的公正社会中,苔丝能够为自己创造出美好幸福的生活;苔丝的命运却极其悲惨,苔丝的母亲让苔丝去邻近的新贵族德伯(实际上是假冒贵族徽号的暴发户)家认个本家,渴望得到周济,结束家境的贫困。这与苔丝的自尊心是冲突的,为了一家人的生计,她只好到德伯家的农场当了一名工人。在这里,纨绔子弟亚雷·德伯用卑鄙的手段,在苔丝无反抗能力的情况下,侮辱了苔丝,使苔丝遭到生命中一次最沉重的打击。苔丝坚决拒绝亚雷的种种"优惠"条件,回到自己家中。不管苔丝怎样自爱,但在世人眼中,她已是一个失去贞操的女人,守旧的威塞克斯人既不愿意理解,也不会予以原谅。社会习俗对苔丝构成了无形的精神压力。

如果说,是亚雷·德伯把苔丝推下了火坑,那么,她所爱的青年安琪尔·克莱则对苔丝落井下石。

安琪尔·克莱是苔丝在牛奶厂做工时认识的一个具有资产阶级自由思想的青年。他放弃优越的城市生活,来到农村,"替人类服务"。他的高尚的见解和严谨的生活作风赢得了苔丝的爱情。可是,就是这位美德俱全的人使苔丝又一次陷入悲痛的苦海。克莱虽有新思想,但仍然是"成见习俗的奴隶",当他知道苔丝的过去后,虽在口头上表示理解,但是,为了顾全自己的体面和身份,婚后不久便残忍地扔下苔丝到国外去了。克莱代表的资产阶级的虚伪道德,又一次毁了苔丝。

贫困中的苔丝在父亲去世后,面临一家人的住房被收回的忧愁。苔丝走投无路时,遇上了亚雷。这时的亚雷已是身着道袍的牧师,但本性未改。他的死磨硬缠和花言巧语,苔丝委屈地接受了亚雷的条件,与他同居。苔丝再次成了亚雷非人性的牺牲品。

不久,克莱悔悟,从国外归来,与苔丝重归于好。当苔丝又产生与心爱者过幸福生活的希望的时候,她悲哀地意识到是亚雷毁了她一生的幸福,在极端愤怒与绝望之中杀死了恶语伤人的亚雷,在荒野中与克莱度过了她最后的几天幸福日子,终于被典刑夺去生命。

从苔丝的不幸遭遇中,我们可以探索出苔丝悲剧的根源:家庭贫困是苔丝悲剧的首要根源。资本主义生产方式侵入农村以后,造成了小农经济的崩溃。苔丝的远祖虽是骑士阶层,但传至她父亲一代,早已衰微,沦为普通的个体农民,家无产业,只靠一匹老马维持一家九口人的生计。这匹老马在一次事故中死去,家庭经济失去了来源,陷入困境。为了摆脱贫困,苔丝才落入纨绔子弟之手。经过了几次的人生变故之后,苔丝又一次落入亚雷之手,仍然是家庭陷入流离失所的绝境造成的。贫困,是苔丝悲剧的起点和归宿。苔丝所受的侮辱、痛苦、剥削和摧残,是英国19世纪末雇佣农民阶层在资本主义冲击下遭受到的悲惨遭遇的一个缩影。正如哈代本人所言:"在资本主义社会不可能有圆满的人的生活。"

社会的残暴是苔丝悲剧的根本原因。社会残暴的代表是冒牌贵族子弟亚雷。失去人性的亚雷,为了满足自己的私欲,两次强迫诱骗苔丝,陷苔丝于痛苦的深渊,多年受身心折磨和摧残。社会习俗是施暴者的无形帮凶,苔丝明明是受害者,家乡人却不愿理解和原谅,他们的态度对苔丝构成了无形的精神压力。宗教势力则是施暴者的有力后盾,当地教会拒绝给苔丝的私生子施洗,并为亚雷辩护,支持那些责难苔丝的人们。在这样的环境中生活,如同在地狱中煎熬。法律完成了对苔丝的残害,社会和法律都认为那些侮辱和迫害她的人是正当的,因而她不能自卫,当她平生第一次进行自卫的时候,从当时的刑律观点来看,"一个纯洁的女人"苔丝就变成罪犯了。因为苔丝不属于有产阶级,从她出生之日起,命运就剥夺了她过正常人生活的权利,最终刑律又剥夺了她残存的唯一东西——她的生命。

残暴的社会是苔丝悲剧的根本原因,是作者以鲜明的倾向性提示给读者的。

资产阶级的虚伪道德是苔丝悲剧的又一个重要根源。资产阶级虚伪道德的代表是安琪尔·克莱。克莱具有资产阶级自由思想,对宗教的神圣性抱着怀疑态度,并且发表无神论言论;他厌恶城市生活,蔑视社会习俗,来到农场学习农业技术,为将来当农场主作准备。在农场,接近工人,同情他们的艰苦困苦;他爱苔丝,把他看成纯洁和完美的化身,并不顾门第差别向她求婚。就是这样一个自由主义的、仿佛真诚热爱苔丝的、被苔丝奉为光明理想的克莱,一听到苔丝的遭遇后,立刻露出资产阶级卫道者的冷酷面目,认为自己受骗了。其实克莱本人也有过荒唐的经历,但他却把苔丝看作不洁的女人,"不懂得什么叫体面",无情地抛弃了苔丝。克莱的遗弃,从精神上道德上沉重地打击了苔丝。

从苔丝悲剧根源来看,苔丝的悲剧是深刻的、典型的社会悲剧。从小说的客观描写看,读者可以清楚地看到贫穷、社会暴力一步一步把苔丝推向悲剧的深渊。哈代本人也说过,《德伯家的苔丝》的主要思想是主人公追求美好的理想生活的意愿同周围的阴暗实际生活之间的冲突。

典型的社会悲剧是苔丝悲剧的审美价值所在。有些论者却把苔丝悲剧的根源主要归结为命运(见本文开头部分);悲剧根源应作为评判一个悲剧性质的主要依据,如果把苔丝悲剧的根源主要归结为命运,那苔丝的悲剧岂不成了命运悲剧了吗?也有些论者认为哈代小说的人物悲剧受到希腊悲剧的影响,以此来加强上述观点。这种观点降低了苔丝悲剧的审美价值,对作家和作品的评价,有失公允。

如果说哈代的小说创作受到古希腊命运悲剧的影响,确实不假。哈代非常热爱古希腊悲剧。他在谈到自己的小说《林地居民》时,说过在当代社会,即使是处在世界大门之外的偏僻小林,也会发生索福克勒斯笔下那样的悲剧。但即使如此,哈代小说中的人物悲剧与古希腊命运悲剧的性质还是不同的。性质的不同取决于悲剧根源的不同。我们从典型的古希腊命运悲剧《奥狄浦斯王》(索福克勒斯)中可以分析出奥狄浦斯悲剧的根源就是命运。奥狄浦斯是忒拜国王之子,他出生前神祇就决定了他的命运:弑父娶母。为此,他的父母派猎人把他扔到山上,想让狼把这个孩子吃了。猎人却把他送给了科任托斯的牧人,牧人又将孩子送给了科任托斯无嗣的国王。长大成人的奥狄浦斯偶然得知自己会弑父娶母。为了避免厄运,他离开了养父的宫廷,向忒拜走去。路上,偶遇一乘车的老者,因争路发生口角,奥狄浦斯杀死了他们。岂料这乘车的老者正是他的生父——忒拜国王。奥狄浦斯在忒拜城解除了当地人们的灾难,被拥戴为国王,娶了前国王之妻也就是自己的母亲为王后。神的预言全部应验。可以看出,奥狄浦斯应验预言的行为,全部由偶然因素构成,并无社会根源和必然性。这部悲剧的社会意义体现在——它指出命运具有伤天害理的邪恶性质,反映古希腊自由民对灾难无能为力的悲愤情绪。而哈代所写的苔丝的悲剧及其悲剧的根源,完全在于社会,而且具有必然性,是社会的邪恶势力和虚伪道德一步一步把苔丝逼入深渊的。作家的指向也在于揭露社会邪恶势力和虚伪道德的残忍和不公正。通过比较,不难发现,把苔丝的悲剧定为社会悲剧是恰如其分的。

苔丝悲剧的社会性是符合时代的审美要求的。欧洲戏剧史上曾经产生过命运悲剧、性格悲剧、社会悲剧等不同类型的悲剧。命运悲剧产生在古希腊时期。当时,社会生产力低下,缺乏科学知识,人们不理解社会发展趋势和个人遭遇的根源,而归结于命运的捉弄,因此古希腊悲剧主要表现人和命运的冲突;性格悲剧产生于文艺复兴时期,那时,思想家和艺术家发现了人的价值,宣称人是生命的主宰、万物的灵长,因而文艺作品主要表现性格决定命运的观念,被后世称作性格悲剧;19世纪中叶,随着资本主义的发展,劳资矛盾成为时代的主要矛盾,人们的眼光更深入地投向了社会,政治家、思想家、艺术家们或深或浅地认识到社会各阶层的矛盾和冲突,认识到这些矛盾和冲突是决定时代发展、个人命运的主要力量,因而批判现实主义文学应运而生,产生了大量真实地客观地揭露社会黑暗社会悲剧作品。生活在19世纪后期到20世纪初期,思想进步的哈代,绝不可能再把主人公的悲剧根源归之于神秘莫测的命运,他不过是把一个具有深刻社会意义的悲剧镶嵌在一个命运悲剧的框架之内罢了。我们不能像买椟还珠的人一样,买其椟而还其珠。当然,哈代的小说和同时代的批判现实主义作家一样,虽然揭示了社会的弊端,反映了社会底层人民的悲惨命运,但是找不到医治这些社会疾病的良方,这也是时代局限所致,不能苛求的。

《呼和浩特职业学院学报》2007年第4期

究竟谁为诗歌辩护

李悦在《谁为诗歌辩护?》(《北方新报》2011年4月12日)一文中说:"早在两千多年前,古希腊哲人柏拉图在法庭上为诗歌辩护。"这句话有两个常识性错误:其一,据现有文献资料,古希腊没有发生过在法庭上为诗歌辩护之事;其二,柏拉图没有在法庭上,甚至没有在演讲中抑或著作里为诗歌做辩护之事。相反,在他的哲学、美学名著《理想国》中,对诗人下了"逐客令",要把诗人从"理想国"驱逐出去。为什么?这是源于柏拉图对古希腊以诗歌为主体的文艺的社会作用的观念。柏拉图认为,人的灵魂有三个要素:理智、意志和情欲。理智使人聪慧,意志发为勇敢,情欲应当节制。而文艺只属于情欲,摧残人的理性,亵渎神明,伤风败俗……这都是他要把诗人从"理想国"驱逐出去的理由。柏拉图还提出要建立严格的对文艺的审查监督制度,要无情地清洗那些违背贵族伦理政治需要的作品。所以柏拉图恰恰是诗歌之敌、诗人之敌,而非辩护士。

为诗歌辩护的在古希腊另有其人,此人正是柏拉图的弟子亚里士多德。亚氏爱其师,更爱真理。他不但没有继承老师的衣钵,而是反其道而行之。亚氏在美学名著《诗学》中肯定了文艺的理性,肯定了文艺的认识作用和审美作用,特别对诗歌作了高度评价。他认为,写诗这种活动比写历史更富于哲学意味,更应严肃对待,因为诗歌描写的事带有普遍性,而历史则叙述个别的事——古希腊人记述的个别人物和个别事件的历史,非日后那些揭示发展规律的历史。

谈到诗歌的社会作用,不能不提早于柏拉图、亚里士多德一个多世纪的东方哲人孔子。孔子对弟子提出过关于学《诗》的"兴""观""群""怨"说(《论语·阳货》),意思是诗可以启发想象力,提高观察力,培养合群性,学会正当的怨恨。这大体相当于文艺的审美作用和认识作用。孔子还特别重视诗的教化作用,在其传授的"六艺"中,《诗》列为首项。他告诫弟子:"不学诗,无以言。"(《论语·季氏》)从这个意义上说,孔子与亚里士多德可谓异国同道。

今人艾青说:"诗人创造诗,即是给人类的诸般生活以审视、批判、诱发、警惕、鼓舞、赞扬……"对那些喜假、爱丑、嗜恶的"诗歌"以及作者,真应当从我们的"理想国"中驱逐出去。

《北方新报》2011年4月26日

再议谁为诗歌辩护

李悦先生《柏拉图为诗歌辩护》一文(见5月3日《北方新报》),是对我《谁为诗歌辩护?》质疑的再质疑。李悦先生放弃了自己的部分观点——法庭辩护之说,但仍然坚持柏拉图为诗歌辩护,并举出了例证。

要彻底弄清柏拉图是否为诗歌辩护,必须弄清楚柏拉图的文艺观点和政治倾向性。此话虽长,但不能不说。

柏拉图在理念论的基础上,针对文艺模仿自然(现实)这一流行的古老看法作了新的阐释。柏拉图认为理念是唯一真实的存在,自然只是理念的影子,模仿自然的文艺就是影子的影子。他在《理想国·卷十》中举例说,有三种床:神造的床,木匠造的床,还有画家画的床。只有神造的床才是床的理念,是真实体;木匠只是根据床的理念创造出个别的床,它只近似真实体;而画家画的床,只是模仿个别的床的外形,它和真实体隔得更远,更不真实,"对于真理没有多大价值"。作为影子的影子的文艺不仅不真实,而且"培养发育人性中低劣的部分,摧残理性的部分"。

柏拉图这种对以诗歌为主体的古希腊文艺的排斥,与他的政治倾向性密切相关。

柏拉图年轻时就参加苏格拉底领导的贵族青年集团,反对民主派,因而还攻击民主派的文艺"亵渎神灵",不利于城邦的统治。为了教育公民敬神和捍卫国家,他认为"除去颂神和赞美好人的诗歌以外,不准一切诗歌闯入国境"。从柏拉图所持的政治立场看,他所谓的好人显然是指"敬神的""维护贵族伦理政治的人",不是普通人,更不是民主派。他所肯定的诗歌是极其有限的。对当时到处传诵的荷马史诗尚且持贬斥态度,他对诗歌能有什么肯定呢?

李悦先生说柏拉图在《理想国·卷五》中"充分肯定了荷马史诗",根据何在?答案还得从《理想国》中去寻找。

《理想国》采用对话体的表现形式。对话人是苏格拉底、阿德曼特、格罗康。后二者的言论代表柏拉图反对的、力加批驳的观点,即驳论中树立的靶标,苏格拉底才是柏拉图的代言人——柏拉图通过苏格拉底的言论来阐述自己的观点。

是否有人将格罗康的观点当作是柏拉图的观点呢?我的疑问竟然被证实。承蒙李悦先生指点,我读了王柯平博士的论文《柏拉图如何为诗歌辩护?》。不看不知道,原来王博士所引用的关于柏拉图肯定赞美荷马史诗之说正是出自格罗康之口。看来李悦先生是认同了王博士的观点。

是耶?非耶?容我引用《理想国·卷十》中苏格拉底对荷马的评论证之。

"荷马还要谈些最伟大最高尚的事业,如战争,将略,政治,教育之类,我们就理应这样质问他'亲爱的荷马,如果像你所说的,谈到品德,你并不是与真理隔着三层,不仅是影像的制造者,不仅是我们所谓模仿者,如果你和真理只隔着两层,知道人在公私两方面用什么方法可以变好或变坏,我们就要请问你,你曾替哪一国建立过一个较好的政府……世间有哪一国称呼你是它的立法者和恩人……'格罗康,你想荷马能举出这样一个国名来吗?"显而易见,苏格拉底——柏拉图代言人——对格罗康的质疑和叫板,正是对格罗康肯定赞美荷马史诗的否定和批驳。因此,我的结论是:柏拉图对诗歌的肯定是极有限的,从普遍意义上看,他对诗歌是排斥的,无所谓辩护不辩护。

柏拉图是两千多年前的古希腊哲人。他到底是否为诗歌辩护,近乎一个纯学术的考证,对普通人而言,并不重要,但由此不能不联想到今天学界的浮躁之风。某些学者,不认真读原著、读文献,浮光掠影,寻章摘句,更有甚者,根本不读原著,不读文献,仅凭二手乃至三手资料,就来说事立论,妄下判断,美其名曰新发现!窃以为,不论王博士、李博士或"神马"博士,都必须以敬畏之心对待学术,此为疗治浮躁病的良药。

《北方新报》2011年5月17日

小说《红楼梦》的世界文学名著品格

新版电视剧《红楼梦》播出后,引起一番热议。彭俐的《"红楼"未建已坍塌》一文(《群言》2010 年第 10 期),议论风生,切中肯綮,但作者却认为这部电视剧之所以"大多数观众不买账",原著也脱不了干系,认为:"'四大名著'的缺陷相当明显:《三国》《水浒》没有女人,《红楼梦》没有男人,《西游记》没有男人和女人,只有几只宠物。而这四部名著都只是'中国文学名著',而远远不是'世界文学名著'"。

看来,"世界文学名著"与书中人物性别有关。这是否合乎逻辑暂且不论,议论的起点是,是否合乎原著实际。本文只评论《红楼梦》,只看《红楼梦》是否"没有男人"。

在《红楼梦》中,曹雪芹安排了两个对比鲜明的世界:一个是生活在大观园中的女儿国,男性主人公贾宝玉也混迹其中;一个是以男性为中心的荣宁二府,是演出贾赦、贾珍、贾琏、贾蓉等封建主子们作恶多端的舞台。笔者不敢妄断彭俐没有认真阅读原著,或许因为存有偏见,才会做出如此有趣、其实是背离作品事实的结论。

彭俐做出更为偏激的判断是《红楼梦》"在方法论上没有提供给人类有价值的信息和观念""在生命哲学上不能给人类以积极的启示和教诲""在社会价值体系中,它不能被看作是一部在心灵和精神的层面给人类提供能量和信念的作品"。

缺陷如此严重,《红楼梦》自然远远不是"世界文学名著",须"正确估量"其"文学价值和艺术价值"。——顺便纠正一下彭文中的概念,文学价值是艺术价值的上位概念,包括思想价值和艺术价值两方面,估量文学作品和价值当从这两方面入手。

笔者顺着彭俐提供的角度,与欧美国家的"世界名著"作一比较,来探讨《红楼梦》的思想价值和艺术价值,审视《红楼梦》能否列入"世界文学名著"。

一

先从方法论谈起。文学的具体方法,主要有创作方法和表现方法。《红楼梦》的创作方法早有定论,公认为是现实主义的杰作,笔者认为,它还具有批判现实主义的性质。

批判现实主义文学盛行于19世纪欧美各国,众多的优秀作家写出了众多的世界文学名著。法国的巴尔扎克是其顶峰之一。巴尔扎克在他的巨著《人间喜剧》中描写了众多的贵族阶级和资产阶级人物。波旁王朝复辟时期的贵族人物,政治上忠于贵族制度和君主政体,经济上钱财不足是其致命弱点婚姻上,坚守冥顽不化的门阀观念,性格大多庸俗、虚伪,面目可笑又可怜,在资产阶级金钱进攻下节节败退。而巴尔扎克刻画的资产阶级人物却是可憎又可怕的,有的谋财害命且嫁祸于人;有的放高利贷,毁灭了无数家庭;有的极其贪婪,嗜金成癖,人性泯灭,甚至让家人蒙难……笔锋指向资产阶级及其金钱的罪恶。

18世纪前期的中国,资产阶级还没有产生,生活在这一时期的曹雪芹当然不可能刻画出资产阶级人物,揭示出"金钱的罪恶"。但他所描写的贵族阶级人物却不是可怜可笑的,而是可憎可怕的。《红楼梦》揭示出封建贵族的诸多罪恶。那时的封建贵族,政治上依附、效忠封建王朝,不是高居要位,便是皇亲国戚,经济上富可敌国,"白玉为堂金作马""珍珠如土金如铁",过着锦衣玉食的生活,花起银子来似流水。他们的经济来源主要靠地租和高利贷,农民的血汗被贵族榨干取尽,陷入极度贫困,挣扎在死亡线上。

经济上残酷压榨农民,严重地破坏了农村生产力,政治上利用封建特权，为非作歹。在曹雪芹的笔下，可以看到封建贵族和地方官吏互相勾结、互相利用的吏治腐败。应天府贾雨村胡乱判了薛蟠杀人抢民女的血案，使受害人人财两空。贾赦为了夺取几把扇子，害得石呆子家破人亡，凤姐为了三千两银子，破坏了张金哥的婚事，害死了两条人命……

　　揭露封建礼教的罪恶也是《红楼梦》的重要内容。宝黛爱情悲剧的重要根源是封建礼教：林黛玉被逼死，贾宝玉被逼疯离家出走。被封建礼教迫害致死的丫鬟还有晴雯、金钏、司琪和他的表弟潘又安等。

　　《红楼梦》对封建贵族罪恶的揭露与《人间喜剧》对资产阶级暴发户罪恶的揭露，达到同样的高度。其目的在于否定和批判。由此断言，《红楼梦》具有批判现实主义性质，是恰如其分的，是它的思想价值之一。

　　再看《红楼梦》的表现方法。《红楼梦》历来以塑造众多个性鲜明的典型人物形象的多种方法、优美成熟的语言艺术、宏大精致的结构方法、象征方法、对照方法等为人们所称道。本文拟就结构方法和对照方法同世界名著作个对比，以探讨《红楼梦》的艺术价值。

　　从结构艺术考量，《红楼梦》和雨果的《悲惨世界》相类似，采用的都是繁枝复叶结构，这种结构能较好地反映出现实生活的丰富性和复杂性。

　　《悲惨世界》人物和情节异常繁多。作者在主人公冉阿让的周围安排了一个由德纳第、珂赛特、芳汀、马吕斯、卞福汝主教、沙威警官组成的重要人物群，在这些重要人物群周围又安排了一个个次要人物群；情节中还穿插了与历史背景有关的 ABC 社团的成员，拿破仑及其将领。由此，全书人物和情节的总体设计就形成了一棵大树的形状：贯穿全书情节的冉阿让是"主干"，他周围的重要人物是"大枝"，次要人物是"小枝"，生活细节是"树叶"。《悲惨世界》的结构艺术在传统欧美文学名著中可列为榜首。

　　《红楼梦》的结构艺术可与《悲惨世界》媲美。其人物情节更为繁富,结构堪称宏大。在主干宝黛爱情的周围,曹雪芹安排了两大枝干:男性世界和女性世界,男性世界中又有大枝小枝相连交错的五枝:一是贾府男主子,二是官场人物,三是平民士子,四是众男仆,五是佃户;女性世界也有大枝小枝相连交错的五枝:一是金陵十二钗,二是贾府女主子,三是平民女子,四是众丫鬟,五是劳动妇女。生活细节随处可见。如此平行交错、主次分明、枝繁叶茂的繁枝复叶结构不但中国文学史上没有先例,而且早于欧洲世界名著。

对照方法普遍应用于文学作品,而在理论上加以阐发并大力提倡、创作中加以践行的,首推雨果。他在浪漫主义小说《巴黎圣母院》中,对美与丑、善与恶、光明与黑暗、仁慈与残暴做了多角度、多层次、全方位的对照,产生了强烈的艺术感染力。

曹雪芹的对照方法运用得也很成功:男性世界与女性世界形成横向对照,情节发展中前后形成富贵奢华与衰败没落的纵向对照,"林黛玉焚稿断痴情,薛宝钗出阁成大礼",成为极具震撼力的场面对照,其余还有各种人物性格言行的对照,生活细节的对照等等。大同中有微殊,雨果的对照带有夸张性,曹雪芹的对照自然含蓄,不露斧凿痕迹。

仅以结构、对照两种方法与世界文学名著相比,即可见《红楼梦》在艺术上具有世界文学名著的品格。这也是《红楼梦》艺术价值的重要方面。

二

生命哲学是广泛传播于西方各国并贯穿 20 世纪的哲学流派,以此估量 18 世纪的中国古代文学作品,似乎不近情理。倒是"社会价值体系"值得一议。社会价值体系包括人的社会价值和自我价值两方面。前者是指人的社会作用,即能满足社会需要,对社会做出贡献;后者是指人的生存、发展和满足个人物质、精神方面的需要。

在不同性质的社会,不同阶级、阶层、类型、性格的人,会对社会产生不同的作用，做出不同的贡献。《红楼梦》中社会、家庭对贵族公子贾宝玉的要求是走仕途经济之路，通过科举，获得功名富贵，既维护封建统治，又光宗耀祖。贾宝玉最厌恶的恰恰是"仕途经济"，听别人劝他讲究"仕途经济"，便直斥为"混账话"。不仅如此，那个时代社会体制中一切公认为有价值的东西，都遭到他的蔑视和抛弃，这一切使他成为一个叛逆者，尽管这种叛逆在行动上并不彻底。如此，贾宝玉对他所处的社会是一种负价值，但从历史发展的眼光看，贾宝玉的叛逆性格闪耀着初步的民主主义光芒。

中国封建社会以"三纲五常"为核心的礼教，是泯灭人的个性的。个人决不能有违背家族利益、违背封建道德的精神需求。人的自我价值在精神需求上往往显现在友谊、爱情、婚姻问题上。贾宝玉追求的爱情是建立在相互了解和思想一致，人生理想相近，个性情趣相投的基础上的爱情。贾宝玉和林黛玉第一次见面的瞬间，就达到了彼此的了解和默契，他们都在对方的身上发现了自己，在自己的心灵上照见了对方。他们由青梅竹马、耳鬓厮磨，顺乎自然地发展成爱情，并且自始至终，深爱着对方。但是他们的爱情是违背封建礼教、家族利益的，因面遭到贵族家庭的无情打击和摧毁而成为悲剧。

贾宝玉的交友之道，反映了他的平等观念。贾政要求宝玉在刻苦攻读的同时，多结交官场人物。而贾宝玉偏偏看不起官场人物，视其为"须眉浊物""国贼禄蠹"。他爱慕和亲近的是那些与他品格相近、气味相投、出身寒素和地位微贱的人物，如柳湘莲、蒋玉菡等。他对待身边的丫鬟的主导方面是同情和友爱，从最初有一些暴戾做派到经历一系列事件后蜕变为同情体贴、关怀备至。贾宝玉的婚姻最后完成了由王熙凤阴谋促成的符合封建礼教、符合家族利益的"金玉良缘"；但他精神上却"空对着山中高士晶莹雪""到底意难平"而离家出走。

从贾宝玉对待友谊、爱情和婚姻的态度中，可以概括出贾宝玉的思想性格核心，是尊重个性，平等待人，主张各人按照自己的意志自由行动。请问，这种思想性格能否"在心灵和精神的层而给人类提供能量和信念"呢？

曹雪芹在《红楼梦》中，颂扬纯洁的友谊、真挚的爱情、自主的婚姻，倡导自由意志、平等和仁爱，是作品思想价值的一个重要方面，应当视为与欧洲人文主义文学有同等社会意义。《红楼梦》被封建统治者当作洪水猛兽，多次明令禁毁，但屡禁不绝，影响越来越大。这是否可以反证其能量和信念呢？

《红楼梦》体现的思想是有历史根源的。中国早在明朝初年、14世纪，商品经济得到发展，资本主义开始萌芽。与此相应的，是思想领域出现的深刻变化，以李贽对传统思想学说的尖锐批判为代表，个性解放的思想兴盛一时。这种思想对明清进步作家是有影响的。

估量中外历史现象应当有历史的眼光，主要看它是否提供了前人没有提供的有价值的东西，对《红楼梦》也应持如是观。在此需要提及《红楼梦》的结局。曹雪芹原著传世只有前八十回，后四十回为高颚所续。高颚的贡献在于大体遵循全书的构思，完成了宝黛爱情悲剧，使情节首尾完整。但续作存在严重缺陷，根本之点是背离了曹雪芹原著的精神，结尾写贾宝玉科考中举，贾府衰败后居然又"沐皇恩""延世泽""兰桂齐芳""家道复初"，这显然有违前八十回主旨，也未能摆脱大团圆的窠臼。新版电视剧《红楼梦》宣称"忠于原著"，不仅忠于前八十回，还忠于后四十回。这是编剧最大的失误，既损伤了《红楼梦》批判现实的力量，也损伤了其悲剧的审美价值。

《群言》2011 年第 1 期

"红楼"之辩二题

《红楼梦》问世200多年来,拥有读者之广泛,任何一部中国古代小说难与其匹,而评论文字之繁多,争论之激烈,也为文学史所罕见。赞之者认为《红楼梦》是"宇宙之大著述""在美学意义上,超越了《浮士德》""只有莎士比亚与曹雪芹可比";贬之者则以为仅写"康熙间靖逆侯张勇的家事",更有污为"秽恶之作"者……总之,见《易》见淫,见缠绵见悱恻,不一而足。在新一轮"红楼热"中,又产生了许多新看法,见仁见智,予人启迪。但也掺杂着令人惊诧莫名之见,例如说《〈红楼梦〉是形象化的〈资本论〉》(渠成荫:《解密〈红楼梦〉(五)》,《北方新报》2011年1月5日);又例如说《红楼梦》"大力宣扬迷信说教"(孙大业:《〈一层楼〉与〈红楼梦〉的异同》,《北方新报》2010年12月6日)。前者不恰当地追捧,后者则有意贬低。

一

支撑"《红楼梦》是形象化的《资本论》"这一观点的主要材料是《红楼梦》中的人物都是商品,诸如袭人、晴雯等"薄命司"册上的女子,由此得出结论:《红楼梦》是对"商品交换价值、使用价值的演绎。"此其一。

其二,势败休云贵,家亡莫论亲。以"林黛玉的身世地位自从进入荣府就一落再落"为例,说明"商品价值、使用价值的关系,只能在商品同商品的社会关系中表现出来"。

渠成荫运用经济学的基本概念是商品、商品价值、使用价值、交换价值。

什么是商品？常识告诉我们，商品是用来交换的劳动产品。商品出现于原始社会末期。这一时期产生了两次社会大分工。第一次是畜牧业与农业分离，随之交换成为经常的行为，即劳动产品成了商品。这时的交换主要是以物易物。第二次社会大分工是手工业与农业分离，之后产生了以交换为目的的生产，即商品生产。因交换的需要，出现了货币。

商品、商品生产出现以后，对商品的本质属性、对商品的价值、交换价值及其关系，一般经济学家已进行了探讨。

马克思正是在他之前的经济学家探讨的基础上，发现了"剩余价值"。这是马克思的独特贡献。对此，恩格斯有过准确的概括和高度的评价，恩格斯说，马克思一生有两大发现，其一是"发现了现代资本主义生产方式和它所产生的资产阶级社会的特殊的运动规律。由于剩余价值的发现，这里就豁然开朗了，而先前的资产阶级经济学家或者社会主义批评家所做的一切研究都只是在黑暗中摸索"。这正是《资本论》的精髓。因此，把《资本论》概括为对商品的价值、使用价值、交换价值及其关系的阐述上，是对《资本论》的曲解。

叙事性文学作品是反映社会生活的，当然也包括经济生活。如果说，用艺术形象来"演绎"商品及其价值等经济现象，那么，文学史上的例子比比皆是。辑录公元前11世纪（西周初期）至公元前6世纪（春秋中叶）诗歌作品《诗经》中有一首《氓》的叙事诗，女主人公自述从恋爱到结婚到被抛弃的命运。男主人公氓是一个商人，起初笑嘻嘻地向女子买丝（"氓之蚩蚩，抱布贸丝"），实则不是来买丝，是来商量婚事（"匪来贸丝，来即我谋"）。女子答应了这桩婚事。此后的日子，结婚3年承担全部家务，早起晚睡，一刻不停，天天这样劳作（"三岁为妇，靡室劳矣；夙兴夜寐，靡有朝矣"）。氓的心愿满足以后，于是对那女子变得横暴起来，终至抛弃了她。诗中的氓是个商人，也把妻子视为可以买卖的商品,"使用价值丧失后,价值也就没有了"。依《解密(之五)》作者的逻辑推论,女主人公的遭遇,男女主人公的关系,已经进行了"商品交换价值、使用价值的演绎""在商品同商品的社会关系中表现出来""商品价值、使用价值的关系"。《氓》不也成了形象化的《资本论》吗?《氓》的出现比《红楼梦》还要早近3000年呢。

  商品产生以后,人、特别是妇女,也异化为商品了。对这种现象的反映,还可以举出明代冯梦龙的短篇小说《杜十娘怒沉百宝箱》。书生李甲用金钱将名妓杜十娘赎身,买来了杜的自由之身;李甲后来受名利驱使,又将杜卖给富商孙富。这是把妇女当商品交换的典型。这篇小说也比《红楼梦》早一百来年呢。

  《解密(之五)》的作者以《红楼梦》比附《资本论》,断言二者有异曲同工之妙,或许是指望提高《红楼梦》的思想价值。殊不知如此"解密",在客观上贬损了《资本论》,更无益于正确评价《红楼梦》。

  《红楼梦》描绘了中国封建社会末期广阔的社会生活图画,笔触已涉及封建社会的某些本质方面:地主占有土地,农民只有少量土地或没有土地,靠租种地主的土地为生;代表地主阶级利益的皇族掌握国家政权。我们无论怎样读,也读不出《红楼梦》揭示出现代资本主义方式和它产生的资产阶级社会的特殊的运动规律,更读不出为雇佣工人所创造的被资本家占有的"剩余价值",简言之,读不出《资本论》。

  人们耳熟能详的一则西谚说:"一千个读者就有一千个哈姆莱特,但哈姆莱特不会变成李尔王。"这则西谚形象地说明了文学鉴赏的差异性(前句)和一致性(后句)。受众鉴赏文学艺术作品因时代、民族、阶级乃至个人阅历形成的差异,鲁迅针对《红楼梦》的鉴赏同样有过精彩的解释。鲁迅说:"经学家看见《易》,道学家看见淫,才子看见缠绵,革命家看见排满,流言家看见宫闱秘事。"今天的读者或许会看得更多,但无论看见了什么,都不至于是形象化的《资本论》吧,那就无异于把哈姆莱特变成李尔王了。

二

另一说《红楼梦》"大力宣扬迷信说教"的根据是"贾宝玉梦游太虚时,仙姑道'此中各册存的普天下所有女子过去未来的簿册……'"由此断言"《红楼梦》中宣扬的主要观点是世间一切故事,都是人生之前就安排好的,是命里注定的"。

"命里注定",定义为"宿命论"尚可理解。因为此论认为,人的生死福祸、贫富荣辱和事物的发展变化都是由"命运"决定的。但把"命里注定"定义为"迷信说教"就不靠谱了。迷信是盲目信仰、崇拜世上并不存在的神仙鬼魅。宣扬迷信,大而言之是为了麻醉欺骗世人,用以达到某种政治或经济目的,小而言之是为了避祸祈福,以求神灵佑护自己、家人的身家性命、健康平安。厘清迷信说教和宿命论的界限,我们再来讨论文学作品中的命运说。

在汉语词汇里,命运是个多义词。有时和遭际、经历近义,如命运(命途)多舛;有时和天命、宿命近义。本文指称的"命运"是后者,即超乎人自身之外,主宰人的生死吉凶的神秘力量。有没有这样一种力量?不同信仰的人有不同的看法:或者肯定或者否定。但这不是笔者要探讨的,姑不论。

中外文学史以"命运"为母题的作品甚多,最著名的莫过于古希腊的命运悲剧。命运悲剧的题材主要取自希腊神话传说。神话传说产生于人类童年生产力和思维水平低下的阶段。处在人类童年时代的古希腊人创造出丰富优美的神话传说去解释自然现象和社会现象。命运女神就是希腊神话体系中一个重要的神。她掌握和控制着众神和人的命运。古希腊文学的各种体裁中都活跃着她的身影,并且在命运悲剧中充当了不是主角的主角或者说不出台的主人公。代表作就是索福克勒斯的《奥狄浦斯王》。奥狄浦斯一出生,命运女神就赋予他弑父娶母的命运。他成年后得知一再逃避,最终还是落入命运的罗网。奥狄浦斯的命运由命运女神注定,故称之为命运悲剧。

索福克勒斯是否在宣扬宿命论,甚至宣扬迷信呢?从笔者所见的各种评论中,尚无此结论。因为剧作所表达的主题,是人在与命运的冲突中所显示的主人公的正直诚实、敢于面对、勇于担当和反抗命运的刚毅精神,谴责的是命运女神的残酷。这正是悲剧的魅力所在,因此流传千年,感人至深,成为世界文学的古典名著。它给予我们的启示是,文学作品的思想艺术价值并不取决于它写了什么,而取决于它怎么写。

诚然,《红楼梦》主人公们的命运在第五回中通过太虚幻境中的"簿册""仙曲"做了预示,并且和人物最终结局基本吻合。这难道不是宣扬宿命论吗?如果我们细读文本,深入思考,就会发现红楼人物的归宿,他们的遭遇,并非命里注定,而是社会因素决定的。

宝黛爱情悲剧在于违背了"父母之命,媒妁之言"的封建婚姻制度和家族利益,这是看得见的原因;看不见的原因是他们相爱中的叛逆思想与封建思想体系的冲突。宝钗的婚姻悲剧是她追求门当户对的婚姻,牢牢把握现实利益,排除婚恋中的情感因素造成的;迎春、探春的悲剧,晴雯、金钏、司棋、鸳鸯等人的悲剧也无一离不开封建婚姻制度和封建礼教的根源;妙玉的悲剧之因是罪恶的社会势力;王熙凤的悲剧之因是自身的狠毒与贪婪,"机关算尽太聪明,反误了卿卿性命"。

薛宝钗和王熙凤的悲剧看似源于性格,但人的性格的形成,与其所处的家庭、社会环境密切相关。所以性格悲剧说到底还是社会悲剧。

从《红楼梦》的整体来看,是一部社会悲剧。

那么,太虚幻境对人物命运的预言并符合人物的最终结局,应当如何诠释呢?笔者认为,这不过是一个框架而已——曹雪芹把他笔下的人物的社会悲剧镶嵌在一个命运悲剧的框架中。对《红楼梦》中描写的太虚幻境和神瑛侍者、绛珠仙子的神话以及来去无踪的茫茫大士、渺渺真人等,有论者认为,给红楼悲剧"蒙上一层感伤主义和虚无主义的色彩"。笔者认为曹雪芹更重要的考虑或许在于遮掩思想批判的锋芒。作为舞文弄墨的曹雪芹,对雍正、乾隆时代文字狱的恐怖定有切肤之痛。于是作者开宗明义昭示自己的创作动机:"亦可使闺阁昭传,复可破一时之闷,醒同人之目。"并且在艺术上创造一个虚实结合、含蓄深沉的境界,达到虽近荒唐细玩深有趣味的效果。于是,《红楼梦》和所有的伟大作品一样:"说不尽"。

《呼和浩特职业学院学报》2011年第3期

赛罕区全景式教育画卷印象

教育——民族生存的命脉，立国、兴业、强民的基础，传承文化、发展文化、创新文化的动力。

教育史志——记录和保存一国一地教育发生发展历程、总结历史经验、进行理论概括的文化工程。

呈现在我们面前的这部《呼和浩特市赛罕区教育志》，由赛罕区教育局马贵宾局长发起，由席仲玉等7位同志协助编纂，煌煌百万言，蔚为大观。

这是一部行业志。在此之前，在20世纪八九十年代，呼和浩特市教育局曾组织编纂同类志书《呼和浩特市教育志》《呼和浩特市职业教育志》并公开出版。筚路蓝缕，功不可没。但后来居上也是应有之义：由县旗区编纂的如此规模的行业志，则是本地区的第一部；就我们的视野所及，在全国范围也属鲜见。这种"舍我其谁"的修志之举，应当视为自觉的文化担当，值得称道，其意义已不止于志书本身。

清晰的编纂理念是本志具有较高质量的先决条件。他们遵循"详今略古、实事求是""反映最基层人物的真实面貌"的原则，采取"纵不断史、横不缺项"的方法，追求"体现全民教育的时代性"，确保"严肃性和权威性"，"对今人产生教科书的魅力，对未来产生以史为镜的生命力"。

凡此种种，都是很高的标准。通览全书，我们以为，本志内容丰赡，题旨突出，特色鲜明，亮点频出，实现了上述编纂理念。如下几点，印象尤深。

跨度大。所述赛罕区教育史实,自晚清本地区私塾教育熹微、近现代教育发轫至当今全民教育大普及,历百余年;民族教育则自元代中期诸路官办或民办教育机构创立至当今民族教育的大繁荣,长达8个世纪。

范围广。本志涵盖了初等教育、中等教育、民族教育、社会教育、家庭教育等五大类型,并且深入到各类教育的制度、管理、方法、事例诸方面,提供了本地区百年间教育的全面而具体的事实。加之驻区院校(校址在赛罕区的教育部门或自治区所属高校),几乎囊括了全民教育的类型与层次。民族教育独立设编,体现了赛罕区教育的地域性和特殊性,是本志的亮点之一。

网罗富。学校教育是全民教育的重要类型,教师是学校教育的主体,教学活动是学校教育的中心。本志设4编(全书10编)记录教师、教研教改、教育人物、校园建设史实。其中教研教改一编,融背景、改革、实施、实例于一炉,不但会唤起亲历者的集体记忆,也为时下及今后的教育改革提供了历史借鉴,是本志的又一亮点。而且由于上述史实都发生在中华人民共和国成立之后的年代,确证本志编纂者申言"详今略古""越细越真"落在了实处。

体例规范,结构合理。本志恪守志书分类排纂的体例,从整体看是横式结构;每编之下又以编年体形式叙写该教育类型或教育现象的发生发展,从局部看是纵式结构。又以"概述"括其端置于开篇,以"大事记"撮其要置于书后,横纵交错,首尾相顾,林林总总,记为一体。这种格局使读者既有整体了解,又有具体感受,不同的读者自可各取所需。而且调动了传、图、表等述志方式,互补互见,臻于完善。

中华人民共和国的文史资料承担着"存史、资政、团结、育人"的功能。展读这一幅赛罕区全景式教育画卷,教育工作者可以从中发现自己的身影,或借鉴施教活动中的成败得失;而史志工作者则可以从中找寻历史的信息。设若"对今人产生教科书的魅力",那么不但是本志组织者、编纂者的初衷,大而言之,也是一切文史工作者之幸!

修史之难，莫过于志。面对如此浩繁的工程，编纂人员知难而上，29个月的日日夜夜钩沉档案，探访当事人知情者，求诸史志文献，伏案爬梳剔抉，焚膏继晷，艰辛备尝，非亲历其事者难以想象。主纂席仲玉先生长期在赛罕区从事中学语文教学和教学管理，深知个中甘苦，稔熟社情区情；从教育岗位退下后又加盟内蒙古通志馆，参与《绥远通志》《呼和浩特市政协志》《呼和浩特市文化志》《内蒙古通志》《内蒙古"文化大革命"志》计2000余万字的编纂，拓展了视野，修炼得一身修志功夫，其态度、经验、水平足堪此任，统筹谋划总其成，谓之呕心沥血绝非夸张。

本书曾于2011年1月初召开审稿会。与会方志专家、教育工作者、新闻工作者、赛罕区教育事业的亲历人士异口同声赞许本志的倡导和编纂的魄力、识见和劳作，也坦率地就篇章、史实乃至文字提出若干建设性意见。半年来，他们全力以赴，又两次易稿，于今即将付梓。我们作为教育工作者、文史资料整理研究者以及审稿人，同本志组织者、编纂者怀有同样的心情，是辛勤耕耘后收获的释然与欣然。爱屋及乌之情难抑，写了以上的话，恳请读者和专家见教。请允许引用审稿会上我们即席凑成的几行，表达对本志的欣赏与期待：

"心志高远，立言之功。奋力拼搏，去芜存菁。丰收在望，潜能无穷。方志奇葩，含笑丛中。"

与任贵合撰
《赛罕区教育志·跋》，2011年10月

模仿·真实性·审美感受
——评《生死疲劳》兼与李悦商榷

李悦先生在《生死疲劳：失败的模仿》(《北方新报》2013年1月7日)一文中,对莫言的《生死疲劳》提出三点批评:一是"失败的模仿",二是"所叙的历史并不是真实的",三是"审美感觉"有问题。笔者细读《生死疲劳》之后,与李悦的看法相左,撰文与李悦先生商榷,并就教于方家和读者。

模仿与创新

李悦断言,《生死疲劳》"显然模仿了《百年孤独》"。此论令笔者百思不得其解。

《生死疲劳》讲述的是一个多次变形的故事。一个被冤杀的地主西门闹经历六道轮回,变成驴、牛、猪、狗、猴,最后转生为一个带着先天性不可治愈的大头婴儿,这婴儿滔滔不绝地讲述了身为牲畜时种种奇特经历;另一个讲述人蓝解放则叙述西门闹一家与蓝脸一家半个多世纪生死疲劳的悲欢故事。小说情节并不神秘。而马尔克斯的《百年孤独》描述的是农民布恩迪亚家族以及小镇马孔多的盛衰历史。莫言在小说中写有种种神秘现象,例如人的复活故事,但人的复活无须经地狱审判、阎王批准,且人复活后是似人又似鬼的影影绰绰的形象,绝不是动物,也不是小说贯穿人物。笔者认为,《生死疲劳》模仿《百年孤独》的痕迹甚少。

《生死疲劳》是有所模仿的。根据情节推测，笔者认为莫言模仿的应该是欧洲文学史上三部《变形记》。写变形故事的发轫者是古罗马诗人奥维德（前43—18年），他著有叙事诗《变形记》，诗中人物无不变为动物、植物或顽石，最后把恺撒变为天上的星辰，以此歌颂恺撒和罗马帝国。第二部《变形记》是古罗马作家阿普列尤斯（124？—175？年）所著的短篇小说。主人公罗马青年鲁齐乌斯因事赴希腊，误食女术士的魔药，变成一头毛驴。毛驴虽不能说话，但仍能思考、有见解，成为一个不被人怀疑的观察者，从而听到、见到人群中一些最卑鄙的思想和行为。作家以此揭露和讽刺某些社会黑暗。第三部《变形记》是20世纪初期奥地利表现主义代表作家卡夫卡（1883—1924年）创作的短篇小说。主人公推销员格里高尔一天早晨醒来突然发现自己变成了一条大甲虫，家人对他逐渐冷漠，最后弃之不顾。主人公在寂寞和孤独中死去。作家揭示的是人和人关系的冷漠，表现社会生活中人的异化现象。

　　莫言的小说写的也是变形故事。但不是简单的模仿，是模仿中的创新。就小说的基本要素——情节而言，他仅仅采用了变形的框架，小说内容与前人之作毫无关联、毫无雷同之处。前人三部《变形记》情节简单，反映的社会生活有限；而莫言的小说，写了人物的六道轮回，展现了有长度的、广阔的、生动的社会生活画卷，也是作家构筑的一座气势宏大的文学建筑。

　　莫言的创新更在作品的意义上。前人的《变形记》，或意在歌颂，或仅对镜头式的片断式的社会生活有所讽刺，或意义单一，仅限于表现人性的异化上。莫言的小说真实地再现50多年中国乡村社会庞杂喧哗、充满苦难的蜕变历史。

　　从比较文学的角度看，各国各民族之间的文学相互影响、相互借鉴，从古至今从未间断。众所周知，鲁迅的《狂人日记》（1918年）与俄罗斯作家果戈理的《狂人日记》（1834年）不但同名，而且同体（日记体）。但由于情节和主题的差异，鲁迅的小说更加"忧愤深广"，成为中国新文学的开山之作,奠基之作;从未有人论断为模仿之作。笔者以为,对莫言的《生死疲劳》也应作如是观。

历史真实与艺术真实

李悦认为"莫言所叙述的历史并不是真实的"。这是他对《生死疲劳》的第二项批评。

且让我们选择李悦举例较多的20世纪50年代初至60年代末这段历史时间来考量。这20年间,中国乡村社会经历从土地改革到"文化大革命"多次政治运动。这些运动在《生死疲劳》中都有真实反映。作品既展现运动本身,又展示各类人物运动中的遭遇;作家重点塑造地主西门闹、农民蓝脸、西门闹变形后的西门驴、西门牛的艺术形象。

西门闹上场时间很短,仅叙述了他被冤杀的经过。他勤劳致富、行善颇多、没有血案,却被本村民兵队长枪毙。地主被冤杀,这是历史真实吗?是的。土地改革,斗地主,分田地,使农民翻身获得土地,符合历史的必然要求。土改后,蓝脸坚持单干,表现出农民对土地的珍爱、珍视。然而土地改革以运动方式进行。凡运动,对人的惩处,无须经过法律程序。土改时农村基层政权就可以处死人,西门闹的被冤杀也属正常。土改后的历次运动过后,每有被冤屈、被冤杀的人得到平反,唯地主被冤杀是不能平反的,也无人敢替他平反。只有莫言"胆大妄为",敢于面对人们不敢面对的现实,以小说形式替被冤杀的地主平反。平反事小,呼唤建立健全法制社会事大。这是莫言塑造这一艺术形象的意义所在。

莫言的机巧在于小说情节展开后,出场的是牲畜驴、牛、猪、狗等形象,身份变了,脱胎换骨了,这或许可以避免用地主做小说主人公导致的争议。

小说中的蓝脸是全中国唯一的单干户。这是历史真实吗?不是,这是艺术真实。

在锣鼓喧天、彩旗飘扬、热火朝天的合作化运动中，在统筹全国农业合作化的主要负责人被斥责为"小脚女人"的形势下，各级领导是绝对不允许单干户存在的。单干户形象，是作家的虚构，是艺术真实——艺术真实是作家对现实虚构、想象、再创造的结果。当然，虚构不是杜撰，是可能性与现实性的统一。单干户存在的可能性是有党和政府"入社自愿，退社自由"的政策依据，还有个别通情达理的领导干部的支持，高密县陈县长虽然不敢批准蓝脸单干，但介绍他去找省委农村工作部部长，部长竟然批准蓝脸单干。这个批条中有一句重要的话："个别农民坚持不入，也属正当权利。"

李悦没有看到这种可能性。他认为"蓝脸的'单干'坚持的是土地私有化，而20世纪80年代改革开放时期提倡的'土地承包'是建立在土地集体所有制之上的，二者有着本质的不同"。在实施多元化经济、大力提倡鼓励民营经济的当代，李悦还束缚在所有制的框架里，是否过时了呢？

正常的生活被"文化大革命"的风暴摧毁。什么"政策"，什么"领导批示"，全被一风吹。"文化大革命"初期，不仅陈县长被批斗，蓝脸也进入"牛鬼蛇神"行列遭游斗。即使受迫害，即使家庭分崩离析，蓝脸不改初衷，单干到底。作家塑造这一形象的意义在于颂扬农村中出现的敢于维护自身权益、勇于抗争的硬汉形象，呼唤社会中多出现一些蓝脸式的人物，加快建设公平、正义社会的进程。

西门驴的结局是困难时期被残杀分食。这是历史真实吗？是历史真实又是艺术真实。

西门驴忠实于单干户主人蓝脸，为此遇到不少麻烦。但它还是做了不少好事：智勇双全斗恶狼，解除了野狼对村民的危害；危急中拯救了一对母子的性命；"大跃进"大炼钢铁时，成为县长的坐骑，驮着县长，下乡视察，"奔波在高密县的广大的土地上"。就在奔波中"遇不测惨折前蹄"，又回到蓝脸家中。三年困难时期，饥饿难耐的村民，不顾毛驴的恩德，哄抢残杀食之。因为是单干户的毛驴，杀了也不犯法。

困难时期被饿死的农民,近年来常有数字见诸报端。濒临死亡绝境,见到可食之物,杀食一头不被保护的驴,是可能发生甚至是必然发生的事件。作家描写西门驴的遭遇,揭示出在不可抗拒的灾难面前人性的异化,从而呼唤人性的复归。

跟随主人单干的西门牛的遭遇更为悲惨。它屡遭摧残最后被红卫兵头目、造反派骨干蓝金龙及其同伙鞭打致死。这是历史真实吗?既是历史真实,又是艺术真实。

第一次受摧残是遭蓝金龙毒打。蓝金龙与蓝解放是重山兄弟,一个坚决反对养父单干,一个随生父单干。蓝金龙以痛打蓝解放的方式逼兄弟入社。在一次痛打中,西门牛趁势助小主人一臂之力。蓝金龙把怒火发泄到西门牛身上。在既准又狠地猛抽西门牛一鞭后,又对准它的头下毒手,打得"颊上皮开肉绽,鲜血一串串地滴落"。

第二次遭难发生在陪主人蓝脸游斗中。突然一阵邪风刮断了旗杆,红旗在空中飞舞后落在西门牛的头上。西门牛发了狂,拽着蓝脸冲进人群,人们四处逃散,挤压成团,一片鬼哭狼嚎。公社屠宰组的蛮横霸道的朱九戒趁火打劫,"抡起劈肉的刀,对准牛头猛劈下去,当啷一声巨响,刀刃正中牛角,刀被震飞,半截牛角落在地上"。西门牛"口吐血沫,两眼沁血,断角处涌出透明汁液,汁液里有缕缕血丝",它疼痛难忍,"猛一甩头,如一座肉山委地"。

西门牛的结局更为凄惨。蓝解放最终还是"叛爹入社",带走西门牛。蓝金龙兴致勃勃,牵牛为公社拉犁时,牛"纹丝不动""犹如磐石"。歹毒的蓝金龙再次凶相毕露,又抢起大鞭,连抽二十鞭;随后又加上七八个使牛汉子一起抽,打得西门牛的"脊梁、肚腹,犹如剁肉的案板,血肉模糊"。丧失理性、如被邪恶的魔鬼控制般的蓝金龙一直不罢手,西门牛不起来,他就一直打下去。西门牛被打得体无完肤,奄奄一息。奇迹瞬间发生了:临死之际的西门牛,突然站立起来,"走出了人民公社的土地,走进全中国唯一的单干户蓝脸那一亩六分地里,然后,像一堵墙壁,沉重地倒下了"。

西门牛的悲惨遭遇,震撼人心,令人肃然起敬;同时也让人自然联想(即读者的阅读介入)起"文化大革命"中被"四人帮"及其走卒迫害的"走资派""反动学术权威""内人党"分子,说打倒就被打倒,说批斗就被批斗,精神上、肉体上受到种种折磨。有人绝望自杀,有人致残,有人致死,有人遭遇酷刑:张志新临刑前被割断喉咙,孙维世至今不明死因……

莫言就是用西门牛的遭遇来寓意和暗示文化大革命的人间惨剧。莫言的描绘,是对现实生活的提炼、加工和变形,既反映历史真实,又达成艺术真实。作家塑造的西门牛形象,其意义在于肯定、歌颂西门牛坚毅、顽强、宁死不屈的精神,并发出警世箴言:这样的"革命"不能再有了,七八年来一次,人们还有活头吗?社会将走向何方?

仅对《生死疲劳》中四个艺术形象的分析,可以认定,小说不是模仿之作,而是一部有丰富、深刻思想意义的创新之作,符合莫言对长篇小说密度的要求:"密集的事件、密集的人物、密集的思想。思想之潮汹涌澎湃,裹挟着事件、人物、排山倒海而来,让人目无暇接。"(《生死疲劳》代序言)。作品的艺术成就无可置疑。

审美感受与审美范畴

李悦对《生死疲劳》的第三项批评是作品的"审美感觉"有问题。根据是小说人物陈县长在回忆录中"用幽默又生动的笔调,写了他'文化大革命'初期的遭遇","一场全民族的悲剧被莫言写成轻喜剧,'血泪'被写成'笑脸'"。

何谓悲剧?作为审美范畴的悲剧,是"历史的必然要求与这个要求实际上不可能实现之间的悲剧性冲突"(恩格斯语)。悲剧类型主要有英雄悲剧和普通人悲剧。悲剧英雄的特点是自觉自愿为真理而斗争,为理想而献身,给人以震撼、崇敬的审美感受。普通人悲剧表现为人的正当的生存权利、劳动权利被剥夺、被压抑、被摧残,给人以激愤、痛心的审美感受。《生死疲劳》中的西门牛寓意为英雄悲剧，西门驴寓意为普通人悲剧。

"文化大革命"对于国家和人民，是一场大悲剧，悲剧类型多为普通人悲剧。但对于"四人帮"及其走卒而言，他们的所作所为，则是一场又一场闹剧，属喜剧审美范畴。"四人帮"覆灭后，有话剧《枫叶红了的时候》上演。现实中被人们嘲笑的历史上的丑角"四人帮"，经艺术家创造，成为讽刺喜剧艺术形象，恰逢其时地带给人们欢笑和大快人心的审美感受。

何谓喜剧？喜剧是内容和形式严重脱节和失调产生的自我嘲讽。所以讽刺喜剧是作为审美范畴的喜剧的主要类型。讽刺喜剧人物往往乔装打扮，炫丑为美，形成自身美丑冲突的荒诞性。喜剧效果是笑，通过笑显示新事物、新势力终将战胜并淘汰旧事物、旧势力的历史必然。

《生死疲劳》中陈县长被游斗时的种种表现，是以喜剧心态和行为对抗闹剧的艺术再现。他在回忆录中说，游斗时"一听到锣鼓点就兴奋""在锣鼓声中，节拍分明地奔跑着、舞蹈着"，特别在"套着纸驴舞蹈"时，"感到自己渐渐变成了一头驴""他的心思就飘飘荡荡、悠悠忽忽，似乎生活在现实、又恍惚进入了美妙的幻景"，遭屈辱的痛苦，经喜剧心态的转化，竟然产生了奇妙的审美感受，并由此战胜了灾难，看到了"四人帮"的覆灭。莫言敏感地摄取现实生活中存在的这类人物，在小说中独具匠心地塑造出一个勤政爱民，以喜剧心态、行为战胜迫害的领导干部形象，为读者拓展了审美感受空间。这是作家塑造这一人物形象的意义和价值。

在"四人帮"覆灭三十多年后的今天，读者读到陈县长被游斗时的表现，也会发出会心的微笑。这种笑来自现实中正义对邪恶的胜利，来自历史上的丑角终于被扫进垃圾堆的庆幸，人民的新生活开始了，内心的愉悦难以抑制。《生死疲劳》不仅是一部具有多重思想意义的佳作，也是一部具有多重审美价值的佳作。

《呼和浩特文艺》2013年第5期

必然律可然律之于情节

——再评《生死疲劳》

李悦在《〈生死疲劳〉的故事缺陷》(《北方新报》2014 年 1 月 11 日)一文中,认为"莫言没有真实描绘历史,历史在他笔下被肢解和消解",换言之,《生死疲劳》的情节是不真实的。稍有文学常识的人都懂得,文学的真实是作者对生活真实提炼、加工和变形;按照必然律和可然律进行艺术虚构和艺术想象的结果,即艺术真实。

《生死疲劳》的基本情节是一个在土改中被冤杀的地主西门闹经历的六道轮回,变成驴、牛、猪、狗、猴,最后转生为带着先天性不可治愈疾病的大头婴儿的变形故事。小说通过描绘密集的事件、密集的人物,观照并体味 50 多年来中国乡村社会庞杂喧哗、充满艰辛的蜕变历史。在此我们从西门闹和单干户蓝脸的形象来解析与他们相关的社会背景。

小说第一章"受酷刑喊冤阎罗殿、遭欺瞒转世白蹄驴"是情节的序幕和开端,西门闹仅出现在此章。他的身世是被枪毙后在阎罗殿受审、遭酷刑申冤时喊出的:"在人世间三十余年,热爱劳动,勤俭持家,修桥补路,乐善好施,……像我这样一个正直的人,一个大好人,竟被他们五花大绑着,推到桥头上,枪毙了!"仅此而已。对土改运动,作家再无片言只语的描写,何来李悦所谓莫言对土改的"思考"呢?

李悦认为莫言的思考是"西门闹这样的地主不该被剥夺,土改等暴力革命造成历史的倒退,应该给地主平反"。实在说,这是李悦的误读,不是莫言的思考!莫言的思考很简单:没有犯死罪的地主不应该枪毙。如果说平反,不是"给地主平反",而是平反"被冤杀"。不论什么人,犯有死罪就该严惩,这应该是各国刑法的共同点吧。土地改革使耕者有其田,符合历史的必然要求。土改不是暴力革命,却以群众运动的方式进行。改革开放前的历次社会政治运动,对人的惩处,无需经过法律程序。土改时农村基层政权就可以处死人,西门闹被杀也属常态。土改后的多次运动结束后都要对运动中被整的人加以甄别,凡有被冤屈和被冤杀的人都能得到平反,唯有地主被冤杀无人敢替他平反。但现实中也有特例。报载,金庸的父亲是土改中被冤杀的,经金庸的申诉得以平反,谓予不信,可求证于金庸本人。近日报载(《作家文摘》2014年1月14日)一位老干部的忆文中说道,其父在20世纪50年代被错判"恶霸地主",1989年4月当地人民法院重新审理,已予以纠正。看来,不论何人,凡有冤情,经司法程序,是可以得到纠正的。

土改过去六十多年了。新时期以来,被冤杀的地主的后人,凡是诚实劳动者已堂堂正正做人,过有尊严的生活。莫言塑造的西门闹艺术形象,并不纠结于是否给被冤杀的地主平反,而在于呼唤建立健全的法制社会,这才是其意义所在。当今的反腐,腐败分子凡触犯法律的,均移送司法机关定罪惩处,这是社会的进步。莫言用小说形式反映历史上曾经发生过和必然发生的事件,符合必然律对文学创作的要求。他塑造的西门闹形象及其相关的历史,是真实的。

如果说,西门闹是作家运用必然律塑造的形象;那么,蓝脸便是运用可然律塑造的形象。两千多年前的古希腊哲人亚里士多德就非常强调按照可然律和必然律创作文学作品,并以此作为区分诗(泛指文学)和历史的一个标准。

李悦的评论还涉及对蓝脸的评价问题。蓝脸是《生死疲劳》描写的全中国唯一的单干户。这不是历史的真实,是作家按照可然律塑造的形象。可然律要求作家按照现实中可能发生的事来描绘。蓝脸坚持单干的可能性是:符合政策。20世纪50年代农业合作化运动中,中央的政策是"入社自愿,退社自愿",此其一;其次是执行政策的领导干部的支持。小说中,高密县陈县长虽然不敢批准蓝脸单干,却介绍他去找省委农村工作部长,部长批准了蓝脸单干。部长批示中有一句重要的话:"个别农民坚持不入,也属正当权利。"

李悦没有看到这种可能性。在大力倡导民营经济、支持民营经济进入国民经济,建立混合型经济的今天,还纠结于土地私有化和集体所有制的区别,实在令人惊讶。

蓝脸坚持单干,代价沉重。为此,"文化大革命"中被列入"牛鬼蛇神"遭游斗,家庭分崩离析。劳动的自由也被剥夺,他白天不能下地干活,只能在夜间下地耕种。跟随蓝脸单干的二儿子蓝解放和西门牛多次惨遭毒打,蓝解放被迫入社,西门牛在造反派的毒打中死去。即使如此,蓝脸仍不改初衷,单干到底,终于迎来了改革开放,获得第二次解放,成为受人尊重、挺直腰杆做人的劳动者,家庭团聚,生活翻开了新的一页。

莫言按照可然律塑造的蓝脸形象,属于艺术真实。这一形象的意义在于颂扬农村中敢于维护自己权益、勇于抗争的硬汉形象,呼唤社会更多一些蓝脸式的人物,加快建设公平、正义社会的进程;同时颂扬改革开放解放了农村生产力,使农民过上了心满意足的好日子。这是《生死疲劳》释放的正能量。

《北方新报》2014年1月25日
发表时题为《〈生死疲劳〉情节的真实性》

成功的人物形象塑造

——三评《生死疲劳》

作为叙事性文学体裁的小说,在人物、情节、环境三要素中,人物形象的塑造处于艺术表现的中心乃至艺术成败的关键。优秀的小说作品,不论长篇、中篇还是短篇,总是通过鲜明的人物形象揭示社会生活的某些本质方面。《生死疲劳》塑造出众多性格特征突出、令读者印象深刻的人物形象,是作品受到人们称道的原因之一。

《生死疲劳》的众多人物中,有扁平人物,也有圆形人物。所谓扁平、圆形,是从性格角度区分的。前者指性格特征单一却给人印象鲜明强烈的人物,后者指性格特征复杂丰富的人物。中外文学史上,这两种人物都有许多成功的范例。欧洲文学中,著名的扁平人物有17世纪法国古典主义代表作家莫里哀塑造的答尔丢夫,成为伪君子的共名,他塑造的阿巴公和19世纪法国批判现实主义作家巴尔扎克塑造的葛朗台,成为吝啬鬼的共名。中国古典小说《儒林外史》中的范进,现代京剧《沙家浜》中的阿庆嫂、刁德一、胡传魁也属此类。应当说,作家如能在自己的作品中塑造出即便是一个能成为某类性格共名的扁平人物也是很大的成功;况且提出扁平人物、圆形人物概念的美国作家福斯特说过这样的话:"如果这些人物(指扁平人物)再增多一个因素,我们开始画的弧线即趋于圆形"(《小说面面观》中译本,花城出版社1984年),可见两者之间并无不可逾越的鸿沟。现当代的某些评论家视扁平人物为贬义词,实在是一种偏见。

《生死疲劳》中塑造出成功的扁平人物有蓝脸、西门金龙、蓝解放、黄合作、蓝开放、洪泰岳等。这里仅以西门金龙为例做一解析。

西门金龙是一个典型的变色龙形象。他是西门闹的儿子。其父西门闹在土改中被枪毙后，为了改变成分，跟随养父蓝脸从蓝姓，蓝金龙成了贫下中农子弟，由黑变红，这是他的第一次变色，在其后的农业合作化、大跃进、大炼钢铁运动中都是活跃人物。"文化大革命"更为他提供了政治发展的机遇。"文化大革命"初期，他理解"文化大革命"的精神是"像当年斗争地主恶霸一样斗争共产党的干部"，很快在村里成立"'金猴奋起'红卫兵西门屯支部"，自封支队长。大旗一竖，群起响应。从此杀气腾腾，开大会，搞巡游，批斗大小走资派、地富反坏右等一切牛鬼蛇神，连有恩于他的养父蓝脸也不放过；跟随蓝脸单干的西门牛更遭大殃，被他与手下人鞭打致死。因"造反"有功，由民变官，当了西门屯大队革委会主任。这是西门金龙第二次变色，不料却因弄污了领袖像章丢了"官"。

"文化大革命"后期，"大养其猪"的年月，西门金龙变色的机会又来了，为了追逐名利再次升官。他极力支持大队党支部书记洪泰岳在西门屯召开全县养猪现场会，还带领当年的造反兄弟远赴沂蒙山区，购买 1057 条沂蒙猪，又为这些猪建了 5 排 200 间猪舍。现场会如期召开，大获成功。西门金龙再次由民变官：当了养猪场场长、团支部书记。这是西门金龙的第三次变色。但这种脱离实际的大操大办，让猪遭殃，让人遭罪，小说均有具体而夸张的描写。

新时期改革开放，家庭出身不再是人们求学、就业、晋升的绊脚石。蓝金龙改从父姓，变回西门金龙。此时他又找到新的逐利点，他要在西门屯建"文化大革命"博物馆和旅游开发区。他野心勃勃，"要把破县城变成西门屯的郊区"。他由村民变成开发商。这是他第四次变色。他处心积虑勾结贪腐县委书记庞抗美，生下私生女庞凤凰，成为蓝开放（《北方新报》2014 年 1 月 25 日李悦文误作蓝解放）和庞凤凰的悲剧根源。西门金龙过上享乐放纵的土豪生活，将几千万元货款挥霍殆尽，最后在疯狂反对改革开放的洪泰岳的炸弹声中，二人灰飞烟灭。

西门金龙利欲熏心,欲壑难填。他的追名逐利、贪腐无度,成为小说中各种人物的悲剧根源。有必要一提的是,蓝开放与庞凤凰的乱伦是在不知情的情况下发生的,这笔账应当算在西门金龙与庞抗美的头上。大头蓝千岁的出生,给蓝脸家族重创,也是西门金龙的罪孽所在。

莫言塑造的西门金龙的形象,意义深刻:新中国成立以来历次政治运动中总有投机分子捞名捞利,他们在改革开放中又沉渣泛起,与贪腐分子沆瀣一气,侵吞国家财产,破坏改革开放,危害社会和人民。这是《生死疲劳》在人物形象塑造上的一大成功。

现当代小说家力求在自己的作品中塑造出圆形人物,这是小说艺术的进步,而难度较大。《生死疲劳》塑造的圆形人物有西门闹。莫言采用变形手法,让这个人物历经六道轮回,转生驴、牛、猪、狗、猴和大头蓝千岁。变形手法见于古今中外文学作品,最早的有古罗马的两部《变形记》,影响最大的则是20世纪初奥地利表现主义作家卡夫卡的《变形记》。中国古典小说《西游记》也有人变动物的情节。这些小说人变成的动物在情节发展中承担的仍然是人的作用——它们有人的行动能力和方式,有人的思想感情,可以说,是化装为动物的人。西门闹不论为驴为牛为猪为狗为猴,还是西门闹。当然,变为动物的西门闹,性格既有一贯性,又有变异性。

一贯性体现人物的稳定基因,变异性首先是身份的变化:西门闹脱胎换骨,由地主变成自食其力的劳动者,其次是性格的发展变化。作为人的西门闹,勤劳、聪慧、善良,变形后的动物仍然保持这种基因。西门驴的善良、见义勇为发展为西门牛的倔强、追求正义、宁死不屈;而西门猪则更多体现人性的弱点,贪吃贪睡、争权夺利,它活着时令人生厌,但死得还算光荣体面:为抢救落水儿童殒命;西门狗忠于主人、忠于职守;西门猴忠心耿耿,用生命保护主人的品格令人难忘。

总之,从西门闹到西门猴,既有性格的稳定性,又有性格的复杂性和发展变化。可以认定,西门闹是个圆形人物。在这个人物身上,作家肯定和颂扬了人物性格中的诸多正面品格,批判了人性中的某些弱点。

转生为各种动物的西门闹体验和见证了半个世纪中国乡村社会庞杂喧哗、艰辛曲折的蜕变历史。

  西门闹最后转生为一个带着天生不可治愈的大头婴儿，确实受到马尔克斯《百年孤独》的影响，但在模仿中有创新。《百年孤独》的主人公布恩蒂亚一家第七代是一个长猪尾巴的婴儿，被摇篮里的蚂蚁吞食，最后，一阵飓风袭来，把家族的唯一幸存者连同小镇马孔多席卷而去。这一结局暗示孤独产生的愚昧、落后、保守、僵化是产生家庭和社会悲剧的根源。《生死疲劳》中各种人物的悲剧显然是投机分子和贪腐分子造成的，蓝脸家庭家族虽遭重创，其后人还在正常生活着，努力工作着；而高密更是"近年来发展很快"，投机分子、贪腐分子已受到惩处，西门屯也已成繁荣小镇，任何力量也不能阻挡它前进的步伐，显示出作家对历史进程的乐观情绪，这是《生死疲劳》与《百年孤独》的根本区别。

《北方新报》2014年2月15日

昭君之美

提到王昭君，人们首先会想到一个字——美。因为她是公认的古代著名的四大美女之一，具有绝代的美貌；如果更深入地认识王昭君，她还是一个外在美和内在美和谐统一的典范，可谓完美。

马克思从哲学和美学的高度来揭示人的本质，认为人首先是自然的产物，是从自然中生长起来的，人本身就是一种自然。因此，人的本质中含有自然属性，有外在的美丑。对于人的外在美，莎士比亚歌颂为"优美的仪表""文雅的举止"。人又是社会的产物，马克思说"人是社会关系的总和"，因而人的本质还更有重要的社会性的一面，即有内在的美丑。对于人的内在美，莎士比亚倡导为智慧、力量和理性。在历史的长河中，兼具外在美、内在美的人物很多，与呼和浩特市历史息息相关的人物王昭君即是其中之一。

我们先看王昭君的外在美。史籍于此有证。南朝范晔《后汉书·南匈奴传》写道，王昭君出塞和亲时，在呼韩邪单于的临辞会上，王昭君"丰容靓饰，光明汉宫；顾影徘徊，竦动左右。帝见大惊，意欲留之，而难于失信，遂与匈奴"。"丰容靓饰"意为刻意打扮修饰。身为"良家子"的昭君，因貌美被选入宫，一经"丰容靓饰"，更显光彩。"顾影徘徊"显示的是昭君举止行为的美，是一种风采绰约、摇曳多姿的美。举止行为的美在外在美中具有很高地位。英国哲学家培根说："相貌的美，高于色彩的美，而秀雅合适的动作美，又高于相貌的美，这是美的精华。"(《培根论说文集》)

人的外在美，虽属自然之美，其实也与内在美相关。因为人的形貌总会打上思想感情的烙印。苏联教育家霍姆林斯基在《给儿子的信》（教育出版社1984年版）中说："外表的美有其内在的道德缘由。服饰反映出一个人的思想境界。衣裳是文化的象征，是思想的影子，从人们对服饰的选择，可以窥测到他的文化水平和道德的底蕴。"昭君的刻意修饰，既表现出她高尚的审美情趣，又可见出她对出塞和亲的高度重视。

王昭君的内在美是崇高与优美和谐统一的独特的美。崇高是一个重要的审美范畴，其显著特点是力的强大和数的巨大。社会生活中的崇高体现在英雄人物身上。英雄从事的事业具有正义性和艰巨性，他们的所作所为推动着历史的前进、社会的进步；他们坚韧不拔的性格，具有强大的精神力量和伟大的品格。崇高美令人产生崇敬感和奋发感。

面对困境的正确选择，造就了王昭君的伟大人格，使她成为一个巾帼英雄。

昭君一生中遇到过多次不同常人的人生困境，如被选入宫、出塞异域、再嫁复株累单于（呼韩邪单于前妻所生之子）等。如果说传说中拒贿画工是对污浊世风的挑战，那么自请出塞则是对儒家君臣观念、婚恋观念的挑战，再嫁则是对传统道德的挑战，其间必然经过激烈的思想斗争，蕴含着内心世界的巨变历程，这是一个生命观念、道德观念逐渐开放、升腾的过程。激烈复杂的心理冲突，果断超人的人生抉择，陶冶着她的情操。

入宫是昭君人生的第一大转折。从贫困山区到豪华汉宫，从山野村姑到侍诏掖庭，昭君没有选择的余地。其始，她可能对新生活抱有一些幻想；但她逐渐看穿了豪华后面的腐朽，热闹后面的枯寂。后宫的黑暗和众多白头宫女及失宠后妃的悲惨命运，使她体味到人生的悲凉，令她思考如何摆脱这黄金的牢笼。这成为她自请出塞的思想根源。

自请出塞是昭君人生的关键转折点，是她伟大人格的集中体现。

昭君抓住了一个难得的机会来改变自己的命运。据东汉班固《汉书·匈奴传》记载:元帝境宁元年(公元前33年)春正月,匈奴呼韩邪单于第三次入汉,朝见元帝刘奭,表示"欲婿汉代以自亲"。面对这一机遇,昭君超出众宫女之见,"自请掖庭求行"。昭君此举惊世骇俗。远离故土,艰难困苦的异域生活没有让她退缩,为家邦安宁、汉匈友好的担当,她毅然前行。此举体现的是昭君的勇气、识见和果断,正如无产阶级革命家董必武所评价:"胡汉和亲识见高。"昭君这一抉择,使她的形象化悲剧为崇高。

昭君出塞和亲,以自我牺牲精神成就对历史的贡献。史籍有载,昭君出塞和亲使汉匈之间,上承20年的停战,下启60年的和平,中国北方广大地区有一个和平发展时期,其时间之长,贡献之巨,影响之远,在古代民族关系史上实属罕见。昭君去世后,其子女、亲属后裔继续为民族友好献计出力。因此,昭君成为北方各民族人民心目中的英雄、女神,绝非偶然。这是昭君崇高美的要素之一。

不畏艰辛困苦是王昭君崇高美的又一要素。昭君出塞前往的漠北,当时的人们称之为苦寒蛮荒之地。那里气候是大半年北风呼啸、飞沙走石、天寒地冻;生活习俗是住穹庐、被毡裘、食兽肉、饮酪浆;空间距离是路途遥远、交通阻隔,一去难以回归,将长期承受思亲之苦,最后老死塞外。昭君的毅然前往,体现了她的勇气和魄力,体现了她将民族大义置于个人艰辛困苦之上的精神,体现了她的英雄品格。清人陆耀赞曰:"夫始不以色进,有班姬辞辇之贤。继之不以难委,有冯女当熊之勇。至其去后宫而赴绝域,偶殊类而辑边陲,有公主和戎、木兰从军之义。"这是对王昭君崇高美的准确评价。

王昭君不仅具有崇高美,而且是崇高美和优美和谐统一的美的形象。

优美是与崇高相对应的美学范畴。其显著特征是小巧玲珑柔美。社会生活中的优美表现为美好的生活环境、勤劳善良的人们、幸福的家庭生活、真挚的爱情、忠诚的友谊等等。优美带给人安适、恬静的愉悦。

"良家子"即平民出身,造就了昭君勤劳、朴实、善良、聪慧、乐于助人的品格。

　　流传于王昭君故乡秭归(今湖北兴山)的民间传说有许多歌颂昭君朴实大方、心灵手巧、造福乡梓的故事。这里仅举一二。兴山名茶白鹤茶是昭君救了两只白鹤,白鹤从杭州衔来龙井茶种而成就;兴山的早熟苞品种,是昭君为家乡送来的匈奴种子而产生;昭君帮助落难姑娘智斗鲁员外得以逃生……

　　王昭君和呼韩邪单于之间的爱情、婚姻生活表现为一种和谐的优美。昭君出塞和亲,得到单于的重视和尊重,封昭君为宁胡阏氏,即给匈奴带来和平安宁的王后。这正是一种尊重。尊重是男女之间建立真挚爱情的前提。在他们的婚姻生活中,处处表现出单于对昭君的关爱。对此,唐代《王昭君变文》有过描述,现取二则以赏。一则说,单于为解昭君乡愁,传令诸蕃出猎"围绕胭脂山,用昭君作中心,万里攒军,千兵逐兽"。一则又说,昭君因乡愁而病,单于频多存问,体贴备至,更是"重祭山川,再求日月,百种寻方,千般求术",如此为昭君解除心灵和身体的苦痛。深情厚爱,令人感动。封建社会具有真知灼见的政治家、文学家王安石也高度赞扬单于和昭君的爱情。他在《明妃曲》第二曲写下"汉恩自浅胡自深,人生乐在相知心"的名句。王诗的可贵在于,他能打破胡汉畛域之分,一扫大汉民族主义的传统偏见,着眼于人之相知贵在知心,闪耀着人性美的光辉。

　　因此,王昭君是集外在美与内在美,崇高美与优美于一身的完美形象。

　　王昭君的美在中国古代四大美女中居突出地位。春秋时期越国的西施、西汉的王昭君、东汉末年的貂蝉、盛唐时期的杨玉环,被人们推崇为古代四大美女。论外貌,四人难分轩轾。昭君有"落雁"之美,西施、貂蝉、杨玉环分别有"沉鱼""闭月""羞花"之美。若论心灵、精神之美,则西施、貂蝉、杨玉环都难以与昭君比肩。

　　先说西施。在春秋吴越争霸中,西施成为越王勾践谋士范蠡美人计的工具。对此,近人张相义的诗《王昭君墓下作》,用诗句对昭君与西施及莎翁《哈姆莱特》中的乔特鲁特了比较:"云台论勋伐,应许首红妆。嗟彼邪溪女,为越覆吴阊。亦有英伦后,为兄裂夫纲。何如一阏氏,两国被麻昌。"诗人认为,西施为越国颠覆了吴国,乔特鲁特为情人破坏了"夫为妻纲"的伦理道德准则;昭君远比她们高尚,云台图画论功褒扬,当以她为首,其行为无瑕无疵,一举造福两族人民。

再说貂蝉。貂蝉是一个传说中的人物,她的故事与西施有类似之处。她是东汉末年王允、吕布与董卓争权夺利的重要角色,她的自我牺牲精神令她名传后世,可惜她与西施一样,成了政治与权谋的祭品,与光耀千古的昭君无由比拟。

至于杨玉环,更是如此。昭君"不以色进",而杨玉环先以色进,后以色乱,因其貌美受宠于玄宗李隆基,并"惠"及家族。其兄杨国忠官至宰相,成为祸国殃民的奸臣,唐朝由盛而衰,终于酿成"安史之乱"——"安史之乱"自有其深刻复杂的社会根源,是不能归咎于杨玉环的;但马嵬坡"六军不发"确实因她而起。

若从精神世界和人生价值的层面来考察,更能显出高下。杨玉环等宠妃艳后把受到皇帝宠爱作为女子人生的最大价值,而王昭君则把获得自身解放、获得真正爱情、为汉匈两族的友好献身视为人生最大价值。两相比较,立见高下:昭君是高山,西、貂、杨是一抔黄土。

历经两千余年的积淀,王昭君已经成为一个文化符号。其特质是民族和谐的象征,美的化身。其魅力永存于各族人民的心中。这是我们今天认识和纪念王昭君的意义所在。

《语文学刊》2017年第5期

文学观念与文化意义

文学观念回答"文学是什么"的问题。中外文学史上出现过五种文学观念：再现说、表现说、实用说、客观说和体验说。如何理解上述文学观念？简言之，再现说认为作品是对世界的模仿；表现说认为作品是作家情感的流露；实用说认为文学是一种工具和手段；客观说认为文学是一种独立的语言建构；体验说强调读者阅读作品时的感受和再创造。当然，文学观念不是固定不变的，而是随着时代的变化而变化的。20世纪80年代的"文学热"中，我国文学理论研究取得长足进展。在新中国成立后文论研究的基础上，借鉴西方现代派文论研究的某些成果，产生了一些新的文学观念，影响大、文论界认可的有：文学是一种审美意识形态、文学是作家体验的凝结、文学是一种语言艺术、文学是人类的一种文化形态。本文就后者谈谈笔者所理解的文学的文化意义。

什么是文学的文化意义？理论家认为，它同人的生存状态、人的生存意义、人与人的交往沟通境况以及人所憧憬的理想密切相关。据此，笔者试从以下四方面诠释文学的文化意义。

其一，揭示人的生存境遇与状况。当下，"生存"或"存在"已经成为文学批评的一个热词，有的评论或将此作为唯一标准，或将此作为最高标准，这都有失偏颇。其实，文学表现人的生存或存在只是文学的文化意义的一个方面而已，何况衡量文学作品的价值不在于写什么而在于怎么写。人的生存或存在之说并不难解，它指的是人的生存是偏于动物性还是人性。著名作家尚静波创作于20世纪80年代的《警察与逃犯》，描述"文化大革命"时期贫苦农民鲁大成的悲剧。鲁大成的新婚妻子被动物性贪欲浸染的大队革委会主任玷污、霸占，鲁愤而反抗被打成"现行反革命"，终至家破人亡。害人者穷凶极恶，犹如豺狼；而受害者任人宰割，形同羔羊。鲁大成的遭遇与当时的文化形态相关联。作品揭示，"文化大革命"是不宜国人生存的"文化"，从而呼唤一种适宜国人生存的新的文化。作家的另外一篇作品《斗二闲话》描绘了改革开放使贫困至极的农民走上致富之路，这正是国人认同的、适宜生存的新的文化形态。如此，批判假丑恶，歌颂真善美便具备了文化意义。

其二，叩问人的生存意义。人为什么活着？什么是幸福，什么是不幸？什么是爱情、亲情、友情、乡情、爱国之情、民族之情？什么是人的责任和人的同情？诸如此类的问题都体现着人的生存意义，也是精神文化中的一些基本观念。不久前某电视台热播的电视剧《婚姻时差》中的主人公们对上述某些问题给出了答案。女主人公吴婷认为，爱情消退后的婚姻就是亲情、责任和习惯，与丈夫长期分隔两地的她，虽有追求者，但她忠于丈夫、关爱家人，与追求者仅仅保持纯洁的友情；追求者也以帮助吴婷找到真正的幸福作为心灵的坚守。另一主要人物赵晓菲曾以火样的爱情点燃有夫之妇李海的心，但她终于发现她的爱情并不能使对方快乐幸福，终于理智地选择退出。要与妻子离婚的李海在即将失去妻子的时刻，才深感"妻子是空气"，须臾不可离，否则会窒息，最终回到妻子身边。剧作以通俗明白的语言，阐释了人的生存意义：什么样的生活是值得过的，什么样的生活是不值得过的。如此，作品也就有了文化意义。

其三，沟通人与人、人与自然的联系。文化的群体性十分突出，在一定的意义上，文化就是一个群体、一个民族、一个国家、一个共同体在长期的历史中形成的共同遵守的思想和行为的准则。真正的文化是以爱护人、保护自然为目标的。尚静波的小说《红鸽子》讲述20世纪80年代对越自卫反击战中惊心动魄的战斗故事。第一次投入战斗的年仅19岁的卫生员夏倩倩的牺牲尤其令人痛惜和崇敬。她曾用鲜血拯救越俘阮文生的性命，并以胸饰和平鸽相赠。又一次战斗中，夏倩倩奔至前沿,救助受伤的战友。重返越军投入战斗的阮文生见此情景,冒着密集的炮火冲至夏倩倩身旁救援,两人同时被入侵者的子弹击中,鲜血染红了他们胸前佩戴的和平鸽。交战的双方是敌对的,而投入战斗的个体在某种特殊的境遇中却可以互相救助。这就是文化的力量,显示着文化的意义。

　　人与自然的联系,在中西文学史上的表现截然不同。这同中西古代哲学思想不同有关。中国古代哲学有"天人合一"的主张,西方哲学则强调"改造自然"。西方文学作品中的自然景物描写往往作为背景或象征的"客观对应物"出现。而中国文学史上曾出现过繁荣而成为流派的山水诗、田园诗,诗中描写的人与自然的联系或和谐或臻于诗意化的生存,如唐人王维的《渭川田家》:"斜光照墟落,穷巷牛羊归。野老念牧童,倚杖候荆扉。雉雊麦苗秀,蚕眠桑叶稀。田夫荷锄立,相见语依依。即此羡闲逸,怅然吟式微。"诗人所写的人物和景物笼罩在一片和谐、亲切的氛围中,令人向往。李白的《独坐敬亭山》另有一番情趣:"众鸟高飞尽,孤云独去闲。相看两不厌,只有敬亭山。"诗人把自己的情感移植于景物之中,使景物获得像人一样的生命与情趣,实现了人与自然的诗意化生存。当代中国作家和诗人在表现人和自然的联系上也不乏佳作。

　　其四,憧憬人类的未来。人与动物的根本区别之一是人有思想,有理想,可以预测未来。我们且来品读清人张维屏的《新雷》:"造物无言却有情,每于寒夜觉春生。千红万紫安排着,只待新雷第一声。"诗以自然的运动暗示社会的未来,从而获得文化意义。

　　总之,从文化形态来鉴赏文学作品只是文学批评的一个角度,还可以从审美意识形态、语言艺术等多角度考量和评价文学作品,仅持一个标准、一个角度是不足为训的。

《呼和浩特文艺》2015年第4期

呼和浩特现代文学的开创性

20世纪初年,正当辛亥革命步履艰难之际,先进知识分子以《新青年》《每周评论》《晨报》《京报》《新潮》等报刊为阵地,倡导科学与民主,大力介绍新思想、新文化、新道德,同旧思想、旧文化、旧道德展开激战,催生了五四爱国政治运动,从而在中国大地响起启蒙与救亡的双重奏鸣曲;中国文学也开始了思想解放、语言解放、文体解放的现代化进程。本土文学在京沪等大城市新文化运动余波的滋润下,在贫瘠的土壤上破土而出,至新中国成立初年30年间,开拓出可载入史册的具有新文学性质的现代文学。

本土现代文学大体分为三个阶段。

第一阶段,20世纪20年代,新文学在新文化传播的孕育中诞生。最早在本土传播新文化的是沐浴五四新风的北京高等学校归来的知识分子李广和、白映星、陈志仁等。他们先后在归绥中学、绥远师范、中山学院的课堂上讲授并指导学生写作白话文,课外组织新文化书刊、新文学、外国文学的读书活动,排演新剧(文明戏),宣传"德先生、赛先生"。他们在本土新文化贫瘠的土壤耕耘,培养了本土新文学的骨干。

社团、刊物在新文化传播中起了重要作用。其时,社会主义青年团员、北京蒙藏学校学生多松年、云泽(乌兰夫)、奎璧在中国共产党创始人之一李大钊的支持下,创办党团刊物《蒙古农民》,用民谣、蒙古曲等文艺形式向农牧民宣传中国共产党民主革命纲领,号召蒙汉人民团结一致,打倒军阀,赶走帝国主义。与此同时,记者、编辑杨令德和几位文学青年成立火坑社,创办《西北民报》副刊"火坑"和文学周刊《塞风》;

稍晚又有绥远旅平同学会创办半月刊《绥远旅平同学会学刊》。上述刊物为文学青年开辟了发表文学作品的园地,传播新文化。在《火坑》《塞风》这两个纯文学刊物上发表诗歌、小说、散文、剧本、通讯、特写、译文和文学评论的主要作者有杨令德、马映光、刘洪河、霍世昌、霍世休、宋之的、苏谦益、章叶频、刘寺钟、石吉圃、李荣荫等二十余人。本土现代文学由是发轫,为20世纪30年代现代文学的繁盛奠定了坚实基础。

第二阶段是本土现代文学繁盛期。这一时期和塞北文学运动相始终(1932—1937年),文学社团活跃,文学刊物增多,文学创作取得实绩。

在时代的激荡,现实的刺激,"新诗歌"的理论倡导下,产生了不少关注国家命运、反映民生疾苦、抒发个人情志的诗篇,杨令德的《地狱行》《新生之歌》、章叶频的《小玉子》、刘映元《驼铃的悲声》是思想和艺术俱佳的作品。政治抒情诗是塞北文学运动的一抹亮色:苏谦益的《血的激情》、杨植霖的《吼声》、刘洪河的《怒吼吧,狂风!》等等,是大量抗日救亡诗歌的代表作。在歌唱和呐喊的同时,诗人们也在不倦地探索诗艺。自由体、半自由体是主要诗体,还出现了新格律体:杨令德的《新生之歌》、韩燕如的《架起太平洋的肉桥》;长篇叙事诗:霍世昌的《酒杯的故事》;剧诗:刘洪河的《赴敌》。

散文创作结出硕果。杨令德的《伟大的工作》是本土作者公开出版的第一部作品集,内收随笔、杂文、通讯、书评、时论30余篇,诗3首。有的再现绥远兵连匪结、民不聊生的现实,有的评论时事,有的记录和文化名流的交往,有的抒写读书的心得感受;首篇《伟大的工作》抒发母爱和生命的伟大。见地不俗、文笔通脱是杨令德散文的基本特征。袁尘影的长篇游记《百灵庙行》再现20世纪30年代塞外大地凄凉、破败的社会面貌和蒙古族的独特风习,其抒情散文《病中杂记》抒发对旧生活的厌恶,对新生活的渴望;李穆女的《雁南飞》劝诫青年在挫折面前不要灰心,把时间和力量"交给斗争的呼喊"。

杂文在散文中占有较大比重,担当社会批评、文明批评的职能。激励抗战、鼓舞斗志的有雨三的《认清敌人的诡计》、章叶频的《冲上前去》、武达平的《胜利是属于我们的》,揭露伪善、挞伐专制的有马映光的《欺诈的牢笼》、樱子的《一个新闻记者的悲哀》,批评旧文人习气、"文言救国"谬论的有杨植霖的《闲话"幽默"》、袁尘影的《胡适与江亢虎》,章叶频有不少杂文议论青年和妇女问题。这些杂文在国难当头之际激清抑浊,警示国人,和战斗的诗歌异曲同工。

宋之的的《一九三六年春在太原》刻画阎锡山治下的社会百态,是现代文学史报告文学名篇。如心的《大召》描述归绥大召周边集市贸易热闹情景,同时对日寇入侵、大敌当前人们的麻木发出警示。

小说创作趋于成熟。反映令人窒息的绥远现实,揭示下层人民的苦难生活和悲惨境遇是小说创作的基本主题。代表作有何润清的《破棉袄》《命运》《大喜的日子》、徐盈的《铺保》、持之的《冤狱》、宜森的《转变》等。此外还出现了反映人民群众觉醒与抗争的小说,代表作有宋之的的《充实之后》、章叶频的《小和尚的冤屈》、何润清的《董家沟》、蒲特的《三个女游击队员》。CC女士的妇女题材小说《出走》《孤雁的悲哀》在当时颇有影响。

戏剧创作和演出活跃。主题多为抗日救亡,代表作有宋之的的《保卫卢沟桥》(多人)、《雾重庆》《街头》、漪泽的《出征的前一日》、葛偑的《蒲撒尔》等。话剧这一现代戏剧走向本土舞台,鼓舞民众投身全民抗战。

文学评论生气勃勃。"革命文学""国防文学""新诗歌"等左翼文学主张通过本土评论家的介绍和阐释成为文学创作的先导。有影响的评论如:杨令德的《革命文学》、马映光的《国防文学的中心思想》、苏谦益《今日文学的任务》、章叶频的《现代诗歌两种流派的斗争》《戏剧的意识问题》等。此外,霍世休的《王昭君的故事在中国文学史上的演变》、李穆女的《英美现代诗的特性》,前者是本土较早研究王昭君及其文学题材的长篇论文,后者是本土较早的比较文学论文。

20世纪30年代初期和中期,本土的文学思潮与文学运动既同内地汇流,又有自身的一些特点。作家频现,作品丰赡,现实主义精神鲜明突出。

第三阶段包括抗日战争和解放战争时期的文学。

1937年10月,归绥沦陷,作家云散。有的流寓大后方国统区,如冯曦;有的随绥远省主席傅作义部退守绥西,如荣祥、杨令德;有的奔赴大青山抗日根据地或晋察冀抗日民主根据地,如杨植霖、武达平、章叶频等。不论他们身居何处,采用何种文学形式,他们的作品高扬爱国主义精神。老诗人冯曦的旧体诗《离绥志感》,志"平绥沿途倒狂澜",感"同仇还欲施兼并"。"塞北文豪"荣祥的旧体诗《绥远既陷偕内犯难出走长句》,叙写与故乡生离死别的场面,抒发"吾自有术光青史"的情志。杨令德在榆林以《大公报》记者和特派员身份撰写了大量特写、报告文学,向国人展现绥远抗战形势,蒙汉人民抗击日寇的英雄业绩,爱国将领傅作义、邓宝珊、马占山、何柱国等人的功勋,堪称绥西抗战史。杨植霖的旧体诗《向贺龙请命》《率抗日团上大青山游击战》记录根据地军民抗日斗争的战绩,抒发烽火岁月的战士情怀。章叶频的新诗表达《坚持长期抗战》《抗战必胜》的信念。

解放战争时期,群众文艺活跃。归绥城乡流传一些渴望摆脱专制统治、实现翻身解放的爬山歌,如《难活不过受苦人》《早就盼望共产党》《迎来全国解放》,都是喜闻乐见的口头文学。绥远解放区党政领导杨植霖在紧张繁忙的工作间隙写有不少旧体诗《解放卓资山》《集宁战役》《夜围青城似铁箍》《进城》等纪实性作品,是绥远历次战役至和平解放的诗史。青年布赫任内蒙古文工团团长期间写有话剧剧本《额尔登格》、秧歌剧《送公粮》,参与创作电影剧本《内蒙春光》(影片公映时更名《内蒙人民的胜利》)。上述作品发挥了革命文艺组织群众、动员群众、宣传群众的作用。

自五四运动至新中国成立初年30年间的文学成就可观,富有开创性。以解放文学语言为突破口,对文学形式和内容作了深刻的变革,形成了不同于传统的、具有现代意义的文学。现代意义表现在对国家、民族和人的命运的关注,而贯穿其中的是现代民主主义和社会主义思想。诸多作品再现城市平民、农牧民的痛苦、觉醒、反抗的生存状态,张扬抗日救亡的爱国主义精神,人民解放战争中的英雄主义精神。作为地域文学,其思想艺术水准达到较高水平,值得珍视。

《呼和浩特当代文学史·绪论》主体内容之一

呼和浩特当代文学的良好开端
——新中国成立后呼和浩特十七年文学管窥

1949年中华人民共和国成立,中国社会进入崭新的历史阶段。中国共产党领导的人民民主专政的社会主义政体是20世纪中国社会的本质属性,这种社会属性决定了中国当代文学是社会主义文学。

当代文学分为三个时期:新中国成立后十七年文学、"文化大革命"十年文学、新时期文学。本土十七年文学论数量,算不上丰收;数质量,均有在区内外有影响的作品问世,是呼和浩特当代文学的良好开端。

小说创作颇有成就,题材涉及战争、工业、儿童生活。

革命战争题材小说代表作有萧平的《三月雪》、云照光的《母亲湖畔的火光》《蒙古小八路》。

20世纪50年代中期成名的小说家萧平的《三月雪》,是继《海滨的孩子》后的又一力作,这部中篇小说以胶东抗日战争为背景,塑造忍辱负重、机智勇敢,为严守党的秘密、为保卫群众的生命而献身的女革命者形象,作品1956年在《人民文学》发表后被文学界评为当年最有影响的小说,被译成俄文介绍给国外读者。以电影文学创作成名的蒙古族作家云照光发表中篇小说《蒙古小八路》,以大青山抗日斗争为背景,塑造蒙古族小英雄形象,讴歌蒙汉群众在抗击侵略者的战斗中结成的生死与共的深情厚谊。

刘安琪的短篇小说《巡线工》是工业题材的重要收获,被译成多种文字介绍到国外。小说以第一人称视角讲述老一辈铁路工人多次冒险检修、改装线路的感人事迹,讴歌普通劳动者爱岗敬业的"工匠精神"。

儿童题材有萧平的短篇小说《海滨的孩子》,冯苓植的短篇小说《林中遇险》、小说集《骆驼上晃荡大的孩子》。

《海滨的孩子》不以故事见长,而以两个孩子在海滨追逐嬉戏、赶海挖蛤遇险、学习捕鱼等日常生活中不同性格的映照,展现新中国少年活泼健康向上的精神风貌,是鲁迅《故乡》少年闰土在新时代的身影。小说被联合国教科文组织收入《亚洲儿童文学选》。

诗歌创作以颂歌为主流。诗人们歌唱新生活新社会。杨植霖、荣祥、韩燕如、张二银虎、孟良、海舟、黄河、张志良、贾勋都是颂歌写手。

杨植霖的诗集《凯歌》中的诗篇歌唱日新月异的呼和浩特,歌唱一日千里的内蒙古,洋溢着澎湃的激情。荣祥用旧体诗唱家乡新生活,七言古风《呼和浩特歌》描绘内蒙古自治区成立十周年庆典系列活动的盛况,喜悦之情跃然字里行间。韩燕如在采集、整理爬山歌间隙写下《河西走廊》《蓝旗组诗》,歌唱祖国巨变、草原美景和各族人民的团结。张二银虎用爬山歌赞颂翻身解放、赞颂人民领袖,这位"爬山歌王"唱进中南海,受到国家领导人的称赞。时有"农民诗人"之称的孟良创作了大量歌颂共产党、歌颂毛主席、歌颂社会主义的新民歌。时有"工人诗人"之称的黄河、海舟分别写有《轧钢工人赞歌》《巨手颂》等,歌颂工人阶级、歌颂共产党领导人民创造历史的丰功伟绩。

初二学生张志良在1954年3月《中学生》发表《沙漠里奇怪的事情》,诗作构思巧妙、想象丰富,通过爷爷讲述误认现实图景为海市蜃楼的故事,歌颂新中国社会主义建设的奇迹,获得叶圣陶、冯至等老一代作家的赞赏。20世纪50年代后期开始文艺创作的贾勋写出清新可喜的抒情短诗《给理发师》,赞美普通劳动者。

散文作品广有影响的是杨植霖的回忆录《王若飞在狱中》。作者以亲历、亲闻的难友、战友身份多角度描述共产党人王若飞信仰坚定、坚贞不屈、品德高尚、博学多才、与群众血肉相连的崇高形象。

电影、戏剧文学收获颇丰。在20世纪50年代初"百花齐放、推陈出新"的戏曲改革方针的指引下，戏剧工作者挖掘、整理传统戏曲或新编、创作二人台、晋剧文学剧本、电影文学剧本，都有佳作搬上舞台或银幕。

霍世昌改编的《走西口》将只有二人的表演扩展为六人表演，迈出了小戏二人台向大型二人台的成功一步。陶然移植再创作了《紫金锤》，在表现包拯断案时突出民本意识。侯广峰的新编历史剧《昭君传》以新的历史观诠释昭君出塞和亲的汉匈关系。韩世五改编的二人台《卖碗》等常演不衰。吕烈、都君一的大型二人台剧本《青山红旗》再现20世纪40年代共产党领导的大青山抗日斗争，场面宏大、人物众多、形象鲜明、情节曲折、语言生动而富于地方特色。孙书祥的大型二人台《秀兰挑女婿》以古代妇女追求婚姻自主的情节观照现实，主题鲜明，喜剧色彩浓郁。董发祥的二人台《旺大爷》出现了大公无私的新农民形象。贾勋移植、改编的晋剧剧本《三跷寒桥》是一出以丑角为主人公的包公戏，在正反、忠奸对照中彰显懿德善举，斥责奸邪恶行。

云照光是本土最早投入电影文学创作的剧作家，他的《鄂尔多斯风暴》以大革命时期锡尼喇嘛领导的"独贵龙"运动为题材，艺术地再现鄂尔多斯蒙古族人民反抗王公贵族、封建军阀的斗争，讴歌革命先驱向往光明、追求真理的精神风范。

文艺评论处于起步阶段，作品尚少，只有初涉文坛的贾勋发表过十余篇剧评。由于他有晋剧剧本的创作实践，不论阐释所评作品的思想意义还是分析人物形象，不论赏析名角的表演艺术还是对剧本提出改进意见，都切合实际，对本土戏剧艺术的发展繁荣做出了可贵的努力。

本期为数不多的作家作品，有小说走出国门的，有民歌唱进中南海的，有少年诗作受到文坛大家赞许的，有回忆录节选编入小学语文课本的；搬上舞台或银幕的地方戏和电影受到城乡广大观众的喜爱，成为人民群众不可或缺的精神食粮。凡此种种，显示着：新中国成立后十七年文学是本土当代文学的良好开端。

《呼和浩特当代文学史·绪论》主体内容之二

新时期呼和浩特小说的时代性和人民性

1978年12月中国共产党十一届三中全会的召开成为我国历史上具有深远意义的伟大转折。拨乱反正，思想解放，文学创作进入繁荣发展的新阶段。从20世纪70年代末至本世纪初，文学史家通常称之为"新时期"。新时期文学是中国当代文学继十七年文学、"文化大革命"十年文学后的第三个文学时期，是焕然一新的社会主义文学。新时期文学又可分为20世纪80年代"文学热"、20世纪90年代多元化趋向、新世纪平稳发展三阶段。本土文学与全国文学基本同步。

新的时代，作家以现实精神观照生活，用作品反映时代风貌，表达人民大众的精神诉求，具有鲜明的时代性和人民性。

一

20世纪80年代，在思想解放大潮中，文学思潮迭起，伤痕文学、反思文学、改革文学、寻根文学一波又一波向前推进，作品直面现实，叙写真实而感人的故事，塑造个性鲜明与时代血肉相连的人物形象，在当代文学史上留下了闪光的印记。

"文化大革命"结束后，面对文化大革命造成的人民和国家的沉痛伤痕，作家的创作力迅疾喷发，伤痕文学裂土而出。"文化大革命"中内蒙古挖"新内人党"运动使蒙古族干部及其子女遭受非人折磨。区内外知名的蒙古族作家云照光痛定思痛，创作出揭露挖"新内人党"暴行的小说《黎明前》。初登文坛的蒙古族作家塞夫的《塞夫》揭示青少年在"挖肃"中心灵被扭曲的悲剧。内蒙古文坛颇有影响的蒙古族作家毕力格太,在《我心中不谢的花》中叙写知识分子在十年浩劫中多舛的命运。创作始于20世纪80年代初、不断追求艺术创新的满族作家尚静波,在其处女作《爱的复苏》中描述知识青年"文化大革命"中经历的人生伤痛、政治迫害,表现政治运动造成的人性异化和艰难困境中的人性坚守。《警察与逃犯》谱写动乱中农民命运的悲歌。两部作品中美丑善恶的鲜明对照震撼人心。

伤痕文学揭露"文化大革命"给中国社会造成的浩劫。作家们用艺术方式深入叩问"伤痕"产生的根源,反思文学应运而生。同伤痕文学相比,反思文学在历史内容上扩展和深化了,反映的生活从"文化大革命"上溯至20世纪50年代或更远。尚静波的《斗二闲话》深刻揭示农民贫困和斗二们受到迫害的渊源是"左祸"作祟。评论家李悦创作的小说《死光》着意"几千年封建专制下,国人的蒙昧、保守、麻木不仁"造成了普遍的贫困。王之义的《西瓜熟了》、赵淑芳的《胡麻地》把根源归结于无限膨胀的基层权力和干部腐败。

在揭露社会问题、反思问题根源时,孕育着人民革故鼎新的热切希望,改革文学在时代的呼唤和人民的期待中破土而出。尚静波的《失重》塑造出几个个性鲜明、时代感强的人物形象。最具感染力的是一个富有才华、关注民生的知识分子形象,他虽屡遭迫害却依然坚持科研,为提出切实可行的改革方案,不幸在实地考察中献身。李仲臣的《丘二能改革》、李元岁《有关拖鞋问题的问题》都是通过小事件展示改革的必要性和艰巨性的大主题。改革的成果令人欣喜,却仍然遇到难以言说的阻力。作品暗示,改革只有进行时,没有完成时。

寻根文学寻找中华民族文化的独特品格。尚静波以《姑父》《金猫儿》为代表的家族系列小说、李希晓的《乡魂》,以现代意识观照历史,反思传统文化,汲取中华民族文化的精华,也摒弃其糟粕。唯其如此,才能构建独具民族特色的社会主义文学,融入当代文学潮流。

与主潮文学同时发展的,还有多种题材的小说佳作,其中具有突破性的是表现人性和爱情的小说。这类题材20世纪六七十年代被斥为资产阶级和修正主义的毒草,成了文学创作的禁区。五六十年代成名的冯苓植在《驼峰上的爱》中表现无爱的生活会扭曲人的灵魂,真挚纯洁的爱则会滋养心性。工业题材、商业题材、爱情题材均有佳作问世的徐扬,其《荒原的梦》通过人与狼的命运交织的情节,表现狼心本恶,人性向善。云晓光的《新梦悠悠》叙写新一代牧民对新生活的梦想及爱情观的转变。杨俊文的《爱的过敏症》讲述丈夫因爱之切而对妻子生疑又释疑的过程。总之,人性和爱情题材作品堂堂正正、大大方方走进文学领域。这同80年代为人性正名、肯定人道主义的历史进步相吻合。

二

20世纪90年代商品经济兴起,市场经济中心确立,人们的价值观、行为方式和文化态度都发生了变化,知识分子由中心被推向边缘,文学功能由积极参与现实向审美化和娱乐化倾斜,呈现多元发展趋势。在这新的时代背景下,本土作家钟情于商业题材、城市题材和女性题材。以北方商旅小说著称的邓九刚在《大盛魁商号》中再现特定历史时期受内外欺压、在罅隙中艰难经营,叱咤北方二百年的商业兴衰史。小说提供了重要信息:当年的归化城是历史上丝茶之路的节点、向北开放的重镇。徐扬的《书商》将形形色色书商在特殊商品营销中所经历的灵肉分离、爱恨绞杀一一展示。

城市是一个地区的经济中心,经济社会发展时期,城市题材创作势在必行。毕力格太的《邻居》以邻里关系的阴晴明暗,揭示现实中习见的官本位衍生的趋炎附势的社会心理和不良风气。尚静波的《海难》讲述H市外贸局干部陈明璧出差遭遇海难的故事。主人公正直、勤恳、有才华、热心改革,却被同事视为竞争对手,受到忌妒、打压。作品入木三分地揭示人性的善恶美丑以及杰出人才的生存困境。成名较早的作家郑大海在《月亮的眼睛》中,以某高校毕业分配为线索,反映社会万象,既有青年学生的激情与迷茫,也有理想的坚守或精神的蜕变,表现不同层次的世界观、价值观、道德观。具有创新意识的蒙古族女作家黄薇的《影子》《流浪的日子》,反映时代变迁中城市少数民族青年一代的心理状态、情感诉求。

women女性题材创作受到当代文坛女性主义文学的影响。女性主义文学旨在维护女性权益,表现女性特点。在其发展中,有的女作家趋向私语化、个人化写作。本土女性题材小说反其道而行之,作者大多选择历史题材,再现历史上杰出女性形象。新生代女作家宋其蕤的《满都海皇后》表现女主人公辅佐达延汗可汗打击分裂、驰骋沙场,使蒙古民族在15、16世纪之交稳定繁荣的事功。《三朝宫主孝庄皇后》描述女主人公辅佐有清三代皇帝卓有建树。以刑侦小说走上文坛的青年女作家孙丽萌的《槐叶绿,槐花白》,叙写一对母女在20世纪社会变革中的命运起伏,母亲在淫威面前捍卫尊严的人性美是小说的亮点。本土女性题材小说明显有别于女性主义文学,因而不冠以"女性主义"之名。

三

30余年的改革开放加速了我国经济社会发展,提升了高科技水准和城镇化水平,迈开了走向全球化的步伐,为文学创作带来了新的机遇。新世纪本土小说创作呈现平稳发展态势:小说题材更加拓展,主题更加丰富,体裁更加多样。尤其值得注意的是,长篇小说数量激增,微型小说结出硕果。

抗战题材是众多长篇小说的主流。日本的侵华战争是国人的惨痛记忆,抗战中铸就的民族精神在小说中熠熠生辉。

追求题材和艺术创新的作家田彬,用《青山风骨》《青诀》《狼烟血光》三部曲开创了大青山抗日小说的先河。小说中的抗日英雄有八路军首长,更有农民出身的游击队员;独具特色的是作家笔下的灰色人物,他们面对日寇奋起反抗、不畏牺牲,成为小说人物画廊新形象。作品民族特色、时代特色鲜明的鄂温克作家庆胜的《萨满的太阳》,表现抗日战争中鄂温克民族老一代与青年一代保种与保国的冲突,青年一代高举抗日大旗,使二者统一,弘扬了民族精神和爱国精神。

邰贵的《戏外恩仇》以晋剧戏班游走演出为线索,塑造投入抗战的民间艺人、武林高手、宗教人士以及共产党人乌兰夫、李森、贾力更,国民党爱国将领傅作义等人物形象。短篇小说抗战题材代表作有魏爱萍的《车把式顺子》《长城脚下的村庄》等,描述山民、村民的抗日壮举,表现其爱国精神。

城市题材创作有新收获。庆胜对城市边缘人生存境遇的关注,反映在他的《第五类人》中。他们既受"大院文化""痞子文化"的影响,又受来自父辈的草原文化的浸染,不自觉地卷入异质文化的撞击中。这些城市少数民族青年经历了比汉族青年更多的隐痛。李樱桃的《一颗牙齿的疼痛》《排毒胶囊》等作品描写城市小人物、特别是农民工的生存困境,在直击现实中寻求解困良方。

官场和机关生活进入作家视野,开拓出本期小说新题材。庆胜的《跨越世界末日》讲述"世界末日"传言对官员、机关各色人物的考验。田明《离开机关的日子》《题字》等小说描述不健康的机关生态和公务人员的官本位意识。这些小说具有明显的讽刺意味。

微型小说收获颇丰。微型小说走出国门的贺鹏,其微型小说数量大、题材广、艺术手法多样。代表作《老鼠娶亲》讲述一户贫困家庭过年的饺子被老鼠偷吃的故事,隐喻20世纪60年代普通人的生存状况。他的作品隐约其中的忧思与叹息令读者对昨天有所思,对今天有所想,哲思情趣兼具,耐人咀嚼。

四

新时期呼和浩特小说创作成果令人瞩目,数量可观,质量可喜,艺术表现有所创新。新时期之初西方现代派文学涌入,当代作家受其影响,创造新的艺术形式和手法。本土作家尚静波20世纪80年代初在《爱的复苏》中率先采用心理时间结构情节,实现共时性和历时性的交错重叠,令读者眼前一亮;20世纪90年代的《海难》独树一帜,采用多视点叙述方法,打破生死界限,生犹死,死犹生,在生死之间展示主人公变化多端的悲喜命运,具有冷峻、荒诞的审美意味。

　　20世纪90年代至21世纪初,新写实小说成为一种小说类型。其基本特征是摒弃现实主义典型化方法,回到生活原生态。黄薇的《影子》《秋天的故事》着重描述普通人的生活琐事,田彬的"抗战三部曲"着重塑造性格复杂的圆形人物,都是新写实小说影响下的创新之作。

　　贺鹏在他的微型小说中运用荒诞、隐喻、象征等现代派艺术手法,揭示生活中存在的种种弊端,给读者诸多人生启迪。李樱桃的《一颗牙齿的疼痛》《排毒胶囊》具有明显的象征意蕴,深化了主题,增添了艺术感染力。

　　新时期呼和浩特小说创作较之其他文学体裁,成果更为丰硕,产生了一批在区内外有影响的作家和有时代性、人民性的优秀作品,成为呼和浩特文化的重要组成部分。

《呼和浩特当代文学史·绪论》主体内容之四

新时期呼和浩特诗歌的抒情美

诗歌属于抒情类文学体裁,抒情作品的美在于表达人类丰富复杂情感的内涵。抒情诗自不必说;即使描述事件、塑造人物的叙事诗,也并不强调细致的描绘,而注重表现诗人对故事中人物形象的丰富感情。同其他文体相比较,诗歌最是以情感为本位的。这也是衡量新时期本土诗歌创作成就的一个重要尺度。诗人们抒发的情感丰富多彩:祖国与家乡,英雄与普通人,社会与民生,感悟与哲思,亲情友情与爱情,构成了五彩斑斓的诗歌世界。

爱祖国、爱家乡的情感是崇高、深沉和执着的。歌颂祖国、赞美家乡是新时期呼和浩特诗歌的主调。

新时代歌手毕力格太在他《牧归》《草原之夜》《套马》等描绘草原的诗篇中,把蒙古族率直、淳朴的天性与美丽、辽阔的风貌融为一体,具有清新、雄健之美。致力于儿童文学研究和创作的张锦贻在《牧马谣》中,描写蒙古族儿童牧马、饮马的劳作,表现他们爱马的深情和驭马的喜悦乃至马文化在民族生活中的分量。创作始于20世纪80年代、笔耕不倦的杜遹在旧体诗集《春花秋饮》《月色箫声》中描绘出一幅幅乡土风俗画,充盈着乡土生活的古朴、活力和诗意。

20世纪50年代后期走上诗坛、新时期又有佳作问世的贾勋在他的《敕勒草》《天似穹庐》诗集中一些诗篇中既描绘草原具象,又以"车辙""绳痕""鹰""火"等意象,象征牧民创造的新生活和美好的未来,具有传统诗艺的含蓄美。

草原美景是诗人着墨的画卷。甘先文的《风雪夜》、周恩广的《草原之星》、乌吉斯古冷的《蒙古包的炊烟》、王再平的《秋到牧场》、高培萱的《送你一枝红叶》(散文诗集)、乐奇的《唱给家乡的歌》、高朵芬的《故乡情韵》、刘雅青的《关于故乡》，或写意，或工笔，将热爱家乡的深情融汇于草原美景之中。

祖国山河之美为诗人所钟爱。活跃于新时期诗坛的张天男，描绘祖国壮丽河山的代表作《七律·海南铜鼓岭题崖》《七律·醉题白云宾馆》等托山水以寄情，借史实以抒怀，具有雄浑之美。郝雄宇的诗集《秋揽天山月》从辽阔的草原到秀丽的江南，从中原大地到巴山蜀水，足迹所至，诗情随之喷涌，从清新疏朗的描绘中，蕴含诗人对祖国的挚爱之情。刘锦中的《长江万里行》《长城联》或立意高远，气势磅礴，或大气恢宏、气壮山河。石玉平的《清河怀古》在壮丽河山的描绘中寄寓历史的纵深感。

歌颂祖国、赞美家乡的诗篇风格各异，或优美或壮美，带给读者绵长的审美感受。

英雄通常是那些抱负远大、不畏艰险，为社会做出重要贡献的人；普通人也以自己的方式对社会有不平凡的贡献。他们共同创造历史。

毕力格太的《从荒原走向绿野》歌颂解放战争中各族人民艰苦卓绝的斗争、老一辈无产阶级革命家的伟业。张天男的长联《题成吉思汗陵》颂扬一代天骄的功勋"气吞万里，纵横古今，才情气势不让前贤"。苏力亚在《世界的声音》中，称颂成吉思汗至今还鲜活"在一个民族的心里""在全人类的思维里""在无阻岁月的传说里"。戈夫的《英雄——廷·巴特尔》再现一代知青献身草原建设的高尚情怀。王发宾的《在战士脚下的白云》中塑造在天山深处筑路的战士英雄群像。宫久生的《英雄礼赞》讴歌呼和浩特青城公园发生的群体英雄舍己救人的义举。

刘世远的《辣嫂》描述农村劳动妇女自力更生、发奋图强的光彩人生。郝雄宇深情忆述《我的乳娘》，塑造勤劳善良，充满爱心的乳娘形象，是唱给天下母亲的歌。郭钰的《品高德劭》讴歌扶贫济困、救助弱者赢得乡民信赖的农村妇女。张新生笔下的《女驭手》活泼矫健、不让须眉。侯六九写出"把黄河提在手中,把阴山挑在肩上"的《桥梁工》。

诗人们把英雄的崇高美和普通人的素朴美传达给读者,陶冶人们的心性。

关注社会与民生出自诗人的责任意识和良知。"文化大革命"乱象、社会污泥浊水,这些较难入诗的题材在一些诗人的笔下也能化作痛快淋漓的诗句。张志良的《午夜》直击贫富不均的社会问题。刘立在《有感公仆的范本》中对清廉表达由衷的敬意,在《逆淘汰》中对腐败发出内心的愤怒。高延青写有一组讽喻诗,《为官僚主义造像》。苏力亚在《清官与贪官》中感慨:"清官的一生也许可惜/但他却把不朽的财富留给后人/贪官的一生也许满足/但他留给后人的却是咒骂之声"。尚丽清描绘的市井图中寄寓心中的忧患:经济发展与个人价值、追求享受以及独生子女教育等都是时代性的挑战(《世纪时尚悄语》)。

张天男深切哀悼汶川大地震罹难同胞(《国殇》)。高延青为久旱焦灼而祷,为得雨欣喜而泣(《得雨》《夜雨抒怀》)。

关注社会和民生的诗篇蕴含可贵的忧患意识和悲悯情怀,呈现现实主义文学的正义品格。

大千世界、芸芸众生往往引发诗人的感悟和哲思,他们把韵味深长的抒写性灵的诗篇呈现给读者。

贾勋的《北京,一月的雪》以"雪"为中心意象,勾连历史上的盛唐气象、晚清的国运衰颓,今天共和国可期待的民族复兴,诗味隽永。张天男的《玻璃上的鸟影滑来滑去》以充满悟性的语言,歌唱生命的壮丽,体验生命活力的细微原值。张志良的《二泉映月》写聆听盲音乐家华彦钧(阿炳)名作的感悟:"那是阿炳/清澈的眼睛/望得我磕磕踫踫/倒成了盲人",隐潜着诗人的沧桑感,而在《爱》中期待"五月/蒲公英般/飞得满世界的爱",拳拳之心,跃然纸上。曹化一的诗集《游子吟》中的一些诗篇抒写读书的心志和意趣,别有特色。王发宾的《狼》《马奶酒》等诗篇用西北地区、天山南北常见事物轻轻托起西部的高大,想象奇特。云珍的《雨中,火车内外》以变形手法,抒发主观世界的烦恼。梁彬艳的《压路机》象征重负、坚强、等待等多重意念。邰贵的《世界》通过人与海洋的对比,引发这样的思想:人类若无视世界规律,必然会受到世界排斥。安心的诗句"该知道的都在生命里,该不知道的都在记忆里"是诗人《临风听禅》的感悟。蒋静的《永远的挣扎》表现内心的困惑和茫然以及对生命的思考和珍视。

感悟与哲思的诗歌富有蕴藉之美。

亲情、友情、爱情是中外诗人吟诵不已的题材,化善为美,感动无数读者。

杜逯的不少诗作贯穿浓浓的亲情、友情、爱情,《等》写初恋之爱的缠绵,《认识》写夫妻之爱的深沉,还有的写《乡间爱情》的淳朴。张天男的《水上歌谣》《即将到来的冬天》是牧歌式的爱情诗篇,着力表现心灵深处的隐秘,情调感伤。郝雄宇的爱情诗写得明丽婉约。苏力亚在诗篇中泣诉对亲人的思念;"我欲养而亲不待"的人生悲剧(《晚年的隐痛》)、冤死于"文化大革命"的社会悲剧(《三叔的死》)令诗人痛彻心扉。宫久生的《父亲》通篇博喻,将父亲比作"墙""江""斧""山",突现父亲的威武。宋雨薇的诗洋溢着抒情主人公对爱情的憧憬。尚丽清在《回忆》中,抒写对亲情、友情、爱情的珍爱。

抒写亲情、友情、爱情的诗篇大都显示阴柔之美,也不乏阳刚之美和悲怆之美的个例。

题材宽广、诗意盎然、诗美多彩是本土新时期诗歌的特色。

与任贵合撰

《呼和浩特当代文学史·绪论》主体内容之五

新时期呼和浩特散文与报告文学的描绘美

现代散文是指同诗歌、小说、戏剧文学并称的文学样式，其基本特点是，写人、记事、绘景、状物不拘一格，叙述、描写、抒情、议论兼采并用。大类有叙事散文、抒情散文和议论散文。报告文学是兼有新闻性和文学性的两栖类文体，萌芽于20世纪20年代，30年代中期成熟并立名，于今独立于散文之外。

散文与报告文学的艺术性主要体现在描绘上，换言之，描绘美是衡量散文与报告文学艺术成就不可或缺的尺度。本土新时期散文与报告文学作品呈现出自然美、社会美和艺术美等多种美的形态。

自然美是自然事物的美。这里所称的自然美是散文作家描绘的自然事物之美。

蒙古族当代作家云照光的散文《沙漠感怀》描绘的大漠、沟壑、黄河、边关、飞腾的马群、翱翔的雄鹰、偶尔出没的苍狼，壮美景象历历在目。记者型作家张明馥的《西行游记》《奔向乌兰巴托》既展示祖国边疆的山川之美，又描绘别国他乡的异域风采；《塞上秋色蓝》描写呼和浩特历史文化遗迹。资深记者王温的《云山泉石，胜绝第一》用典雅的语言描绘庐山的优美。

毕力格太的《群岛拾贝》以诗的笔触抒写海南岛的山水人物，而《青城八月山丹红》则深情讴歌本土喜见的山丹花优美的风姿和顽强的生命力。贺云飞的《下江南》《世外桃源贾浪沟》等散文景中见情，有素朴之美。

王再平的《雁荡奇峰》《日出日落全辉煌》洋溢着对祖国壮丽河山、

悠久历史文化的挚爱之情。陈耀东的《迷人的响沙湾》叙写在思索中游览，在游览中思索，从而引出"绿色将取代黄色"的愿景。王树田的《江南访书记》《风雪下扬州》着意于南方雪景与北方雪景不同的意趣。徐翔麟的《花市乌素图》浓墨重彩描绘本土大青山上春夏之交杏花的怒放之美。宋雨薇的《五月的青海湖》在人湖对话中彰显青海湖的清澈、坦荡之美。高雁萍的《青城槐花香》诗意抒写槐花可与"市花丁香媲美""香了一城人的心"。李樱桃的《居延海：一碗诱人的清凉》设譬居延海是大自然在千里戈壁滩上捧出的"一碗诱人的清凉"。

社会美是一种积极的、肯定的生活形象。散文与报告文学对这种形象多有表现。

云照光在战争中度过青年时代，他的散文《忆延安》《战火中的洗礼》描绘硝烟弥漫的战场、怀念同生共死的战友，表现对革命理想的追求。贾勋寻访师友故旧，追忆文化名人，徜徉召庙寺院、街巷闾里……化为美文《青城风物过眼录》，构建了本土历史文化的一阙。张明馥的多篇名人访谈展现当代传记作家、影视编导、青年歌手、二人台表演艺术家的风采。

萨仁托娅的报告文学《国家的孩子》以母爱情怀叙写国家"三年困难时期"草原父老接纳、养育南方三千孤儿的感人事迹，至诚的爱国情、至善的人性美催人泪下。奥奇的报告文学集《悠悠寸草心》塑造生动丰满的知识分子形象，他们或乐于奉献，或勇于拼搏，或在命运线上沉浮，或用余热使生命色彩更为绚丽……兰宁远的《飞天梦》题材独特、题旨深刻，为读者展开一幅中国航天事业发展的壮美画卷，歌颂航天人的强国梦。

刘世远的报告文学《王学勤和他的伙伴们》再现呼和浩特市桥靠村王学勤带领村民致富的事迹。吕聪敏的《外交人生》回忆他亲历的鲜为人知的七八十年代外交事件中和同事坚持原则、灵活应对的特殊经历。张培仁的散文有对新时期新生活的放歌，有对社会文明的倡导，也有对师友的怀念，结集为《沛人文荟》。郭钰的《姑舅》以新时期初年姑舅多次进城的生活细节——用鸡蛋换粮票,买木料盖新房,甩下票子办驾驶证——折射农村生活的历史性变化。王德明的杂文《马红妹的矫情》《"友谊第一"和"我们爱你"》等批判丑恶现象,倡导文明风尚。甄可君的《愿青城常绿》是本土较早呼唤改善生态环境的声音。高文修的《那小路,那小溪》记述孩提时代一段难忘的情感,控诉十年浩劫给少男少女留下的心灵创伤。

马逵英的《永远保持乌兰牧骑称号》追思周恩来对乌兰牧骑乃至内蒙古文化事业的深切关怀。尚静波、杨笑寒的《特写牛玉儒》真实再现曾任呼和浩特市委书记牛玉儒"辛劳为民众"的公仆形象。陈弘志的《方言咀英》以散文的笔致考释晋绥方言词语的词源,学术性与趣味性相得益彰。曹化一的《身边的风景》显现身边鲜亮、丰赡的生活风景,字里行间蕴含书斋气息。刘妙的《不息的泉》着眼时代变迁中农民物质和精神生活的变化。李悦的散文追求思与诗、情与理、意与象融为一体的境界。马逵雄笔下的穆斯林生活充满生机和情致。田培良的《金海之歌》刻画年轻教授金海与病魔斗争、为科学献身的感人形象。谢荣霄的《纸煌煌,纸灿灿》对文字和纸的发明发展作文化意义的描述。张植样的《遥寄炎帝陵》表达祝愿国泰民安、日盛一日的情感。苏芝英书写零落泥土仍然饱满的花样的村民生活,结集《苏芝英乡情散文》。

魏文平的《犬吠集》以杂文的笔致倾吐当代文化人的心声。贾文耀的《灵魂碎片》张扬社会底层的良善。刘进林的《女子眼泪不是水》叙写捍卫婚姻的军嫂自强自立的心性。陈美荣的《生死面前的抉择》表现白衣战士抗击"非典"舍生忘死的精神。博尔姬·塔娜的《千秋万代巴彦汉》展现牧民祖祖辈辈劳动、生活的风情。刘巧玲的《最是民族魂》寻访文化巨人鲁迅的思想、生活踪迹。吴欣的《大漠绿洲》《故乡匠人》讴歌黄土地和父老乡亲。张秉尧的《法官颂》通过案件审判彰显社会主义法律的正义和公平。杨东升的《工厂迎我走向生活》忆述当年走向社会的喜悦和思考。高雁萍的系列"青城故事"把已逝和将逝的城市记忆留在纸上。贺静妮在旅游观光中《捡拾人性的光辉》。贺静炜的《SARS覆灭记》刻画灾难面前群策群力战胜"非典"的群像。

艺术美指艺术作品的美，是艺术家审美意识的集中表现和物态化成果。本土散文作家书写的艺术美有建筑美、绘画美、书法美、演艺美等类别。上述各类别的美，可以从贾勋的文化散文集《青城风物过眼录》、荣盛的散文《马可·波罗的故乡——威尼斯》《观赏达·芬奇的名画原作》、渠成荫的散文《崛起与消亡——在巴盟考古的历史画廊里漫步》等作品中寻觅。

建筑是凝固的音乐、立体的绘画。贾勋着墨将军衙署、公主府、席力图召的建筑的美：将军衙署美在雄阔高大，公主府美在玲珑毓秀，席力图召美在汉藏合璧。荣盛落笔水城威尼斯造型各异的建筑群掩映在波光粼粼的水面上的神奇变幻之美。

书法是用有意味的线条创造的艺术形象。贾勋散文中的书法美留在青城的匾额中：悬挂大召寺山门的"九边第一泉"堪称"塞北第一行草"，傅山所书"便是西天"曾见于小召寺的梁枋，康熙的御笔"静宜堂""肃娴礼范"曾赫然悬挂于公主府。

绘画是造型艺术，运用色彩、线条、块面在二度空间内塑造艺术形象。本土作家描写绘画美的散文较少，仅有贾勋的《康熙帝私访月明楼》和荣盛、渠成荫的有关内容的散文作品。

贾勋散文中涉及的绘画作品是清末本土画师韩葆纯的传世之作，此画构思依托于一个民间传说：康熙在驻跸归化城期间微服私访至月明楼饮酒，因未带酒资遭遇楼主刁难，挟众围攻。店伙计刘三急人之难，愿以年薪为客抵债。贾勋赏评此画为"史画"。荣盛赏析达·芬奇名作，其时有艺术普及的作用，渠成荫解读阴山岩画，阐明其自远古及当下存在的意义。

演艺美是贾勋钟情的题材。作为自幼及老的戏迷，晋剧是他的最爱，追忆或访问本土晋剧名优的散文在《青城风物过眼录》汇成"小部梨园同上国"一辑：人称"小电灯"的贾桂林唱腔古韵绵长，一唱三叹；

青衣方月英吐字清爽,做功稳健;"水上漂"玉玉山的"漂功"如行云流水,舟行海上;任翠凤、康翠玲高超的演唱工夫和性格化的表演是青城市民津津乐道的话题,宋转转的"转转腔"近乎花腔女高音的俏丽、婉转、跌宕,成为本市第一个获得中国戏剧表演艺术最高奖梅花奖的青年演员。

　　散文与报告文学作品中描绘的自然美、社会美、艺术美,源于作家对自然、社会、艺术的观察和体验,源于作家的艺术表现力,他们的华彩篇章,给读者带来审美愉悦。

与任贵合撰
《呼和浩特当代文学史·绪论》主体内容之六

新时期呼和浩特影视戏剧文学的民族性和地域性

文学的民族性和地域性是指某一民族的文学内容和形式诸因素区别于其他民族或其他地域的整体个性特征。新时期本土影视戏剧文学的民族性和地域性表现在题材的选择、性格的塑造、语言的运用等方面。

体现民族性的作品有：

20世纪50年代开始电影剧本创作的云照光在新时期创作的电影剧本《阿丽玛》。剧本取材于解放战争时期内蒙古查干草原的革命斗争。主人公阿丽玛既有蒙古族的质朴、憨厚、爽直的民族性格，又有革命者的高度党性和沉稳、刚毅的素质。蒙古族女作家娅茹的大型二人台剧本《巴雅尔和大花眼》在凄美的爱情故事中表现草原民族的生命意识和无私大爱。贾勋与同人合著的歌舞剧本《塞上昭君》着笔于昭君和亲后的塞上生活，迎宾礼仪和宴筵歌舞的场面，家庭生活、衣食住行力从胡俗的情节展现民族特色；同一题材的还有侯广峰的话剧剧本《昭君传》。阎文澜的电影剧本《遥远的阿鲁古雅》讲述少数民族在改革开放大潮中的生活状态、心理变化，表现现代文明给古老的游牧文明的巨大冲击。朱秉龙、杜逯合著的《也兰公主》取材于铁木真统一蒙古各部的史实，展现也兰等女性宽广的胸襟、纯洁的心灵。萨仁托娅的电视剧本《静静的艾敏河》取材20世纪"三年困难时期"草原上的蒙古族牧民为国分忧抚育南方3000名汉族孤儿的史实，孤儿们在阿爸、额吉的养育下,不断融入草原,理解草原,成了真正草原人,以此颂扬草原牧民坦荡、博大而深沉的爱。

冉平的电影剧本《一代天骄成吉思汗》表现成吉思汗在统一蒙古部族中的智慧、勇气和胸襟,草原的辽阔苍茫、情节的传奇色彩、场面的恢宏大气,使作品的民族特色格外浓郁。塞夫、麦丽丝合著的电影剧本《东归英雄传》和云晓璎的电影剧本《最后的蒙古军团》均取材于同一史实:在俄罗斯伏尔加河下游生活了二百余年的蒙古土尔扈特部不堪忍受沙皇的严酷压迫,自1771年1月始,首领渥尔巴锡汗率17余万众,历经千难万险,于同年7月回归故土,落脚新疆伊犁。塞夫、麦丽丝的剧作以史诗般的内容,宏大的叙事,塑造蒙古民族英雄形象,表现了蒙古民族的文化特质。云晓璎的作品则通过不同民族的文化与心理碰撞的描述,揭示一个追求和平理念的主题。麦丽然的《圣地额济纳》表现对现实中蒙古族生活状态和精神世界的思考。云川的电影剧本《成吉思汗的女儿》将历史传奇和当代人的思辨巧妙结合,呈现出时空交错、古今同台的气象。朱秉龙的戏曲剧本《第二个太阳》讲述蒙汉团结治理腾格里沙漠,改善生态,构筑沙漠变绿洲梦想的故事。云计锁的电影剧本《圣祖论酒》描写成吉思汗以酒为媒,同诸将精诚一致、亲密无间的关系,琼浆玉液为豪情壮志倍增气势和雄风。

影视剧本中体现地域性的作品不少,而农村生活题材的以二人台剧本为最。

林海鸥的电视剧本《生死依托》通过主人公山丹医科大学毕业后返回家乡从医的经历,真切表现城乡差别的现实和医疗改革的迫切。张云龙的电视剧本《党员二楞妈》在农村干部为民办实事同贪腐做斗争的情节中,塑造敢爱敢恨、真诚善良的农村新人形象。令人敬佩的是他们敢于担当,为维护群众利益赴汤蹈火在所不辞。柳志雄、张然明的大型二人台剧本《花开花落》的情节主线是一场车祸改变了两个家庭,剧情由意外开端到意料之中结局,善良与仁爱的文化传统得以弘扬。兰宁远的话剧剧本《莫道桑榆晚》在展现老年人不同生活经历的同时,还表现这一人群晚年的新的生活方式和面临的新问题。陈文明、尹绍伊合著的二人台小戏《樱桃红了》采用戏曲常用的巧合、误会、悬念等艺术手法编织故事，展现改革开放初期农民思想风貌的变化与进步。黎丹的二人台剧本《分家》表现农村实行生产责任制初期某些干部和村民侵占与保护集体财产的冲突，弘扬集体主义精神。孙书祥的二人台剧本《山清水秀》塑造改革开放中不畏困难、带头脱贫致富、建设家乡的女青年形象。樊树峥的二人台剧本《接婆婆》讲述自私自利、虐待老人的儿媳经众人的批评，知错改错、改邪归正的故事。董舒的二人台剧本《七尺毛哔叽》以富于地方色彩的对白、唱词编织语言误会，批判拨乱反正时期"读书无用"的"文化大革命"遗毒。董发祥的二人台剧本《王匡醉酒》用喜剧手法揶揄趋炎附势、巴结权贵的社会痼疾。

杜遂、鲁子荣、阎致中合编的电视剧本《白雾》讲述一对再婚夫妻用真诚重建幸福家庭的故事。程守刚的二人台剧本《孃》用一条主线串联5个情景小戏，展现富民政策给农村带来的翻天覆地变化的喜庆场面。高文华的二人台剧本《老牛倌招亲》通过老牛倌与养牛户寡妇"黄昏恋"，表现农民婚姻观的变化。杨福正的二人台剧本《山村九品官》塑造返乡当村主任的大学生用新理念、新方式在新农村建设中发挥才干的基层干部形象。冯同军的广播剧《盆底村的故事》旁白和对话用方言讲述农村改革故事，为文学作品的乡土化作出努力。邓九刚、于淑莲的电视剧本《驼道》再现二百年前本土大盛魁商号纵横南北、脉系域外的历程与事功。王新民、崔承的电视剧本《小土屋里的开拓者》讲述"待业"青年自谋职业、创业成功的故事。王西萍的电影剧本《西凉外的风车》塑造命运多舛却自强自立以大爱温暖他人的普通农村妇女形象。徐翔麟的二人台剧本《邻里情》揭示发家致富与传统观念、"向钱看"与社会和谐的矛盾，倡导新型邻里关系，实现共同富裕。赵智晓的二人台剧本《春回大地》反映改革与保守、思变与停滞的观念的冲突，表现改革是企业的出路的主题。邢永晟的电影剧本《鹊跃枝头》探讨城镇化进程中，农民工在价值观、情感走向乃至心理上的变化，揭示金钱对人性的考量。

新时期以鲜明的民族性和地域性而享誉区内外的影视戏剧作品不少,有的还走出国门,受到异域观众和专家的赞赏。他们的作品为呼和浩特的文学、文化事业增光添彩。

《呼和浩特当代文学史·绪论》主体内容之七

新时期呼和浩特历史纪实文学的丰富性

历史纪实文学进入文学史著作难得一见,更可观的是本土新时期历史纪实文学的丰富性特点。这种特点源于呼和浩特悠久的历史、多民族聚居的地域和深厚的文化底蕴。

呼和浩特是为数甚少的旧石器遗址的发现地,是胡服骑射的发祥地,是万里长城的途经地,是昭君出塞的目的地,是鲜卑拓跋的龙兴地,是《敕勒川》的唱响之地,是唐皇族李氏的出生之地,是一代天骄弯弓射雕之地,是旅蒙商互市交通之地,更是游牧文化和农耕文化交汇、碰撞、融合之地。

在漫长而广阔的历史舞台上,活跃着杰出人物和平民大众的身影,他们共同创造历史。

书写古代历史人物的作品有钱占元的《草原史事笔记》、郝诚之的《千秋昭君》、张新绪的《黑獭宇文泰》、于永发的《亘古少有的女英雄满都海·辰彻夫人》等。郝诚之着笔于昭君出塞和亲的意义和文化内涵:胡汉一家,华夏一统,和则两利,分则两伤,这是中华民族凝聚力深层原因,是跨地域、跨民族文明对话的成功范例。张新绪肯定西魏宇文泰的作用:创立府兵制,在军事建设上颇有建树。钱占元笔下的成吉思汗于13世纪初统一蒙古各部,建立大蒙古国,使蒙古民族在中国乃至世界舞台发挥重大作用。于永发所写的明初满都海削平叛乱、整饬蒙古各部,再次由分裂而统一。钱占元《草原史事笔记》中的阿拉坦汗、三娘子夫妇创建库库和屯(意为"青色的城",明廷赐名归化城),促进蒙汉地区经济文化交流、社会发展。清孝庄皇后历经四帝、躬助三朝、两扶幼主,成为清朝王权奠基人之一。

记载近现代杰出人物的作品有《乌兰夫回忆录》《九十年间——王建功回忆录》、杨植霖的《青山足迹》、苏谦益的《黄河奔流》、郝秀山的《青山草原情》、石黎明的《永远的怀念》、乌嫩齐的《骑兵五师》、刘映元的《傅作义主政绥远二十年》、杨令德的《塞上忆往》、章叶频的《塞北文苑萍踪》、代林的《呼和浩特回族武林人物》、邰贵的《吴桐南京打擂》。

乌兰夫、王建功、杨植霖、苏谦益、郝秀山等无产阶级革命家有大致相同的革命经历,他们于20世纪20年代或30年代走上革命道路,领导或参加绥蒙地区的民族解放斗争、抗日战争、社会主义革命和建设,他们回忆录中的历史细节真实生动,富于感染力。

杨令德对报业人生的回忆堪称一部绥远的新闻史,他创办或支持创办的各种副刊是当时重要的新文化、新文学阵地。章叶频忆述本人潜心文学创作以及成为进步文学社团骨干的历程,从中可见绥远文艺界、特别是左翼文学的面貌。代林、邰贵笔下的吴桐弘扬武德,培养武术人才,有"塞外武豪"之誉。

书写平民生活的作品有赵继性的《呼和浩特旧城梨园拾萃》、张文的《爬山歌王张二银虎》、梁国柱的《呼和浩特的人力车》、邰贵的《黄河河路汉》等。

赵继性搜求、记述有清至今的梨园艺人不遗余力;张文再现爬山歌王张二银虎的风采;梁国柱展示旧时人力车夫生活;邰贵描述黄河纤夫对西北社会经济发展的价值和自身的血泪史。

呼和浩特建城史是本土历史纪实文学作者钟情的题材。钱占元、孙利中各自独立撰写的《呼和浩特史话》、佟靖仁的《塞北新城的满族》、杨诚的《话说云中》、张新绪的《白道大风歌》、王凯的《北魏盛乐时代》、邰贵的《云中古城:北魏建都四十四载》等作品勾勒了本地区两千余年的漫长建城史。两千余年前战国赵武灵王在今托克托古城建立的云中城是本地区最古老的城。北朝时鲜卑拓跋部西迁后在今和林格尔北建盛乐城。辽金时契丹在今呼和浩特建丰州城。明代中期阿拉坦汗、三娘子夫妇在今呼和浩特玉泉区建库库和屯(明廷赐名归化城)。清乾隆年间在归化城东建绥远城。至近代,归化城和绥远城合称归绥,1954年归绥更名呼和浩特,定为内蒙古自治区首府。

自清康熙以降,归化城渐成塞北商业重镇。代林与任贵、李蕙芳等同人合编的百人口述史《大盛魁闻见录》、邢野主编的《旅蒙商通览》留下了当年的商业盛景,对清中叶至民国年间绥远社会生活、商业文化起了钩沉补罅作用。

历史悠久,物华天宝,呼和浩特遍布名胜古迹。记载名胜古迹的作品有孙利中的《远古文明的奇葩——大窑文化》、孙秀川的《云中城与阴山长城》、郝云的《赵武灵王与胡服骑射和万里长城》《昭君墓与昭君》、高培萱的《古朴雄浑的万部华严经塔》、赵继性的《呼和浩特最早的喇嘛庙》、佟静仁的《话说公主府》《漫说将军衙署》、郝来旺的《将军衙署独领青城半壁文化》,等等。

上述作品描述的名胜古迹是多种文化的遗存,是古建筑艺术的表征,是呼和浩特的城市名片,文化含量较高。

民风民俗是接地气的,时代、民族、地域色彩浓郁的历史纪实文学题材。

佟靖仁的《塞北新城的满族》侧重描述本土满族婚丧嫁娶、节日庆典、言语特征等内容,马逵英参编的《内蒙古自治区区志·民俗志》写到回族的饮食特色、日常生活禁忌以及丧葬礼仪。魏铎的《土默特蒙古族习俗》偏重介绍蒙古族家庭生活以及妇女在家庭中的地位和作用。杨诚的《托克托民俗》、金保年的《土默特风情》展现多民族融合在民居、礼仪、饮食、节庆、娱乐、交际、言语诸多方面的特色。

新时期本土历史纪实文学内容丰富,是呼和浩特作为历史文化名城的见证,是多民族聚居、交流融合的实录,是多文化共生共荣的展现。这些作品既有史学价值,又有文学效应。

《呼和浩特当代文学史·绪论》主体内容之八

理性思考　深入探索

——新时期呼和浩特文学批评文论研究蠡测

"文化大革命"结束后,中国当代文学进入新时期。新时期文学历经20世纪80年代"文学热"、90年代多元化趋势、21世纪初平稳发展等阶段。贯穿于本土文论研究、文学批评的特点是理性思考、深入探索。

文论研究以各种文学现象为研究对象。20世纪80年代本土文论研究在少数民族文学、民间文学、古代文体、文学创作等理论问题上初现成果。

多年致力于文论研究的张锦贻在《四化建设、精神文明与民族问题》《儿童文学体裁及其特征》等论文论著中探讨少数民族文学的民族化和现代化、少数民族儿童文学的社会作用和审美价值。韩燕如、郭超从爬山歌的收集整理到理论研究,其成果《爬山歌论稿》是一部不可多得的民间文学专著。杨秉祺的《古代散文体裁浅论》、邢乃让的《文学创作例话》对古代文学教学与研究,对文学创作有所裨益。马逵英的《戏剧性纵横谈》探讨艺术创作与鉴赏的辩证关系。

20世纪80年代,文学批评活跃。内蒙古文联组织两次作品讨论。在对郭沫若史剧《蔡文姬》的讨论中,李蕙芳的《感情与责任的巨大冲突》、白贵和范国华的《历史剧〈蔡文姬〉成败管见》分别提出两种主题新说:"感情与责任的巨大冲突"与"主题分裂说",为现代文学界所重,有全国性影响。任贵的《讨论,不应忘记作品——也谈〈蔡文姬〉》通过细致分析作品,指出"以今例古"的非理性批评之谬。对现实题材、张彤小说《公仆，我们在想什么……》的讨论，否定、肯定决然对立，任贵、李蕙芳的《再见吧，莫须有！》抵制"文化大革命"遗风，肯定小说揭露腐败、颂扬社会主义民主的思想价值。他们对内蒙古新老作家也写有精当的评论。董兰春的《细腻的笔致，诗化的草原——读短篇小说〈草原深处〉》对初涉文坛的王再平小说的评论入情入理，艺术风格把握准确。魏文平秉持真实性、现代性标准撰写影评《〈顽主〉在嘲笑》，揭示作品对虚伪人性的嘲弄。王万昌写有多篇评论，他的《生命的文化诗学创造》认为莫言的《红高粱》表现了民族生命状态与文化的关系；评电视剧《上海滩》的《乱世机智闯荡性格的范例》，解读改革开放初期受众对闯荡性格的向往；评理由报告文学创作的《平和、静穆的深邃思考》阐述报告文学从关注人物到社会实践的转型。马逵英评论小说《王爷的末日》，从人物形象开掘小说丰厚的思想意义和美学价值。霍劲松评论邓九刚小说的《他在呼唤人的魅力》推崇邓九刚在早期小说中倡导人的解放、确立人的主体性地位的主旨。

20世纪90年代，文论研究、文学批评有新的进展，队伍扩大，整体水平提升，收获有价值的成果。

文论研究在儿童文学、美学、草原文学、文艺学、昭君文化、影视文学领域的研究取得实绩。

张锦贻的论著《民族儿童文学新论》论述本土儿童文学民族性的丰富和发展及其与时代精神的联系。任贵、白贵、李蕙芳合著的《美学基本理论》全面阐述审美对象、审美意识、美的创造和美育。在这部著作中，李蕙芳对美的本质、美的范畴作了深入探讨并有创见，任贵对美育的作用、特别是在科学发展中产生的精神危机的治疗亦富新意。黄薇的《当代内蒙古小说概论》中提出前草原文学和后草原文学的概念，阐述草原文学的民族性特征。宋生贵的《访踪沉思，文艺活动审美研究论稿》将研究对象置于过程性的动态系统考察，揭示文艺的永恒价值与意义。郭培筠的《20世纪中国电影导演艺术论》全面回望、评论20世纪中国电影史上杰出导演的艺术道路和艺术成就。侯广峰长期研究昭君文化,其成果体现在他的专著《昭君文化》中。罗广德的《文章章法论略》从文章学角度探讨章法辩证艺术。徐扬、冯军胜的《美的话语寻觅》研究小说的语言、结构、意境、风格以及艺术手法。张元龙的《中国戏曲的心理建筑》采用比较文学方法揭示中国戏曲的美学品格。王万昌的《中国意象论的哲学底蕴》追溯意象发展源流,从认识论的角度探索其内涵。

20世纪90年代致力于文学批评的有耿瑞、宋生贵、郭培筠、邢乃让、李可达、张培仁、董兰春、王万昌、霍劲松等。

耿瑞的《超越的困惑与困惑的超越》对本地区各民族作家作了文化的、审美的评述。宋生贵的《塞上风景》探讨当代背景下民族文化与民族艺术的生存、发展之途。郭培筠的《女性意识的嬗变》阐述当代影视作品中女性意识由含混、朦胧到逐渐清醒、自觉的过程以及存在的误区和盲点。邢乃让的《水浒纵言》赏析《水浒传》的思想、艺术,其人物论尤有见地。李可达的评论常与被评价品同步面世,如《一曲唱响主旋律的生命赞歌》《巴特尔其人其书》。张培仁的剧评《话说〈走西口〉》等表达对二人台剧种式微的忧心和复兴的期待。董兰春的《乳香飘溢的诗情美》评赞蒙古族诗人哈斯乌拉诗作的民族风格、审美特质。张元龙赞赏《韩剧中的儒学精神》,剖析《韩剧在中国流行的文艺基础》,呼唤中国影视剧中缺失的真挚、优雅、温暖的传统文化精神。王万昌的《荒漠中的狮子》《深意在弘扬与思索中》等评论增强了文化和哲辩思考。霍劲松的《白雪林小说初探》赞赏小说表现蒙古族人物顽强的生命力。

21世纪初,文论研究、文学批评日臻成熟,成果丰硕,具有可贵的创新性。

文论研究更趋深入,体现在张锦贻、李蕙芳、任贵、耿瑞、宋生贵、郭培筠等人的论文、论著中。

张锦贻的《发展中的内蒙古儿童文学》等著述融史论与文论于一体,展示内蒙古儿童文学的艺术生命力。李蕙芳、任贵的《悲喜剧由戏剧类型向审美范畴升华》把悲喜剧归入审美范畴的论说,在美学范畴研究上尚属首次;其《论荒诞》阐述荒诞从艺术手法到艺术流派到审美范畴的发展过程。耿瑞在《草原文学初探》中提出民族性与地域性相一致是草原文学的主要特征,引起全国评论界瞩目。宋生贵的《传承与超越:当代民族艺术之路》探讨少数民族文艺在21世纪新的经济文化背景下,不断超越自身以追求和张扬新的民族艺术个性的途径。郭培筠的《多重语境下的影视文化》分析新时期政治主流意识、文化反思、商业大潮……语境下中国影视的类型选择。

  文学批评取得佳绩的有张锦贻、李蕙芳、李悦、宋生贵、郭培筠。

  张锦贻的三部儿童文学作家评传《冰心评传》《张天翼评传》《包蕾评传》,分析、肯定中国现当代杰出儿童文学作家及其作品的思想意义、艺术成就、地位影响。李蕙芳的《小说〈红楼梦〉的世界文学品格》用比较文学方法分析《红楼梦》同巴尔扎克《人间喜剧》、雨果的《悲惨世界》的异同,给予前者高度评价。李悦的《批评集》指出当代影响很大、受众欢迎的文艺作品诸多弊端和"病象"。宋生贵的《绿野新韵》辑录多篇文艺评论,竭力倡导草原文学与艺术研究。郭培筠、高明霞的《中国电影百年100部优秀影片解读》评述中国电影自诞生起百年间优秀影片的情节、结构、人物、镜头语言等元素,引导受众鉴赏电影艺术。

  改革开放的社会环境、文学创作繁荣的背景,为呼和浩特文论研究、文学批评提供了发展契机,30年间,理论研究不断深入,评论水平不断提高,形成了较为成熟的、有创造力的群体。可以期望,他们将为呼和浩特文学的繁荣做出新的贡献。

《呼和浩特当代文学史·绪论》主体内容之九

短章抒怀
DUANZHANGSHUHUAI

夏　游

暑假与同窗一行游北郊乌素图水库,当日风和日丽,风物颇有江南韵味。返校后戏作。

一出城门景色新,青山腰脊滚白云。
大坝俯视蓝天阔,红楼缭绕万木春。
锦绣边疆玉湖照,处处颇具潇湘情。
江南风物固然好,塞外山水也宜人。

1961 年 8 月

补记

乌素图之游是内蒙古大学校方为暑假留校学生组织的,记录此次活动的拙作曾刊于名为《拾贝》的班级大型壁报,今不计其稚收录于本书。日后,夫君戏言,此诗首句有汉乐府之风。

2017 年 6 月

悼念周总理

敬爱总理与世违,噩耗传来似惊雷。
哀乐声声歌当哭,讣文字字心欲催。
德配山河映红日,功昭日月垂青史。
中流砥柱齐仰望,挥泪再鼓登攀志。

1976 年 1 月 10 日

补记

  1974 年 12 月从山西大同县调回呼和浩特,分配至十八中任教。其时"文化大革命"尚未结束,但学校有刘宪文校长的得力领导,李吉元、李星云、索文亮、毛治林等助手齐心相佐,气氛宽松,关系和谐。令人没齿难忘的是,1976 年 1 月 8 日周恩来总理逝世,全国人民沉浸在极度悲痛之中。十八中领导自发组织悼念活动,以寄托哀思。悲戚中,我撰写旧体诗一首,又与同事舒昉、李杨合撰新诗数十行,均写成大字报式悬挂于学校悼念厅。后者诗稿未存,前者犹在,今收录于此以怀念执教于十八中那段短暂的岁月。

2017 年 6 月

贺母校百年华诞十韵

戊戌变法之时，新学初起之际，
梅城资江岸畔，新化一中创立。
百年树蕙千班，九畹滋兰万计。
毛竹栝而成箭，璞玉琢而成器。
出则搏击长空，继而自丰羽翼，
散布异域发华，遍扎神州根蒂。
前波后浪相涌，经年累月不息。
栽培人才造福，科教兴国尽力。
恩谢师长抚育，缘结同窗情谊。
母校辉煌有加，莘莘学子遥寄。

1998年6月
《新化报》1998年9月30日

补记

  新化一中始建于1889年，著名民主革命家陈天华为该校首届学生。1953年经湖南省教育厅批准为省地县三级重点中学。

相 聚

是那溪畔的花,
绽开了心中的祈望;
是那天边的云,
连接起我们的怀想。

是那舒心的酒,
溶化了难解的乡愁;
是那熟悉的歌,
盼我们久久停留。

是那成功的荣光,
激发出我们的自豪;
是那平凡的伟大,
蕴藏着我们的骄傲。

我们有无尽的思念,
穿越了千山万水的阻隔。
回忆起往昔的友情,
踏上那回乡的路程。
我们满怀着衷心希望,
为未来开拓出欢乐的人生。

《呼和浩特日报》1999 年 7 月 17 日

补记

  1999年4月,新化一中高16~19班近50位同学继百年校庆后再次相聚,我因骨折初愈不便远行,心中怅怅,遥想同窗欢聚情景,拟歌词《勘探队之歌》以寄,入乐可高歌。

阅市赏燕

非关访古寻根，不为游山玩水，更非契阔谈宴，只为阅市赏燕。几位朋友相约，彳亍于青城腹地、内蒙古饭店东侧的粮饷街头。

塞外之春姗姗迟，初夏才见春意闹。城市的水泥森林被难得一见的绿意渲染起来。举头仰望，三三五五、七七八八、成群成片的燕子掠过，忽而低回，忽而高翔，有时斜插下来，有时直蹿上去，彼此追逐着，嬉戏着，伴随着呢呢喃喃的似有若无的轻轻鸣叫。燕子啊，久违了！你们是欣喜这青城之春呢，还是贪恋这街头之景呢？燕子啊，你们在说些什么话？

望着这一道城市风景线，我们的眼睛为之一亮。

在各种鸟类中，燕子与人的关系最为密切。它筑巢于住宅的檐下，与人朝夕相处，成了好朋友，故有"旧日王谢堂前燕，飞入寻常百姓家"的诗句流传；燕子招人喜爱，它形体小巧玲珑，尾部开衩，故人们依仿生学原理，制作出晚礼服燕尾服以显绅士风度；燕子的动作轻盈快捷，人们创造出"身轻如燕"之类的成语赞美那些步履矫健或中国功夫的高人；燕子是益鸟，性情温和，"燕妮"一词常常用以形容优雅的女士举止安娴和顺；人们对燕子的喜爱之情还寄托于孩子的名字上，女孩子以"燕"为名者比比皆是……燕子更是诗人歌咏的对象，唐诗宋词里，作为艺术形象频频出现于诗人笔底。"泥融飞燕子，沙暖睡鸳鸯""垂下帘栊，双燕归来细雨中""花褪残红青杏小，燕子来时，绿水人家绕"，这些杜甫、欧阳修、苏东坡的诗句人们会脱口而出。

但是很可惜，近年来城市里很少能够得见这景象了。其因源自生态。就燕子而言，恐怕主要是"失巢"。城市的办公楼、写字楼、民居都没有燕子的安居之所。观察发现,我们开头描绘的那一幅独特图景里,就是因为临街有几幢20世纪50年代建筑的俄式楼宅。层顶呈"人"字形,层檐内侧由较窄的木条、木板交叉镶嵌而成。那些燕子们从缝隙中钻进,筑巢而栖;燕子有了家,才有了这难得一见的城市一景,正所谓:屋檐底下筑巢栖,翩翩燕子绕楼飞。

呼和浩特本是一座历史文化名城,近年来又在大力发展乳品业,成为享誉全国的乳都。城市绿化美化也备受关注,正在向园林化城市迈进。我们想,在此基础上,再为城市市容建设添上浓彩重墨的一笔,建成一座莺歌燕舞的"燕城",达成人与自然的高度和谐,提高城市的知名度,提高市民的生活质量,提高城市的文化含量,为市民休闲,为旅游业提供新的机遇。这才是我们一行阅市赏燕的目的所在。

兹建议:

一、以粮饷街为示范,使该街成为燕子街。

二、在当前楼顶"平改坡"工程中或今后新建房时,部分地仿粮饷街屋檐,为燕子筑巢。

《内蒙古盟讯》2007年特刊

补记

这是一篇为民盟市委起草的提案。2003年夏日,主委董恒宇伉俪携女儿约请副主委朱德礼大夫、我二人一同赏燕,既而嘱我们拟写一件为燕子筑巢的提案。提案既成,呈之过目。我们说,这不像提案,提案哪有这样写的? 董主委笑道,提案写法也可以多样化,这就很好。据悉,在市政协召集的提案办理会议上,对这件提案颇多赞赏者,但也有异议:"人还没有住处,哪管得了燕子?"

三赴千千村

儿时志军和奶奶在千千村中学家属宿舍前,1972年5月摄。

首赴千千村,长子即临盆。[1]
驴车复火车,辗转青城生。
产假归来后,三代居蓬门。
朔风过罅漏,炉火夜未停。
婆母制烧肉,四块藏破瓮。

大年备午餐,取之已空空。

执教三月余,奉调瓜园村。

公社办高中,授课有三门。

假期常集训,再赴千千村。[2]

三人单车上,穿行沟壑中。

夫曾染恶痢,半旬泻不停。

白矾炒鸡蛋,偏方难吐吞。

儿曾患肺炎,煎熬父母心。

晨请村妇至,银针扎周身。

针到病即祛,感念土医神。

阔别四十载,三赴千千村。[3]

君不见,校园没蒿莱,高坡寒舍存。

沧海桑田变,甘来苦终尽。

注

[1] 1965年7月,我内蒙古大学毕业后分配至山西教育厅,旋赴雁北大同中学任教。此前大同县仅有一所初级中学——千千村中学,校址即在杜庄千千村。1969年秋,大同县停办大同中学,高中改由公社举办;千千村中学改为大同县农业技术学校。大同中学教师除我之外,全都分配到公社高中,而我则分配至县农技校教政治,遂有1969年9月初首赴千千村之举。

[2] 1970年年初,我调至瓜园中学教高中,两年半之后,奉调至县师资培训班执教。期间三次赴千千村参加教师假期集训,诗中作一次叙写,即再赴千千村。

[3] 1973年年初,大同中学更名为大同县二中,校址周士庄,恢复高中招生。我和先生结束师资培训班教学后,在县二中教两年高中,1974年底调回呼和浩特。2009年8月,当年受教的高中中学生与我们取得了联系,邀请我们大同相聚,趁此重游故地,在千千村闻听当年的中学已迁至大同县政府所在地西坪镇,而此地一片荒芜,校舍、家属宿舍犹存,不禁感慨系之,此乃诗中所写三赴千千村。

2009年10月

重 逢

儿时志海在大同县二中家属宿舍前,1973年8月摄。

电话,铃声阵阵
陌生又熟悉的声音
哦,是三十六年未谋面的弟子
还在把当年的师长探问
意外,惊喜
激动的思绪涌上心胸

大同县二中简易的校舍

不减我们育人的热情

文革那纷乱的聒噪

难掩讲台上下句句弦诵

纯朴的学子

珍惜"回潮"时的秒秒分分[1]

艰辛的生活

铸就勤奋向上的人生

情谊

在教学相长中滋生

业绩

在不同的时空辉映

离别的日子

你们是——曾经的师长难再

我们是——告别的盛情难寻

今日重逢

恰似当年,胜似当年

让我们畅饮舒心的美酒

让这美好的一刻

在我们心中久久停留

注

1972年,邓小平一度主持工作,全国部分领域恢复常态,"四人帮"诬此为"回潮"。

2009年8月13日

观《民主之澜》受心灵洗礼

3月初,收到民盟呼市委群发的短信:央视8套黄金时段即将播放描述张澜生平的电视剧《民主之澜》,希望盟员按时收看。张澜是中国民主同盟的创始人之一;新中国成立之初,曾任国家副主席。在电视剧《解放》、电影《建国大业》中,可以见到他身着灰布长衫、奔走国是的身影。即使如此,我们总觉得对张澜的生平事迹知之甚少。现在有了一部这样的电视作品,自然不能错过机会。我们全家怀着期待的心情从头至尾一集不落看完,沉浸在历史的烟云之中。

我们接受了一次形象的盟史教育。张澜从1941年开始参与民盟组织的创立,成为主要领导人,带领民盟组织在抗日战争后期积极推进民主宪政运动,坚持团结、民主、抗日;积极参与反内战、反独裁的斗争,拥护中国共产党成立联合政府的主张;抗日战争胜利后,针对蒋介石对解放区发动的进攻,民盟发动各界人民掀起大规模的反内战运动,成为与中国共产党风雨同舟、肝胆相照的亲密战友,是一支十分活跃的重要的政治力量,为新中国的建立发挥了独特的作用。新中国成立后,张澜参与国是决策,直到1955年辞世。张澜及其战友们的活动就是一部真实而生动的早期盟史。

观看《民主之澜》,不仅学习了盟史,还受到心灵的震撼。高山仰止,景行行止。张澜的高尚风范和人格魅力使我们的心灵净化。张澜从日本留学回国后,积极投入四川的保路运动,面对架在脖子上的屠刀,毫不畏惧,抗争到底,四川的保路运动促使辛亥革命提前一年半爆发;担任川北宣慰使时,伸张正义,镇压当地首恶,解救贫苦百姓,因有"川北圣人"美誉;随后投身于"五四"新文化运动,创办声名显赫的《晨报》,播撒启蒙的种子,聘请李大钊担任《晨报·副刊》的主编,两人结下深厚的友情;任四川省长期间,刚直廉洁,为民请命,百姓称之为"布衣省长";几度办学,培育英才;抗日战争期间,力促刘湘带领川军出川,参加淞沪战役;解放战争期间,感召影响刘文辉,使其走向进步,关键时刻举起起义大旗,为和平解放西南地区做出贡献;担任民盟中央领导人期间,成为民盟组织的中流砥柱,一次次使民盟组织转危为安,无愧于"伸张正义,力挽狂澜"的评价。

  《民主之澜》正值全国两会期间央视黄金时段播出,无论从政治还是文化角度看,都是很有意义的。作为民主党派的一员,我们要学习继承张澜等民盟先辈"与日俱进"(毛泽东赞语)的革命精神和与中国共产党风雨同舟、肝胆相照的优良传统,永续薪火,"做老一辈优良传统和高尚风范的传承者,做巩固和发展政治交接成果的实践者"。电视剧中,毛泽东对张澜说的一句话"你们过去是在野党,现在是在朝党"已发展成中国共产党领导的多党合作政治协商制度。在新的历史时期,我们要担当起时代的使命,在履行参政议政职能中,建睿智之言,谋务实之策,为中华民族的复兴,为国家的强大,为人民的幸福,贡献一分力量。

《呼和浩特盟讯》2010年第1期

呼 唤

癸巳清明前后,回家乡为双亲扫墓(湘人曰挂青),并与高中同届学友聚会。戚然,欣然,悲喜交集,赋诗以志。

亲人在呼唤
父母的爱
是儿女心中的天堂

学友在呼唤
同窗情谊
是人生路上的阳光

家乡在呼唤
梅山资江
是游子魂牵梦绕的地方

回来了,我们回来了
而我早已失去天堂
唯有将眼中的泪、心底的血
滴洒在亲人的坟前

回来了,我们回来了
半个世纪的别离

阳光依然温暖
真诚质朴的赞语
溶进我的心田

回来了,我们回来了
那绵延起伏的群山
护卫着我们的家园
那日夜流淌的江水
送来智慧送来仁爱

俯身告别家乡
挥手道一声珍重
亲情、友情、乡情
铭刻心中

2013年4月

咏紫鹊梯田

紫鹊梯田
层层叠叠
筑碧湖万千
曲曲弯弯
绘一条条绿色的线
日月星辰停下了脚步
声声絮语
依依流连
劳动创造的美
智慧积淀的自然
乡愁凝聚的梦幻

注

　　筑于秦代的紫鹊界梯田是湖南省新化县也是湘中著名景点,以规模宏大、形态原始、阡陌纵横、直通天际著称,集自然美、文化美、形态美、古朴美于一体。2014年被列入首批世界灌溉工程遗产名录。2018年4月19日,作为中国南方山地稻作梯田系统代表获得"全球重要农业文化遗产"荣誉。此景常常萦绕于心,赋此聊寄乡愁。

2017年6月

《民盟呼和浩特市地方组织三十年历程》后记

编写一册呼和浩特市民盟地方组织发展历程、盟员风采名录的设想已有多年。最初提出这一设想的是第二届盟市委主委王天恩,时在2001年。后因种种原因这项工作被搁置。中经一件看似与此无关却有作用的事:2006年第三届盟市委主委董恒宇责成盟员任贲、李蕙芳撰写《呼和浩特市民盟志》,此志入编《呼和浩特市政协志》,为我们今天编写本书部分内容打下基础。

重提旧事的是2011年第五届盟市委主委朱德礼,市委委员、组织部长杨文志。他们的倡议得到多数盟员、干部的响应。经朱德礼主委的主持,杨文志委员协助,编写工作很快启动。全书由两部分组成。第一部分:30年风采历程;第二部分:风采名录。

朱德礼主委委托李蕙芳撰写第一部分内容。李蕙芳查阅了《呼和浩特市政协志》、历年来《呼和浩特市盟讯》、近年来盟市委工作报告等史志和盟内刊物、文件,经过思考梳理,以达到本部分内容严肃性、真实性和准确性的预期目标。

讨论第二部分内容编写的有关事项时,朱主委和相关人员提出普遍征集所有盟员个人资料的意见,以全面展示其本职工作、盟务工作、荣誉奖励的风采。个人资料由本人提供,参编人员整理;已故盟员由亲属或知情人撰稿。

经过编撰人员的艰辛付出,本书得以面世,作为庆祝呼和浩特市民盟地方组织成立30周年的礼物献给全体盟员。

虽经百般努力,本书仍有不尽如人意之处,有待今后修订。

全国政协委员、内蒙古政协副主席、民盟内蒙古区委主委董恒宇同志应邀为本书作序,并拨冗审阅全书文稿,予以肯定。在此深表谢忱!

2017 年 9 月 3 日

一首动听的电视剧主题曲

近年来影视歌曲佳作不多。

不少影视剧不配歌曲,有些虽然配了却了无特色,难以流传;有些虽然乐曲尚可,但歌词内容欠佳,格调不高。人们怀念的还是多年前传唱至今的影视歌曲,如《义勇军进行曲》(电影《风云儿女》)、《我的祖国》(电影《上甘岭》)、《好人一生平安》(电视剧《渴望》)、《少年壮志不言愁》(电视剧《便衣警察》)、《敢问路在何方》(电视剧《西游记》)……

什么时候还能听到如此美好难忘的影视歌曲呢?翘首盼望中,一首词曲兼美、萦绕耳际的影视歌曲——电视剧《大盛魁》主题曲《一直走》(王志云词、王星铭曲)打破了影视剧歌曲不尽如人意的局面。其词简洁,韵味绵长:"从故乡,一直走,一直想,……哪里有我的天堂?""从草原,一直走,一直想,……草原啊我的天堂",在广阔的背景上走着一群原本身无分文却努力奔生活的劳动者。他们肩挑重担、胸怀信念,走在草原上去创造,去开辟,成为一道美丽的风景,更成为融壮美与优美的流动的意象。曲调紧贴这样的意象,其旋律恰似一条起伏的、动感很强的曲线,以舒缓、轻松又不失凝重的乐音,抒发那些在草原上寻找"天堂"的创业者的情怀:他们的悲愁,他们的欢愉,他们的追求。

听到与生命和谐共振的音乐,受众的审美愉悦油然而生,观看电视剧的期待油然而生,不消说,这支主题曲也是电视剧《大盛魁》收视率很高的原因之一吧。

2017年5月

评职之惑

人生之惑,人人或多或少都有过。我经历的人生之惑不少,评职之惑只是其中的一种。把困惑挂在嘴边,令人生厌;而我的评职之惑又积郁于心而不能排解,也只有诉诸文字了,权且作为我从入职到退休的工作年表吧。

1965年7月,我以优异成绩毕业于内蒙古大学中文系。同年8月至1978年8月执教于中学,经历了"文化大革命"和"拨乱反正"的13年岁月。其间,高等院校和科研机构中断了职称评定。1978年8月,我从中学调至呼和浩特师范专科学校任教,讲授一年现代汉语后改教外国文学。1979年,高等院校和科研机构恢复职称评定。对于讲师申报资格,国家文件规定1965年以前毕业的大学本科生,工作转正后有两年以上教学、科研工作经历的,均可申报。

成立仅两年的呼和浩特师范专科学校师资力量较强。校长马耳从本市和自治区各盟市调入一批20世纪五六十年代大学本科毕业的优秀中学教师任教。符合讲师申报资格的占比近半。为此,校方把申报年限从文件规定的1965年上推至1964年。这样,我们几个1965年毕业的就等于不具备申报资格,但我们对校方所谓"僧多粥少"的苦衷表示理解。我们可以等待一年。岂料一年的等待竟变成了八年的蹉跎!

这一年,校方上报讲师36人,批下18人。此后3年,校方自行停止职称评定,只把余下的、未获批准的18人逐年上报。这不是事实上剥夺了一些教师申报职称的权利吗?而我们这些刚刚摘掉"资产阶级知识分子""臭老九"帽子进而步入工人阶级队伍的高校教师,全都失声了。没有料到的是,或许是为了整顿、规范职称评定工作中的乱象,

1983年全国暂停职称评定,直至1986年方才恢复,而呼和浩特市则延至翌年,即1987年。此间,呼和浩特师专已于1983年与呼和浩特市教师进修学院合并组建呼和浩特教育学院。

教育学院的评职工作由某副院长主持。该领导代表院方宣布申报资格时说,没有讲师职称或中教五级的教师,没有副教授的申报资格。这真是当头棒喝。像我这样1965年本科毕业从教,既耽误了中教级别评定,又如上述的原因耽误了讲师职称评定;而教龄已达22年!如果教学、科研业绩具备,早已超过了申报教授资格的年限。

说到我自己,论教学,同事肯定,学生欢迎,1986年获学院教学优秀奖。论科研,与全国兄弟院校同行合著《简明外国文学教材》《外国文学手册》,都是当时领先同级同类院校的教材和颇受读者青睐的读物,前者广西人民出版社1982年2月出版,修订版广西教育出版社1987年4月出版,当年获评中南五省(区)优秀读物一等奖;后者北京出版社1984年3月版,1987年第二次印刷,当年获评"全国优秀畅销书"奖。发表文学评论8篇,有的刊于省级期刊,其中《感情与责任的巨大冲突——试论〈蔡文姬〉的主题》为现代文学史学家所重。发表教育教学论文2篇:《谈谈初中语文课本中的语法问题》和《大学文科教学培养学生能力的几个问题》。前者载于《内蒙古教育》1980年第4期,后者载于乌盟师专学报《文科教学》1980年第4期,为中国人民大学复印资料转载。凭以上条件,在普通高等院校,申报教授也有可能;而在这所成人大专院校却被人为的原因取消副教授申报资格。

这一次我不能再忍气吞声了。一人奔走于自治区教育厅、市职称改革办公室,寻求公平。两处得到明确、肯定的答复:符合申报条件。如此,莫须有的土政策被否定了,我顺利评上了副教授。

20世纪90年代,意外之事连续发生。

年复一年繁重的教学、家务负担,殚精竭虑的工作态度,健康每况愈下,小病又没有及时治愈,到1989年底,各种慢性病来袭,不得不住院治疗。此后两年中住院多次,课时量有所减少。1992年后,身体逐渐康复,虽偶尔到医院输液,但没有影响教学与科研。1994年评为学院先进工作者,1995年、1996年连续两年评为学院优秀教师,由此晋升一级工资。1996年评为市教育系统优秀教师。

科研成果有:撰写《杰克·伦敦〈一块牛排〉赏析》(《高中语文补充教材参考资料》,内蒙古教育出版社1992年4月出版);主编《外国文学作品习题集》(兼主要撰稿人。内蒙古自治区教育厅师训处颁行,供全区高师卫星电视、函授学员使用);编写《语文美育教学大纲》《20世纪外国文学教学大纲》(内蒙古自治区教育厅师训处1996年颁行,供全区中等语文教师继续教育使用。教育厅下文,评职时继续教育教学大纲以省级论文对待);与同仁合撰《教育学院建设与发展初探》(内蒙古自治区教育厅师训处科研项目,该处负责人在国家教育部师范司1996年召开的全国教育学院建设与发展研讨会宣读);1994—1997年发表论文2篇:《说比较——比较论证的几种方法辨析》(《呼和浩特教育学院学报》1994年第1期)、《语文美育与精神文明建设》(《呼和浩特教育学院学报》1997年第2期,获评学院精神文明建设理论研讨会优秀论文奖)。准备与同仁合著一部美学理论著作、撰写两篇关于审美范畴的论文。我以为,如此,申报教授的条件也就充足了。

岂料意外连续发生。

1997年7月底,遭遇粉碎性骨股胫骨折,卧床8个月之久才下地拄拐行走,估计1999年上学期可以康复讲课。这时离退休还有3年。《美学基本理论》已于1999年10月正式出版并获省级科研奖。我信心满满。不料一瓢凉水灌顶:1998年下半年,国家发布新政策,凡高校、科研机构工作有副高职称的女性,由60岁提前至55岁退休。我遂于1998年12月(57周岁)办理了退休手续。退休后在校外授课,两篇酝酿中的论文2002年都发表于核心期刊,但已与我的评职无关,有的只是"精神胜利"了。

行文至此,想起高中时的一件趣事。那一年我与两位同窗好友上街,遇见算命先生,出于好奇请他算命。记得算命先生说我"命好运气不好,将来不站政界就站学界"。难道果真如此?信耶,非信耶?命乎,运乎?这次第,怎一个"惑"字了得!

2017 年初夏

寻找《呼和浩特现当代文学史》之魂

——《呼和浩特现当代文学史》首发式暨研讨会上的发言

《呼和浩特现当代文学史》是一部地域文学史。这部文学史的编撰、出版，是呼和浩特文坛的一件大事，也是内蒙古文坛的一件大事，它开编撰地域文学史之先河。它的文献价值和学术价值，主要体现在它记录了呼和浩特百年间现代和当代文学的产生、发展、演进过程和各种文学现象，并给予入书的作家作品以较为客观公正的评价，因而是一项具有研究价值的文学工程，一项具有审美特质和认识作用、美育作用的文化工程，一项存录本土百年间作家、诗人、文学批评家、文学理论家、翻译家的人才工程。总之，可以作为历史文化名城呼和浩特市的精神城标之一。有志于从事文学活动的青年朋友，沉下心来认真阅读这部著作定会获益。

这部百万余字文学史著作的编撰、出版，得益于呼和浩特市委宣传部、市文联、市作协的鼎力支持，得益于有识之士的适时倡议，得益于编委会的精心策划，得益于编撰人员的辛勤劳作——他们殚精竭虑、克尽厥职，五载耕耘，终于将这部有分量的著作呈现于读者面前。

我与先生任贵有幸参与这部文学史的编撰，应该感谢市文联领导杨茂主席、田明副主席、市作协名誉主席本书主编尚静波先生对我们的信任。伏案五年，延续了我们的学术生涯，为退休生活增添了光彩。

借此机会，我想说说本书"绪论"的写作。我深知，"绪论"事关本书的品格，因而不敢懈怠。从阅读材料到构思到完成，几近两载。接受任务时，主编尚静波先生提出，要写出呼和浩特现当代文学之魂。这个要求像一个高标立在我面前。我理解的"文学之魂",指的是文学的特征。经反复深入思考,我力图作出关于文学特征的概括,例如现代文学的开创性,新时期小说的时代性、人民性,诗歌的抒情美,散文与报告文学的描绘美,影视与戏剧文学的民族性、地域性,历史纪实文学的丰富性,等等。以魂为纲写出的"绪论"才能达到标杆的高度——具体而言,成文的"绪论"不是各编"概述"的简单相加,而需另辟蹊径,其评价角度、行文结构要有新的表述。至于实现高标的程度如何,还有待专家、读者的指教和时间的检验。

最后,让我模仿诗人海子的诗作,凑上几句,以表达我的欣喜、愉悦之情:

  从那天起,成了一个幸福的人
  阅读,码字,神游文海
  从那天起,重新关注小说、诗歌、戏剧、散文
  重新关注形象、意象、意境
  我有一张书桌,面朝书林,春暖花开

2018 年 3 月

呼和浩特：草原文化与农耕文化融合铸就的历史文化名城

呼和浩特从远古走来，这方热土是中华多民族活跃的舞台。从战国时期的林胡、楼烦、汉，到秦汉以来的匈奴、鲜卑、柔然、突厥、契丹、蒙古、女真、回、满等各民族，演绎着一幕幕碰撞、交流、融合的历史正剧，这种草原文化与农耕文化的融合，铸就了一座历史文化名城——呼和浩特。

呼和浩特是为数甚少的旧石器时代遗址的发现地，是胡服骑射的起始地，是万里长城的途经地，是昭君出塞的目的地，是《敕勒歌》的唱响地，是鲜卑拓拔的龙兴地，是万部华严经塔的高耸地，是北周、隋、唐三代皇族始祖的出生地，是一代天骄成吉思汗弯弓射大雕之地，是阿勒坦汗、三娘子夫妇建库库和屯之地，是清廷构筑绥远城之地，是旅蒙商互市交易之地。如此丰富多彩的历史文化难以尽述，只能选择鲜卑、契丹、蒙古、满族和汉族文化的精彩片断，以感知草原文化与农耕文化融合的历程，领略历史文化名城的风采。

鲜卑拓跋部兴于大兴安岭北段，过着游牧生活。公元2世纪中叶，他们走出山林，越过草原，历经九难八阻，南下阴山，由始祖拓跋力微在盛乐（今呼和浩特市和林格尔县土城子）奠基。公元386年，拓跋珪以盛乐为都城，建立北魏王朝。这方水土使拓跋鲜卑实现了定居的愿望。在这里，鲜卑族与北方诸民族融合，接纳逃避战乱来此谋生的中原汉人，农耕生产迅速发展，手工业水平也有一定提高。公元398年北魏迁都平城（今山西大同），约公元471年迁都洛阳。三次大迁徙，完成了鲜卑族不断发展的伟大进程,对黄河中下游经济社会发展,对北方民族大融合做出贡献。

盛乐以北魏发祥地而载入史册,今天的和林格尔土城子遗址名列全国重点文物保护单位,是历史文化名城呼和浩特一张耀眼的城市名片。

契丹族源于东胡,在辽河上游一带游牧。唐末,迭刺部首领阿保机统一契丹及邻近各部建辽(916—1125年)。契丹活动地区迁入大批汉人,游牧文化与农耕文化得以融合,农业、手工业得以普遍提高。其时阴山南北麓属于辽的西京道丰州管辖,这是呼和浩特称为丰州的开始。契丹人在今呼和浩特市东郊建城,是为丰州城。有史可证,丰州城周长九里许,"五方云集,商民辐萃,耕牧遍野,货财交聚"。从这些描述可以想见昔日的繁华。元末,丰州城毁于战火。

但是,在丰州城西北角的一座佛塔——万部华严经塔(今人称为白塔)幸存,这是丰州城唯一的地上遗存。此塔建于辽圣宗耶律隆绪在位期间(982—1030年),塔七层,八角形楼阁式砖木结构,塔外壁浮雕塑有天王、力士、菩萨、罗汉,姿态生动优美,是辽代雕塑艺术的杰作。塔内壁各层留有汉文、契丹文、女真文、西夏文、藏文、八思文、蒙古文、古叙利亚文和古波斯文的印记,是其时羁旅或经商的中外人士途经游览所题,如实透露丰州城政治、经济、文化、军事等多方面的信息,实证古代各民族的友好往来。

这座建于辽代的万部华严经塔名列国家重点文物保护单位,是历史文化名城呼和浩特又一张炫目的城市名片。

蒙古民族是草原文化的主要传承者,历史上有辉煌,也有曲折。公元13世纪初,铁木真把濒危的蒙古人从金朝的桎梏下解救出来,把争斗的蒙古各部统一起来,成为全蒙古的大汗(尊号成吉思汗),成吉思汗及其继承者在1219至1260年40年间先后发动三次西征,建立了横跨欧亚的大蒙古国。

1271年,成吉思汗之孙忽必烈(庙号元世祖)在大都(今北京)建立元朝,八年后灭南宋统一全国。1368年,元朝在统治集团内讧和农民起义的打击下被推翻,明朝取而代之。元亡后,蒙古各部迁居长城以外的大漠南北,实行封建割据。15世纪初叶、明永乐年间,朝廷对蒙古各部首领实行封王制,确定了君臣关系。永乐之后,蒙古封建主又开始分裂和互相兼并,致使经济社会陷入困境。再次振兴蒙古社会的是统治集团中的智者达延汗,他击破了封建割据势力,重掌汗权。其孙阿勒坦汗(史籍译写作俺答汗)是蒙古右翼万户首领。阿拉坦汗和夫人三娘子(名也儿克图哈屯)做了几件大事:与明廷通贡互市,促进了蒙古地区与中原的经济联系与交往,牧业、农业、手工业、商业都有很大发展;改变逐水草而居的生活方式,兴建城镇,1572至1581年,在土默特平原北部建成库库和屯(呼和浩特最早的蒙古语音译,意为"青色的城"),明廷赐名"归化",归化城成为塞外重镇,尊奉喇嘛教,兴建寺庙也是阿拉坦汗和三娘子在文化上的建树。蒙古语称寺庙为"召",在土默川平原最著名的召是阿拉坦于明万历七年(1579年)建成的伊克召(蒙古语,即大召),这是蒙古地区第一座正规寺庙,一度成为漠南漠北喇嘛教传播的中心。有清一代大召成为帝庙,及至民国,归化城竟有"召城"之誉,坊间谚语说:"七大召,八小召,七十二个面面召。"

大召始建迄今400余年,年代久远,规格高上,建筑宏伟,藏品珍奇,名列全国重点文物保护单位,是历史文化名城呼和浩特又一张亮丽的城市名片。

满族源于女真,崛起于"白山黑水"。1616年努尔哈赤统一女真各部,建政权曰金(史称"后金"),1635年改女真为满洲,翌年改金为清,继而入关称帝,1644年灭李自成大顺政权,定都北京,南下夺取中原,兼并漠南蒙古各部……统一全国。清朝"在确定版图、增加人口、发展文化这三方面做了好事。"(周恩来语)。

为了保卫北疆,清廷决定在归化城东建城,安置驻军及家属。此城自清雍正十年(1735年)动工,乾隆四年(1739年)筑成,定名"绥远",自此,人们称归化城为旧城,称绥远城为新城。

新城周长9里,呈方型。从城中心通向四面有干道4条,称东街、西街、南街、北街,构成整齐的棋盘图形。新城建成后,蒙汉回满各族成批来此定居,形成了一座多民族聚居之城。

绥远城城墙残留,而标志性建筑绥远将军衙署完整地座落在今天的新城区。衙署位于绥远城西街,是清廷绥远将军管辖归化、绥远地区、漠南蒙古,统领宣化、大同等地驻军的办公衙署;始建于清乾隆二年(1737年),完成于乾隆四年(1739年)。绥远将军衙署按一品封疆大吏的规格营造,占地约3万平方米,是以清代建筑风格为基调的建筑群。

今天,绥远将军衙署名列全国重点文物保护单位,是历史文化名城呼和浩特的又一张闪亮的名片。

康乾时期在蒙古高原的汉族旅蒙商创造了有清一代的北方商业文化。

归化城旅蒙商三大号——大盛魁、元盛德、天义德的创始人,都是来自三晋一些失地的贫苦劳动者。他们由事农转而经商,起初为西征噶尔丹的清军运送军需品,兼与蒙古兵民贸易,他们把中原、江南生产的大量茶叶、布匹、绸缎、器皿等生活用品和生工具车运驼载,远行草原以供消费使用,又将草原的牲畜、皮毛、玉石、鹿茸、羚羊角运回中原出售,往来皆赢;一些旅蒙商还在草原上、在市街建立了永久性商铺。

旅蒙商贸易的发展,带来了漠南、漠北经济文化的繁荣。漠南、阴山南麓沿线、土默川平原的归化城、包头等地的茶庄、绸布庄、银楼、钱庄、货栈、皮毛作坊以及私熟、学堂、戏院相继建立;漠北的多伦、经棚、小库伦、大库伦、乌里雅苏台、科布多、恰克图、伊尔库茨克等地成为旅蒙商汇聚的商业重镇。

旅蒙商贸易,促进了蒙汉民族的交流。这种交流具有双向性和自愿性特征,有助于中华多民族大家庭的稳定和繁荣,是其历史性贡献。

旅蒙商贸易从山西、陕西以及土默川归化城为基地开辟了一条贯穿蒙古高原、戈壁大沙漠,到库伦(今蒙古国乌兰巴托),再到恰克图

(属俄罗斯,"有茶的地方"的俄语音译),达于莫斯科的国际商路。当年的归化城成为这条国际商路的节点城市,由此彰显出旅蒙商为开辟国际商路(可视为草原丝绸之路)做出的重大贡献。旅蒙商也是历史文化名城呼和浩特又一张光彩的城市名片。

呼和浩特从旧石器时代走来,穿越时空,历经沧桑。众多的古代遗存见证了各民族文化融合的历程,也铸就了光耀炎黄春秋的历史文化名城。

2018 年 4 月

双叶二
任 贵

杏坛走笔
XINGTAN ZOUBI

讨论不应忘记作品
——也谈历史剧《蔡文姬》

一

从作品出发,从所塑造的形象出发,进而阐述作家表现在情节中、渗透在形象里的思想倾向和艺术得失,这是文学批评的特点和规律。然而从《蔡文姬》的讨论看,有的同志却忽视了这一点。有一篇评论在判定曹操破坏汉匈之间的友好团结时说:

> 他(指曹操。——引者)得以赎回蔡文姬,从史籍记载来看,说穿了就是利诱和威胁。一方面施以重金,加以利诱,从剧本通过周近的口所说的大军压境来讲,就是威胁。无论是威胁或是利诱,都是不利于民族团结和睦,都不能说是懂得执行民族繁荣政策的重要性的。何况他为了赎回文姬继承蔡邕一家的宗祧,拆散了匈奴左贤王的一家,使得左贤王妻离子散……

该文作者没有具体指出何种史籍记载曹操"利诱和威胁"南匈奴左贤王。从通篇文章只引证曹操"乃遣使以金璧赎之"等句及作者篇末小注看,史籍无疑就是《后汉书·董祀妻传》。姑且承认"赎"就是"利诱"吧,史籍记载"威胁"之说不是落空了吗?而后作者的笔锋轻轻一转,从史籍跳到剧本,说周近要大军压境就是"威胁"。这就又一次离开了作品实际。在《蔡文姬》第一幕左贤王同蔡文姬的对话中,我们确实知道周近曾私下对他说过"你要不把蔡文姬送回汉朝,曹丞相的大兵一到,立地把你匈奴扫荡"。正是左贤王转述的周近的话,使经历了三天三夜的去留踌躇的蔡文姬的感情骤起波澜。文姬对左贤王诚挚地剖露自己的内心矛盾:"我很想回去,但又不愿离开你们。……你知道,我是愿意匈奴和汉朝长远和好的。曹丞相派遣使臣来迎接我,如果还有大兵随后,那就是不义之师。我要向汉朝的使臣问个明白;如果真是那样,我要当面告诉他,我决不回去,死也要死在匈奴!"文姬重感情,但不感情用事,她并不一任自己的感情浮沉。在她看来,个人的去留,都要以汉匈的友好关系为前提,为自己之去而引起两个民族之争,何如留在南匈奴;而且她敏锐地意识到,如果因此引起的战争,在汉朝就是"不义"。文姬不但感情深沉,而且富于理智。整个第一幕就是围绕决难的心理矛盾展开的。到左贤王对文姬转述周近的话,又平添文姬的疑虑;甚至董祀释疑,指出周近的话"完全造谣",说明"曹丞相是要在文治上做一番大事业,他是看中了你的人才,才来接你回去的"事实真相,不但文姬的疑虑冰释,而且使左贤王的态度急转直下,慨然应允文姬归汉。

　　周近到底是不是不造谣?剧本还通过第二幕单于对左贤王的话作证:"曹丞相还再三嘱咐过,蔡文姬回不回去决不勉强,一切由我们决定。"第四幕第三场文姬请罪对质,曹操面责周近,第三次戳穿了周近的谣言。

　　剧作家为什么要反复叙写周近造谣,董祀、文姬辟谣,曹操面责周近造谣呢?这是为塑形象设计的情节。从曹操一面看,他要文姬归汉,是尊重南匈取当权者的意愿的,不能说没有考虑两个民族间的友好关系。无大兵在后,则既无威胁之念,更无威胁之举!曹操确实给单于和左贤王送来礼物,但既然文姬归汉与否尊重对方意愿,则赠送礼物便成"利诱",此说也未免不近人情。从周近一面看,他倒是一个装腔作势、狂妄自大的大汉族主义者。此人歪曲曹操的旨意,威胁友好民族的单于,离间南匈奴首领之间的关系,不理解左、蔡的感情,践踏董、蔡的友谊,是一个剧作家全然否定的形象,是剧中塑造得丰满的、有现实意义的成功的艺术的形象之一。有了周近，方才显出曹操、文姬、左贤王的深明大义。因而从艺术上说，这个形象的塑造，也体现了剧作家的深湛技巧。细心的读者或观众，不难发现这一形象的典型意义，何至于张冠李戴地把周近威胁说成是曹操的威胁！

还有一篇评论在分析作品时也远远离开作品。也请我援引这位作者的一节文字：

> 郭沫若同志在戏的第一场（原文如此，应为第一幕。——引者）结尾时，让左贤王终于深明大义，同意文姬归汉。可是，如果左贤王执意不肯放文姬回去，曹操又该如何办呢？恐怕就要先礼而后兵了吧？左贤王同意也好，不同意也好，文姬归汉，势在必行。……曹操赎蔡文姬归汉，据说是为了让她继承父亲蔡伯喈的遗业，参与撰修《续汉书》，但是，事实上蔡文姬归汉并未撰修《续汉书》而只是凭记忆整理其父蔡伯喈的遗著。

文章所说"先礼后兵"纯粹出于作者的主观推断，已经不是在谈论剧本了。或许有一部"先礼而后兵"的《蔡文姬》，但它的作者必定不是郭沫若。

笔者援引评论《蔡文姬》的两篇文章的部分文字，是想指出评论中的某一倾向，说明一下：首先，论史要引证史籍，论文要分析作品；其次，史实和史剧并不是一回事。研究史实，必须有根有据，它不容虚构；创作史剧，为了突出历史的本质精神，以及文学本身的特点要求，它可以有虚构和想象，郭沫若在40年代创作《屈原》等史剧时，把这一历史剧创作原则概括为"失实求似"。我们当然可以将同一内容的史籍和史剧进行比较，因为我们通过比较可以看出作者虚构和增删史料的情形，可以探求作家的艺术构思，评价作品的思想高下和艺术成败。上述两篇文章的作者说到曹操"为了赎回文姬继承邕一家的宗祧，拆散了左贤王的一家，使得左贤王妻离子散"，蔡文姬"事实上归汉并未撰修《续汉书》",就是只记得史籍而忘记了文学作品,没有看到历史和历史剧的差别,因而以论史的方法论文,没有注意剧作家舍弃曹操"痛其(蔡邕)无嗣"而虚构为文化事业希望文姬归汉并派董祀迎接;虚构文姬归汉8年内"记录"其父著述400多篇等情节的匠心。

二

有的评论者仅仅把蔡文姬看作一个值得同情的凄凄惨惨的弱女子。这恐怕也是受到史籍的影响,未能从剧本出发加以分析之故,因而对认识蔡文姬这一形象,带有片面性。剧本集中描述的是文姬归汉前后八年的事实。对此前不幸遭遇,只在第三幕前半部分文姬长安谒墓时的梦幻以及第四幕开始曹操、卞氏对话作了必要交代:父死,夫亡,在战乱中同赵四姨娘流落南匈奴,剧本开场时出现的蔡文姬已经在南匈奴生活了12年。12年前由于离乱、战争、政治事变造成的亲人亡故引起的心灵创伤溅已平复。她已经是一个有了幸福家庭的中年贵族妇女:有身居要职的丈夫,有8岁的儿子,半岁的女儿,有相依为命的四姨娘。然而汉使来匈使她陷入痛苦之中无以自拔。这种痛苦是深沉的又是高尚的:虽然有不忍抛离骨肉的母子之情、不忍远别丈夫的夫妇之爱(剧本没有着重表现这方面的感情,我以为同这种感情具有时代性的和民族性有关,所以与其说这是剧本的缺点,毋宁说是文姬的特点),其中也含有两个民族间的感情因素,所以左贤王对她转述的周近的话才引起她的反感。在一般情况下,母子、夫妇离别,并不一定令人伤感,而文姬处境不同寻常,顾全家庭与返回故里、从事著述,她是不可得兼的呀;而若因自己归汉又可能导致汉匈战争,情形就更加严重。所以,我们在剧本开始就触到了这种强烈的、具有社会内容的痛苦——何止是凄凄惨惨的伤感而已!"唉!我回去又能够做些什么呢?"文姬的剖白,自然就要引起读者或观众的共鸣。第三幕开始,文姬归汉途中,因思念子女,终日悲苦,夜不成眠。剧本以梦幻的浪漫主义手法,酣畅淋漓地进一步抒写了她心灵的秘密。临行前去留间的痛苦,又向前推进;因思念亲人身心交瘁同继承父业从事著述之间的矛盾显得更加尖锐。这种痛苦使她发出了"我为什么一定要回来?我为什么一定要要回来?"的震撼人心的悲呼,以至晕厥在父亲墓前。是董祀的及时开导,才使她不再"沉浸在个人的儿女私情里面",终于以事业为重,"忧天下之忧,乐天下之乐",文姬开始有所醒悟,思想感情向更高的境界飞跃:以高尚的情操,克服了深沉的痛苦。第三幕后两场,文姬回到邺下,立即全身心地投入事业中去。但周近诬陷,董祀冤屈,感情的潮水再次掀起巨浪。她不顾礼法,披发跣足,向曹丞相面陈董祀清白无辜。这时的文姬还是一个哀怨缠绵的人吗?不!她有胆有识,主持正义,维护民族和好(周近的谗言也有破坏这种和好关系的成分)。最后一幕的文姬,虽然并未忘却子女,但感情已有变化,所以"很想重写一首新的《胡笳十八拍》来歌颂曹丞相的丰功伟绩",于是有新作"妙龄出塞……"即曹操定名为《重睹芳华》一诗出现。这首诗当然也是剧作家的虚构,它表现了主人公的新的思想境界:有对自己"妙龄出塞"的身世之慨,有对曹操"金璧赎我"的感恩戴德,还有"所幸今日呵遐迩一家""青兰秋菊啊竟放奇葩"的匈汉和好、中原安定的喜悦,更有"熏风永驻呵吹绿天涯"的衷心祝祷。这是"乐天下之乐"的具体化、个性化的表现。如果我们认真地客观地分析作品,就会发现和把握文姬的这种波澜起伏的、感情上由悲到喜的变化过程的。在这种个人的悲喜中,渗透着希望本民族内部安定、兄弟民族关系和好、为民族文化事业贡献力量的巨大因素。因此,悲惨凄切并不能概括蔡文姬的全部感情内容,因而也不能以此理解蔡文姬这一艺术形象。文姬,是一位才华溢出的诗人;是一位热爱丈夫、子女的妻子、母亲;是一位有胆识、爱国家(当然这有别于今天我们热爱统一的多民族国家)维护民族和好(当然这也有别于无产阶级民族观)的女性。这一形象完全有资格列入优秀的艺术形象的画廊而放出异彩。《蔡文姬》的导演、已故优秀艺术家焦菊隐说:"从蔡文姬身上,我触到了作家为人民献身的高贵感情",这中肯地说明了蔡文姬这一艺术形象的巨大教育意义和审美价值。

三

有几位评论者说:"替曹操翻案"是《蔡文姬》的主题,其他有关《蔡文姬》主题的探讨是"用心良苦"的"另外寻找"。我以为这把主题这一文学现象看得太过简单。不错,郭沫若同志是说过他写作《蔡文姬》的"目的"是"替曹操翻案"。然而创作意图并不就是主题。历史上曹操的活动是多方面的,除豪强,抑兼并,济贫弱,兴屯田等等,这些活动哪一项都可以写成作品达到"替曹操翻案"的目的,为什么剧作家偏偏选择文姬归汉来表现呢？难道可以笼统地说所有这样的作品都是替曹操翻案吗？须知,主题是受题材制约、表现在题材之中的。例如同是歌颂大庆的作品,但《初升的太阳》(孙维世)和《创业》(张天民)的主题却并不相同。所以,从作品中探求主题恰恰不是"另外寻找";从作品出发,找出接近、符合作品实际的主题,并加以认真分析,阐明其意义,正是评论者的任务,这种"用心良苦"的努力并不是多此一举,何况作品的社会效果、艺术效果还有同作家的主观意图不相一致的情形呢。

通过《蔡文姬》,曹操以正面形象出现在剧本里、舞台上,这是历史学家、文学家郭沫若的打破封建正统观念,宣传历史唯物主义的功绩。然而,若从艺术的完美、感人的力量以及戏剧主线等方面看,《蔡文姬》的主人公却不是曹操。首先,对读者或观众说,我们最关注的人物无疑是蔡文姬,是她的命运牵动着我们感情和视线;其次,"蔡文姬就是我",在这一形象上倾注了作者的充沛感情,熔铸了作者的类似经历,渗透着作者的深切感受;最后,蔡文姬处于整个戏的矛盾中心,剧中人的纷争、纠葛,他们的言语、行动、感情,均由她引起。何守中同志在《〈蔡文姬〉的主题及其效果》一文中(见《草原》1980年第4期),提出曹操是《蔡文姬》的中心人物一说,认为蔡文姬只是主要人物。何谓有别于主要人物的中心人物呢？何守中同志说中心人物的思想、品德、行动起主导作用,支配其他人物、主要人物的思想、品德、行动。且不说把文学作品的人物分成中心人物、主要人物、人物三等的说法值得商榷;我以为使用"主导作用"这个概念在评论文学作品时比较含混,以此为准尚难确定作品主人公(为了不并列使用主要人物、中心人物、人物这样的术语,我用主人公),而且会引起混乱。例如鲁迅的《祝福》,起"主导作用"的——按何守中同志给"主导作用"所下定义——自然是鲁四老爷。被压迫的不幸的劳动妇女祥林嫂的进出、生死,他都是一个"控制"者,然而谁也不会把他认作主人公。又如茅盾的《子夜》,起"主导作用"的是"公债魔王"赵伯韬,他的言语、行动支配着其他人物的行动,影响着其人物的情绪,决定着其他人物的命运,然而在作品中——假如硬要比较主次的话——谁是主人公呢?是吴荪甫而不是赵伯韬。我以为,"主人公"(或说主要人物,或说中心人物,但二者不必并举)应该是这样一个艺术形象:他行动在作品主线上(有的作品只有一条线,即无主副之分),贯穿作品始终,并同其他人物发生种种关系或产生种种矛盾集点,他是作者倾全力刻画的形象。因此我认为《蔡文姬》的主题,也应从这一艺术形象及她同其他人物的矛盾关系上去探求。此外我们还不能不看到郭沫若历史剧的这样一种特色,即人物感情变化的心理因素构成了戏剧冲突。

应当说,《蔡文姬》的主题是复杂的。因为郭沫若同志说过"替曹操翻案"是创作目的,又说过"蔡文姬就是我",理解不同就要引起分歧;还因为《蔡文姬》涉及的社会生活内容是复杂的:既是历史现象,又涉及民族关系;还因为作品的社会效果、艺术效果同客观主题的差异性(在这一意义上,主题同主题思想有别)。然而,这并不是说《蔡文姬》的主题是不可知的。我们应该从作品出发,联系作家的社会和艺术活动加以考察,对《蔡文姬》的社会效果也应公允作出评价,我想这就是我们讨论《蔡文姬》应有的态度和意义。

《草原》1980 年第 6 期

评照日格巴图的侦探小说

侦探小说作为惊险小说的一种,在国内外拥有广大读者。19世纪以来,特别是第一次世界大战后,日本和欧美一些国家的不少作者,写过大量的关于侦探、间谍题材的作品,其中不乏优秀之作。这些作品为我们提供了了解资本主义社会面貌和世道人心的形象材料。在我国,随着福尔摩斯探案小说的翻译和介绍,近代侦探小说(有别于古代公案小说)也在19世纪末兴起,尽管这些作品社会内容稀薄,有的还格调不高,绝大多数在文学史上几乎未留痕迹。新民主主义革命时期,我国无产阶级和劳动群众正处于夺取政权的激烈的阶级斗争阶段,一切革命的进步的文学家的任务是反帝反封建,所以,这一时期现代侦探小说自然没有得到发展。新中国成立后,20世纪50年代初,随着镇反、肃反运动的深入,出现了翻译(主要是苏联)和创作侦探小说的第一个高潮。近年来,惊险小说的译作(主要是欧美和日本)竞相出现。打击各种刑事犯罪分子以及法制观念的进一步确立,也从根本上推动着侦探小说的创作。在青年读者中,侦探小说尤其风行。但是,对侦探小说这一文学样式,似乎还没有引起评论者的足够重视,遑论进入文学史家的视野。理论上探索不够,批评上总结经验不够。这种状况应当有所改变。被称为"通俗小说"的侦探小说是可以产生佳作的。欧美和日本专事惊险小说创作的作家竟至成为流派。因此,惊险小说在评论者中也应有一席之地。

我区蒙古族作家照日格巴图同志,在他从事反映人民骑兵战斗生活的长短篇创作的同时,近两年来,连续在自治区内发表了六个中短篇侦探小说,引人注目。作为读者,在这里谈一点粗浅认识。

一

侦探小说以侦察破获刑事案件为题材,所写的事件有单一和集中的特点,进入小说的总是同"专案"直接有关而不甚广阔的社会生活,这是题材本身决定的。照日格巴图自然也不能不受到这种题材上的制约,但又力求突破。首先,作者在选择题材上注意多样性和广泛性。故事发生的地点有城市、农村,还有工厂、矿山,甚至还有很少有人涉笔的劳改农场。作案的有工人、农民、有汽车司机、劳改释放的从业人员乃至家庭妇女。案件的性质有情杀案、仇杀案、强奸杀人案、谋财害命案,基本上概括了刑事案件的主要类型。由于取材广泛,所以利于作家反映各阶层各角落的五光十色的社会生活。

其次,作者并没有孤立地写侦探案件。而是有意将人物置于今天时代和社会的背景下,把笔力浸入生活的潮流中。这些小说所描写的案件大都发生在粉碎"四人帮"之后的几年时间里。众所周知,十年"文化大革命"中,社会秩序一片混乱,法制遭到破坏,罪犯逍遥法外。内乱结束以后,被"砸烂"的公检法正在恢复,社会秩序渐趋安稳。但是,多年的痼疾,一时难以治愈;历史急流中泛起的沉渣,一时难以清除;恶性膨胀的资本主义的权力欲、金钱欲、享乐观点对一些"文化大革命"中成长的青年人的腐蚀更是一时难以消除。这就使得动乱结束后犯罪现象仍然严重,青少年刑事罪犯比例增大。照日格巴图的侦探小说正是反映这一特定历史时期的社会风貌的一隅,揭示犯罪现象的社会历史根源。汽车司机白卫东为满足自己的兽欲,竟把一个好端端的、即将举行婚礼的姑娘置于死地(《横排尾灯小轿车》,《奔马》1984.4);青年工人李良喜新厌旧,为摆脱以前的恋人而不惜狠下毒手(《缥缈的爱情》,《草原》1981.5—6);农场工人范涛昧着良心诈骗了探亲的蒙古族老大爷的甚多现金和贵重衣物(《一封没有写的信》,《乌海潮》

1981.4);劳改释放犯陈开武为金钱财物,接连置两人于死地(《乌鸦为什么在山谷盘旋》,《锡林郭勒》1981.4);农民吴占昆夫妇为报仇将对方暗杀(《一个失踪的人》,《百柳》1981.4);家庭妇女刘桂香为摆脱自己制造的某种"困境",居然把受害者碎尸,运上火车(《奇怪的包裹》,《山丹》1982.3—7)这一桩桩触目惊心的惨案就发生在看似平静的轿车、瓜棚、旅馆、楼房宿舍,甚至农村院落、深山老林。难怪群众对一时不能破案有所非议。这种非议既是在"文化大革命"期间产生的愤世嫉俗情绪的一种余波,又是对安定、平静的社会秩序的一种渴望。作者在最早发表的两个短篇中几次写到群众的议论、怨言,这种描写是群众情绪的真实反映,确能引起读者的共鸣。

尽管作家写了种种案件,揭示了现实生活中的弊端,但是读者仍然能清晰地感到生活的光明。故事发生的主要地点 A 城焕发了青春:立体交叉路上汽车在奔驰;建筑工地上,十几层居民大厦在矗立;城市、农村、牧区都落实了政策;各行各业安居乐业。犯罪分子犹如阴沟里的蛆虫,被人唾弃,而且必须清除。

特别令人高兴的是,在阅读这些侦探小说时我们似乎跟着公安人员走遍了城镇旷野,走进了各式各样的家庭,接触到各式各样的人物,感受到种种生活情态:侦察科长布日固德的家庭是温暖的,夫妇互相体贴,全心全意支持对方的工作;剧作家敖登高娃的家庭因"内人党"冤案遭到残酷的迫害;市委组织部副部长的家庭摆设排场、阔气,老子在为儿子"走后门"安排工作;杀人犯吴占昆、赵艳芬的家庭充满了欺骗、迷信;杀人犯刘桂香生活放荡。但是吴、赵、刘家里的儿女却并不同父母沆瀣一气,对他们的父母有比较清醒的认识。

除了以上提到的人物之外,快活的、办事认真的农村于书记、不计较个人得失的大队支书王诚、利用职权包庇罪犯的徐主任、固执专横的新生煤矿中队指导员王达、坦率真诚而又轻信的其木德大爷、协助公安人员破案的田桂英和钱秀英等等,这些虽然不是作者着重刻画的人物,但他们在整个案件中是不可缺少的。因为他们在事件中占有一定位置,是情节的链条。这些形形色色的人物显示着生活的丰富性、复杂性,使作品加浓了生活的气息。

总之,由于作者选取了广泛多样的破案题材,并且把故事同当时的社会背景结合,而又把视野深入到各个角落,因而描绘出各阶层各行业的多种人物形象,这是小说值得称道的一个方面。

二

在这六个中短篇小说中,作者刻画的主要人物可以分三种类型:侦察人员、罪犯和受害者,这三类形象各具特色。

以布日固德为代表的侦察人员是作者着力刻画的形象。他们有的是粉碎"四人帮"后重返公安战线的老公安,有的是近几年涌现出来的新战士。这些形象有着共同的本质特征:对罪犯的切齿痛恨,对保护人民生命财产的高度责任感,以及积极主动的进取精神。只要一发现案情,就立即全力以赴地投入到侦破工作中去。不管案件多么棘手,他们也像大海捞针一样,把罪犯从汪洋大海中揪出来惩办。这是一些可亲可敬可信赖的公安战士形象,但又不是数人一面,而是各具个性,互相区别。布日固德在解放战争后期就已开始办案,党的多年教育培养,使他成熟、老练、敏锐,既有极强的进取精神又有充分的科学态度;法医郭振声经验丰富、知识渊博,富于幽默感;新公安战士刘剑机智、干练、沉着、细心;张炳辉勇敢、热情,但有些急躁。这些人物面临着艰巨、复杂的侦破任务,往往连死者的姓名和身份都难以查清,更不用说凶手。作者正是通过对这些形形色色案件的艰难曲折的破获过程的描述,来塑造我公安战士的形象的。侦破过程是一个行动的过程,所以作者特别注意描写的人物的行动。以《一个失踪的人》中破获白卫东强奸杀人案为例。公安战士从现场回来天已擦黑,"人们早下班了",可是"侦察人员和技术人员,谁也顾不得回家吃晚饭,甚至脸也没来得及洗,便带着满身的征尘,一头扎进各自的办公室,在化验台旁,在检验室里,对从现场上提取回来的检材,紧张地分析、化验、验证。"当晚,被害人尸体发现地桃花大队的党支部于书记送来了群众拣到的一些死者遗物,郭振声从遗留物中发现一份电报草稿,布日固德带着刘剑啸立即去找收报人,从收报人那里了解到重要线索。为了进一步证实死者即发报人——兵团战士张澜,布日固德顾不上回家,又回机关和兵团取得联系,从兵团一师保卫科那里获得新线索——和张澜同路的 A 市的刘清。他连夜赶到刘家,这才证实了死者确系张澜,同时也排除了对刘清的怀疑。此时已是深夜 11 点多。布日固德就是这样不失时机地去调查与案件有关的各种人和各种事。作者除了注意写好人物的大动作之外,还注意写人物的细小行动和日常生活。例如布日固德再次侦察某一现场以后,发现了两个痕迹:一个是罪犯穿着袜子的痕迹,一个是凶犯戴手套攀扶杨树的痕迹。从这些痕迹中布日固德判断出罪犯的体重和身高。这类细节举不胜举。通过细节描写,表现布日固德敏锐的观察力、深刻的分析力、准确的判断力,这正是一个优秀侦察人员的根本素质。又如写刘剑啸根据旧棉套的线索查找"奇怪的包裹"的凶手。在全市几十个弹花门市部一个个找,一个个访问,为了从出售旧棉套的发票中找到一些线索,组织了 30 多人,经过三天三夜,翻阅了 1.2 万多本存根。这是多么细致入微的工作。同时作者还注意写他们的家庭生活、日常往来,使这些人物亲切质朴、真实可信。这些公安战士的行动的源泉是保卫人民生命财产、维护法制的坚定信念。作者细致刻画布日固德每一接触案件,便燃起对罪犯的怒火的心理。在破案具体过程中,布日固德多次强调重证据。他说:"对案件的任何一个判断推论,都必须严格建立在客观事实的基础上,不能有丝毫的主观臆造。"这都是布日固德工作时既雷厉风行、说干就干,又扎扎实实、不厌其烦的思想基础。作者笔下的布日固德是人民的公安战士。他到同罪犯有亲戚关系的钱秀英那里调查,正是因为对钱秀英的信任和尊重,绝不把她同罪犯视为一路,所以才能从开诚布公的交谈中获得重要线索。热爱人民才能得到人民的支持。这就是"仁"。一个公安战士是应当使罪犯失魂落魄，同时也令好人如沐春风。在同志关系上，我们也感受到小说描写的那种和谐的合作气氛。布日固德尊重战友，认真听取他们的意见，尽量发挥他们的特点，对青年侦察员循循善诱，帮助他们成长。他的思想行动影响着周围的人。在他的带领下，年轻的公安战士很快成熟起来。

受害者的形象也各有特色，大都是无辜受害，如淳朴、善良的其木德大爷；从兵团赶回P市老家结婚的兵团战士张澜；没有重新犯罪的劳改释放从业人员吴显祖、陈喜财。也有因本人思想或行为上的种种过失在生活中扮演着悲剧角色。如《一个失踪的人》中的郭振东，过去曾和坏女人赵艳芬鬼混，后来当众承认了错误，可是当赵艳芬再次勾引他时，他又经不起诱惑而陷入了报复者的圈套，最后亡命。《缥缈的爱情》中的赵银凤更是由于本身的堕落，在恋爱中玩弄感情，朝秦暮楚，轻佻放荡，终于引来杀身之祸。在生活中，因自己的过失被杀身亡当然是个别现象，但这些过失又有一定的概括性。所以，像赵银凤之类的人，在某种意义上具有一定的典型性，作家笔下的这一类受害者的形象值得重视。

罪犯是作品中的反面形象。反面人物写得好不好，也影响到对正面人物的刻画。作者在刻画反面人物时，既写出了这些罪犯的凶狠，同时也写出了罪犯的狡猾。李良是机床厂的团委书记，给人的印象是"表现一贯不错，人很聪明，为人忠诚老实"；白卫东是党员，复员军人，市委组织部副部长的专车司机，待人热情；而陈开武待人更是无微不至，工作积极无可挑剔，公安人员一到新生煤矿，他就主动承担"义务招待员"，打水、送茶、递烟，并自告奋勇陪同侦察员一起去现场辨认尸体，反映种种情况。但是，不管罪犯如何狡猾，如何伪装，仍然逃不脱公安人员的慧眼，反衬出公安人员的机警和高超的破案能力。

作者在刻画反面人物时，不仅仅停留在表面现象的描写上，而且将笔深入到罪犯的内心世界。例如在《横排尾灯小轿车》里："这两天，他的心神不定，非常空虚、惊惶，总觉得有许多眼睛盯着他，随时都有被抓的危险,稍有一点动静,心就不住地慌跳……夜里,他被噩梦惊醒之后,再也睡不着了。他梦见满脸血迹、披头散发的张澜领着公安局的人来抓他。幸亏他有准备,驾着横排尾灯小轿车逃走了。后面有辆小车紧追。他逃上高山,听到后面向他开枪,让他停车。他没有停,却加大油门,猛地一转弯,他和小轿车摔进万丈深谷。他惊叫一声,出了一身冷汗。"

这段心理描写把罪犯白卫东作案之后慑于法网的恐惧,从心理感觉和梦境上加以剖析,入木三分。这类传神的心理描写在刻画犯罪心理上是值得称道的。

三

情节曲折动人、结构灵活多变是照日格巴图侦探小说的又一特色。

作者在处理题材、组织故事时,显然在力求做到生活化,避免神秘化倾向,但在结构上又绝不平铺直叙,而是波澜起伏,引人入胜。以《乌鸦为什么在山谷盘旋》为例。小说一开始写新生煤矿从业人员陈开武积极协助破案,布日固德让他辨认死者衣物时,他语气肯定,神态自若。待查明死者身份后,他又积极陪同侦察人员到现场验证尸体,热心照顾他们的饮食起居,提供种种情况,并且使侦察人员找到了线索和追捕目标——另一工人吴显祖。可是出乎意料,吴也被人杀害了,所谓的线索中断了。案情发生了急骤的变化,情况更为复杂。经过许多周折、验证、判断,确定侦察范围。群众检举揭发,发现新线索,深入分析……

终于识破陈开武花招并使之落网。像这种故布疑阵的手法,几乎是这一类小说的共同特色。《一个失踪的人》中的吴占昆是一个"身材矮小""瘦得皮包着骨头"、身患重病的人。很难设想他就是杀人凶手。在侦破过程中,公安人员刚得到一封信的线索,很快就中断了。后来公安人员撤出阵地,引凶手出洞,寻找蛛丝马迹,再突破外围,方才一网打尽。在情节的进展中,这种线索的断断续续乃至反向走笔的手法都加强了悬念,造成故事情节曲折跌宕的艺术效果。

作者在结构上并不恪守某一公式。有的把两条线索(侦察的线索和案件的线索)交织在一起,随着侦破的需要,案件才一层一层披露出来,如《缥缈的爱情》。有的以侦察线索为主,破案之后才倒叙案件经过,如《一封没有写完的信》。写破案过程,也常常变换手法。有的起始即有线索,中途断线,作者将笔宕开,描写其他纷繁复杂的现象,最后释念,与开头呼应,如《一个失踪的人》。有的起始茫无头绪,接着层层剥茧,廓清迷雾,找到线索,捕获凶手,如《乌鸦为什么在山谷盘旋》。有的先查明死者,后找到凶手,如《缥缈的爱情》《横排尾灯小轿车》《一个失踪的人》。有的先查凶手,然后才证实受害者,如《奇怪的包裹》。总之,这六个中短篇小说结构灵活,却无斧凿痕迹。作者保持着他在骑兵题材上提炼情节、组织故事的才能并在创作侦破题材上有所发展。

毋庸讳言,这组小说也有不足之处。作者把笔力放在情节的结构上,相形之下,人物性格的塑造有些逊色。当然,历来有这种见解,侦探小说总是以情节取胜的。这种看法不无道理,但不够全面,因为题材并不决定一切。既然能写出生动曲折的情节,就应该并能够塑造出人物性格。"情节是性格的历史",生动曲折的情节,正是塑造人物性格的有利条件。如果驱遣人物排演故事,人物性格就很难鲜明突出。反之,让故事为塑造人物服务,就一定能写出个性鲜明的人物。即使是侦探小说,存留于读者脑际的同样是那样鲜明的人物形象。

侦探小说在反映现实的角度,影响社会生活方面有它的独特性,是别类小说不可代替的。照日格巴图的侦探小说,如果在塑造人物、运用推理方面再行探索,一定会有大的突破。我们热情地期待着。

与李蕙芳合撰
《内蒙古社会科学》1982年第6期
发表时署名任冉　湘岩

再见吧,莫须有!

——评《公仆,我们在想什么……》兼与张尚英讨论

《对莠草和莠言的认识》是张尚英挞伐小说《公仆,我们在想什么……》的评论文章。这个吓人的题目促使我们细研张文、重读小说。我们发现,张尚英的观点和作品实际相去甚远。张尚英说"作品不是'来自生活深处的力作',而是歪曲生活,丑化今天的各种人,也不相信明天的好转""作品除了对生活和各种人的歪曲以外,对建国以来,特别是粉碎'四人帮'以后所取得的成就加以否定""作品的要害,以'民主''变革'为幌子,在提倡无政府主义,鼓励干部向党组织讨价还价,鼓励党员放弃组织原则,可以搞派别活动"。这三段话,可以代表张文的基本论点。下面,我们愿就此同张尚英逐一讨论。

是歪曲生活,还是真实地反映生活

张尚英用来说明《公仆》"歪曲生活"的根据,是小说把"县、地两级党组织及领导人,写成了官僚主义分子",把"党代表和县代表"写成"一伙被人愚弄的狂徒",把社员们写成"相信'老天爷'的人"。

很遗憾,张尚英虽然"利用两个晚上和一个半天的时间,认真细致的(地)阅读了这篇小说,还反复地进行了研究",似乎一无所获。

张尚英承认:"我们存在着党风不正的问题,特别是各级领导中的

少数人,存在着严重党风不正的问题。"这与我们并无分歧。在现实生活中,党风不正表现在各个方面,如官僚主义,家长制,一言堂,走后门,打击报复,贪污纳贿,生活腐化,搞帮派活动……《公仆》的作者张彤,把现实生活中存在的这种现象,发生在这个那个人身上的党风不正的事实,加以提炼、集中、概括、虚构、缀合,塑造出三个犯有党风不正错误的干部形象:地委书记钱冲,县委副书记潘天祥,县委组织部长杨桂花。

钱冲这个形象的思想性格核心是专断,表现在工作上就是官僚主义、压制民主、家长制作风。小说作者通过两个情节、三个场面淋漓尽致地揭露了钱冲的这种品格和作风。第一个情节是安排县委书记任辅成(作品中的"我")去公社当书记,以补足半个"台阶"。为此,他首先派任辅成去省党校学习——先下点毛毛雨,造成某种气氛。然后,小说作者集中笔墨写了钱冲和任辅成两次谈话的场面。第一次谈话是在省府宾馆小楼内,钱书记虽然在谈话的首尾都是说与任辅成"商量",实际哪容得对方发表意见?他的主意早已打定,所以一开始就用"按台阶补课"的精神为自己找到坚实的根据,然后逐一否定任辅成提出的方案,也推翻了其他地委书记们的两种意见。谈话的核心是"我的意见,还是到公社去""这个县,你就不再去考虑"。这次谈话虽然没有结果,但读者从字里行间完全可以感受到钱书记的意见是不可更改的,在不冷不热的语气中已经透露出他的"坚定"。第二次谈话是在钱书记家里。这次谈话时间不长,作者却用较大篇幅渲染气氛,又一次使人感到钱书记的威压。那是在年底,十二月三十日,他白天让地委组织部长用长途电话催叫,通知任辅成当天从省党校赶回;晚上又派秘书长到任家三四趟地敦促;任辅成当天半夜一点赶回,翌日清晨在钱家见到钱书记。任辅成冲散了钱冲、潘天祥、杨桂花的"团结友爱"气氛,潘杨"拔腿告辞"。在任、钱不那么"团结友爱"的气氛中,任辅成又一次申述自己的意见,但都被钱书记用"思想""有毛病"打回去,用"相信你"的空话逼迫着"就在今天定下来"。这次谈话,钱书记的语气比上次强硬但内心是虚弱的,当任辅成用"不敢去搞贪赃枉法"碰撞时,他无言以对,只能"眼珠一转,毫不介意",命令任辅成下午做出答复。若在"文化大革命"时期,事情到此也就了结了,那时候,这种做法已成为不成文的制度了。多亏"四人帮"倒了台,特别是党的十一届三中全会以后,干部制度在进行改革,社会主义民主在逐步完善,1980年五届人大三次会议通过新的选举法,把直接选举扩大到县一级。小说正是在这个时代背景下,展开了对两次选举风波的描写。这是展示钱冲性格的第二个情节。两次选举,一次是党代会的选举,对这次选举,作者运用侧面描写的手法,通过主人公任辅成从省党校学习归来以后听到的新闻加以交代。那次选举,在任辅成不是党代表、没有参加党代会的情况下,360名代表中尚有81张选票。可见任辅成在当地党员中威信很高。只是由于用"另行分配"来愚弄党代表,钱冲才暂时得胜,如愿以偿。不过这已经暴露了钱冲玩弄权术的作风。这种思想作风的展示,更集中在人代会上对县长的选举上。这次选举是作者精心描绘的第三个场面。任辅成当选为人民代表以后,让不让他参加县人代会,钱冲颇费心计:开始想以"商量"的态度逼迫任辅成自己表态放弃代表权利,不参加县人代会选举;苦于实在找不到理由,又愚蠢地认为代表们会奴性十足地服从所谓"领导意图"(即钱冲个人意志),估计任辅成不会当县长,所以放心地让任辅成参加县人代会去了。一场轩然大波兴起了,小说也随之进入高潮。作者满怀激情而又很有层次地描写了这个热烈的场面。第一层,围绕提名方式展开矛盾冲突,焦点是按不按刚刚颁布的《选举法》提名。在代表们的坚决抵制下,否定了原来领导圈定、违反《选举法》的方法,而采用了由代表提名的方式。这是对钱冲压制民主的第一个胜利。第二层,围绕代表人选展开矛盾冲突,焦点是各支部书记即各组组长要不要贯彻所谓"组织意图"。在潘天祥以"临时党委"名义召开的各支部书记会议上,杨桂花不战自退,大老李热情洋溢地发言。大老李代表群众的意愿提名任辅成当县长候选人。大老李提名以后,代表们纷纷表态,给任辅成"评功摆好"。最后由代表来提名县长候选人。这是对钱冲等人压制民主的第二次冲击,是代表们争取社会主义民主权利的第二个胜利。第三层,展开钱书记和党员代表的直接冲突。眼看潘天祥、杨桂花败下阵来,钱冲便亲自出马,想把党员代表抓住,用"党的领导""党组织的意图""做党的驯服工具","教育"党员代表,又用"无政府主义""自由主义"等幌子,压服党员代表。但钱书记这种假公济私、假"组织意图"的贯彻个人意志的讲话却淹没在代表的一片笑声中。在这笑声中,读者听出了对家长制作风的无情嘲弄。这是代表们对钱冲等人压制民主的第三次冲击,是代表们争取社会主义民主权利的第三个胜利。第四层,写食堂饭桌上代表们的议论纷纷的场面。小说写道——

> 四百人的食堂里,争吵声四处爆炸,有人拍着桌子起来做"演说"。
> "人民代表只有一个意志:人民的意志!"
> "你这个共产党员不代表人民,还有什么脸皮再叫共产党!"
> "到时候按自己的意愿画杠杠,不跟他瞎吵吵。"
> 我近处的一个桌子上有人举着筷子喊:
> "说破了一句话:任辅成是有基础没根子,某些人是没基础有根子!"

说得多么好呵!这是拥护社会主义、信任中国共产党、争取社会主义民主权利的群众的心声,也是对官僚主义的愤怒的抗议!语言又是何等精彩!有的庄重严肃,有的戏谑挖苦,有的含蓄幽默,读者如闻其声,如临其境。至于为什么有的代表采取那种冷嘲热讽的方式表达自己的意愿和感情,这也不难解释:农民群众(县代表大多是农民)最善于看出某种庄严外表下的滑稽可笑,于是选用机智和诙谐作为自己的武器。这说明彼时彼地的民主生活还不正常,还不容用那么正常的手段去对付。这怪得着谁呢?小说作者并把没有群众写成如张尚英所诬蔑的"狂徒",他们心明眼亮、幽默风趣,是具有民主、法治意识的新时期的农民！看得出，作者热爱农民，熟悉农村，谙熟群众语言，对三中全会后农民精神面貌的变化，把握十分准确。张尚英指责小说把群众写成"受人愚弄的狂徒"，这似乎是用钱、潘、杨的逻辑在思维，且犹有过之。这一场面描写为钱冲这一回合的失败作了很好的渲染，是作者对提高了社会主义民主权利认识的代表们的礼赞，给作品抹上了浓厚的乐观色彩，给读者以强烈的鼓舞力量。小说还交代了钱冲在历史上和杨桂花的"亲亲密密"的关系，以及现在接受潘天祥等人给予的1000元"运动损失"补助的事实，揭示了钱冲等人拉帮结伙、欺世盗名的本质，也是他们压制民主的动因。总之，钱冲是一个专断的、玩弄权术的假公仆的形象。

邓小平同志指出："我们党和国家的现行制度，从根本上说，是社会主义制度，但还很不完善，甚至存在不少弊端。从党和国家的领导制度、干部制度来说，最主要的弊端就是权力过分集中。干部领导职务的终身制、家长制，官僚主义和形形色色的特权现象这些弊端严重地阻碍着民主的发扬，阻碍着我国社会主义优越性的发挥和四化建设的顺利进行。特别是各级机构中的官僚主义和特权现象，引起广大群众极为不满，我们应该坚决地加以解决。"（转引自冯文彬《关于社会主义民主问题》，1980年11月24、25日《人民日报》）小说《公仆》塑造的钱冲的形象，切中时弊，很有典型意义和现实意义。通过作品的分析，我们认为，小说作者正是怀着变革的激情，通过艺术形象表现争取社会主义民主权利的曲折艰难，歌颂人民群众争取这种民主权利的信心和力量！这难道就是张尚英指责的"作品的要害，以'民主''变革'的幌子，在提倡无政府主义"？

潘天祥、杨桂花的升迁史就是请客送礼的历史；潘天祥靠造反起家，又靠手中掌握的权力扩张自己的势力，为了得到更高的职务，不惜慷国家之慨，违反组织原则，拿出1000元人民币以补助"运动损失"为名，变相送礼给钱书记。杨潘的差别就在于前者作法笨拙，后者手段高妙。这类人物的产生，也有其社会根源。新中国成立后，党和国家长期实行委任制,使一部分干部产生只对上级负责而无视人民群众利益、愿望的思想,有的更不择手段搞不正之风。这类假公仆想的是为个人谋权谋利。这里不存在张尚英指责的丑化美化问题,而是对现实生活的真实反映。

是的,小说作者确实描写了钱潘杨等人存在的"党风不正"问题。这几个人能不能代表"县、地两级党组织"?显然不能。个人不等于组织,这是一条人所共知的组织生活原则,特别在今天社会主义民主深入到社会生活各方面的时候,就更不成问题。在《公仆》中,我们完全可以看出,这两级党组织绝不是如《莠言》作者所说,"再也找不出一个像任辅成那样好的干部了"。且看作品吧。

三年前任辅成任县委书记时,他面对一些老同志"心里发慌,脸上发烧",但是,"这些同志也真像革命前辈,几年来给我又担责任又出主意,他们自己又是拼死拼活地干工作"。这些老同志没有一点架子,每有大事都要跑到乡下找"我"汇报、商量。正是这些老同志的支持下,县常委定有"十个不准"的条例,连惯于搞不正之风的杨桂花来了以后,也受到这些"法规"的约束,正是在这些老同志的支持下,潘天祥等人私分国家公款的行为受到坚决抵制。任辅成把潘天祥的提议在常委会提出之后,"几位老同志首先动了肝火地表示反对,甚至是不顾情面地搞开了'大批判'!"结果以 12∶3 的绝对优势否决了潘的提议。这是坚持原则、发扬民主的县常委。办公室主任大老李也是一个好干部。他眼光敏锐,态度明朗,富有正义感。这些都是我们党所培养的千千万万好干部的一部分。

小说对地委领导干部只作了简洁描写。但仅从这寥寥数笔中读者仍然明晰地感受到地委大多数干部是好的,是坚持原则的。当任辅成接到通知从党校匆匆回县,翌日清晨到地委机关找钱书记时,"上班的人们中唯独不见钱书记。见到面的地委领导中有的同我匆匆握手而去,多余话不说一句,他们只是在握手时深情地含笑盯我一眼,或者把我的手腕甩了又甩;他们是要看我的笑话,还是背着第一书记(指钱冲。——引者）暗暗同情我？……不过，倒也有年迈的领导，在紧握住我冰冻的手掌时，放声笑喊：'年轻人、好好干！你的县，大有希望。'"作品中的这些细节——那深情言笑的表情，那甩着握手的动作，那叮嘱鼓励的话语，都分明暗示着地委领导大多数人对任辅成工作的支持，对家长制的不满，是非曲直他们了了分明。

小说的叙述和描写清清楚楚、明明白白地透露着县、地两级领导干部中，大多数是好的，搞不正之风是少数。可是这少数人能量大，因为他们手中掌握着实权！如不把权用在人民事业上，而为自己、为小集团谋私利，搞起不正之风，又是极为便当而危害甚大的。

小说中描写的某省的县地两级领导干部中，确有少数人存在着党风不正的问题，有的还相当严重。但又绝不是所有的领导都是"官僚主义分子"，都在搞不正之风。这个认识和张尚英所说"我们存在着党风不正的问题"，难道有多大差别吗？但是张尚英承认它，又不准在文学作品中反映它；如果反映了，就是"歪曲生活，就是丑化各种人。"自相矛盾若此，令人费解。

下面我们再看看张尚英指责《公仆》"歪曲生活"的另外几个根据：

一曰"队干部是任辅成工作的阻力"。小说对队干部没有多加描写，只有任辅成的一句议论："阻力还是在队干部，这些老兄就怕那些荒废土地到了社员手里！"把任辅成的这种感叹说成是小说作者丑化队干部，真叫人丈二和尚摸不着头脑。多年来，"左"倾错误的严重影响，使一部分干部，包括农村社队干队滋长了"左比右好""宁左勿右"、左右不分的观念，因此对党的十一届三中全会以来党的农村经济政策缺乏正确理解，贯彻乏力。这不仅是历史转折关头常有的现象，也是党中央提出新时期新任务之后的短时间内，我们每个人都切实感受到的事实。任辅成在努力贯彻党的十一届三中全会以来党的农村经济政策的过程中，发现并努力纠正农村队干部的左的影响，在我们看来，正是作者忠实于生活的表现。难道党的路线、政策不是靠任辅成这样的干部去贯彻，倒是由群众在头脑中自发冒出来？难道要我们的作者把群众写成生来的英雄豪杰才不算丑化？而且,我们从任辅成的感叹中也可以发现,他和队部之间是一种正常的工作关系,既亲密(称他们为"老兄")但又不讨好,不拉拉扯扯,该批评就要批评,还要进行必要的斗争。这种描写不也是一种同钱潘杨关系的对比吗？精细的读者啊,请不要放过这些描写。

二曰"党代表和县代表是一伙被人愚弄的无知的狂徒"。是小说作者把代表写成"狂徒",还是张尚英把代表说成"狂徒",前面已经讨论,不再浪费笔墨。

三曰"社员们相信'老天爷'在扶他。任辅成也相信自己是'天命不凡'"。小说写道,当社员们看到一片丰收景象时,内心发出难以抑制的喜悦。他们心里亮堂:如果不是任辅成带领全公社"推行包产到户"、实行"大包干""一个人一个队面对面地领导,一家一户地具体帮助",是不会有"这种多年不遇的好收成的。"如今任辅成被"派"到这里当公社书记,社员当然也亮堂:是上面某些人不支持任辅成,不扶他,于是他们不由得用一种迷信的语言说:"还是任书记有天相！看这庄禾！还不是老天爷在扶他？"我们可以不赞成群众使用这种不科学的语言赞美我们的干部;但是,农民群众表达他们的爱憎是有自己的语言、自己的方式的,我们大可不必以那样科学的态度去苛求他们。而且,在彼此彼地特定的环境,我们难道听不出一点弦外之音——某些人的做法天理不容！任辅成是听出来了,但又不便也不该多加解释,所以他没说一句话。至于说任辅成认为自己"天命不凡",在作品中真是找不出丝毫踪影。恰恰相反,我们倒是看出,他把农村的变化归功于党。请看赵秘书受钱冲之命到北滩公社找任辅成时,他俩在归途中一段对话:

"还是咱们的任书记！看你信服不信服？二十年不翻身的地方,翻起来了。"

我(即任辅成。——引者)也看得心里欢笑,可对它的变化心里明白,说:

"是党的路线带来的变化！这就说明了中央的方针、政策英明,正确！我看灾害再大的地方,只要按中央的路线办,就能兴旺发达！"

对任辅成的这种思想、认识、感情,其他干部也有评价,大老李在县人代会上的发言说得很明白。令人啼笑皆非的,是张尚英把任辅成在钱冲家中立镜中看到自己"健壮威武,五官端正,仪态不窘"和上面所引社员的称赞拼凑起来,说成任辅成相信自己"天命不凡"！那是12月30日,任辅成奉命到钱家,正值钱潘杨三人在"团结友爱"地谈话、趣笑。任的到来,使三人"惊恐""慌乱",任辅成不得不把目光躲进立镜。仪容的肖像描写于是展开。这是一种对比,是任辅成自信、庄严和钱潘杨窘迫、失态、卑琐的对比,是正气和邪气的对比。在对比中透露出作者的强烈爱憎和讽刺锋芒。这是人和人的对比,可不是神和人的对比！立镜中出现的"神仙""天相",该不是张尚英的幻觉吧？

至此,我们通过作品的分析得出了完全与张尚英相反的结论:《公仆》揭露了"文化大革命"遗留的党风不正的事实,这种揭露符合生活的真实,并没有歪曲生活,歪曲"各种人"。

是否定成就,还是歌颂新生活

张尚英说,作品"对建国以来,特别是粉碎'四人帮'以来所取得成就加以否定"。

这里,张尚英又一次离开了作品。

《公仆》描写的是1980—1981年某县政治和组织生活的几个侧面。只是在塑人物形象时,对个别人物的历史做了十分简单的交代。这怎么能拉扯上否定建国以来的成就！作为"否定成就"说的根据,是小说结尾任辅成的一段内心独白:"城内垃圾成堆,厕所破烂,尘土横飞,蔬菜品种稀少,价格还贵,许许多多的工人、教师、医生、科技干部依旧住在十几平方米狭小破旧的土屋里,没门没窗,待业子女一家堆积两三个……"可惜张尚英没有继续引文,不知是不愿还是不敢,是疏忽还是有意?让我们再引下去:"'权——人民所给;利——人民所有',这话说得何等好啊!我要以当选为起点,跟给了我莫大信赖和力量人民一起,一步一个脚印,跋涉这创造新的生命价值和光辉生活的真正的路……"(删节号为小说所有,小说到此结束。——引者)。小说描写所提示的意义以及形象的光彩难道还用得着多加说明吗?

三中全会以后,这个县委首先抓了农业,推行双包生产责任制,全县两年连获丰收。小说作者通过任辅成的心理描写,用具体数字表明了农村生活的巨变:"去年(指1979年。——引者)出现的160个'翻身队'里,有152个是搞了'大包干'……人均收入60元—80元的中等偏下队,原有281个,80年发生的变化是180多个,占到了一半……"这些数字雄辩地说明党的方针、政策的威力,农村发生的变迁,以及主人公深沉、细致的思考。小说还具体描写了北滩公社在任辅成带领下,坚决推行"包产到户""大包干",二十年翻不了身的公社很快起飞,一片丰收景象在望。只要不带偏见的人都可以明白地看出主人公任辅成眼中之景的含意;这是党的三中全会方针、政策在农村的伟大胜利啊!是的,作品结尾提到了那么多具体问题,这只能说明,任辅成在当选之后,并没有为已有的成绩迷住双眼,他一面感到生命的价值和生活的意义,一面也看到这仅仅是起点,生活之路要和人民一起继续跋涉。

想不到这也叫"否定成就"!

"在经历了十年内乱之后,积累的问题非常之多,应兴应革的事项头绪纷繁,新的工作的开展又不可避免地要遇到新的问题,这就要求党分别轻重缓急,有秩序地进行工作,逐步解决各种问题。拿经济工作来说,十一届三中全会首先抓住农业这一环,着重克服指导上长期存在的'左'倾错误,恢复和扩大农村社队的自主权,恢复自留地、家庭副业、集体副业和集市贸易,逐步实行各种形式的联产计酬的生产责任制……从而使农业面貌很快发生显著变化,由原来的停滞不前变得欣欣向荣"(见胡耀邦同志在十二大所作的报告——《全面开创社会主义现代化建设的新局面》)这是胡耀邦同志代表党中央所作的过去六年战斗历程的回顾。这个回顾完全符合粉碎'四人帮'以来我国社会生活的进程。在党中央的指引下,全党全国,包括作品中描写的某地某县,就是这样走过来的。让我们一起,反复学习这一段,比照作品中的描写,看一看张尚英对小说作者的指责有没有哪怕一点点道理?我们实在看不出作品有否定"四人帮"粉碎以来所取得的成就的倾向。但我们切实看到了"三年初见成效,五年大见成效"的不切实际,看到了我们的人民在按照党的十一届三中全会以来党的路线、方针、政策所做的脚踏实地的、有秩序的工作和取得成绩。这正是作品严格的现实主义笔触。难道要小说作者违心地将某县的那些问题一笔划掉,来一番鸟语花香?难道要小说作者把任辅成写成一个一口气扫尽城内垃圾,安排好所有的待业青年,又让许许多多住在十几年平方米土屋的人们一夜搬进高楼大厦的县委书记、公社书记?——这样的人物的确有过,那是神话里的神或半神!你张彤没有这样写,你就是"否定成就"!你任辅成"三年县委副书记,三年县委书记,六年的时间不短啦!"你只是改变了县的农业面貌,"行动举止很难让人佩服",而且那些问题的造成"要是追查责任,只能是任辅成"。张尚英这种对当前社会的苛责,也还有一定的代表性呢。

至此,我们通过对作品的分析得出了完全与张尚英相反的第二个结论:小说没有否定新中国成立以来和粉碎"四人帮"以后的成就,恰恰相反,小说歌颂了党的十一届三中全会以后农村落实生产责任制的胜利,特别是农民群众争取社会主义民主权利的胜利,歌颂了新时期新的生活和新的人物。

是宣扬自由主义,还是歌颂新人物

张尚英的第三个论断,是"这篇作品的要害,以'民主''变革'为幌子,在提倡无政府主义,鼓励党的干部向党组织讨价还价,鼓励党员放弃组织原则,可以搞派别活动"。

所谓"提倡无政府主义",无非就是县人代会上,代表们自觉地起来抵制对社会主义民主的压制。小说中的钱冲书记是想要给代表们奉送这样一顶"无政府主义"帽子的;张尚英已经给小说作者戴上了同样规格的帽子,来源是一个:钱冲即政府。对此前文已经讨论,恕不赘述。至于"鼓励党的干部向党组织讨价还价,鼓励党员放弃组织原则,可以搞派别活动",这些指责同样可以用钱冲"自由主义"帽子来归纳。张尚英用一句话来说明自己的观点:"上述事例中,每个读者都不难体会到这一点"。作为读者,我们顺着《莠言》作者的指示体会到搞"自由主义"的主要人物是任辅成。是他,不愿服从钱冲的意图去公社当书记;是他,与县常委一班人,与地委大多数干部,与钱冲的秘书赵,与县办公室主任大老李,与公社干部,感情融洽,一致反对钱潘杨等人的所作所为,这就是"放弃组织原则""搞派别活动"。

任辅成是不是一个和党组织讨价还价、搞派别活动的人呢?

任辅成是小说的主人公,是作者讴歌的对象。任辅成是值得讴歌的。他来自农村基层,成长于改变家乡山河的实践斗争中。党把他培养成县委书记。他的最大特点是热爱党,热爱农村,在工作中苦干、实干,作风正派,深受群众拥护,尤其可贵的是"对党的十一届三中全会的路线、政策,感情很深,贯彻大胆",并且努力钻研农业科学。这是一个在三中全会以来迅速成长起来的革命化、年轻化、知识化、专业化的农村基层干部形象。作品在塑这一形象时把他置于尖锐的矛盾冲突中,运用心理描写、语言行动描写、细节描写、侧面描写以及对比、衬托等手法,充分揭示人物内心世界和性格的发展过程。

任辅成和钱冲的冲突,是贯穿作品的主要冲突。这种冲突紧紧围绕农村的变革和社会主义民主制度的健全展开。随着这种冲突的展开,越来越显示出任辅成性格的光彩。

任辅成的性格发展可以分为五个阶段。第一阶段是接到地委紧急通知,准备去党校学习。这时,他没有因为大老李的提醒而考虑县党代会的问题。他想的是"今冬能否进一步放开双包生产责任制"。对此，他有所担心，因为"地委钱冲书记在阻拦，我们的潘天祥副书记又很不积极"，后来他又想到县"常委一班人是站在农民一边的"，况且学习时间只有三个月，"年底就回来"，能赶上"明年的生产"，才打消疑虑，高高兴兴去省府党校。这段心理描写，使我们看到，任辅成想的是全县的农业，是下一步如何"更大规模地发展生产"。作者还进一步通过几方面的衬托，刻画任辅成心地单纯、毫无城府的个性。他既不相信大老李好心转告的城里传开的风声，也不相信老婆的闲话，对记者关于潘天祥不光彩历史的介绍，也没当回事。这不仅仅表现了任辅成的正直、淳朴，还说明任辅成对"文化大革命"遗留下来的县地个别领导存在的党风不正的问题认识不足。第二阶段是省党校学习期间。小说作者集中笔墨写了钱冲、任辅成的一次谈话以及谈话前后任辅成的心理活动。谈话前，任辅成想的是潘天祥做书记，自己退而做助手，"专一地去搞农业"。在"权"的面前，任辅成想的是工作呢，还是个人得失，一目了然。谈话后，任辅成认识到钱冲在玩弄权术，他自己已成为钱潘杨结党营私、蝇营狗苟的障碍。他的认识提高了一步。第三阶段，学习即将结束时，钱冲对任辅成下了最后通牒：要任辅成把"补台阶"的事情立刻接受下来。任辅成软中带硬，用"官大官小，我还不敢去搞贪赃枉法"来回敬。这种近于揭露的态度，表明任辅成认识的深化、斗争性的增强。第四阶段是任辅成被派到北滩公社当书记。他并没有因官小而消沉、气馁。他把用在一个县的精力和办法，用在全公社 2000 多名社员身上。为了人民的幸福，不顾老母病重，妻子催叫，他跟乡亲们跌打滚爬在一起，献出自己的身心才智，终于换来了北滩公社的大丰收。他清醒地认识到公社面貌的改变是执行党的农村新经济政策的结果。任辅成的行动表明，他无愧于公仆的称号。他精神境界高尚，对党对人民感情深厚。这正是他思想性格的闪光之处。第五阶段是县人代会前后。选举前，钱冲不想让他参加县人代会，他自己对此也无可无不可，这种心理反映出任辅成不计较个人得失，顾全大局的品质。选举后，他当选为县长,内心十分激动,眼睛发热,心口直跳,泪水直涌。他想:"我做了多大一点点事情?能叫我们的干部、群众那么深情?"他在暴风雨般的鼓掌声中,没有为自己当选欣喜,没有为自己的成绩自傲,而是想到那许许多多需要做的工作,要和人民群众一起去创造新生活。这最后一笔,完成了任辅成性格的塑造。

从整体看,任辅成对工作付出全部心血,心中没有个人位置。这是人物形象富有感染力的根本原因。然而对党内不正之风,起初还表现出单纯、迟钝的特点,到后来认识逐渐加深,斗争性也越来越强;在自己职责范围内的事,坚持原则、毫不含糊,但遇到更复杂的情况还不能作出恰当反应。这种特点也有时代色彩。经过"文化大革命",人们在发生矛盾冲突时,总不肯轻易摊牌,把矛盾引向极端。小说对主人公性格的刻画、真实、丰满、亲切、可信,没有拔高之嫌。

总之,我们通过作品的分析,得出了完全和张尚英相反的第三个结论:任辅成没有搞自由主义,小说作者也没有宣扬自由主义。作者笔下的任辅成是社会主义建设新时期的新人形象,是属于乔光朴、丁猛、陆文婷等新人形象的系列之中,张彤的贡献在于提供了一个努力贯彻三中全会农村经济政策的新型的基层领导干部形象,值得我们重视。

在讨论结束之后,还想就张尚英的文风谈一点感想。

张尚英的论证方法是摘句加拼凑。这种方法早已为人们厌弃。文学作品是纷繁复杂的社会生活的反映。在分析叙事类文学作品时,必须从作品整体出发,全面分析人物形象,分析矛盾冲突的全过程,把握作品的倾向和主题,才能得出正确的结论。离开作品的分析已近乎说梦了;摘句拼凑,就简直叫人不堪忍受,所以张尚英有时竟弄到荒谬可笑的程度,实乃必然。对此不想多加分析,仅举一二小例,稍加说明。例如小说中的"我"说他"在复杂的'社会关系总和'中,体察到了一些奥妙"。这个"奥妙"是指生活中的奥妙。可是一到张尚英的笔下,就变成"任辅成学了文学,会用'社会关系总和'这个奥妙"加以嘲讽。稍有常识的人都知道,"人是社会关系的总和"是马克思得出的科学论断

(见《关于费尔巴哈的提纲》)。又如要干部"学点文学",这本是毛泽东同志的教导,张尚英却屡次说,这是记者的"教唆"。再如,张尚英振振有词地责问作品中群众说的"中国党"是哪个党。我们可以毫不含糊地代作者回答:就是伟大的中国共产党!正如"我党"也是伟大的中国共产党一样。邓小平同志就说过:"我们中国党有人才,有干部。"(转引自《文摘报》1981年第53期)以上指出的张尚英文中的这些谬误,是不能用疏忽来解释的。我们谨向张尚英同志提出加强马列和政治常识学习的忠告,不要闹这类大笑话。

张尚英的逻辑也似曾相识。他在指责作品丑化县地两级领导之后,紧接着写道:"这样一个烂掉的群众不可信赖的班子,上级不闻不问,这说明省委也是官僚主义十足。"某人有问题(假定)便可株连九族;下级有问题(假定),上级必定有问题,一层一层推上去,这叫无限上纲。好在张尚英还没有无限上去,所以需要在"无限上纲"前面加一个"准"字,用"准无限上纲"来概括张尚英的古怪逻辑。

由于张尚英运用摘句加拼凑法分析文学作品,又用"准无限上纲"的逻辑思考、认识问题,所以我们认为,他得出的结论不但和小说实际相去甚远,而且使人觉得他的责难是一种"莫须有"。我们愿意和张尚英同志一起与"莫须有"告别。

与李蕙芳合撰
《草原·资料汇编》第1辑,1982年11月

鄂伦春文学的一束新花

——敖长福创作简评

在全国55个少数民族中,鄂伦春族是人口最少的5个少数民族之一。用艺术形象反映这些少数民族的生活,不仅在内蒙古文学史上,而且在中国当代文学史上都将会显示出它的特殊意义。这些少数民族都有自己的口头文学。但是由于历史原因,"文人"创作却出现较晚。五六十年代,这些少数民族刚刚摆脱原始状态,还没有产生自己的作者、作家、还不可能产生令人瞩目的作品。六七十年代,整个国家处于动乱之中,文化受到摧残,文艺园地一片荒芜,这些少数民族的文学也不可能长出新芽,开出新花。可喜的是,在近几年的文学繁荣景象中,在内蒙古文坛上从来未有过自己作者的鄂伦春、鄂温克两个兄弟民族,产生了一批有文学才华的中青年作者。像鄂温克族的乌热尔图、杜梅,鄂伦春族的敖长福、白石、阿黛秀、孟松贵等人,他们的名字越来越为人们所熟悉。他们的作品为我们提供了一幅鄂温克草原、森林、鄂伦春猎乡的生活图景;让我们通过文学形象了解到这些民族如何在党的领导下摆脱了原始状态,从原始走向文明,从落后走向先进;让我们感到了他们那一颗颗纯洁、美好的心灵。尽管这些作品水平各有高下,但确实是内蒙古文艺百花园中的奇花异卉,值得珍惜。

在鄂伦春族的几位作者中,敖长福的成绩较为突出。在短短的两年中,他已在区内外的刊物上发表了5篇散文、4篇小说。对一位刚刚走上文学创作道路的少数民族作者来说,这些成绩是可喜的。

一

敖长福的作品为我们展示了鄂伦春人走过的艰难曲折的道路和比其他民族更为苦难的命运，为我们描绘了鄂伦春人淳朴的社会风尚，正直无私、乐于助人的民族性格和各族劳动人民之间患难与共的阶级情谊；从他所塑造的年轻一代的形象中，还能感受到他们对民族未来的严峻思考，而在他的作品字里行间更洋溢着对新生活的赞美。

鄂伦春人解放以前栖居于深山老林中，过着半原始的生活。他们的社会组织是氏族部落，以狩猎为生，住所是简单的"仙人柱"——用二十来根柱杆交叉架成、围盖着桦皮和鹿皮的简陋帐篷，盖的是狍皮被。"游猎住的是天大的房子、地大的炕，堆堆火送去了鄂伦春人多少悲惨的岁月。"（散文《猎村新貌》，载《呼伦贝尔报》1982 年 12 月 8 日）。当鄂伦春周围的一些民族，如蒙古族、满族等进入了封建社会的时候，鄂伦春民族还停留在人类社会发展的初期。他们长期受着大民族主义欺压和帝国主义的侵略——如 12 世纪蒙古奴隶主贵族、17—19 世纪清朝统治者和此前此后汉族封建地主、封建军阀的政治上的压迫、经济上的掠夺，尤其是日本帝国主义的残害。所以它不能独立自主地完成自己的民族的发展，还停留在以渔猎为主的阶段，牧畜业（饲养驯鹿）刚刚开始。敖长福这样描绘鄂伦春人经济上被剥夺的情景："安达（指奸商。——引者）用草上飞（指大轱辘车。——引者）把一车一车的珍贵的细毛皮张和鹿茸、麝香拐跑；猎人为了偿还几斤霉了的小米和几斤土盐的欠债，马匹被抢走，妻子被奸污。"（散文《柞山顶上》，载《呼伦贝尔》1981 年第 4 期）在日本帝国主义的铁蹄下，鄂伦春人受到了更为惨痛的蹂躏。日本鬼子把鄂伦春的青壮年都拉去当炮灰，组成山林队，来对付抗日联军，若要逃跑，不是被毒打，就是活活饿死。小说《猎人之路》（载《草原》1981 年 12 期）里的布根、《遥远的白桦林》（载《呼伦贝尔》1983 年第 3 期），（以下简称《白桦林》）里的"我"的哥哥，都有过这样的遭遇。前者逃跑以后,勇敢地同二十几个追赶他的日本鬼子斗智,一个人杀死了十几个日本鬼子以后投奔抗日联军,成了抗日英雄,后者在逃亡中与伪军搏斗,英勇牺牲。日本侵略者对鄂伦春人经济上的掠夺也是很残酷的:猎民们"打到的猎物只能交给畜产株式会社(指日伪畜产公司。——引者),不论你交了多少,一律配给很少的粮食和更生布"。处在被剥削被压迫下的鄂伦春人,文化教育、医疗卫生全然没有,所以当瘟疫流行时,"猎人一家一家地、一部落一部落地倒毙""真是叫天天不应,喊地地不灵"。在《白桦林》中,"我"的一家在几天之内家破人亡,父亲死于瘟疫,嫂嫂死于难产,哥哥被日伪军枪杀。"我"的一家的这种遭遇,就是新中国成立前鄂伦春人的生活缩影。天灾、人祸步步进逼着他们,整个民族面临着灭种的危险。党和人民政府挽救了这个濒临灭种危险的少数民族,"政府把各路鄂伦春人请下山来,成立了狩猎队"。(小说《孤独的"仙人柱"》,载《草原》1983年第3期,以下简称《"仙人柱"》)鄂伦春人从此走上了健康发展的道路。但是鄂伦春人开始新生活不久,又被投入了"文化大革命"之中,"枪支上缴,马匹没收、田园荒芜,世世代代受苦的猎民一夜之间就成了'内人党'、'猎主',无情的绞索重新套在刚刚起步、迈向新生活的鄂伦春民族头上……"(《柞山顶上》)"四人帮"留下了灾难,现在还影响着鄂伦春人的生活:"文化大革命"期间的乱砍滥伐,老林越来越少,新造的林木被践踏,从汉族地区过去的"盲流",也大片大片地烧山开地,森林面积越来越少。而森林是鄂伦春猎民的生活之源。没有森林,到什么地方打猎?于是鄂伦春人产生了新的想法:"不应该单纯地从事打猎,应该像各族人民一样从事农业、牧业、工业、也要学习先进的科学技术。"(《猎人之路》)这就是新的一代对自己民族前途、民族未来的思考。这种思考符合时代的要求,符合本民族人民的利益。但是老一辈鄂伦春却禁锢于传统思想,认为多种经营啦,开荒啦,种地啦,办工厂啦,不是鄂伦春人办的事!这种传统生活方式及心理素质的改变,需要有一个过程。但是我们相信,鄂伦春人是会走上健康发展的道路的。粉碎

"四人帮"以后,特别党的十一届三中全会以来,敖长福所描绘的猎村新貌已经给我们显示或暗示了这种前景:

> 山下是碧绿的草滩,牛羊肥壮;骑在马背上的鄂伦春姑娘,高举着牧鞭;一片片绿油油的麦田,随风荡漾,掀起千顷波浪。拖拉机奔驰在肥沃的原野上,开垦着沉睡的处女地;多布库尔河畔的公路上,尘土飞扬,满载着多种物资的解放牌汽车奔驰而过;绿树丛中,映衬着一幢幢红砖瓦房,沐浴在夕阳的余晖里。村中偶尔传来几声犬吠;远看村头走进一队影影绰绰凯旋归来的猎队,驮马慢悠悠地跟在后头,看样子,又有不少新的收获……(《柞山顶上》)

简陋的仙人柱换成了红砖瓦房,原始的狗爬犁换成了汽车、拖拉机,堆堆篝火换成了电灯,听上了收音机,看上了电视,神话变成了现实。单纯的狩猎生活有所改变,开始了多种经营。这一切变化,都使作者感到欣喜:"家乡,你和祖国所有的地方一样,发生着惊人的变化,正经历着一个翻天覆地的改革时代",更使作者对民族的未来充满信心:"家乡呵,我们鄂伦春人的村庄呀,心在祖国广阔的地平线上,像雄鹰一样展开翅膀,向前飞行,最终它将以惊人的面目拔高而飞,引起世界人民的注意和赞美。"(《猎村新貌》)这种坚定而美好的信念来自对祖国的热爱,对党的信仰。作者通过今昔对比,处处流露出对大民族主义的遣责,对日本帝国主义的痛恨,对"四人帮"的憎恶,对今天党的正确路线所带来的新生活的由衷赞颂:"记得前几年北国天然果园笼罩在刀斧的浩劫中,现在处处有了她的活力,唤来一片欢声笑语""今日的家乡呵,她的一草一木,一山一水都透出了生机,露出了笑脸,唱出了欢歌。"

敖长福用他为数不多的散文、小说给我们展示了鄂伦春民族的历史和现实的生活画面,提出了摆在鄂伦春民族面前的一些社会问题,表达了自己对这些问题的思考,而且预示出鄂伦春民族光明美好的未来。

所以,我们说,鄂伦春族作者敖长福的创作丰富了民族文学,使我们形象地认识和理解鄂伦春人的生活,因而是很有意义的。

二

敖长福作品全部取材于鄂伦春猎民的生活。有的描绘猎民在日本帝国主义统治下的悲惨生活和他们所进行的英勇斗争,如《白桦林》《猎人之路》;有的描绘猎村的风土人情和人们之间关系的发展变化,如《"仙人柱"》;有的描写新一代猎民的成长,如《猎人之路》,有的塑造老一辈猎民的英姿,如《口弦琴声》,有的在新旧生活的背景上提出猎民的经济改革问题,也有的索性就是一幅出猎图。总之,这些题材无不与猎民生活有关。这就首先保证了他的作品具有鲜明的民族特色。民族生活题材是构成文学民族特点的重要客观因素;给作品染上民族色彩,它对本民族人民所特有的感染力,有时甚至会超过作者的主观意图。马克思和恩格斯在读到一部"从题材上看,从处理上都是德国民族的戏剧"时,都不约而同地受到了"强烈的感动"。所以,选取民族题材对形成文学的民族特点的意义,是不可低估的。我们正是从这一角度,重视敖长福对开创鄂伦春民族文学所起的作用。

在处理民族题材上,敖长福很注意描写猎乡风景画和风俗画。在他的笔下,北国森林展现出特有的魅力:"满山长着苍郁的柞桦树和松柏树,山洼里有珍贵的药材",还有那"一排排亭亭玉立的白桦,挺拔的樟松,重重叠叠,好像一队队威武的士兵,正待出发"。在这郁郁苍苍的森林间,点缀着各种山花,香气扑鼻,沁人肺腑;在这寂寥茂密和森林里弹奏着和谐动听的交响乐:山泉在潺潺流淌,小鸟在愉悦地歌唱,山风吹来,林涛阵阵……北国森林的雄伟、壮丽、多姿多彩的风貌全部展现在我们面前。在敖长福的笔下,林涛有如江南般美丽,多布库尔河流过村前,河岩上耸立着白杨和各种杂树;原野上,繁花似锦,牛羊自由自在地低头吃草;山坡上长着珍贵的药材;河里传来捕鱼人的笑声,原野上响起动听的山歌，密林里猎手们的枪声打破了山间的寂静……鄂伦春人村寨恬静秀丽和蓬勃生机给我们留下了难忘的印象，无论是森林的雄伟壮丽，还是林寨的恬静秀丽，都融合着作者对故乡对民族的深厚感情，焕发出特有的民族色彩。

敖长福还给我们描写了一些鄂伦春民族的风俗：小猎手第一次打到野物的时候，家长总让他们把兽肉切成小块，分送给全部落的人。这还是氏族社会共同劳动共同享受的生活的遗风。又如猎狗对猎民生活的意义。因为在狩猎时，猎狗帮助猎民寻找野兽，追踪野兽，与野兽搏斗，是猎民的好帮手，在平常生活中，作用也很大，冬天能套爬犁拉柴，夏天能捉水鸭子。所以在鄂伦春人中间流传着这样的谚语：一只好狗，三匹好马也不换。小说《"仙人柱"》就是以猎人与猎狗的关系为情节线索的，从猎狗与猎人的关系引出人与人的关系，展现出一幅鄂伦春民族生活的风俗画。比较而言，风俗画比风景画更富有社会内容和生活气息，是民族传统和民族心理素质的具体表现。在民族题材方面，还是大有文章可做的。除了民族地区的自然风光、风土人情以外，历史传统、神话歌谣的题材也可以开掘，尤其是今天的新生活，民族地区的经济政策，在经济政策中新的人物关系等等更是大有可为，我们希望敖长福写出更多更广泛的民族题材作品。

三

敖长福除了有意识地选用民族题材创作以外，还在他所塑造的人物形象身上，显现着鲜明的民族特点，他所描写的大都是一些慷慨无私、勇敢刚直、乐于助人的鄂伦春人。在鄂伦春部落，不论大大还是小孩，总愿意把打着的兽肉分送给大家；看到别人处境危难时，他们总愿意伸出友谊的手去帮助人家。《口弦琴声》中的卓伦大叔是如此，《在密林中》的西布热大叔是如此，《"仙人柱"》中的仁杰汉和他的侄子乌特也是如此。在这些人物身上，我们看到了在长期的历史发展过程中形成的民族性格的共同特质。但他们仍然是有着鲜明个性的人物。作者着力描写卓伦大叔的勇敢。当一个三人组成的民族工作队被河水暴涨的多布库尔河围困在对岸时,"后面的两匹猎马紧紧尾随着老猎人的青马,一左一右,舞动着强劲的四蹄,昂着头,踩着水,顶着逆浪……犁开汹涌翻滚的波涛,奋力向前游着"。老猎人驾驶着狂涛,在波谷浪峰间,躲过横冲直撞的倒木,似一条蛟龙,游到了对岸,把围在对岸的民族工作队的三位同志接了过来。作者通过对暴涨的河水的渲染,通过对老猎人与狂波恶浪搏击的准确描写,塑造了一个勇敢的鄂伦春老猎人的形象。作者笔下的西布热大叔以自己的全部热情和能力来帮助他人。他给地质队当向导时,和他在一起的李技术员摔坏了腿。他细心地天天照顾着李技术员,用剩下的一点米全部给老李熬粥喝;一顶帐篷给老李用,自己在河沟旁露宿,忍受着密密麻麻的蚊子叮咬;为了解决粮食和老李的营养问题,他一个人冒着危险去打猎;为了尽快地治好老李的腿,他又爬到山上去采药……总之,为了帮助老李,他做到了他所能做的一切。不仅对老李如此,对一切有困难的人他都伸出援助的手。他在打猎时,碰到了一个被人抢走了木耳和粮食的饿昏的陌生人,他细心地把那陌生人救醒,又给他留了两块野猪肉和一盒火柴。在刻画仁杰汉和他的侄子乌特的形象时,作者突出了他们宽宏大量的性格特征。他们的"仇人"匡诺的疯狗咬伤了乌特的大青马,乌特杀死了匡诺的疯狗。除了这"新仇"以外,他们还有过旧怨:仁杰汉的未婚妻乌娜吉与匡诺一起逃到了多布库尔河流域。但是当匡诺失去了心爱的猎狗、失去了妻子、远离大家孤独一人的时候,而且正是匡诺对他们满腔仇恨的时候,他们给匡诺送去了令人喜爱的小猎狗;用发自肺腑的语言打动了匡诺,消除了彼此的仇恨,使孤独的匡诺回到了猎民中间。匡诺的故事很有特色。他年轻时,偶然与乌娜吉相遇,并且跟乌娜吉一家成了邻居。乌娜吉爱上了匡诺,当匡诺知道乌娜吉已由父母做主许配给仁杰汉时,他主动离开了乌娜吉,但硬是追上了他,要和他一起逃走。他们定居到多布库尔河流域后,在一次大暴风雪中,乌娜吉失踪了。有人却谣传是被仁杰汉抢走了。从此他与仁杰汉成了"仇人"。几十年后，由于疯狗事件，他们又在旧仇上结下了新怨。为此，匡诺决心报仇。但是，当报仇的机会来到时，他没有采取开黑枪的不光明的手段——他以理智控制了复仇的狂热："猎刀闪光要有声响，不明不白暗算别人叫什么猎人！"这些心理活动的描写，展示了鄂伦春人性格和心理素质的另一面。匡诺也是一个容易消除"仇恨"的人。当他看到了仁杰汉的真诚时，他狂怒的心平静了、感动了，"他浑身颤抖，端着枪的手像疾风吹断的树枝一样，软弱无力的手垂落下来。"多么淳朴、真挚的人！在《"仙人柱"》中，作者通过人物之间的矛盾冲突以及他们之间关系的发展变化，还通过人物内心活动的展示，人物的性格显得更为丰满了。总之，卓伦、西布热、仁杰汉、匡诺、乌特等形象的出现，为我们认识鄂伦春人提供了一个形象的画廊。当然，这个画廊还仅仅是初露端倪，有待于敖长福和其他鄂伦春作者去丰富。

敖长福的散文有一定的功底，他发表的五篇散文，有的叙事生动，有的写景状物真切，色彩缤纷，有的抒发自己的真情实感，娓娓动听；有的描写出一幅幅惊心动魄的场面，令人慨叹。语言也流畅生动。他的小说比起散文稍为逊色一些。情节比较平直，缺少跌宕起伏疏密相间的情致，人物形象还不大丰满。

鄂伦春民族文学之花已经开放，祝愿她开放得更加绚丽多姿，在祖国的文学百花园中放出异彩。

与李蕙芳合撰
《民族文艺论丛》1984 年第 1 期
发表时署名任贵 潇岩

风雨路上的足迹
——薛庆煜先生访问记

  仲秋的一天,我受市政协文史资料委员会之托,去拜访薛庆煜先生。薛庆煜先生年届耄耋,离休在家;他是中国民主同盟盟员,50年代旅大市第三届人大代表,呼市第六、第七届政协常委,民盟呼市委筹委会主任委员,是一位有着不平常经历的医学专家。党内外都尊敬地称呼他薛老。叩门而入,薛老的夫人华老(华惠佩,中共党员、民盟盟员,内蒙古医学院教授,已退休)热情地接待了我。卧室、书斋兼客厅的房间内,陈设十分简单,一个书橱,一台彩电,一张单人床,茶几两边各有一张单人沙发,书桌上放着报刊和文稿。见我来访,薛老起立迎进。落座之后,话题转入我的"采访任务"。薛老拿出一摞载有他个人的传记、回忆录、发言稿的报刊、资料,开始了娓娓的叙述。我在听薛老的故事,也在读一部史书……

血染家史

  薛庆煜原籍河北滦县。祖上世代以教私塾为业。祖父薛富春,在教书的晚期,曾任安徽池州府(今贵池)经历厅(知府的幕僚)。
  父亲薛兆霖,字泽辰,1874年生。为人豪爽仗义,一生以办慈善、兴教育为乐。1900年,义和团在直隶、山东等地蜂起时,泽辰先生正在乡里常家峪教私塾,参加了这个近代史上著名的反帝运动。后进京谋事,任吏部衙门录事(相当于文书)。辛亥革命后返回故里,先是振兴州县工业，于是兴办了工艺局（木工、石工、纺织、漂染），继而在城南购置田亩，凿井两口，育树苗、种蔬菜、莳花卉，上市出售，养活园工。后遭县长陷害，身陷囹圄一年，工艺局解体，苗圃荒芜。

扬慈兴学是泽辰先生的夙愿。在与亲友合资经商过程中，泽辰先生常替商贾排忧解难，深孚众望，曾三次被推举为滦县商会会长。在稍有积蓄之后，泽辰先生自感初具实现夙愿的条件，于52岁那年（1926年）创办世界红十字会滦县分会，自任会长。家庭岁入，除家人生活用度外，全部投入卐的慈善事业，设救济队，舍棺木，施医药；办收容所，收容无家可归者；立粥厂，早晚放粥，救济灾黎。深得乡亲们的赞赏和拥戴。两年后（1928年），泽辰先生又购置县城西北角一块18亩荒地，盖起卐慈完全小学校舍，耗资1.2万元，其中5000元是泽辰先生捐助的。卐慈校舍竣工，环境幽雅，设施齐备，于1931年开学招生。常年经费3600元，半出于慈善机构拨款、募捐，半出于泽辰先生的捐献。学校聘有专职教师6名。免收学杂费，课本也由校方供给，不少贫家子弟纷纷慕名求学。泽辰先生以一人之力，借重慈善机构，惨淡经营十余年，初小毕业7个班次，高小毕业6个班次，成绩斐然，惠泽乡梓。

泽辰先生是一位有民族气节的爱国者。1933年5月，当局根据臭名昭著的《何梅协定》实行所谓"华北自治"，滦县也沦于日伪铁蹄之下。日伪政权在滦县城乡摊粮派款，敲诈勒索，汉奸特务肆虐横行，无恶不作。泽辰先生正义凛然，慨然抵制。1938年7月间，中国共产党领导的冀中抗日根据地曾组织一个支队在冀东七县发动武装起义，这就是抗战史上闻名的"冀中大暴动"。泽辰先生基于爱国热诚，秘密向游击队提供抗日救国捐款4000元。此举被日伪察觉，1939年2月，驻滦县老站的日本宪兵队三次查抄薛家。在第二次被查抄后，这位爱国老人预感生命危在旦夕，事业难永，便扶杖巡视学校，跟他潜心创建的学校、教职员工和学生诀别。下午即遭逮捕，在受尽酷刑后惨死日寇之手。时年65岁。今《滦县文史》《滦县教育志》载有这段史实，为滦县人民永铭不忘。

投笔从戎（协和—图云关）

敌伪的魔爪也伸向了在协和医学院学习的薛庆煜。

1939年3月初的一天，中午临床课刚一结束，协和医学院保卫科负责人李某闯入教室，当众宣布："谁叫薛庆煜？他不能再出校门，外面有侦缉队便衣活动跟踪，可能要抓他。"薛庆煜当即把父亲被捕之事向学院当局汇报，要求保护，获准提前做了实习医生，住在学院内。不久获悉父亲遇害噩耗，悲恸欲绝。但敌伪秘密逮捕薛庆煜的企图却并未稍懈。秘密抓他不着，是年6月，内一区伪警察署署长和侦缉队队长公开出面，向学院要人。院长王锡炽不得已通知薛庆煜跟他们见面，并请代理校务长芙莱泽教授乘校车陪同薛庆煜到伪警察局。从上午11时半到下午4时，无人过问，当然更没有饭吃没有水喝。薛庆煜自忖，有美国人在场，他们不会问话的，便主动劝老教授回校。果然，芙莱泽一走，伪警察局迅即将薛庆煜押送北平日本宪兵司令部（盘踞北大红楼），置于一间简陋的屋子。从下午4时半又至晚10时，依旧无人理睬。晚10时许，一日寇翻译突然入室，带着喝声："特务科小林科长要传见你！"遂被带到红楼深处一间办公室。只见小林一人坐在办公桌后，便装，中等身材，30来岁，白面无须。从晚10时到12时，传讯三次，三易译员。第一次传讯"为什么花了4个月的时间找不到你"。第二次传讯"你父亲怎么死的"。薛庆煜回答："家人来信说是生病，经商家保释，病死在家中。"第三次传讯，小林换了一副和蔼的面孔，假惺惺地讲了一番安抚的话。出乎薛庆煜的意料，当夜他竟被释放了。

1940年，薛庆煜完成实习作业，获医学博士学位。他想取道温州，奔赴大后方，船票都买了。孰料七八月间，江浙海面日寇大扫荡，未能成行。学院安排他在公卫系防痨科任助教。一日，一年前传讯过他的日本宪兵司令部特务科科长小林带了一个翻译，突然"光顾"他的办公室，东拉西扯，竟要跟薛庆煜交朋友！薛庆煜强压怒火，虚与委蛇，好不容易才把他们打发走。

1941年春，北平发生了两个日本大佐在东皇城根儿骑马兜风被中国人击毙的事。这时间，特务科长小林带翻译又一次出现，"光顾"薛庆煜的住所文海楼。这个不速之客寒暄过后，单刀直入地追问："打死两位大佐的是谁？知情不知情？如能帮助破案，酬劳大大的！"薛庆煜不禁暗自吃惊。至此，秘密追捕却轻易释放他，两次跟踪至工作地点和寓所"访问"，他的谜底全部解开：这不是放长线、钓大鱼，要他当汉奸么？他思忖，北平不可久留，留则不但父仇难报，且要招致杀身之祸。薛庆煜再次萌生逃离北平之念，而且事不宜迟，越快越好。

1941年7月，他潜离北平，摆脱日本人数道关卡的盘查，抵达塘沽，乘船轮经上海抵香港。此时广州已经沦陷，他在美国医药援华会香港办事处的帮助下，乘飞机抵南雄，经韶关、衡阳等地辗转到达图云关，参加他的协和老师林可胜教授主持的中华红十字会总会救护总队。林可胜是中华红十字会总干事、世界知名医学专家，很有名望，也有号召力。他领导的救护总队，竟汇聚500多名医护人员，在贵阳附近做中国军民疫病的防治工作。当时中国军民中回归热、斑疹伤寒流行，救护总队为防治这些疫病起了巨大作用。这一年年底，12月8日，日本偷袭珍珠港，太平洋战争爆发，美国对日正式宣战。同月，薛庆煜一行数人奉命前往湖南常德调查并制止了日寇在该地散布的一次鼠疫流行。他将《常德鼠疫调查报告》通报重庆国民政府，电告国联，揭露日本侵略者灭绝人性的细菌战罪行。这份报告还刊于《国际法庭审判日本战犯罪行汇编》中，成为1953年沈阳国际法庭审判日本战犯的主要罪证之一。我访问薛老的时候，他还向我出示了去年反法西斯战争和抗日战争胜利50周年的日子里，国家档案局在收到这份调查报告原稿后的证书和奖状。

第二年，薛庆煜转入战时卫生人员训练所。这个训练所是培训军医的，隶属军医署。这样，他就入了军籍，在该所防疫组任职。约半年，防疫组主任赴贵阳任教，薛庆煜被任命为代理主任，兼军医署第一医防大队第一中队队长,管辖6个小队。

效命沙场(图云关—印度)

1941年底到1942年上半年,中国组建远征军入缅对日作战。薛庆煜曾奉林可胜之命派3个医防小队,配合远征军进入缅甸,林可胜以远征军军医视察总监的身份入缅。不料历时未及3个月,参战各军伤亡过半。3个医防小队率部分伤病员退归国内,林可胜率一个伤病收容所撤回印度。只有孙立人将军的新三十八师,以不足一团之众(战斗员1121人)在孙立人的亲自指挥下,在缅中地区的仁安羌,击溃日军两个联队(约8000人),解救被围英军7000人及外国记者、牧师500人,夺回战车、辎重百余辆,交还英军。这一大捷,震惊世界。新38师又奉命为中英盟军殿后,掩护他们安全撤出战场。在摆脱6万日军三面截堵包围的情况下,排除千难万险,完整地退入印度,构成尔后组建的中国驻印军的主力。

1943年春,林可胜自印度归来,盛赞新三十八师的仁安羌大捷和孙立人的超群韬略,并且深有感慨地说,中国军队如有半数像新三十八师纪律严明,英勇善战,何愁日寇不灭!薛庆煜心向往之。入夏,孙立人电告林可胜,要求推荐医务人员。林可胜即召见薛庆煜,向他介绍了仁安羌大捷和他谈话的意图。薛庆煜当即表示,愿赴印度参战。回忆当年这段情景、薛老有些激动:"我只身到大后方,原本就是为了赴国难报家仇。而防疫、教学一类的工作,这是任哪个医生都可以胜任的,同是为国效力,抗战救亡,但对于我就不同了。于国于家,我得舍身以赴啊!"

薛庆煜回到卫训所交代完工作,收拾好行装,几天后,乘军车由贵阳至昆明,在昆明搭乘运输机飞抵印度阿萨邦东北的雷多地区新三十八师师部报到,旋即被任命为新38师和新一军上校军医处长。是时,中国军队在缅甸—印度战区对日作战的第二阶段即"第二次缅战"已经开始了。

在1943—1945年的两年征战中,孙立人所部新一军,仅以两师(另一师支援西路英军)之众,击灭日寇5个精锐师和一个旅团,歼敌7万人,伤者倍之,新一军牺牲万余,敌我战死者比是7:1;收复从腊戌到卡萨一线以北的大片缅甸国土,保证了中美工兵修筑、开通中国战时唯一的国际通道——中印公路和输油管道。

军医处受总指挥直接领导,军医处的命令亦以总指挥的名义下达,负责前方后方的卫生勤务。后方勤务卫生组织有救护队、联络小飞机队,有美方提供的一个兵站医院、一个总医院和73后方医院,都在雷多地区或以雷多为基地。前方卫生勤务作业主要是防疫保健和医疗救护。基层医务人员和担架员同战斗员一起在森林灌莽中进退,异常艰苦危险。一次随军行进,薛庆煜的前边几步,一医护人员踩响地雷,当场阵亡。后边的人越过战友的尸体,继续前进。正是这种不怕牺牲、勇于献身的精神,加上防疫保健上的切实有力的措施,使新一军60%伤员治愈,恢复健康,重返前线;肠道传染病、疟疾基本绝迹,从而保持了战斗力。新一军除雨季休整2个月外,连续作战17个月,常胜不败。这在世界军事史上,也是值得一书的。薛老于1995年为抗日战争胜利50周年而作的《中国驻印新一军在缅甸抗日战争中的卫生勤务工作》(见《国防卫生论坛》1995年第二期)中对此有详尽的说明,已经成为可贵的历史资料。

缅战之后(广州—香港)

1945年3月,缅战结束。六七月间,中国驻印军班师回国。7月8日,薛庆煜率军医处成员押运库存医药物资搭乘一架运输机飞抵南宁。一周后获上级批准,飞往重庆向军医署汇报工作、请示机宜。适逢"8·15"日本宣布无条件投降,山城沸腾,百姓欣喜欲狂。重庆政府忙碌着向各地区、各省市急派接收代表团,"劫收"大员伺机大搞"五子登科"。香港属中国战区。迨至组建派往该地区中国军事代表团时,军医署已无人可派。署长林可胜即命薛庆煜代表军医署参加以潘华国少将为团长的中国香港军事代表团,参加香港日军的受降典礼和接收日军的军用物资。岂料英军已先于中国代表团两周到达,除受降典礼需待中国代表团到达方举行外,日军的军用物资已被英人抢先一步接收。这样一来,不是中国接收日军的军用物资,倒是中国向港英当局交涉,让他们移交其所接收的日军军用物资了。1946年1月20日,薛庆煜趁代表团团长易人之际,离团返穗,回到广州沙面新一军军部。

　　薛庆煜回到军部数日,军长孙立人即奉命率其英文秘书衣复德博士赴美,参加联合国参谋长联席会议。月底,代理军长贾幼慧突然召见薛庆煜,言说新一军奉命开拔,经香港,船运秦皇岛,去东北接收失地和日军军用物资;4名少校译员、2名无线电报务员随行,翌日出发,组建新一军驻港临时办事处。薛庆煜以该项工作非军医处本身之责婉言拒绝。代军长说:"你的任务只是根据军部电报,每日将到港的部队番号、人员、马匹、车辆数目转达美国海军和港英政府,并非指挥军事。"军令如山,不可抗拒。薛庆煜提出两项要求:一、请军部准假数月,一俟部队到秦皇岛本人即回北平,与离乱五年的家人团聚,料理亡父后事;二、请军部尽快派出得力人员接替工作。代军长应诺。翌日,薛庆煜即率随员在美国总联络官海门上校陪同下,飞抵香港启德机场,在半岛酒店设新一军驻港办事处。任职三周后,新一军主力基本运毕,参谋处作战科科长来港接替了薛庆煜的职务。2月26日,他乘美运输机抵达秦皇岛,搭车直回北平,从此完全脱离新一军。

追求光明(上海—解放区)

　　1946年夏,军医署派出一批在抗战时期有过贡献的医护人员120余名赴美深造。8月,薛庆煜经考试合格,率十余人飞抵美国得克萨斯州圣安东尼奥的布鲁克军医中心卫勤学院进修。一年期满归国,在地处上海江湾的国防医学院任流行病学上校教官。抗战后的国统区,内政不修,横征暴敛,物价飞涨,民不聊生。薛庆煜回国后升了教授,但是仍在贫困中跋涉。薛老说,出国前常去南京路品赏五芳斋的虾仁馄饨、过桥面、王家沙的甜品;回国后,再也不敢光顾这些地方了。月薪一小包钞票,到四川北路只能换十几枚银圆;普通百姓生计可想而知。1948年下半年,薛庆煜不得不到同济大学医学院兼课,多赚点工资,以免家人有冻馁之苦。更严重的是政治压迫。上海一片白色恐怖。上海警备司令部司令宣铁吾是个刽子手,杀死共产党员王孝和,活埋民主人士黄炎培长子黄竞武。连国防医学院这样的军事院校也伸进魔爪。警备司令部某团竟将身穿军装的5名国防医学院学生当作壮丁抓走!

1948年下半年,东北全境解放,淮海战役正酣。人民解放军以排山倒海之势直逼南京,国民党政府摇摇欲坠。隶属国民党军事系统的国防医学院意欲搬迁台湾。薛庆煜和几位教官、医护人员决心投奔解放区。其时大连正在筹建一所党领导的正规大学和医学院,东北解放区领导机关不断派人或来电,要求在海外和港沪聘请内外科医生。在国统区秘密执行这一任务的就是沈其震(历任新四军卫生部长、中共中央军委卫生部第一副部长)。一日,外科主任张先林悄悄告诉薛庆煜:"解放区要人,你对这个世道不满,家室又在北平,这是一个脱离苦海的机会,你若愿意,速与叶兴杰联系。"张先林为人正派忠厚,是协和医学院校友,与薛庆煜关系甚好,他的话是可信的。这样,国防医学院串联了6人,其中4人是上校级教授、高级护士。上海医学院响应者有4人,其中教授1人,讲师2人,高级护士1人。当然,这是后来才知道的。事情进行得很秘密。在离沪之前,"上医"是哪几位,薛庆煜他们并不知道,是谁在上海担任党的联系人,也不知道。直到1984年薛老改办离休手续时,才知道是沈其震的胞弟沈其益。薛庆煜等10位追求光明的高级医卫工作者等待着合适的时机。后来知道,他们的出发时间、方式、路线是和香港党组织护送民主人士北上解放区计划密切配合的。

1949年3月6日,在上海地下党的安排下,薛庆煜一行10人,换上西装,乘红十字救护车来到杨树浦公和祥码头,搭乘万吨客货轮芝加连加号,在船上才与"上医"的几位碰面,彼此佯作不识。本来 6 日起航,不知何故推迟,他们在船上度过令人紧张的一夜。翌日清晨芝加连加起锚驶出吴淞口。约 4 天,船抵香港,沈其震亲自来码头迎接,将薛庆煜一行安排在九龙一家地下党办的小酒楼里,在那里又与投奔解放区的一批科技人士相会。12 日,地下党组织秘密安排,从四面八方汇聚了各专业的民主人士二百余人,登上泊在海中央悬挂巴拿马国旗的 3000 吨级通宝号货轮,直驶解放不久的天津。薛庆煜在航行中得知,同船的还有化学家曾昭抡、电影导演史东山、电影演员张瑞芳、社会活动家王立明等知名文化人。再后来得知,同船的还有著名民主人士黄炎培、盛丕华、俞震寰几位先生,他们都是去北京参加政治协商会议的。

船到天津当晚,天津军管会主任黄克诚、市长黄敬在知名西餐馆起士林设宴欢迎,以后又招待观看新歌剧《白毛女》。卫生局领导还组织薛庆煜等医护人员同天津卫生界座谈,进行学术交流。薛庆煜一行在天津呆了四十多天,等候开往大连的船只。那时大连属苏联红军占领区,称关东厅,陆路尚无交通可达,海运中断亦未恢复。至 4 月下旬,党组织终于临时找到一艘排水量仅 40 吨的小船和船长、水手,专程送这批工程、科技、医卫方面的专家 20 余人,由沈其震亲自率领去大连。

1949 年"五一"节前夕,船抵大连港,受到大连大学代表们的夹道欢迎,接着又参加了大连"五一"游行观礼。薛庆煜当时的欣喜是可想而知的。试想,一个因父亲资助抗日游击队而惨遭杀害的热血青年,一个怀抱国难家仇效命抗日战场的爱国青年,一个目睹国民党黑暗腐败义愤填膺的正直的知识分子,当他踏上天津,踏上大连,踏上这片温暖、明朗而蓬勃生春的土地,能不欢欣雀跃吗?

大连八年

这些从国民党统治下的大都会来到解放区的知识分子,在中国共产党的领导下,以百倍的热情投入了大连大学的筹建。

大连大学是党创建的第一所正规综合大学,设医学院、工学院和俄语专科学校;另外还设化学研究所、生物制品所和一所实习医院。校长李一氓,医学院院长沈其震,实习医院院长杨济时兼内科主任。其时大连有人口30万,只有两所医院:铁路医院和关东医院;关东医院原为日本赤十字医院,除少数日本医生遣返外,全部留用。经过两个月的紧张筹备,大连医学院条件具备。7月1日实习医院正式开业,薛庆煜被任命为内科主治医师。9月初,杨济时院长辞去本兼职,院长由中共党员张觉民继任,薛庆煜被任命为内科代理主任(此职直到两年后流行病学教研组成立方卸任)。

在大连这片土地上,薛庆煜留下了匆忙而又坚实的脚印。除本职工作——内科,他先后受聘为旅大市卫生局顾问、市防疫站和寄生虫防治研究所顾问、中国人民志愿军战勤后方医院临床顾问。这所医院设在市一中和岭前两处,薛庆煜每周例行作临床巡诊,帮助解决疑难问题。薛庆煜还被市卫生局聘为乙型脑炎诊断小组长——那时的大连是日本乙型脑流行地,当地凡有送传染病院的疑难患者,必须经薛庆煜确诊后方能上报;1952年,薛庆煜在农村参加镇反运动,院长又急召他回院兼任儿科主任,直到半年后儿科专家接替;1952年在抗美援朝反细菌战斗争中,大连医学院应市卫生局之请,组织该院秋班同学,分赴大连市各区宣传有关反细菌战的知识,薛庆煜任大队长。1953年抗美援朝结束,在金县成立肺吸虫症疗养院,专门治疗复员志愿军指战员中的肺吸虫病。薛庆煜受市卫生局之请,每周去金县一次,指导诊断与治疗,一直持续到1955年。此外,薛庆煜还是以李朝东副市长为首的旅大市"爱卫会"的成员、魏曦教授为首的中华医学会大连分会理事,主管学术,每月必有一次学术讨论会,年终有年会,还需审批会员的学术论文。1954年,流行病教研组成立,薛庆煜被调回从事老专业。

工作是繁忙而又紧张的。要写讲义,要授课;要查房,要门诊;要参加科内会议,要参加学院会议。有一年光景还值急诊班。社会活动那么多，一天睡不到四五个小时。但薛庆煜从未向组织诉过苦，六年之内三易专业也从未说过一个"不"字。他总是严于律己，任劳任怨，勤勤恳恳，以真诚的敬业精神和无私的奉献精神，全心全意地工作。他觉得自己有使不完的劲儿。

1956年，薛庆煜向院委提出作肺吸虫病调查。这年暑假，薛庆煜率领寄生虫教研组全体教师和54级学生二十余人，赴辽南的宽甸、桓仁、凤城、岫岩等4个离朝鲜最近的县，做肺吸虫流行病调查，对其分布、中间宿主、传播方式、四县水系，有了较透彻的了解，设计了预防措施，并写了一份简报呈辽宁省卫生厅。

党和人民给予薛庆煜的工作以高度评价和充分信任，他被选为旅大市第一届人民代表，列席了1956年辽宁省政协大会。之后，他准备撰写一份详尽的辽南四县肺吸虫病的学术调查报告。但是报告还未及完稿，一场风暴就袭来了。

廿年磨难（大连—遵义）

1957年，整风鸣放，"反右"斗争开始。薛庆煜已无暇顾及那个调查报告。那时，他是民盟大连医学院支部副主委。运动之初，即被院党委任命为院整风领导小组的党外成员。旅大市委统战部、医学院党委交办的工作，他都一一照办。党委书记王辅民出于对薛庆煜的信任，嘱托他做教员中两位"右派"教授的转化工作。在一次会议上，薛庆煜首先肯定党在教育事业上的成就，提出党委领导下治校的方针。不料他因此在1958年大连医学院"双反运动"中被判为"极右分子"，罪名是叫嚣教授治校，与党争夺领导权，与右派分子勾结，通风报信；曾经在抗战期间担任驻印军新一军军医处长及抗战胜利后几月间任新一军临时驻港办事处主任也成为批斗内容。结果受到最严厉的处分：撤销教授职称，降5级，监督使用。

三年后，薛庆煜被摘掉了"右派"帽子，但境遇并没有根本改变。

身在逆境中的薛庆煜仍甘之如饴,从无怨言,不论派给什么样的劳动改造工作,仍然认真完成。1966年夏,中国大地上发生了众所周知的更大的灾难。薛庆煜和许多知识分子一样遭受了同样的厄运,被反复抄家,轮番批斗,赶进牛棚。他多年积存的医案、论文、资料、手稿被洗劫一空。薛老提起它们,至今伤口仍在滴血!1969年,大连医学院奉命迁贵州遵义,更名为遵义医学院。1976年10月,祸国殃民的"四人帮"被粉碎。但贵州的"四人帮"余孽权势仍在,发动了一个老工人、老教师、老教授的"自动退休"运动;名为"自动",实为"强迫",薛庆煜也被列于其中。1977年,他来到呼和浩特市和家人团聚。1978年中共中央召开十一届三中全会,知识分子的春天终于盼来了。1979年5月2日,薛庆煜收到了遵义医学院党委给他的平反文件。文件写道:"由于受林彪、'四人帮'极左路线的干扰和破坏,在运动中把薛庆煜列为有重大政治历史问题的对象,打入牛棚,进行非法批斗和审查,使其在精神上遭受摧残,这种作法是错误的。所有一切不实之词一律推倒,并应平反,恢复名誉,消除影响。"贵州省革委会文教办公室文件(文教党字〔1979〕87号)《关于薛庆煜同志右派问题予以改正的批复》写道:"遵义医学院党委:经研究,同意你们的意见。1958年5月薛庆煜同志定为极右分子,属于错划,予以改正。恢复政治名誉、教授职称和原高教三级工资待遇。省革委会文教办党组。"

　　这些平反文件已经迟到了两年。1984年遵义医学院又给薛庆煜补办了离休手续。这一年他已71岁了。

青城岁月(遵义—呼和浩特)

　　从1958年他45岁时被错划为右派,到1979年他66岁时被彻底平反,再到1984年他71岁时办理离休手续,岁月流逝了21年。对于一个那样珍惜事业、热爱生活、热心于公益的知识分子来说,其痛苦不是一般人可以理解的。但薛庆煜以他坚实的步履,在晚年超越了时间。

薛老跟我说："党的十一届三中全会给我恢复了政治名誉、职称待遇，我感激不已。但我觉得谈一万句感激的话，不如做一件有利于人民的实际工作。"这是真诚的话，既非虚言，又非壮语。下面叙述的，就是笔者在和薛老多年来的交往中目睹的事实。

他应内蒙古医学院之聘，义务承担了该院3届50余人的老教师脱产医学英语班的教学工作。讲授，答疑，批改作业，编印辅导材料，全是他一个人干。三年如一日，从不懈怠。那些外语荒疏多年的老大夫、老教师深受其益，一再要求院方给薛老付酬；薛老坚辞不过，才象征性地接受了难却的盛情。

从1980年起，他着手编纂《医学英语常用短语词典》，历时5年脱稿，1989年由中国医药科技出版社出版。这部双语药学专科词典，在国内外尚属首创，收录医学短语6000余条，每条之下附有一至数个英语例句和中文对译，全书60万言。这样一部工具书，通常都是集体编纂，何况薛老当时已年届古稀、身患高血压、腰痛病！薛老说："5年编写过程中，曾经多次修改，用打字机打了两遍，每打一遍费时15个月，除了必要的会议，几乎足不出户，每天工作十几个小时。很苦很累。但为应医药界之急是值得的。"一个学者，别说用5年，就是用10年，15年，乃至25年，若能向同行和社会奉献出这样的精神产品亦已足矣。我由衷钦佩薛老的中文、英文和医学的深厚功力，更由衷敬佩他志存高远、只争朝夕的精神。这部词典出版后，广受医药界欢迎，1993年再版。薛老说，我有生之年要修订它，使之更加充实完善。因为这本书的编著之功，薛老荣获市政协"为四化做出贡献委员"的称号。

1984—1992年，薛老连续出任民盟呼和浩特市（以下简称呼市）支部主委、民盟呼市总支部主委、民盟呼市筹委会主委，为恢复建设呼和浩特民盟组织做了大量奠基工作。薛老任职期间，努力贯彻党的统一战线政策、知识分子政策，团结带领盟员为"四化"献计出力。他的原则性、责任感，他的宽厚谦和耿介正直的人格，在盟内外有口皆碑。现今呼和浩特市民盟盟龄较长的盟员，主、副委，不少是在他的影响帮助下成长、成熟起来的。

从1978年起，薛老连续被聘为呼市政协第六届、七届委员，并当选为常委。他忠实履行委员职责，积极参政议政，表现了高度的政治热情和社会责任感。笔者曾与薛老同在七届政协，聆听过他大会发言和讨论组的发言，也曾看过薛老的一些提案，字里行间、言谈话语，流露出老一代知识分子忧国忧民、报国报民的拳拳之心。他的发言也好，提案也罢，往往高屋建瓴，言必有据，切中时弊，并且富于建设性和前瞻性。

"四人帮"被粉碎后，百业待举。党中央及时拨乱反正，消除极"左"流毒，落实各项政策，特别是知识分子政策。1978年4月，薛老在市政协六届一次会议上作了题为《就有关落实知识分子政策的问题谈几点看法》的大会发言。这个发言涉及到第二次解放的知识分子的问题、工作条件问题、使用问题、信任问题、知识更新问题、新陈代谢问题、世界观改造问题……核心是一个如何"尊重知识、尊重人才"的大问题。

1987年初，薛老写出《关于政法体制改革的建议》的提案。同年政协《简报》第二期摘登。在这个提案中，薛老就改革干部制度、简政放权、党政分工、抓紧扭转党风，政治协商民主监督经常化、制度化，提出了切实可行的意见和建议。随后又向市政府提出《关于呼和浩特地区卫生事业发展战略规划的几点建议》（见同年《呼和浩特经济》）。这个建议的第三部分"医疗卫生保健事业从生物学模式到生理—心理—社会医学模式的过渡"，第四部分"医疗卫生体制的改革"，第五部分"老年病学"，其中的见解和提出的措施，显示了一位关注社会的医学专家的真知灼见，为卫生事业发展战略提供了前瞻可贵的思路。

90年代初，呼和浩特市内录像馆、游戏厅风靡，不少青少年出入其间。这一现象引起薛老关注。他不顾年老体弱，多次策杖实地调查，发现问题严重。港台和西方资产阶级的自私自利、享乐至上、拜金主义等等，正通过音像制品侵蚀青少年。薛老在政协会议上多次声色俱厉呼吁加强文化市场管理，几次撰写有关提案，并且上书江泽民总书记，建议尽速堵住黄源、根除黄毒、净化社会文化环境。如今黄赌毒已成为一大社会公害,人人喊打;告别"三室一厅"也已成为中小学生、青少年思想品德教育的一个内容了。

以上四例,不过是薛老作为政协委员积极实践共同协商、民主监督、参政议政的一个侧面和掠影。我常常想,像薛老这样功成名就的学者,年迈体弱的老人,本可在家享清福度晚年了,何以如此关注社会、热心公益?古人云:"知我者谓我心忧,不知我者谓我何求",我想薛老一定是有所忧而无所求吧——虽然我不敢谬托知己,但我在跟薛老的接触中,确实看到了老人那颗难能可贵的赤子之心,那种有所为有所不为的道德风范。

我在薛老华老家坐了很久,而且不止一次聆听他的"坎坷半生"。我被他那平静的叙述深深地打动了,我甚至忘记了我的采访、写作的任务。每次拜访他,归来整理他的谈话,阅读他给我的材料,总是抑制不住内心的激动。虽然薛老在谈话时总是十分谦虚地谈到自己的事迹,总是遗憾地谈到自己的坎坷的生涯,但我还是执拗地认为,薛老是一位幸福的人。一个人,由于客观原因而沉浮,但却始终如一地追求真理,挚爱事业,并且为此付出代价,这难道不是幸福的吗?

附记

这篇访问记写成后,承蒙薛老拨冗过目,对有关事实做了补正。薛老年迈,目力不佳,这使我深感不安,在这里再次表示谢忱,并向读者说明。

《呼和浩特文史资料》第 11 辑,1997 年 9 月

美感的心理要素

美感活动不仅是一种社会现象,具有哲学意义,而且是一种复杂的心理过程。为了深入地揭示美感活动的奥秘,首先要理解美感的心理要素。美感的心理要素包括感知、联想、想象、情感和领悟。美感的心理因素与一般的心理因素具有不同的特点:一方面,它们是互相渗透、互相推动、互相作用的,表现为合规律的自由运动,处于非常活跃的统一状态中。另一方面,就感受而言,美感活动中的想象和领悟沉淀于知觉、表象中,表现为感性中的理性,区别于一般知觉、表象的感受;从理解来看,美感活动中的知觉、情感又沉淀于理解中,成为理性中的感性,又区别于一般的理性,所以称之为领悟。美感就是这些心理因素互相渗透、能动的综合统一的过程。鉴于心理学发展水平的限制,对于审美心理过程尚难做出确切的科学解释,我们仅就感知、联想、想象、情感和领悟几种主要的心理要素在审美过程中的功能,作一些描述性的说明。

感 知

感知是感觉和知觉的综合。在普通心理学中,感觉和知觉是两种不同的心理形式。感觉是指客观事物的个别属性在人脑中的直接反映。当人们看到一面红旗时,就产生颜色和形状的感觉,当人们接触它时,就产生柔软的感觉;当人体运动时,会产生运动感觉等。知觉是人脑对直接作用于它的客观事物的各个部分和属性的整体反映。知觉是在感觉的基础上形成的,它是多种感觉相互联系和综合活动的结果。

在一般心理学中,感觉和知觉表现为相互接续的从感觉到知觉的两个阶段。在美感的心理活动中,既有感觉的性质,又有知觉的性质,具有感觉和知觉的同时性,所以我们称之为感知。在美感心理形式中,也可称为审美感知。审美感知具有以下特点:

1. 敏锐的选择性

作用于感官的客观事物是纷繁复杂的,对许多感性事物,人不能同时接受,日常感知要求将对象从混沌杂乱的事物中选择出来。至于审美过程的主体感知,就更加敏锐而专注。在欣赏美和创造美时,要求主体善于捕捉对象在某一瞬间所给予的印象以及对象在运动中的每一精微变化。如艺术摄影,只有那些训练有素、长年潜心观察过审美对象的人,才能找到最合适的角度和光线,留住效果最佳的一刹那。艺术家的审美感知往往带有专业倾向,表现为专业性的敏感。音乐家对于音响和节奏,画家对于色彩和线条,雕塑家对于形状和体积,他们的感受都是特别敏锐的,他们能将自己的注意力习惯地专注于与专业有关的方面,将对象观察到极细微处,并能从中发现常人不易发现的东西。据说法国画家莫奈年轻时有一次在田野漫步,突然发现眼前的一切与往日所见大不相同,田野不再是覆盖着青草、作物和树丛的坚实地面,而是一幅光影与色彩交织而成的画面。这个与往常经验不同的发现,促使他日后倾向于印象派,醉心于表现自然景物的光和色的瞬间印象。对光与色的特殊敏感,看似突如其来,其实是长期观察和反复训练的结果。正因为人的审美知觉有选择性,所以绘画要有画框,演戏要有舞台,使画家与戏剧家的选择性与欣赏者的选择性尽量一致起来,最大限度地产生共鸣。

2. 完整性

审美感知不是审美感官所获得的感觉相加的总和,而是一种完整的、综合的心理组织过程。美国格式塔心理学家阿恩海姆指出:"这种整体性不仅可以直接知觉,而且必须被确定为基本的知觉现象,它们似乎是在把握视觉对象更多的特殊细节之前就已映入眼帘。"当我们观赏一幅画时,并不是把色彩、线条、形状、节奏、运动等感觉到的材料加起来达到知觉,而是一种完整的组织形式迅疾构成某种完整的感知心象,从而感受和理解对象的结构形态、情感基调和直接意蕴。正因为审美感知具有整体性的特点,所以在艺术美的创造中,就必须精心处理形与神、动与静、虚与实、个别与一般、偶然与必然等等之间的辩证关系,以便充分发挥欣赏者的整体感知作用,让他们在有限的既定的形象中,获得更为丰富的感受。我国传统美学主张诗画要化景物为情思,要有弦外之音或象外之旨,所强调的也是这个道理。

3. 追求形式的表情性

普通感觉、知觉完成实用目的后,并不注意和追求事物外部形式结构是否符合人的内在心理结构的情感状态。审美感知恰恰相反,它不与实用功能目的直接地联系在一起,而注意事物外在形式结构,追求事物外在形式与人的内在心理结构的契合对应,从而使情感得以表现。这种事物的形式表现性,在美学上一般被称为意味或表现性。例如,天鹅在西方音乐、舞蹈中常被作为美的象征,艺术家从它们通体洁白的羽毛、长长的脖颈、从容不迫的动作等形态中感受到的,是它们所代表的纯洁、骄傲、优雅、善良的人类情感。我国古典艺术寄情山水,在自然景致中读解心灵之声。"春山淡冶而如笑,夏山苍翠而如滴。秋山明净而如妆,冬山惨淡而如睡。"四季山峦的状貌与人的意趣、生命的情态交相呼应。在审美感知中,外在形式结构与内在心理结构达到一致或统一,便产生了形式表情性。刘勰所谓"登山则情满于山,观海则意溢于海",瑞士学者阿米尔所谓"一片自然风景是一个心灵的境界",都是对这一特点的诗一般的描述,说明了审美感知同一般感知的不同之处。

由于审美知觉的选择性、整体性和情感性这三个特点,使得主体所获得的知觉心象,一方面反映了客观物象的基本属性和特征,另一方面又带上了主体的感情色彩。这是情与景、意与象的初步融合。在这个意义上,我们说知觉心象是审美意象的雏形或低级形态。

联　想

联想是由一事物想到另一事物的心理过程,如看到冰河解冻,想到冬去春来;想到冬去春来,又可以进一步联想到万物复苏。联想在审美心理中有不可忽视的地位和作用,通过联想进一步拓展了心理的时间和空间,使感知的形象内容更加丰富深刻。联想可分为接近联想和比较联想等形式。

某一事物的感知和回忆引起在时间、空间上接近的其他事物的回忆或展望,称之为接近联想。例如陆游的诗《沈园》:"城上斜阳画角哀,沈园非复旧池台。伤心桥下春波绿,曾是惊鸿照影来。"这是由于空间上(故地沈园)的接近,而在时间距离上展开的联想。又如李白的诗《宣城见杜鹃花》:"蜀国曾见子规鸟,宣城还见杜鹃花。一叫一回肠一断,三春三月忆三巴。"这是由于时间上的接近,而在空间距离上展开的联想。以上两例属于回忆型的接近联想。接近联想还可以展望未来,表现出独创性。例如李商隐的诗《夜雨寄北》:"君问归期未有期,巴山夜雨涨秋池。何当共剪西窗烛,却话巴山夜雨时。"在这里,诗人将其当时所面临的境况(巴山夜雨)创造性地展望于未来时空中,成为接近性的联想线索,十分巧妙地表达了自己渴望相聚的热忱意向。

比较联想可分为相似和对比两种。相似联想是由于形状的相似,或者运动方式的相似,或者某种情景、某种性质的相似而引起的联想。我国古代诗歌中的比、兴手法,就是以相似联想为基础的。如秦观的《浣溪沙》:"自在飞花轻似梦,无边丝雨细如愁。"飞花与梦,丝雨与愁,虽然物类不同,但在轻和细上,有其性质的相似点,因而巧妙地加以联想,增加了无尽的美感。在《诗经》中,比、兴常常结合运用,因此比、兴连称。如《王风·黍离》开头两句:"彼黍离离,彼稷之苗。"这是写秋天野外庄稼枯萎的景象,诗人借此景以引起宫垣尽为禾黍的荒凉颓败的联想,这是起兴;而这种禾黍枯萎的形象,同时用以比喻社会的衰亡,又是比。又如《卫风·氓》之中的"桑之未落,其叶沃若",是用桑树的茂泽来比喻女子的年轻貌美;同时由此引起女主人对自己身世的感叹,又是兴的手法。所以我们说比、兴的基础是相似联想。

对比联想是由于性质截然不同、情境完全相反而引发的联想,其功能是强化对两种事物所具有的对立关系的感受和领悟。如"蝉噪林愈静,鸟鸣山更幽""怀归人自急,物态本闲暇"。在美的欣赏与创造中的对比、反衬都与对比联想有关。杨万里在诗句"接天莲叶无穷碧,映日荷花别样红"中,用"碧"与"红"两种色彩对比,描绘出"接天莲叶""映日荷花"的美丽西湖夏景。鲁迅小说《祝福》中,一方面是家家为除夕到来的繁忙欢乐,另一方面是祥林嫂在孤独寂寞中默默离开人世。两相对比,产生了震撼人心的悲剧力量。

想 象

在心理学中,想象是指在头脑中对已有表象进行加工、改造、重新组合,形成新形象的心理过程。马克思认为想象力是"人类的高级属性"之一,是人类在长期的社会实践中逐步发展起来的。想象在审美心理中占据着重要的地位。在西方,许多美学家早就肯定过想象的创造性的品格,把它当作衡量艺术才能的重要标尺,有人甚至把想象尊为一切心理功能中的"皇后"。美的欣赏和创造都离不开想象,所谓形象思维其实就是创造性的想象。想象的心理规律和特征,与美的欣赏、艺术创作心理活动规律是正相适应的。审美想象既不脱离感性材料,又具有理性认识的因素;既以想象作为基础,又与思维相联系。在美感中,感性认识和理性认识之所以能够统一起来,主要原因就在于想象这种心理活动的积极参与。所以黑格尔把审美想象称为"使理性内容和现实形象互相渗透融合的过程"。

根据创造性的强弱,想象可以分为再造想象和创造想象。再造想象是根据现成语言的描绘或图形、音响的示意,在头脑中再造出相应的新形象的过程。它主要体现在美的欣赏活动中。在欣赏艺术作品时，艺术形象不仅规定着主体想象的范围和方向，也规定着欣赏主体想象的内容和性质。比如我们读了毛泽东的词《沁园春·雪》，在头脑中就形成了北国风光的壮美景象。读了《红楼梦》，会在眼前浮现出贾府的生活情景，再现出种种人物形象。正如鲁迅所说，读者在阅读小说时，由想象所推见的人物，虽然并不一定和作者所设想的完全相同，"不过那性格、行动，一定有些类似、大致不差"。再造想象虽然在审美对象的引导和制约下进行，但是，每个审美主体都有不同的生活经历、文化修养和审美理想，他们总是把自己的独特个性融汇入想象活动之中。歌德说："一千个读者心目中就有一千个哈姆莱特。"因此，再造想象具有一定程度的主观能动性，它的内容也具有某种程度的不确定性。可以说，再造想象是客观制约性和主观能动性、形象的确定性和不确定性的统一，含有一定的创造性。

　　创造想象是不依据现成的描述而运用记忆中的表象独特地创造出新形象的心理过程。新作品的创作，新产品的创造，在头脑中所构成的新形象都属于创造想象。创造新形象可以运用不同的手段或方法，如浓缩的方法、黏合的方法、变形的方式及意识流、梦幻、夸张等方法。小说、雕塑、绘画中的艺术形象无不是通过创造想象创造出来的，创造想象使美的创造和欣赏具有广大的自由空间。刘勰在《文心雕龙·神思》中说："文之思也，其神远矣。故寂然凝虑，思接千载；悄焉动容，视通万里；吟咏之间，吐纳珠玉之声；眉睫之前，卷舒风云之色；其思理之致乎。"所谓神思，即创造性想象。生活经验丰富的人，他的想象可达上下几千年，纵横数万里，艺术中所谓形象大于思想，就在于形象可以引起丰富的联想和想象。"古人为诗，贵在意在言外，使人思而得之"，是说以有限的形象唤起读者无限的想象，以及想象在欣赏中的作用。因此，诗贵含蓄，不宜直说，给欣赏者留下想象余地，才能获得深刻的美感。这是创造想象的审美功能。

　　审美想象具有独创性和情感性的特点。审美想象以记忆表象为基础,通过夸张、变形、浓缩、黏合等手法创造出新形象,这种新形象是"离形得似""象外之象"(司空图语)的创造,它既具有鲜明的个性,同时又具有超出个性的普遍性,或共性的概括性。与"象外之象"理论类似的是西方的典型论。典型论的理性成分较重,而我国"象外之象"理论的感性成分较重,更符合审美的特征。二者都具有独创性,是艺术家笔下、手中的"这一个"。审美想象带有浓厚的情感色彩。"相看两不厌,唯有敬亭山""我见青山多妩媚,料青山见我应如是",在这里,山成了活的有情之山,人对山的情感已成为人与山之间相互的情感。山的情感是诗人想象出来的,诗人以自己的爱山之情去想象山,山对他自然也就有了情。艺术创作和欣赏中的情景交融现象就是审美想象中所具有的情感色彩。"夕阳芳草寻常物,有情便是绝妙词"。陶渊明爱菊,周敦颐爱莲、陆放翁爱梅,郑板桥爱竹,菊、莲、梅、竹在他们的审美想象中显然都是有情之物。可以说,情感是想象的推动力,想象只有带有情感的色彩,饱和着血肉才能创造美和欣赏美,才能引起审美的愉悦。情感的色彩愈浓,则想象和审美愉悦愈强烈。

情　感

　　从心理学的角度讲,情感是人对客观事物是否符合自己的需要所作出的一种心理反应。审美情感是主体根据对象是否满足自己的审美需要,以及满足的程度如何而产生的一定态度。审美情感与日常生活情感有着本质的区别,这种区别主要在于它们的意向指向的价值向度的不同。前者的意向指向是内在的人类本体价值,它是内向的本体回归,是内向性的;后者的意向指向则是外在的功能价值,是外向性的。这两种情感在强度深度上也大不相同。一般说来,审美情感在强度上不如日常生活情感。在审美中,为林妹妹掉几滴眼泪的情况也是有的,但在日常生活中,亲近的人去世时,会忍不住嚎啕痛哭。人们看喜剧时,虽然也会笑得前仰后合,但在日常生活中遇到开心的喜事,才会高兴得放声大笑,甚至手舞足蹈。个中原因就在于日常生活情感同实际利益直接相关。但在深度上,审美情趣却又深于日常生活情趣。日常生活情感虽然当时很强烈,但事过境迁后很容易遗忘;而审美情趣却可以久久地深藏于心中,甚至终生难忘。阅读文学名著所经历的情感体验往往像老朋友一样陪伴人们终生,有些文学名著给予人们心灵的震撼,甚至会使人感到长时间摆脱不了那种情感的控制。之所以如此,是因为审美情感与人之为人的本质追求直接相连。

在美的欣赏与创造中,审美情感是最活跃的因素,是审美创美的最直接的动力。陆机在《文赋》中说:"遵四时以叹逝,瞻万物而思纷;悲落叶于劲秋,喜柔条以芳春。"钟嵘《诗品序》说:"气之动物,物之感人,故摇荡性情,形诸舞咏。"这都证明了自然美对人类的巨大感召力,也体现了人类对自然美的情感反应。刘勰在《文心雕龙》中更明确地说:"为情而造文。"认为情感是"文"的基础和前提,所以"情动而辞发""情动而言形""情变所孕""为情者要约而真"等等。别林斯基的类似论述是"感情是诗的天性的最主要动力之一;没有感情,就没有诗人,也没有诗歌"。恩格斯说:"愤怒出诗人。"这些论述说明有了情感才能描写和塑造出真实而生动的美的艺术形象,才能喷发为诗歌,铺写成美文。

情感的重要功能还表现在广泛地渗入其他心理因素之中,使整个审美过程(感知、联想、想象、领悟)都浸染着情感色彩。如果没有情感因素的参与,整个审美感受便无法形成。概言之,情感影响着感知的选择和取舍;情感给想象以翅膀,使想象展开、飞腾;情感引导领悟的深化。当然反过来,感知、想象、领悟也作用于情感,推动情感的深化。

领　悟

领悟即理解和明白。心理学上的理解属于理性思维过程,是指通过揭示事物间的联系而领会其实质的思维过程。审美领悟是偏于理性或超感性的美感心理要素。美感中有无理性因素,至今仍是一个人们争论不休的问题。西方的直觉主义者、反理性主义者只看到美感的感性性质,否认美感的认识作用和理性内容,是一种片面的看法。而有些机械唯物论者虽然看到了美感的认识作用和理性内容,却忽略了美感的理性与抽象思维的理性二者的根本区别,否认了美感中的理性是溶解于、渗透于知觉、想象、情感之中的,从而否认了美感的特殊规律,这种看法也是片面的。我们认为美感是感性与理性的统一,是认识欣赏美的事物或事物的美的特殊心理过程。在此过程中,感知、联想、想象、情感、领悟诸因素处于自由和谐的运动状态,其间并没有也不需要横插一个独立的抽象思维阶段。人们不必中断自己的感受,停下来进行判断和推理;更不需要把欣赏这个始终不脱离表象的感性活动处处都"翻译"成相对的概念,另搞一套与欣赏平行的理论认识。相反,人们总是不假思索地让自己的感知、想象和情感循着对象的指引和方向,自由和谐地活动起来,而在最终获得的审美愉快中,蕴含着对于对象所具有的社会理性内容的理解和认识,我们称这为审美领悟。审美领悟具有以下特点:

1. 审美理解寓于感性观照之中

在美的欣赏和创造中,理性因素超感性又不脱离感性。理性积淀于感性之中,理解溶化于想象和情感之中,犹如水中之盐,无痕有味。黑格尔在《美学》中把美感过程称作"充满敏感的观照"。他认为,"'敏感'一方面涉及存在的直接的外在的方面,另一方面也涉及存在的内在本质。感性直接观照里同时了解到本质和概念"。黑格尔的论述揭示了审美理解寓于感性直接观照的特点。中国文论也有这方面的论述。叶燮《原诗》云:"唯不可名言之理,不可施见之事,不可经达之情,则幽渺以为理,想象以为事,惝恍以为情,方为理至事至情至之语。"这说明诗中之理性内容渗透于具体的形象感受、联想和想象中,不着痕迹地发挥作用。正如钱锺书先生所言:"理之在诗,如水中盐、蜜中花,体匿性存,无痕无味。"这是审美理解不同于抽象思维之处,也正是审美理解具有感人力量之处。李白的《玉阶怨》塑造了一个栩栩如生的月夜思妇形象:"玉阶生白露,夜久侵罗袜。却下水晶帘,玲珑望秋月。"后人肖士赞评论时说:"无一字言怨而隐然幽怨之意,见于言外。"诗中没用一个"怨"字,而是通过一系列的景物、动作组成生动的形象,抒写出了思妇的"怨"。欣赏者通过形象感受和体验,自然会理解诗中主人公因离别和思念而产生的幽怨和寂寞之情。在艺术美的创造中,作者的观点和倾向应蕴含于形象之中,从形象中自然而然地流露出来。

2. 多义难传

审美领悟不是通过概念推理得来,而是通过形象感悟出来,因而不像理性判断那样确定。它往往朦胧多义,往往有"可以意会而难于言传"的特点。叶燮在《原诗》中说:"诗之至处,妙在含蓄无垠,思致微妙,其寄托在可言不可言之间,其指归在可解不可解之会。"李商隐《乐游原》中表达的情绪是一种渗透在古原黄昏、夕阳辉映之景中的复杂情绪,是空虚惆怅,还是流连赞叹,不能一言以概之。李煜《浪淘沙》中"流水落花春去也,天上人间"的意境,表达的是国破家亡的怨恨,还是相见无期的悲哀,这也不能一言以概之。这种含蓄、蕴藉正是艺术追求的胜境。欣赏者只有通过对形象的联想、想象,反复咀嚼、品味,才能达到领悟的地步。这样的艺术品耐人寻味,会使欣赏者兴致盎然。

在美感心理中,诸要素虽然各有特点和作用,但它们又相互渗透、相互制约、相互影响、相互为用,是一个动态结构。感知为美感的起点,其中渗透着领悟;领悟中渗透着想象和情感,并与感知相融合;情感又渗透着想象和领悟。总之,感知是基础,想象是载体,情感是动力,领悟是规范,从而构成了它们之间的错综复杂的关系。

《美学基本理论》第二编第七章第二节

美育的界定

美育既从属于美学，又从属于教育。

"美育"这个术语源于德文 Asthetiche Erziehung，最初由德国启蒙时期的诗人、剧作家、美学家席勒在1793—1795年所写的《美育书简》（又译《审美教育书简》或《人的审美教育书简》）中提出。他指出："有促进健康的教育，有促进认识的教育，有促进道德的教育，还者促进鉴赏力和美的教育。这最后一种教育的目的在于，培养我们感性和精神力量的整体尽可能和谐。"20世纪初，我国近代学者王国维、蔡元培将这一术语译借引进过来，并且作了诠释。王国维在1906年所写的《论教育之宗旨》一文中指出，教育的宗旨在于通过体育和心育培养"完全之人物"，而"美育者，一面使人之感情发达，以达完美之域，一面又为德育与智育之手段"。蔡元培在1916年发表《对于教育方针之意见》，从整个教育体系的角度论证了美育的地位和意义。他又在1930年出版的《教育大辞书》中撰写"美育"辞条："美育者，应用美学之理论于教育，以陶养感情为目的者也。"

20世纪80年代，在中国再度兴起美学热，其广度和深度在中国是空前的。随着美学研究的深入，一度被冷落了的美育研究重新受到重视。我国当代美学界、教育界也在美育的界定上作了探讨，分别从不同的角度——性质、特征、功能——定义美育，因而出现了诸如美育、审美教育、美感教育、艺术教育、情感教育等实同名异、概念交叉互通的情况。无疑，这些术语所揭示的内涵都有其合理性，但这些名目的存在也说明了美学界认识的分歧和界定的困难。古希腊的柏拉图感叹"美是难的",美育的界定一时也似乎陷入了同样的困境。

一种见解是,把美育看作审美教育、美感教育简缩后的称谓。这就是说,美育、审美教育、美感教育实同而名异,区别仅在术语字数繁简的不同。但是审美教育、美感教育这些说法容易使人产生这样的误解,以为美育只是审美(鉴别、欣赏美)的教育,或美感(感受、认知美)的教育。这就忽视或削弱了美育的丰富内容,同当前美育活动的实际情形不相符。或许正是出于以上原因,有的美学教材提醒:如果把美育叫作审美教育或美感教育的话,就一定要明确美育作为全面教育的一部分,作为人类自我发展的需要的重要途径所包括的全部丰富内容。还有的把艺术教育与美育互通,甚至视为美育的通称。艺术教育或指专门培养艺术人才的教育,或指培养人的艺术素养的教育,自有其特定含义,以此代美育之称,其以偏概全之弊显而易见。还有的把美育称为情感教育。在王国维美育的概念体系中,"情育"和美育就是相通的,朱光潜也认为"美感教育是一种情感教育"。情感教育正确地指明了美育的基本性质,但似乎又限制缩小了美育的功能,因此尚不足以替代美育这个术语。

另外一种见解是,把美育分为广义、狭义两种,"狭义的美育通常称为审美教育,指以陶冶人的情感、培养人的审美能力为目的教育;广义的美育则指美的教育,即运用美学理论和美的现象,在审美关系中实施教育以培养、审美、创新素质及能力的一种教育活动"(曹廷华、许自强《美学与美育》,高等教育出版社1997年版)。也有的把这种所谓广义的美育称为"整体美育"。这种见解的出现显然是为了解决上述一系列名目互通引起的麻烦,其价值是应当肯定的。

凡事先有实而后有名。随着事物的发展和人们认识的深化,在同一个理论体系内,名实应当相符。因为事物的名和实总是在发展中逐渐趋同的;另一方面,名不正则言不顺。所以概念、术语之争往往显示着学术的进展。

本教材这样界定美育:美育是一个特定的术语。一是指按美的标准培养完整的人(全面和谐发展的人)的教育的、审美的实践活动,即运用美学原理和美的对象,在审美关系中实施教育,以培养人的正确的审美观、相当的审美能力和创美能力;审美教育、美感教育、情感教育、艺术教育只表明美育的部分内涵,是美育的下位概念。二是指美育学——美育的理论概括,是美学与教育学的交叉学科,一门正在建构、规范的新兴学科。

关于美育的界定,这里只辨析与之相关的术语,至于其基本性质将在后面集中探讨。

《美学基本理论》第四编第十二章第一节

美育的特征

美育在内容、功能、途径和效应上都有自己显著的特征。了解和掌握它们,对于进一步认识美育的性质,更加有效地实施美育,都是极为有益的。美育的特征主要是形象性、情感性、愉悦性、实践性和普遍性。

1. 形象性

美育是通过各种事物具体的、可感的、具有审美价值的形象以达到育人目的的,具有形象性特征。

美育的这一特征,是由美和美感的特点决定的。任何形态的美都是以具体可感的形象的方式表现出来的,离开了形象,美就无所附丽。正如车尔尼雪夫斯基所说,"形象在美的领域占着统治地位"。形象总是以其个别的、可感的、鲜活的形式呈现于欣赏者的耳目。朝阳明月、奇山秀水、蓝天绿地……这些都是自然美的形象;苏武持节不辱、文天祥临难不苟、八路军五壮士舍身跳崖、张志新慨然赴义,百万军民以血肉之躯抢险护堤的壮举,爱老扶幼、助人为乐、先人后己的人际关系,热情洋溢、豁达大度、谦和优雅的风度……这些都是社会美的形象;舞蹈的姿态、乐曲的声音、绘画的色彩、小说的语言、影视的画面,这些都是艺术美的形象。经验告诉我们,不论是欣赏自然美、社会美、艺术美,也不论是通过视觉还是通过听觉欣赏,总是从直观的形象开始的。因此,美育必须诉诸形象,以形感人,使受教者通过美的形象,情绪受到激动,感情得到满足,从而陶冶人格、净化心灵,而不采取抽象说教、逻辑论证、技艺传授。一言以蔽之,形象是美育的最好老师。

应当指出,强调美育诉诸形象,决不意味着否认美育理性因素的存在。普及美学知识,讲授美学原理也应当成为美育的基本内容之一。因为倘不如此,那么审美判断力的提高将是缓慢的、不自觉的,对于美丑的鉴别力也总是迟钝的。不过,这种美育中的理论教育倘若能作为一种因素融会贯通于具体感性的形式中,就可以更理想地发生作用,取得良好效果。

2. 情感性

美育的情感性特征是指通过美的对象,运用美育手段感染人、激发人的情感体验,从而达到育人的目的。

人们对形象的直觉感知和情感的发生几乎是相伴而始的。这是因为,在审美认识过程中,在各种各样的形象呈现于人的感官时,必定会引起人们感情的激荡,赏百花争妍而欣喜,观悲剧人物毁灭而怜悯,临雪崩山裂地震而恐惧,如此等等;那些喜哀惧怨等不同的情感都同直觉到的形象的特定意蕴相对应。在美育活动中,当运用具体生动的形象施教时,必定给人们带来一定的审美情感体验,正是这种情感体验使人们对美的内涵的认识更深刻,理解更透彻。

情感之所以在美育中具有重要作用,还在于它含有一定的理性因素。人的情感不只是纯粹的生理活动,其中还蕴含着一定的审美理想、道德伦理观念等理性因素。欣赏影视艺术时,对那些拙劣的作品会产生厌恶情绪,此中即含有理性的价值判断。贝多芬曾要求人们用理性来倾听他的音乐,是因为他已经把对真理、人生的思考渗透在他的旋律中。正如别林斯基所说:"只有当理智和情感完全融洽一致的时候,判断才可能是正确的。"

由于以上所述的原因,我们应当充分重视审美感情,努力运用各种美的对象来激发人的情感,做到以美感人,以情动人。美育的这种情感性特征决定了美育手段的特殊性。

一是美育采取的是一种自由的方式。美育就其本质而言是一种情感教育,而情感是不能强迫的。人可以被迫去行动,被迫去思索,但不可能被迫去爱或去恨。又由于人们的年龄、阅历、性格、气质、文化修养的不同,因而审美趣味就不会单一化。有人喜欢阳刚,有人偏爱阴柔;有人痴迷喜剧,有人钟情悲剧;有人陶醉于山水,有人专注于艺术,凡此种种,全凭个人的心理需要和兴趣爱好。因此,美育的方式应当是自由的,而不是强制、灌输的,而且应当是多种多样的,而不是单调划一的。

二是美育的成果要靠日积月累、潜移默化来实现。任何教育都不能"毕其功于一役",美育更是如此。这首先是因为,美育活动中激起的人们的感情波澜既短暂又易变。它可以冲击人们原来的心理结构,诸如价值观念、自然观念、审美观念等等,但人们的这些观念形态却是相对稳定的,甚至是根深蒂固的。一次次的美育活动,只不过是强化它或者弱化它,不可能一下子根本改变它。因此,美育成果不会立刻显现出来,必须反复实践,持之以恒。其次还因为,人的审美能力不是一朝一夕能够形成、提高的。生活中到处都有美,但未必人人能够发现美;发现美,不仅需要丰富的感情,"去以心发现心",而且还需要相应的审美能力。然而这种能力的培养却是一个长期积累的过程,是在不知不觉中默默获得的。

3. 愉悦性

作为特殊教育的美育,是把教育和审美愉悦统一起来进行的。美育寓教育于娱乐中,寓教育于美的享受中,使人们在愉悦中接受教育。这就是贺拉斯指出的寓教于乐。中国古代的孔子也指出美育的这一特点,"知之者不如好之者,好之者不如乐之者"。当人们既身临其境而又乐在其中的时候,就是说,为美的对象所吸引,为之感动,或喜笑颜开、愉悦开怀,或忧愁悲愤、伤心落泪,这样的审美体验就是愉悦的体验,既包含着适应的心理反应,更主要的是一种精神要求得到满足而生的快感,人们领悟到了生命的意义、人生的乐趣,这就是"乐"。由于我们领悟到了生命的自觉、自由,我们的追求就会更高尚些,我们努力去实现它,这就是"教"。如果说美育的形象性特征在于使人易于接受,那么美育的愉悦性特征便是使人乐于接受,如春风拂面,细雨润物,人们在美的享受中提高了自己的精神境界。

4. 实践性和普遍性

美是人们在社会实践中创造的产物,美的这种实践性决定着美育的实践性。宏观地看,美育是人类在社会实践中产生和发展起来的。一个时代的美育发展水平总是要受到一定社会生产力发展水平的制约,随着社会生产力的发展,美育的内容和手段日趋丰富和多样。正是人们在认识、改造客观世界的社会实践中产生了生命自觉、自由,即改造完善自身的要求,并将这些经验延展开来,传递下去。这些道理已为美育的发展史所证实。微观地看,美育的过程、方式、成果显现,乃是以实践为主的审美活动。不但施教者、受教者的美育活动离不开实践,尤其是审美主体的审美能力的获得更离不开实践。审美能力是一种主体性的自由创造能力,要靠审美主体在审美实践中去感知、体验、领悟,他人是无法代替的,这是平常的道理。

"美是到处都有的。"罗丹指出的美的普遍性也可以用来说明美育的普遍性:美育存在于人类文明社会的每一阶段,也存在于人的生命过程的每一时刻;美育存在于人类文明社会的各个领域,也存在于人类文明社会的不同年龄、职业和性别的群体之中。对全社会而言,美育是全民的;对生命个体而言,美育是终身的。这就是美育的普遍性特征。

《美学基本理论》第四编第十三章第二节

论荒诞

时代在发展,社会在演进,美的形态日趋丰富,人类的审美观念也随之改变,审美趣味与审美范畴同样日益多样化。当代社会已经涌现出许多新的审美范畴需要人们去研究,荒诞便是其中之一。

荒诞这一审美范畴的确立,经历了由艺术表现手法到文艺思潮流派,然后上升为审美范畴的过程。

作为一种艺术手法,荒诞可以追溯到两千多年前的古希腊。古希腊喜剧之父阿里斯托芬曾用荒诞的形式表现严肃的主题。他在《阿哈奈人》中让一个对战争绝望的雅典农民同斯巴达人订立和约,向对方开放和平市场,出售和平眼药,用以表达重建和平的政治主张。从中世纪到18世纪,文学巨匠但丁、莎士比亚、歌德、斯威夫特继承了古希腊的喜剧传统,在他们严肃题材的作品中,采用了一些荒诞手法。但丁的《神曲》运用梦幻形式,描写诗人游历地狱、炼狱、天堂,而梦中所见全是来世生活情景。作品广泛而深刻地揭露了现世的政治和社会状况,以达到唤醒人心、铺平改革道路的目的。莎士比亚的悲剧《哈姆莱特》出现了先王的鬼魂,悲剧《麦克白》出现了三个女巫。这些荒诞手法的运用加强了莎士比亚对他那个时代的重大问题的思考。歌德的《浮士德》取材于带有荒诞性的民间传说。这些荒诞形式与现实描写的结合,总结了数百年间西方资产阶级知识分子的追求与探索。斯威夫特在《格列佛游记》中描写格列佛船长游历大人国、小人国等的情景,莫不荒诞不经,所表达的则是对资本主义、殖民主义的猛烈抨击。欧洲文学以外的各国文学也有类似文学现象,阿拉伯的《一千零一夜》、中国的《西游记》《聊斋志异》《红楼梦》即是。可以说，作为一种表现手法，荒诞的特点就是以梦幻、鬼怪等非现实的艺术形式来表现富于理性色彩的严肃主题。

20世纪五六十年代，欧美出现了一个重要的戏剧流派——荒诞派戏剧。这是由荒诞手法发展到文艺思潮的重要标志。尤奈斯库的《秃头歌女》《椅子》、贝克特的《等待戈多》等等，打破了传统戏剧的艺术手法，把戏剧的动作、语言、人物等要素统统舍弃，在舞台上显示出的形象乖谬荒唐，语言乖戾蹊跷，用以表现人生的荒诞。较之作为一种艺术手法的荒诞，荒诞派戏剧的"荒诞"有了新的内涵，是人与世界、人与人、人与物、人与自我诸方面的不合情理、不合常态、不合逻辑、不可理喻。可以说，荒诞派的特点，乃是用荒诞手法表现荒诞的内容。这种特点，在欧美现代派文学各流派中都呈现出来。表现主义代表作家卡夫卡的《变形记》描写的是人变成甲虫的荒诞故事，借以表现资本主义社会中人的异化。黑色幽默代表作家海勒的《第二十二条军规》表现军事官僚体制泯灭人性的本质。产生于南美的魔幻现实主义多半描写神魔、鬼怪、巫术、幻景，把现实与幻想融为一体，以此来暴露现实的黑暗，反映人民的疾苦。由此可见，荒诞上升为现代西方美学的一个重要审美范畴已是呼之欲出了。

美学范畴总是在逻辑与历史相统一的运动中产生的。作为审美范畴的荒诞属于现代，正如崇高属于近代一样，它是现代西方文化与现代西方社会的产物。西方人对西方现代文化的演变弥漫着一种焦虑、悲观的氛围。18世纪以来启蒙主义和理性主义思潮的演进，并未实现人类的自由、平等、博爱，人类似乎陷于更深的灾难、厄运和危机中。20世纪的两次世界大战给人类带来的震撼远胜于各种理性主义的说教，传统西方文化所描绘的理想蓝图在严酷的现实面前被撕成碎片，成了虚幻的梦影。弗洛伊德学说从理论上提供了存在非理性世界的解释，人有潜意识、无意识，人有梦幻。科技的飞速发展固然极大地丰富了人们的物质文明，但也带来了生态环境的恶化，制造出威胁人类生存的高科技武器,并且使人与人之间的关系疏离。当现代西方人,特别是知识分子意识到自己被抛到虚无世界时,不仅世界变得乖谬丑陋,而且连自身也成了非人;若不变成卡夫卡描绘的甲虫,就会成为尤奈斯库描写的犀牛。

正是在上述的社会、文化背景上,荒诞由一种艺术思潮流派上升为一个西方美学的重要审美范畴。那么,作为审美范畴的荒诞,其本质是什么呢？是现实的不合理性与人的灵魂深处竭力追求合理之间的冲突。

现实的不合理性在阶级社会中是无处不在的,进步的古典作家、艺术家总是存在着一种克服这种不合理性的理想和信念。经历过两次世界大战的惨痛经历之后,接受过各种现代非理性思潮和社会思潮的影响之后,现代派作家、艺术家失去了克服种种不合理性的理想和信念,对人的生命有何意义提出怀疑和拷问,意识到人与世界、意识与自然、有限与无限、生与死的悖理和分裂,意识到理性的清晰与局限的对立,以至面临绝望。但他们的灵魂深处还存在着追求合理、追求自我超越的闪光。加谬在《西西弗斯神话》中塑造了这样一个艺术形象:西西弗斯清醒地意识到自己的荒诞命运,他明知自己的艰苦劳作毫无意义,但仍不放弃对命运的抗争,并在这种反抗中实现自我超越。那些创作荒诞艺术的作家、艺术家本身就是西西弗斯。他们描绘着荒诞的现象,从事着荒诞的创造,他们明知自己的劳动是白费,仍旧痴心不改,在艺术创造中实现了自我超越,并使他们创造的艺术品成为一种伟大的创造。

我们试对荒诞审美范畴的审美特征作一些理论概括。

首先是人与世界的疏离,导致主体深刻地体验到孤独、恶心、焦虑、畏惧等情感。

孤独是西方社会各类人的基本感受。过去也有人感觉到孤独,但那时的人仍有确信支撑自己,只是觉得自己生不逢时、命运多舛,或机遇不好、多灾多难,虽感孤独却仍有希望。而现代人的孤独却是有史以来最大最深的孤独。它是一种失去其立足、生存的家园而四处漂泊的丧家感。卡夫卡《变形记》的主人公格里高尔变成一只甲虫后不但不见容于社会，也为亲人所抛弃，世界于他只是一个不可理解的存在，他在社会上与亲人间隔着一道铜墙铁壁，他的处境毫无意义、毫无希望，只有孤独与他为伴。这是一种无法解脱、无从解脱、彻底绝望的孤独，只有以死来解脱。

恶心是西方社会各类人的基本经验。人生在世总得有所选择；人的选择本来可以有充分的自由，但一经选择，人就进入了世界。不管这一选择是否有意义，也不管是否愿意，他已经不能脱身，他既已是这个身份，便不再是自己。萨特的代表作《恶心》的主人公罗康尔体验的就是这种恶心。他生活在一个污秽龌龊的世界，人人萎靡不振，浑浑噩噩，彷徨苦闷，只能恶心下去。

焦虑是西方社会各类人的基本经验。人在世上必须选择和决定，但这种选择和决定并无必然性。他没有任何可以依靠的东西，也没有任何目的来作为选择的依据，在茫茫人海中既无方向又无目标，既不为自己而活，也不为别人而活，甚至不知道为谁而活、为什么而活，因此不得不忧心忡忡，万分焦虑。贝克特的《等待戈多》真实表现了西方社会中一部分人有所期待却不知期待什么，明知期待不可实现却又不能不寄予期待的那种无可奈何和焦虑的心理。

畏惧是人在孤独、恶心、焦虑中生活时不免弥漫的一种无可名状的恐惧。它不是对某种具体东西的恐惧，也不是对某人、某事的恐惧，而是人生在世本身的恐惧。当他面临着虚无世界，对自己的处境无所适从，直面选择的尴尬、人的异化，不可能不畏惧。

孤独、恶心、焦虑、畏惧，构成了荒诞的核心。它们的不同组合展现出多种多样的荒诞感。荒诞作为一个审美范畴也日益占据当代西方美学的中心。

荒诞审美范畴的另一特征是艺术上的反形式。荒诞艺术使物体不再是立体的、完整的存在，而是一种毫无秩序的、空洞的单面存在。过去与未来，上与下，远与近，左与右都被取消了，时空被压成一个面、一条线。传统的所谓整体性、完整性都被打破,既无中心,又无前后。这种审美追求源于绘画的立体主义。他们把一切物体形象破坏、解体,然后加以主观的组合,毕加索的绘画就是代表。此外,像没有完整情节、没有戏剧冲突,没有严谨结构、人物对话语无伦次的荒诞派戏剧,不构思情节、不塑造人物、时空交错颠倒、叙事杂乱无章的新小说(反小说)派,也都是反形式的典型表现。

"满纸荒唐言,一把辛酸泪,都云作者痴,谁解此中味。"荒诞固然反映了现当代西方人对社会、对人生的嘲讽,但在荒诞的背后,人们会洞察到当代西方社会面临的种种社会危机和精神危机,感受到生活在当代西方社会中的人的向往和追求。20世纪80年代以来,中国也有一些含有荒诞审美特征的文学创作问世,但是非理性色彩淡薄,并且很少对人生表现绝望,这同当代西方荒诞艺术是有所差异的。但不可否认它们受到的外来影响,值得作深入研究。

与李蕙芳合撰
《广播电视大学学报》2002年第2期

双叶集

在有限文字的背后

自20世纪六七十年代在报刊上公开发表文字,到21世纪初出版《昭君文化研究》(多人合著),我们——我与妻子李蕙芳——扒黑板之余爬格子,转眼已有四五十年了。其间见诸书报的,或虽未刊载却于我们又有些意义的,经过盘点和筛选,辑录了一部分在这里,算是文字生涯的一个小结,生活历程的一个留影。古人有言:"文章千古事",把为文之事看得很神圣;又言:"得失寸心知",其艰辛与乐趣,只有亲历者方能体悟。此刻,我们在整理这些文字的时候,当年情景,犹如昨日,那字里行间的一个个汉字,变得如此鲜活,仿佛要舞动起来,演绎着文字背后的一桩桩往事。

我第一次见诸报端的,是一首20来行的民歌体新诗,发表在《内蒙古日报》,凭着报社编辑部的稿费汇款单,知道是在1964年7月19日,第三版。那时候,我还是内蒙古大学汉语言文学专业(与之并列的是蒙古语言文学专业)四年级学生(其时内大学制为五年)。一天,同班刘佩勇拿着一首短诗跟我切磋。孰料过些日子诗稿变成铅字出现了——是佩勇投寄出去的,署名是我们两个。题目、诗句都忘记了,内容还记得:以一个回乡青年的口吻,抒发热爱家乡、决心建设家乡的情感。那时候正在提倡知识青年参加农业生产,建设农村,虽然还没有形成后来"文化大革命"时期的规模,也不带强制性。有谁会在意这么一首诗呢?于我却印象深刻。如今,我这里只留下了报社编部的稿费汇款单及其上的附言了;短诗的执笔佩勇已去世三载,他生前的最后岁月曾任内蒙古建设银行行长。

大五上学期,1964年9月下旬,我和王杰、于水生、马云学、田家辉、额尔敦仓创作了一首300余行的政治抒情诗。几位同窗,性格不同,亲疏有别,却有同好:读诗和写诗。仿佛是王杰(毕业时更名王凡,笔名心潮)的动议,几人商定大意和框架,而后分节分别写去,由王杰和我总其成,投寄内蒙古广播电台文艺部。不久接到该部编辑的通知,要我们集体朗诵这首诗,拟在电台播出。全班经过一番排练,在内蒙古广播电台大厅录制,年底,在"一二·九"纪念日播放了。1965年元旦,这首诗又在校刊《内蒙古大学》第95期整版发表。四十年过去了,今天重读它,几位同窗青年时代的政治热情、充沛的诗情依然令人心动,统稿时挑灯夜战的情景至今记忆犹新。老友王杰,早已从外贸系统退休,但和诗歌的缘分有增无减,并且坚守着原有的诗的信念,歌吟不绝,常有新诗见于书刊,且屡屡获奖;其余几位合作者,则多半与诗神疏远了。

　　大五时,正值农村开展"四清运动,"上层建筑领域则开展"防修反修"的社会主义教育运动。在内大,在汉专、蒙专,教学计划因运动而变化,该开的课不开了,开了半截的课中断了,全校师生统统参加意识形态领域的阶级斗争,靶子是历史系的一位讲师、"修正主义分子"周建奇("文化大革命"结束后平反)的赫鲁晓夫式的言论。"汉专""蒙专"的师生被组织起来,教学班成了"写作班子"批判文艺界的"大毒草"。我们班,写作班子,又分成几个写作小组,撰写批判文章。保兴泉、王璋和我在一组,三人写了批判电影《北国江南》(阳翰笙编剧)的文章,题曰《两种世界观和两种方法论的分歧》,署名郄之夷。投寄后便很快地刊登在《内蒙古日报》1964年11月18日第三版上。这篇文章题目的哲学意味和保兴泉的喜好有关,署名也是他的主意。当时就觉得此名怪异,但始终没有问过缘由。但斯人已殁,如今欲问无处。文章没有剪报,如若再读,定然为当年狂妄的幼稚汗颜。

　　蕙芳发表的第一篇文章是教学论文,时在1978年1月。我俩在1965年7月以全班(汉专毕业班仅一个)五年总分成绩并列第一毕业。毕业后分配至山西教育厅，又转至雁北专区，分别在大同中学、阳高中学教语文。蕙芳从她母亲那里承受了"为师"的基因，比我更安于、乐于教育教学。有感于从教后知识体系的缺陷，蕙芳特别留意语文教改动向，悉心研究教材教法，并在教学中努力践行。任教一年后，"无产阶级文化大革命"爆发。破四旧，大字报，大辩论，大串联，史无前例，什么教学秩序，什么师道，什么课本，统统是"封资修"。黄河上下，大江南北，到处是有组织的激动，有领导的对战，有秩序的混乱（徐迟语，见《哥德巴赫猜想》）。毛主席"复课闹革命"最高指示下达后，特别是1972年邓小平主持中央工作后，全国的经济生活，包括学校的秩序一度步入正常，我们能够回到课堂，站在讲台上了。1972年八九月份，由我俩任语文课的两个师范班在雁北13县的统考中，语文名列第一，为大同县教育局、为大同中学赢得声誉。县教育局本来打算对我们"放行"，同意回呼和浩特的，我们这无意的一招弄巧成拙，县局死活不放。经过几番周折，在1974年年底，我们终于携带5岁的志军、2岁的志海回到了呼和浩特，回到了我母亲的膝下（父亲已于1969年夏病故）。蕙芳分配到十八中，我分配到刚刚恢复组建的呼和浩特市教育局教研室、教师进修学校（两块牌子，一套班子）。一年后，蕙芳任18中语文教研组副组长。1976年10月，"四人帮"被粉碎，文化大革命结束，我们终于可以潜心于教学了。这一年的冬天，市教育局组织全市各中学初二数学、语文摸底考试，要求各校考毕上报成绩。蕙芳不满足于此，主动将所任两个班语文试卷作质量分析，交与教导处主任林凤文，林看后大为赞赏，便作为经验材料上报教育局。翌年，教育局下发文件，要求市属各中学、厂办校将这次摸底考试作质量分析；并印发市区初二《语文数学考试摸底情况材料汇编》（内含5个文件）以为范例，蕙芳的语文试卷分析被收录其中。之后，教育局局长特格舍亲自主持报告会，由试卷分析的两位撰写人蕙芳和二中语文教师刘高礼在市内三区各片介绍考查情况，提出提高语文教学水平的措施。1978年3月，市教育局又以呼教研字第2号文件形式，转发二十七中高一语文组和十八中语文组"作文命题计划",以规范、指导作文教学。十八中的"计划"即出自蕙芳之手。同年秋,市教研室要求各校教研组长总结教学。蕙芳送上八千余字的书面总结。不久,内蒙古师范学院(今内师大前身)《语文函授》主编屈正平先生约见蕙芳,要求把《总结》的一部分摘出,拟刊载其上。这便是《在语文教学中怎样提问题》的面世。这一年8月,呼和浩特师专校长马耳亲自出面,和市教育局协商,又同十八中校方交涉,时任十八中党支部书记的汉专同学毛治林也玉成其事,于是蕙芳调到了师专。

蕙芳在师专任教的前两年,深感师生中存在的重知识、轻能力倾向。结合自己的教学实践,她执笔完成《大学文科教学培养学生能力的几个实际问题》(与白贵合撰),发表在乌盟师专学报《文科教学》上。这篇文章为《人大复印资料》复印,按照今天评定职称的标准,这就可以算作"国家级"论文了。文章较早地提出了大学教育教学中的一个值得注意的问题,后来,高校学生中的所谓"高分低能"成为一种人才培养中的缺陷被提了出来,引起社会关注、同行讨论,很是热闹了一阵。

20世纪80年代初是我们写作和发表论文的一个高潮。我们正值不惑之年,在高校讲授文学课已经有了一定的经验积累,遇有感兴趣的文学现象,就免不了发表一点意见。这便是参与争鸣郭沫若历史剧《蔡文姬》的两篇评论:其一是蕙芳的《感情与责任的巨大冲突——试论历史剧〈蔡文姬〉主题》(载于《草原》1980年第二期评论栏目头条),其二是我的《讨论不应忘记作品——也谈历史剧〈蔡文姬〉》(载于《草原》1980年第6期)。

关于郭沫若先生的史剧《蔡文姬》的讨论,需要多说几句。《蔡文姬》是郭老1958年创作的一部史剧,剧本发表在当年巴金任主编的《收获》第3期,不久即由北京人艺四大导演之首的焦菊隐先生搬上舞台。剧本的发表和演出成为当年文艺界的盛事,并在5~8月引起热烈争鸣。焦点是历史和历史剧的关系问题,史学界热衷于历史上曹操的评价问题,文学界则更为关注《胡笳十八拍》的作者是否是蔡文姬的问题。1978年5月,《蔡文姬》发表20年,"四人帮"已覆灭两年,"北京人艺"将《蔡》剧重排复演,翌年,北影又将话剧移植银幕。于是再度引起争鸣。这次争鸣可以看作是20年前争论的继续和深入,但已不限于史剧的"历史真实与艺术真实的关系"这样一些问题,而是延伸到历史上的民族关系问题。自然涉及《蔡》剧的主题。见仁见智,不一而足。

内蒙古文艺界和史学界也参与争鸣。内蒙古文联主办的《草原》《鸿雁》在1980年上半年陆续发表了若干篇文章。由于内蒙古是民族地区,对《蔡》剧所表现的历史上民族关系及对现实中民族关系的影响尤为关注。那一年一月,查洪武同志在《草原》发表《情难容,理不该》,认为郭老在《蔡》剧中的核心情节曹操要文姬归汉"流露出了大汉族主义意识,起了伤害民族感情的效果"。这一见解引起了我们的注意和思考。这时候,《草原》理论组组长郭超同志正在组稿,《草原》编辑、我们"汉专"的同学张湘霖应郭超之命前来约稿。我们答应参与论争。民族问题在少数民族地区历来是一个敏感的话题,得知我们参与这场争论,师专政文科王西元同志善意地劝阻。但我们当时把它当作一个学术问题看待,于自身利害没有那么多顾忌。在悉心研读剧本、研究一些论者的观点之后,蕙芳对《蔡》剧主题有了一个独到的见解,认为是"感情与责任的巨大冲突";我的那篇论文则对有些论文以今例古、远离作品实际的非学理批评表示了自己的态度。

两篇评论文字获得了我们始料不及的效果。蕙芳的《蔡》剧主题新见解,在当年《文汇报》6月30日"争鸣栏"内予以介绍;9年后仍被两部著作收录和介绍:一部是中国社会科学出版社1989年7月出版的《中国现代文学研究:历史与现状》,在本书《郭沫若史剧研究:挣脱狭隘功利羁绊的曲折历程》中列为《蔡》剧主题六说之一(见128页);一部是武汉大学出版社1989年6月出版的《文学风雨四十年——中国当代作品争鸣述评》,在本书第二编《历史与现实·蔡文姬》中,用一节篇幅专门介绍主题新说(见156页)。上述两部著作似乎都在总结新中国成立以来当代文学40年的文学批评历程,蕙芳的一篇文章、一种见解被提及、被介绍，可见其影响不止于一时一地。我的那篇，也当面得到郭超同志"有总结意义"的溢美之词。

写文学批评文字，有见识才是可贵的；人云亦云，不关痛痒，毫不足取。与其鹦鹉学舌，何如三缄其口。这是我们在写作这类文字时坚守的一个信条。但是在那些年月，在十一届三中全会"思想解放，实事求是"的思想路线提出前后的日子里，坚守这样的信条也需要一点勇气——如果不是保持沉默而是要形诸文字。

《再见吧，莫须有！——评〈公仆，我们在想什么〉兼与张尚英讨论》就曾引起不小的风波。那是1982年国庆前后，张湘霖来家约稿。他带来一篇小说——张彤的《公仆，我们在想什么？》的清样，一篇短评的清样——张尚英的《对莠草和莠言的认识》（以下简称《莠言》）的清样。湘霖对小说的相关背景，比如某地县长选举的风波，人物原型等等，作了一些说明。我们在报纸上对这一事件亦有所闻。张尚英的短文当下就读过了：印象不佳，它充斥着"文化大革命"思维和"大批判"式的语言，不讲道理，没有文理，"帽子"满天飞。但据说是有来头的。我们当即表示。我们既不在官场，又不在文坛，身份超然，可以放言无惮，但需要细读小说而后决定写或者不写。

读过小说，再看《莠言》，两相对照发现，后者对小说的责难，实质上是在曲解社会主义民主，是在回护官僚主义和特权现象。如鲠在喉，不吐不快。在学习了党的十一届三中全会一系列文件后，我们写作的信心更足了。蕙芳用一个白天，就写完了一万余字的初稿，几乎对《莠言》逐条批驳，洋洋洒洒，淋漓痛快。有感于《莠言》的十足的"文化大革命"遗风，在二稿里，我增加了一些鲁迅式的嬉笑怒骂的文字。我们清楚，我们面对的将不单是一篇小说，一篇短评，而是文艺界拨乱反正时期的两种思潮和文风的交战，所以只把"兼与张尚英商榷"作为副题。几天后，得悉我们写作评论的小说作者张彤来访，我们相视而笑："原来是你！"——张彤者，内大同班张国梁者也。

但这篇文章却未能公开面世。在《草原》1982年第7期上，发表了张尚英攻击小说的短评《对莠草和莠言的认识》，鲁罹肯定小说的短评，却抽掉了本拟发表的我们的长文。《草原》主编杨平约见我们，隐约透露出他的苦衷，揣测其意，仿佛求得我们的谅解。后来得知，内蒙古文联党组成员曾经审阅我们的评论，并且通过。但在发排前却有变，把我们的长文收录在草原文学社的《资料汇编》第一辑里。这一辑资料汇编里共收录对《公仆》的六篇评论，我们这篇最长。《汇编》有"前言"，指出小说争鸣的意义和编辑意图。此后《汇编》有没有第二辑、第三辑出世，还有没有故事，不得而知，我们也无意打听。

这段由《公仆》引发的"文案"，到此应该打住了。现在回想，一篇艺术上尚嫌粗糙的小说却引起自治区读者、特别是自治区中西部读者那样强烈的反响，又引得内蒙古文坛格外关注；两个业余评论者的文章又引得自治区政界大人物出面干预，倒也从一个侧面反映了某一特定历史时期，读者、作者、评论者、编辑、文坛，政界对社会主义民主的不同心态，以及艺术民主、学术自由进程的艰难曲折；至于我们的文章能否公开发表，算不上一回事。20年后重读对小说的各种评论，再联系我们的评论的命运，真是恍如隔世。如今的年轻一代，恐怕已经读不懂它们了，甚至会怀疑我们是在面对风车作战吧？

《再见吧，莫须有！》虽然未能在《草原》公开发表，稿约却多了起来。我们对区内作家孟和博彦、照日格巴图、江浩，文学新人敖长福、李慧鹃创作的评论在此后两三年内陆续出现在《草原》《民族文艺论丛》《内蒙古社会科学》这些刊物上；甚至自治区妇联主办的《内蒙古妇女》的编辑也受著名作家、我们的老师温小钰先生的举荐找上门来约稿，这就是蕙芳的文学评论《金钱·爱情·人道主义》（发表时以要目出现于封面）。对上述区内有影响作家的评论，我们都是首评者，有的还发在头条。这些评论，凡我们共同署名的，往往是我们在接受稿约后，通读评论对象的大部分作品后，交流心得见解，而后由蕙芳起草，我来打磨。她的长处是出手快，创见多，长于结构，我的长处是注重行文的缜密和辞采，长于叙述。所谓"合作"也者，在我们就是这样一种方式，算是优势互补吧。但有些独立撰写的,则是谁撰写、谁署名,另一人绝不挂名。这是我们在学术上互相尊重的表现,也是一种朴素的知识产权意识和学术道德。

20世纪80年代初,在"四人帮"横行之时的文化专制主义被粉碎之后,文学重新受到青睐,兴起一股文学热。我们为中外文学的普及做了一些工作。应时在内蒙古人民广播电台做编辑的内大学长张凤祥和学生张德祥之约,断断续续撰写了介绍外国作家、作品、文学知识的广播稿,在每周的固定栏目《文学杂志》或《北国文坛》播放,约千把字,10分钟许;蕙芳11篇,我3篇。我的一篇《谈谈诗的节奏和韵律》,电台相约在录音棚制作,音落时至,一次完成。声音传到全区,引得毕业后星散的同学重新联系。这些广播稿都是为文学启蒙而作,本书一篇也没有收录。

我们无意做文学批评家,更无意从政。蕙芳推掉了作家评论的稿约,我也几次婉拒到市党史办、内蒙古政协和民盟自治区区委任职的商调。我们自知,我们更适合教书做学问。

在我们的文字生活中,文学批评成了一个插曲,大量的是涉及学科的文字。这类文字可以视作是我们学术和教学的结合体,或者说是课堂教学的延伸和深化。它们有单篇的,也有成书的,限于本书成本容量,未尽收入,有的存目,有的节选,自然也有照录的。

1979年7月,蕙芳赴桂林参加朱维之、赵澧先生主编的《外国文学简编》初稿研讨会。这是粉碎"四人帮"之后第一部外国文学教材。与会的部分师专教师在会议之余商定编写一部适合师专使用的教材,并确定了体例、纲目和分工。蕙芳承担了其中两章:古代欧洲文学和中世纪欧洲文学。粉碎"四人帮"不久,外国文学研究和教学刚刚复苏,这些年轻教师筚路蓝缕自不待言。翌年6月,蕙芳赴河北廊坊参加该教材的审稿、定稿会。两年后,即1982年5月,由外国文学研究的先驱茅盾先生题写书名的《简明外国文学教材》由广西人民出版社出版。翌年,这部教材根据教育部颁发的《外国文学教材大纲》修订,修订本

1987年改由广西教育出版社出版。同年,获中南五省优秀教育读物评奖委员会授予的一等奖。在编写这部教材的同时,他们又商定编写一部面向高校师生、中学教师和外国文学爱好者的综合性、资料性外国文学工具书。1981年1月,第一次组编会在天津召开。在讨论书名时,蕙芳提出"外国文学手册"的建议被采纳,承担了古代欧洲文学、中世纪文学的有关条目,计5万余字。翌年,在北京召开审稿定稿会。其间,蕙芳受委托拜访著名的外国文学翻译家和学者,搜求他们的资讯。

那是一个冬日的上午,她到北京大学,直奔东语系,在楼门口询问季羡林先生的居所。有人指示,门口站着的那位便是。再一端详,这位外着深蓝旧大衣,内着黑色中式棉袄者竟是老农模样,实在难以和大学者联系在一起,禁不住又问:"哪位是季先生?""老农"含笑点头。蕙芳在惊异平静之后说明来意,和蔼的季老领她到了自己的家里,提笔展纸,一口气写下自己简历,列出译著,并且应来访者之请,一一告知吴达元、赵萝蕤、李明滨、孙凤城诸先生的寓所,受到几位热情的接待和回应。下午,她又到北图查阅资料。回到招待所,已是万家灯火。元宵佳节到来之时,《手册》特约顾问、俄苏文学专家戈宝权先生盛情邀请11位编著者到寓所作客叙谈,煮汤圆招待。

经过主编刘宪彪和10位撰稿者的共同努力,以及外国文学权威的指导参与,一代宗师钱钟书先生题写书名的《外国文学手册》,于1984年3月由北京出版社出版且热销。1987年第二次印刷,同年光明日报社、中国青年报社、中央电视台等10家报社、电台、出版机构组成的"全国优秀畅销书"评选委员会授予该书1986.4—1987.4"全国优秀畅销书"奖。这也是实至名归。在我看来,《外国文学手册》有几个特点:一曰大,全书70万言。二曰全,全书分七部分,包括自古迄今的外国重要作家生平著作年表、外国文学名著介绍、外国现当代文学概述、世界文学史大事年表、名词解释、国内外国文学研究专家翻译家简历、外国文学论著期刊、奖项简介;三曰精,文字部分之外,配有翻译家、画家高莽(乌兰汗)先生绘制的作家肖像和书影。三种版型,精装大32开本;

平装上下两册,32开本;简装上中下三册,小32开本。四曰"方便",它附有索引。"手册"名称,较早地在人文社科图书中使用,亦富创意,恰如其分地体现了其资料性、工具性特色,引领一时风尚。这一部出版较早的外国文学工具书,提供了全面了解研究外国文学的极大方便,想来获益者不在少数,以至于该书出版20多年后人们还想起它,提到它。2005年8月10日《中华读书版》第12版有沈胜农《怀想海上花》一文,称赞《手册》,这本他中学时购买的读物给予他的影响:"由之对我国翻译家群体有了较全面的基本认识,……更由此'发现'了一些名家翻译本的消息,当时翻看完后,便得了一个特觅书目。"

　　这部著述曾于1988年修订,蕙芳承担新增的现当代文学有关词条,写成5万余字寄予主编,可惜杳如黄鹤。

　　20世纪90年代初,鉴于"文化大革命"造成的中小学教师学历断层,国家教育部在全国开展学历补偿教育,以提高中小学师资质量和学历达标率。自治区教育厅师训处组织编写高师卫星电视、函授各科教学辅导书。蕙芳的学生、时任师训处副处长的郑伟辰(现任内蒙古考试中心副主任),责成内师大函授部主任张虎成先生和我负责中文学科各课程的策划、组稿、统稿、编辑、印刷。经过一年多奋战,中文学科9门课程(9册)陆续付梓,供全区学员使用。其中《外国文学作品选读自学作业》,蕙芳主编,杜春滨、马小华参编,10万字;《中国现当代作品选读》我任主编,张虎城、郝振宪、王克勇、常存文参编,15万字。这套教辅书,名之曰"自学作业",实际上是部颁课程大纲的拓展,给学员提示学习方向、方法、重点,类似其后兴起的"导读";各章节有多种题型涵盖教材内容,类似其后兴起的"习题集",题上有空白,便于学生作答。编写这样一种既科学又适用的"作业",我们一点都不轻松。只有对课程有总体把握,对每部作品烂熟于心才能设计好习题——习题的类型、习题的质量、习题的数量。我们投入的精力并不亚于论文论著的撰写,虽然它们为"正经"的学者专家所不屑。其实,"作业"云云,只是说明其适用范围而已,并非说明其学术含量。有一个有趣的旁证于此:

在学员得到《中国现当代文学作品选读自学作业》的同时，区内某高校两名教师将《自学作业》擅自更换书名以香港某出版社名义出版，做晋升职称之阶。事发后被教育厅师训处得知受到责罚。后又以知识版权被侵案例出现在某高校法律系的讲台上。顺便一提，教育厅师训处组编的《自学作业》系列，因其在学历补偿教育中的创意、规模、效益，受到国家教育部师范司的褒奖——这是郑伟辰亲口对我们说的。

至90年代后期，全区各地中小学教师学历达标率陆续达到国家标准后，教育厅又在全区开展中小学教师学历后继续教育。师训处刘硕处长、郑伟辰副处长召开数次专题会议，研制全区中小学教师继续教育方案（主体是课程设置）。内师大余家骥，内教院许继骅、厅教研室丁培中诸先生参与其事，我也忝列其中，一道研制语文学科的方案，这就是后来下发至全区师范大专院校教师进修学校供培训高中、初中、小学教师的三个教学文件：《中小学语文教师继续教育指导性方案》。与此同时，余先生和我受教育厅委托组织编写继续教育中文学科各门课程的教学大纲。由于我此前编写学历补偿教育自学作业的一番经历，我和蕙芳，又聘教育学院中文教师辛保平一起完成了全区中小学教师继续教育35个学科（35册）543门课程（不含3门中小学蒙古语文）的教学大纲的统稿、校对，之后以自治区教育厅名义颁发全区的盟市教育局、各师范院校进修学校。中学教师课程、小学教师课程、公共课课程各以绿、蓝、红三色封面区分，类似丛书。虽不豪华，但门类齐全，亦足可观，在全国统编教材未出之前产生过相当的影响。

蕙芳编写了两种：《20世纪外国文学教学大纲》（与杜春滨合撰）、《语文美育教学大纲》。我编写四种：《鲁迅研究教学大纲》《鲁迅作品研究教学大纲》等。蕙芳撰写的《语文美育教学大纲》是蕙芳积语文、美学、美育教学经验的总结之作，为语文美育学科建设尽了绵薄之力；我撰写的《鲁迅作品教学大纲》对初中语文选录的鲁迅小说、杂文、散文作品的教学者提供了较为广阔的思维空间，自认比一般的大纲更有些特色。

"教参"类的写作始终伴随着我们的教学,有的分析教材、提示教法,较早的有《孔乙己》《祖冲之》,较晚的有《一块牛排》《子夜·吴荪甫的失败》;有的介绍知识,如《谈谈初中语文课本中的语法知识》《汉字和识字教学》;有的指导考生复习,如《语文复习大纲参考》《复习考试大纲·语文》;有的对部分大纲提出异议,如《体例、选目及其他——高师91〈中国现代文学作品选读教学大纲〉刍议》,有的反驳流行的说法,如《说比较——比较论证的几种方法的辨析》等等。

　　高校语言文学教育是我们的本职。在师专、教育学院近30年的教学中(此前执教中学近10年),我的兴趣在中国现当代文学,而后转向比较文学,蕙芳主攻外国文学,同时研究美学,由于系里工作需要,我们还讲授过古今汉语、文学概论、写作、大学语文等多门课程。作为系主任的我,大约真有舍我其谁那么一股劲头。讲授课程门类多,便于打通各门课程的内在联系,现代汉语同古代汉语的联系,语言与文学的联系,中外文学的联系等等,我们最后的学术,收缩在比较学和美学上,与讲授、钻研语言文学的多个学科有关;但授课的门类多亦有弊,就是难以在某一较小领域,某一专门问题有大成果、大突破,且有"述而不作"之嫌。而晋升职称,政策的导向是重著轻教,流风所至,教师专注于"著":写论文,攻外语,置教学于不顾,其末流者,便导致追求论文数量、发表级别,更有剽窃他人学术成果者,学术腐败的滋生不能不说与此有关。

　　1998年,自治区教育委员会组建内蒙古自治区中小学教师继续教育专家咨询委员会和教材编译委员会(内蒙古教师发〔1998〕29号),我忝列其中。教材编译委员会开始组编中小学教师继续教育教材。语文学科高中教师教材编写组(余家骥先生为组长)确定先出第一批四种,美学为其一,责成我为主编,美学教材编写的依据是时为内蒙古大学中文系副教授白贵编写的自治区中学语文教师继续教育《美学课程大纲》。所以,教材主编同列白贵和我。在编写过程中,蕙芳除了承担本人撰写的第一编第四章、第五章之外,做了大量主编当做的工作,例如联系和组织几位编著者,调整编写大纲;和我一起审稿,统稿,增删甚至重写其他几位撰写的或简或繁或不切的文字。

  而这些工作都是她在卧病在床的情况下完成的。1997年7月,教育厅委托我到湖南长沙参加教育部师范司召开的一次全国继续教育会议,交流汇报各省经验。郑伟辰处长要蕙芳和我同行。我们拟先去深圳大儿子那里,然后返回长沙,我开会,她探望儿子。29日,我们在机场候机厅,刚刚踏上二楼滚梯的刹那间,蕙芳滑倒在地不能动弹。当时便返回市医院,确诊为严重的头上型股骨胫骨折。一面告知深圳机场等候的儿子,一面办理住院手续。本来是等候妈妈看望的大儿子飞回呼市到医院看望妈妈,二儿子也从外地赶回。折腾二十余天后回家卧床养治。蕙芳在床上竟仰面朝天躺了八个半月!以后才挂着双拐,户外慢行。在这八个半月里,床上铺排着书稿、书籍,她垫高后背,读书、看稿、写作。为及时交稿于内蒙古大学出版社,她又撰写了有的编著者尚待完成的部分:绪论,第一章美的本质与特征(共三节),第二章美的形式和形式美(共五节),第三章美的形态(第一、四、五节)和第七章(共两节)。这本《美学基本理论》共4编15章,31万言。仔细算来,蕙芳撰写的章节和篇幅近半,占45%。所以,毫不夸张地说,这本书不但凝聚着蕙芳的智慧也凝聚着蕙芳的血汗!真正的主编应当是她。这期间,我也格外紧张。日夜护理服侍她的吃喝拉撒,还要保持平静心态使病人愉快。系里的管理、授课也不能耽误,只好推掉了合作编写现代文学著作之约,全力组编《美学基本理论》,并撰写第四编美育。

  《美学基本理论》1999年5月面世,作为教材供全区初高中语文教师继续教育和本科生使用,并且被确定为内蒙古地区国家大学生文化素质教育基地教材;河北省第七届(1998—1999年)社会科学优秀成果三等奖(主编之一白贵已调河北大学,在河北申报),内蒙古1999年度社科成果优秀奖。

  学术界的反应也相当好,《河北日报》5月26日发表了汕头大学教授胡经之先生的书评,《内蒙古日报》5月30日发表了河北大学教授许桂良先生的书评,两位知名美学专家对我们的《美学基本理论》给予中肯评议,许先生特别称道本书能深入浅出地、层次清晰地阐发清楚一些艰深的美学问题,逻辑性强,并有不少创新。如将中和之美由审美范畴上升为美的本质,对中国古代文论没有将崇高列为审美范畴原因的探讨等;胡先生认为,本书"吸收了许多最新研究成果,并且将最新研究趋势反映在书中",对"美育"作出了"有新意的论述"。我们自己清楚,这些全书的闪光之处都出自我们,尤其是蕙芳之手。《美学基本理论》的组编成书过程中,始终得到中小学教师继续教育教材编译委员会办公室主任、教育厅师训处处长张佑中同志、内蒙古大学出版社社长陈羽云先生、责任编辑秦晓霞女士的关注与支持。

蕙芳长于理论思维,在写完《美学基本理论》之后,有两个美学范畴问题还在头脑中萦回,一为悲喜剧,一为荒诞。依旧是二人讨论大纲和主要问题,蕙芳执笔。2001年,差不多用了一年时间悉心研究、准备、写作,决心把它们发在国家级人文学科的学术刊物上。一是为我申报正高做更充分的准备,二是弥补她自己因1998年市教育局要求教育学院这所高校中具有副高职称的女教师55岁退休而失去申报正高机会的遗憾。2002年5月,《广播电视大学学报》第2期刊出了《论荒诞》,后两月,《内蒙古大学学报》2002年第4期刊出了《悲喜剧:由戏剧类型向审美范畴升华》。两篇有创见的论文能够发表在全国人文哲学核心学术刊物(即通常所谓国家级刊物)上,我们的欣喜自不待言。更令人高兴的是,我们论文的责任编辑彩娜女士告诉我们:"你们的论文有反响。"2003年11月,《悲喜剧:由戏剧类型向审美范畴升华》被收录于发现杂志社、中国管理科学研究室学术委员会出版的《中国当代思想宝库》。这两篇发表在国家级刊物上的论文自然给我评正高增加了砝码,但是论文的另一位作者得到的,却只有她并不需要的我的感激。我只能说,我的这个教授头衔是我们共有的,抄改一句歌词:有我的一半,也有她的一半。

2003年3月,我62岁时(因自治区政协委员届满,退休年龄延缓两年)退休了。从 1965 年 7 月从教至退休,工作了 38 年,这 38 年里,任中文系主任 16 年(1986—2003 年),先后任市政协七届、八届委员,自治区政协八届委员 15 年(1988—2003 年),任民盟市委第二届副主委 5 年(1997.2—2002.4 年),这些工作也全部交卸了。此前,蕙芳与他人合作办私立学校三个年头,我退休后也受聘参与其事。

2003 年 4 月,在一次民盟的会议上,盟员、内大中文系马冀先生约我们参与昭君文化研究,合作编写一部著作,分别从史学、文学、哲学、经济学、民族学、美学多角度地阐述昭君文化的内涵和影响。我从史学角度完成了《昭君和亲的历史真相》,37500 字,独立一章;蕙芳从美学角度完成了《论昭君之美》(入书时改题《昭君文化是追求完美的文化》),16800 字,独立一章。我撰写的《真相》力图再现昭君出塞和亲的史实,并且在结构和行文上追求可读性;蕙芳的《昭君之美是追求完美的文化》则努力开掘昭君形象的审美内涵。2004 年 3 月,这部多人合著的《昭君文化研究》由内蒙古人民出版社出版,作为献给当年第五届昭君文化节的礼品。《昭君文化研究》和另外 3 种昭君文化研究的著述曾在当年 7 月举行发行仪式。作者们还参加了昭君文化节期间的昭君文化研讨会。我俩没有露面,且作"她在丛中笑"吧。

零零星星地,我们还写过一些散文和诗歌,情之所至,有感而发,涉及和我们的人生相关的师友,趁这次成书时,筛选一些,收录于此。《走进您的书斋》为纪念闻一多先生殉难 50 周年而作,用闻先生倡导的新格律体一气呵成。《心香遥祭胡先生》是缅怀我心中仁慈宽厚的胡钟达先生的一篇悼文。《风雨路上的足迹》是应市政协文史委员会(我是该委员会兼职副主任)之约,记述薛庆煜先生传奇性人生之旅,是一篇访问记形式的传记作品。2003 年 5 月间,老人走完了他的人生之旅。因为非典肆虐,防控严格,不便举行追悼会,那一天,他的儿女们把他的遗体从中蒙医院的太平间抬到灵车上,我们几个后生晚辈——民盟市委时任主委董恒宇主委、朱德礼副主委以及挚友天恩和我,望着灵车向北而去,怅然不已。

在本书里，我们还选录了几首献给母校、师长的诗，都是因为某种机遇的即兴之作，真情流露。那些同样给予我们的人生以良好影响，助我们成长、成功的老师们，我们永远心存感念：湖南新化上梅中学刘锡嘉（语文），新化一中罗世朝（语文），呼和浩特一中刘秉琦；内蒙古大学"汉专"萧雷南、周韵春、王叔磐（中国古代文学）、韩公陶、李沛然（中国现代文学）、陈寿朋、杜宗义、弓惠英（外国文学）、汪家骏、温小钰（文学理论）、梁东汉、齐冲天（文字学、古汉语）、李作南（语言学）、鲁歌、周蒙（写作）诸先生，俄语教研室陈建康先生……想起他们，就会想起我们求学的年华，"故事"自然也很不少，但这已不是有限文字所能表达的了。

2006年6月的一天，民盟时任呼和浩特市委主委、副市长董恒宇同志打来电话，约我们撰写呼和浩特民盟组织20余年来的发展历程的史志。此前一年，市政协着手编纂《呼和浩特政协志》，该志七卷，其中第四卷为民主党派、工商联卷。呼市各民主党派和工商联接受任务，分头行动。民盟市委机关李玉洁已先期做了部分基础资料的搜求。董主委电话里讲的就是这件事。作为老盟员，我们责无旁贷，也深感荣幸。在研究了政协志编者的要求后，结合我们入盟20余年的亲历亲闻和盟务工作经历，分别起草，最后整合，经两个月的苦战，按时完成了2万余字的初稿。

初稿经民盟市委召集的审稿会讨论，根据董恒宇主委、朱德礼、张敏黎、蓝兴东、田青松诸位副主委的意见又略作增改，交与市政协，收入《呼和浩特市政协志》。

2007年5月间，在《呼和浩特政协志》付梓之前，我们接到市政协学习与文史研究委员会主任、政协志执行主编潘秋惠、执行副主编代林同志托付的《呼和浩特政协志》最后的校勘任务，"纠错"并"疏通文字"，两位都说，"你们校过的我们放心"，这样的信任，令我们感动，尤其觉得是一种重托。前前后后一月有余，临渊履冰，字斟句酌，每篇"互校"外，又各通览一遍，字数大约是《呼和浩特政协志》全书（156万言)的多半、100万言;还提了一些编排方面的建议。盛世修史(志),能够参与这一文化工程,那是我们的荣幸。

  这两件事同我们的教书治学无关,却与文字有缘,也是文字背后的故事,故而写于本文将近结束之时。

  我们的主业是教书,所谓"舌耕",岗位是讲台,所谓"杏坛",其成果便是学生。从教近40年来,中学生,专科生,本科生,成人函授生,我们亲授的莘莘学子而今已遍布呼和浩特市教育领域、党政机关,在各自的岗位尽显身手。

  各行各业都有道德规范,教师似乎又多了一层:身教重于言教,在为人为学上应当是教育对象的表率。"其身正不令而行,其身不正虽令不行"。教师应与"文人无行"绝缘。这或许是教师得到尊敬的原因吧,以至于"老师"由一个普通名词引申为敬称。这是"平凡的真理",也是我们从教以来恪守的基本信条。在这个信条的支配下,我们认真对待所讲授的每一门课,认真对待每门课程的每一节课,兢兢业业,不敢懈怠分毫。当回顾教学生涯时,我们可以说:无愧于我心,无愧于老师这个称号,无愧于我们的学生。

  我们只是普普通通的教师。在教学之余写了一些文字,总计80余万言,选其约1/4于此,为自己的生活留些痕迹。文字一仍其旧以存其真,有的诗文加了一些补记以备忘。未选入本书但已发表或出版的著述,仅存其目。

  这本自选文集,估命之曰"杏坛草",献给春的枝头,献给秋的果实,献给同我们曾经交往的师友以及我们的亲人,以期为他们的生活增添少许绿意。

与李蕙芳合撰
《杏坛草·自序》,2007年6月

触摸历史　感受事功

——《呼和浩特市政协志》读后

市政协主席刘香芸主编的《呼和浩特市政协志》于日前面世。这部方志的编纂、出版和发行，是呼和浩特市政治建设、文化建设的一件盛事，也是呼和浩特市政协献给自治区成立60周年的一份厚礼。

《呼和浩特市政协志》是一部厚实的书。

说它厚实，不仅因为它卷帙浩繁，蔚为大观：精装16开两册，156万言。这样的规模——恕我孤陋寡闻，在政协志一类的志书中尚不多见；说它厚实，更因为它容纳的呼和浩特市经济社会的信息和容量之大。

呼和浩特市政协组织，和新中国成立以来的当代历史相伴随，如果从1950年7月代行人民代表大会职权的第一届归绥市协商委员会起，又历政协第一届委员会至本届即第十届委员会，已逾半个世纪。这样一部方志，承载着呼和浩特市政协五十余年的历史进程和风云岁月；积淀着历届政协组织、领导和工作人员、委员们的经验、智慧和愿景；又因为人民政协的特有性质及其主体——政协委员的广泛性、代表性，这样一部方志，交叉涵盖着呼和浩特市自新中国成立以来各个时期、方方面面、角角落落。

作为一个老呼市人、老政协委员，我在阅读《呼和浩特市政协志》的时候，不时交织着的两种感觉——沧桑感和亲切感。我在触摸历史年轮的同时，也确实感受到了人民政协的事功。透过文字，我读出了中国共产党领导的多党合作和政治协商制度的形成与完善；读出了爱国统一战线的成长与壮大;读出了在中国共产党的领导下,呼和浩特市各族各界、各民主党派无党派人士风雨同舟建设民主政治的努力和成就。

《呼和浩特市政协志》还是一部很有特色的新方志。作为一部政事志,它除了体现出真实、具体、翔实这些基本要求而外,我个人以为,它至少在两方面特别值得称道。

一是经纬交织、史志结合的体例。一般地说,史偏重于纵向叙述,志偏重于横向叙述;但旧史家重史轻志,谬称方志为史的"旁支"。这部《呼和浩特市政协志》是志,但又融汇了传统史学所谓编年体、纪传体、本末体的要素。它将呼和浩特市政协大事记(1949—2006年)置于卷首,不列序次,以显其纲举之义。其下以5卷从其机构、部门和组成单位横向展开,又以编年、本末形式述之;终卷(卷六)"人物·荣誉",是纪传体通例,可谓画龙点睛。附录各篇有文献、条例等,方便检索,不可或缺。

二是民主党派、工商联地方组织各设一章,合成一卷,凡十七八万言,不仅全面完整地表达了呼和浩特市政协的工作成就,并且印证着民主党派地方组织在履行政治协商、民主监督、参政议政职能中的作用和作为。又辟一卷志区旗县政协,作为市政协工作的补充和丰富。这两个方面的立意,体现了《呼和浩特市政协志》编纂委员会、主编的政治视野,也使得人民政协团结、民主的主题更为鲜明,使《呼和浩特市政协志》思想内涵更为坚实,市政协工作层面更加广阔。

初读《呼和浩特市政协志》,笔者注意到,纂修者追求的目标之一是"融资料性、知识性、可读性为一体"。作为史志,这是一个不低的预定目标,也是一个已然的目标。任何一部著述都有相应的读者群,志书亦然。不过,所谓可读性,只是一个相对性概念:它一面同读者的阅读期待、志趣相联系,一面同读物的形式、文字相联系,前者的提升或后者的完善,都会增加可读性,扩大读者群,使有用和有益臻于完美统一。政务工作者、政协人士、文史工作者固然可以从《呼和浩特市政协志》获得必需的资料,并且所有关注呼和浩特市历史与现实的,关注呼和浩特市政协历史与现实的,都可以从中获益并在某些方面受到启示。

我们希望并且相信,在经过读者和时间的检验之后,《呼和浩特市政协志》能够以其具体的事实,发挥其传承爱国主义传统、革命传统的资政团结育人作用,以其权威性发挥其存史作用,藏诸名山。我们希望并且相信,呼和浩特市政协组织和政协人士,以其更辉煌的业绩续写好呼和浩特市政协今后的篇章。

《呼和浩特日报》2007年9月17日

呼和浩特百年中高等师范教育及其他

自上世纪初年迄今,呼和浩特地区的中等师范教育、高等师范教育、成人高等教育和高等职业教育走过了百年风雨历程。对此,本文试作简要回顾,并借以疏理市属唯一普通高校——呼和浩特职业学院的沿革变迁。

源远流长的中等师范教育

师范教育是培养师资的专门教育。"师范"一词,见于西汉扬雄《法言·学行》:"务学不如求师。师者,人之模范也。"培养教师的机构就是"师范学校",今人喻为"教育工作的母机"。

中等师范教育的任务是培养小学和幼儿园师资。呼和浩特地区的中等师范教育始于近代,约与基础教育同时,距今百年。

清末戊戌变法失败后,"新政"部分地保留下来。光绪二十九年(1903年),本地的书院全部改为"学堂"。是年秋九月,归绥道台(治归化城)在汉学古丰书院原址改建归绥中学堂。其后,绥远中学堂、土默特高等小学堂相继由书院改建,实行新学制。本市近代普通教育由此发轫。

光绪三十三年(1907年),归绥中学堂增设师范简易科(又称师范学堂)。依清廷《初级师范学堂章程》,师范学堂设完全科、简易科,前者修业五年,后者修业一年,所设课程多寡繁简有别,但除了传统中学(即汉学)外,均开设博物、理化、心理学、教育学等西学课程。所以,归绥师范学堂的创建无疑是本市师范教育开始的标志性事件。就全国范围看,它稍晚于1902年创建的通州(今江苏南通)师范学堂5年。归绥师范学堂至宣统三年(1911年)毕业学生43名,民元后18名;民国八年(1919年)停办。

民元以来,学堂一律改称学校。至新中国成立前,归绥(今呼和浩特市区)公立的中等师范学校或中等师范性质的学校凡5所,即绥远师范学校、归绥女子简易师范学校、省立中山学院、国立蒙旗师范学校、巴彦塔拉师范学校。除最早成立的绥远师范学校外,其余4所独立存在的时间,长则26年(如女子简师),短仅2年、7年、8年,其历史与规模均不能与绥远师范学校比肩。绥远师范学校可谓一枝独秀,在本地区的教育体系中具有举足轻重的地位。

绥远师范学校始建于1922年2月,翌年9月12日,迁址于城北公主府(今呼和浩特市博物馆馆址和呼和浩特职业学院本部)。自其创建,学校因行政区划变动,数易其名,但"省立"地位未曾改变;除抗日战争一度西迁绥西外,办学地址也未曾挪移,历经时代风雨而"学脉"不断,为本地区的社会进步、特别是基础教育发展,作出了可贵的贡献。迨至抗战胜利后,国民党统治下经济崩溃、社会动荡、民生凋敝,教育事业江河日下、岌岌可危,这所当时本地区的最高学府已是满目疮痍,难以为继了。

学校是社会的一部分。时代的晴雨、社会的思潮往往首先反映在敏感的知识界和那些热血青年的身上。故而在师范学校建校以来,平静的校园时有学潮因势而起,左翼师生挺身而出,从而形成了该校弥足珍贵的革命传统。

新中国的成立使师范学校犹如凤凰涅槃,火中更生。由于行政区划和隶属关系的变化,先后易名归绥师范学校、呼和浩特第一师范学校。兴建校舍,扩大招生,遵循国家教育方针和师范办学规程,建章立制,规范并改革教学内容、教学方法及管理体制。20世纪60年代中期,发展为一所规模大、师资强、设备全、质量高的社会主义中等师范学校,其毕业生累计万人,为新中国成立前的8倍(1949年前毕业生总计1300人,据《呼和浩特市教育志》)。

1966年6月"文化大革命"爆发后,呼一师受到"极左"思潮重创,一度停办。"文化大革命"后期1972年恢复重建,定名呼和浩特市师范学校,隶属市政府(时称革委会)教育局(时称文教组)。此间承担培养培训小学师资任务,班级类型各异,学制不等,但培养培训方式均有非正规的"应急色彩"。

1976年10月,"文化大革命"结束,经正本清源、拨乱反正,1978年改革开放新时期开始,中国的教育事业步入健康发展新阶段,"科教兴国"被首次提出,教育法、教师法等一系列法律法规颁布,1985年《中共中央关于教育体制改革的决定》明确指出要"把发展师范教育和培训在职教师作为发展教育事业的战略措施"。

20世纪八九十年代是呼和浩特市师范学校发展历史上最好的时期之一。市政府加大对该校的投入,兴建教学楼,增添设施,配备师资。1993年国家教委组织检查团对该校标准化建设和教学改革进行评估,认定为一流师范学校。20世纪90年代末起,国家对师范院校调整,由三级师范(中等、高等专科、高等本科)向二级(高等专科、高等本科)过渡。2000年呼和浩特市师范学校并入呼和浩特教育学院。自绥远师范学校创建始,至结束独立办学的历史,为时78年。

与时俱进的高等师范教育

高等师范教育包括普通高等师范教育和成人高等师范教育,分别承担培养和培训中学师资的任务。

内蒙古的高等教育事业与新中国同生共荣。今天的国办、自治区所属大专院校起始于20世纪50年代初,例如内蒙古工业大学的前身绥远省归绥高级工业学校,内蒙古师范大学的前身内蒙古师范学院以及并入后者的绥远省师范专科学校、察哈尔师范专科学校,内蒙古农业大学的前身之一内蒙古畜牧兽医学院；勃兴于50年代中后期、60年代初，四五年间内蒙古医学院、内蒙古大学、内蒙古工学院、内蒙古建筑学院、内蒙古水利电力学院、内蒙古林学院、内蒙古财经学院、内蒙古农牧学院（内蒙古畜牧兽医学院扩建更名）、内蒙古体育学院、内蒙古教育学院等十余所普通高校、成人高校相继林立于自治区首府呼和浩特市。

呼和浩特市的高等教育事业始自成人高等师范教育，其标志当是1956年2月经市政府批准成立的、高校性质的培训机构呼和浩特市教师进修学校。该校以培训市区各中小学教师为任务，使之达到高师或中师学历，及至1965年市三区（新城区、玉泉区、回民区）各建小学教师业余进修学校后不再承担培训小学教师的任务。呼和浩特市教师进修学校自创办至1964年10年间，累计办专科班57个，毕业学员2172人；办普师班96个，毕业学员3520人（据《呼和浩特市教育志》）。

"文化大革命"开始后，"左"祸深重，市教师进修学校及市内三区小学教师进修学校统统撤销。至"文化大革命"后期的1974年，鉴于基础教育的严重危机，市教师进修学校恢复重建，与教育局教研室合署办公于"小红楼"一隅之地，顶着政治风浪，勇敢而艰难地开展业务。

新时期之初（1980年），教育局教研室与教师进修学校分离，各司其职；后者改称呼和浩特市教师进修学院，另迁新址。由"校"而"院"，不仅是称谓的变化，更是定位的明晰。市教育局加大投入，新增教学设备，充实师资队伍和管理人员；学院举办各种类型的大专层次的中学教师和行政人员的专科班、培训班，成为当时呼和浩特市教育结构不可或缺的组成部分。

再说呼和浩特市的普通高等师范教育。其发端约与成人高等师范教育同时而稍晚。1958年，经自治区教育厅同意，呼和浩特市师范大专班成立，招生纳入国家计划，设语言文学、数学、体育、生物4科，学制二年。1960年，自治区党委批准成立呼和浩特大学，师范大专班同时并入，招生纳入国家计划，设9个专业，学制两年或三年；年底呼大撤销,自治区党委批准成立师范专科学校,又于1962年停办。从"师范大专班"到呼大到师专,虽三易其名、两度分合,但其师范性质并无变化;而其兴废于倏忽之间,盖自全国"大跃进"运动及其后中央提出调整、巩固、充实、提高"八字方针"那段历史时期国家经济社会形势与政策的变化。

15年后,当1977年、"文化大革命"结束后翌年11月,自治区教育厅落实全国教育事业计划会议精神,同意呼和浩特市举办师范专科学校(亦称呼和浩特师范大专班)。校址设在公主府北院,与在公主府南院的呼和浩特市师范学校隔墙而治。设9个专业6个教学科(后改称系),学制二年,成立当年即行招生,纳入国家计划。此师专非彼师专,此师专正值中国高等教育的恢复发展期。校方在自治区教育厅和市政府的支持下,配备教学设施,招致优秀师资,有章有序地实行管理,其办学业绩受到教育部领导首肯。至1983年底,该校毕业学生6届,共1200余人,毕业生质量之高有口皆碑,其77级学生在同一年有8名考上北大等一流高校研究生,轰动一时,流传至今。

时值1982年10月,国务院批示转发教育部《加强教育学院建设若干问题的暂行规定》下达。这是国家关于教育学院建设的第一个法规性文件。文件对教育学院的性质、任务、地位、规格、主管主办、师资队伍建设、申报撤销程序等均有明确具体规定。1983年4月,自治区人民政府批复呼和浩特市人民政府,呼盟、哲盟、锡盟、乌盟、伊盟、巴盟行政公署在原教师进修院校的基础上建立教育学院,同意呼和浩特市人民政府和乌盟公署分别在教师进修学院和师范专科学校基础上,合并组建教育学院。如此,办学6年的呼和浩特市师专和成立8年的呼和浩特市教师进修学院便合二而一了。新建的呼和浩特教育学院承担师专培养、培训中学师资的任务,兼具普通大专和成人大专的性质;普通大专生的招生、分配列入国家计划。在教育部历年公布的招生点(院校)中,呼和浩特教育学院榜上有名(据悉,这样的"待遇",在全国各级教育学院中仅2所)。

20世纪八九十代是该院的鼎盛期。成人学历补偿教育、卫星电视大专教育、成人大专学历教育、中小学教师继续教育、教育行政干部培训全面铺开，有声有色，声名及效益在全区同级院校中位居前列；普通大专生入学分数线与区内本科师范院校相差无几，多数专业生源不断。毕业学生、学员遍布自治区西部地区、呼和浩特市各中学，颇受用人单位青睐。90年代末，自治区教育厅组织专家评估，呼和浩特教育学院在教学场地、设施、管理、教学、科研各项指标中均名列全区同级教育学院之首。呼和浩特教育学院自创建至2003年10月与其他三所成人高校合并组建呼和浩特职业学院，历时20年，培养培训中学师资和教育行政干部3万余人，为本地区的基础教育作出了重要贡献。

改革开放催生的成人高等教育

成人教育兴于欧美，但各国阐述界定不一。联合国教科文组织1985年召开的第四次国际成人教育大会通过的报告认为，成人教育是指整个有组织的教育过程，不论其内容、水平、方法如何，是正规的或是非正规的，不论是延续的或是取代学校和大学进行的初步教育以及在企业的学徒训练。通过这个教育过程，使社会成员中被视为成年的人增长能力、丰富知识、提高技术和专业资格，或使他们转向新的方向，在人的全面发展和参与社会经济、文化均衡而独立发展的两个方面，使他们的态度和行为得到改变。

在我国，成人教育的"成人"，通常被理解为"在职在业"，包括干部教育、职工教育、农民教育和社会教育。

中国的成人教育作为有组织的系统、连续教育过程，始于20世纪初。"五四"新文化运动后，在各历史时期，以不同形式和内容在各地兴起。新中国成立后，国家将成人教育纳入国民教育体系，从而与基础教育、师范教育、职业技术教育、高等教育占有同等重要地位。

新中国的成人教育受到党和国家的高度重视而与时俱进。20世纪50年代开展了大规模的扫盲运动,各地开办了各种成人文化、技术学校;20世纪60年代初初步形成初等到高等多种形式、层次的成人教育体系。"文化大革命"十年中,成人教育陷于停顿。新时期以来,成人教育得到恢复和发展,特别是成人高等教育,堪称异军突起,除恢复函授、夜校、业余大学外,还举办了中央电视大学、成人高等自学考试,开设了管理干部学院。1987年国家教委发布《关于改革和发展成人教育的决定》,进一步提出成人教育的任务:对已经走上工作岗位以及需要转换工作岗位或重新就业的人员进行岗位培训;对已经走上工作岗位而未受完初等教育、中等教育的劳动者进行基础教育;对已经在职而达不到岗位要求的中等或高等文化程度和专业水平的人员进行文化和专业教育;对受过高等教育的人员进行继续教育;对全社会的成人进行社会文化和文明教育。

呼和浩特市的成人教育同全国各地一样,经历了相同的历程。

1978年12月中共十一届三中全会做出改革开放伟大决策,开启了中国社会主义现代化建设新时期,本市高等教育进入发展期,呼和浩特市市属成人高校呼和浩特教育学院、呼和浩特市职工大学、呼和浩特管理干部学院、呼和浩特市广播电视大学先后成立。但4所成人高校风貌、特色各不相同,功能也有所差异。呼和浩特教育学院,前文已述。呼和浩特市职工大学,是在1974年5月成立的呼和浩特市职工业余大学的基础上发展而来;1980年8月经自治区政府批准、报国家教育部备案,由自治区总工会主管、市总工会主办。这所最初以理工科专业为主的成人高等院校经过30年努力,到世纪之交已形成比较完整的多层次、多学科的综合性成人高等教育的学历和非学历教育格局,为本地区生产第一线培养、培训了大批大专层次的应用型人才(其中,学历教育毕业生1.2万),作出了特殊贡献。

同样在改革开放中应运而生的市属成人高校,还有呼和浩特管理干部学院。该院经自治区政府批准,成立于1985年1月,定名呼和浩特市管理干部学院。由于管理体制的原因,1986年更名为内蒙古管理干部学院呼和浩特市分院,人财物的管理由市政府负责,教务、教学、学员、学籍由内蒙古管理干部学院统一管理。1994年9月自治区政府批准独立设置,名称为呼和浩特管理干部学院。学院自成立之日起,坚持"以学历教育为主,以岗位培训为重点"的办学思路,专业以党政管理、行政管理、工业企业管理、商业企业管理为主,兼以财会、金融、法律、文秘等其他应用型专业;同时与区外高校联办本科生、研究生学历教育。历届专科本科生毕业人数6000余名,接受厂长、经理、公务员岗位培训的人员累计2.6万名,为本地区经济社会发展作出了积极贡献。

呼和浩特市广播电视大学是一所运用广播电视、文字教材、音像教材和计算机课件及网络等多种媒体进行现代远程开放教育的成人高校。1979年2月,中央广播电视大学及各省、区、市"电大"相继成立。10月,内蒙古广播电视大学呼和浩特市工作站启动;工作站行政归市教育局。1988年8月经自治区、呼市两级政府批准,"工作站"升级为内蒙古广播电视大学呼和浩特市分校,行政级别为局处级,行政隶属市政府。在逐步改善办学条件、扩大办学规模的同时,该校丰富办学内涵,学历教育由单一的电大教育扩展到普通高等教育、中专教育、自学考试教育、开放教育(本科),并按照社会需求开办、注册视听生教育;专业设置由单一的工科专业拓展为中文、新闻、法律、文秘、财会、英语、计算机等70多个专业文理工经农医6大类,成为以大专学历教育为主,以本科、中专学历教育为辅,积极开展职业培训的成人高校的新秀。截至2007年,培养培训各类大专层次应用型人才两万余名。

呼和浩特教育学院、呼和浩特市职工大学、吁和浩特管理干部学院、呼和浩特市广播电视大学共同构成了呼和浩特市成人高等教育体系,并成为日后呼和浩特职业学院的主干。

市属唯一高校——呼和浩特职业学院

20世纪90年代至21世纪初,随着国家经济、政治体制改革的深化,教育体制改革也进入了重要时期。中共中央、国务院于1993年2月发布的《中国教育改革和发展纲要》是我国20世纪90年代初至21世纪初我国教育的发展目标、方针和战略的纲领性文件。《纲要》提出了我国教育的总目标和90年代教育发展的具体目标,确定了教育体制改革的重大方针政策。翌年6月,国务院转发国家教委《关于〈中国教育改革和发展纲要〉的实施意见》,使《纲要》规定的目标进一步细化、量化、使任务分阶段分步到位。

成立于改革开放初期的呼和浩特教育学院、呼和浩特市职工大学、呼和浩特管理干部学院和呼和浩特市广播电视大学4所市属成人高校都曾有过20多年艰辛的创业史和骄人的业绩,为本地区的经济建设、社会发展做出过可贵的贡献。但在进入新世纪后,面对社会主义市场经济新形势,由于原有教育体制的束缚,四院校都不同程度地面临发展瓶颈。当此转型关键时刻,呼和浩特市人民政府作出调整市属高校格局的决策,决定组建呼和浩特职业学院。根据自治区人民政府内政字〔2002〕325号文件,呼和浩特市政府于2003年10月向"市有关部门"下发《关于组建呼和浩特职业学院有关事宜的通知》(呼政发〔2003〕79号文件),《通知》指出,经自治区人民政府批准组建的呼和浩特职业学院为副厅级建制。撤销原呼和浩特教育学院、呼和浩特管理干部学院、呼和浩特市职工大学建制;呼和浩特市广播电视大学同时并入呼和浩特职业学院,保留原广播电视大学牌子,与内蒙古广播电视大学管理体制和业务隶属关系不变。

由4所市属高校组建的呼和浩特职业学院成立后,2004年和2006年又先后并入内蒙古广播电视大学呼和浩特铁路局分校、呼和浩特铁路成人中等专业学校、内蒙古广播电视学校、内蒙古技师培训学院等4所原属呼和浩特铁路局、自治区广播电影电视局、自治区劳动和社会保障厅主管的高校和中专。

职业技术教育是对职前、职后的各级各类职业和技术以及普通教育中的职业教育的总称。同其他类型教育比较,职技教育具有直接为经济社会发展服务的特点,偏重理论的运用和实践技能的培养。高等职业技术院校,有的属于普通高校,有的分属诸如短期职业大学、技术专科学校、五年制大专等序列。

呼和浩特职业学院属普通高等院校。自成立后,在呼和浩特市政府的高度重视和有力支持下,平稳有效地实现了呼和浩特地区的教育资源的整合,学院通过旧校区资财置换的方法自筹资金进行基本建设,针对社会需要规划专业设置,出台并实施一整套管理、用人和分配机制,全面调整并重构师范类和高职类教学计划,从而初步建立起以全日制高等师范教育、高等职业教育为主体,广播电视教育、成人教育、短期职业培训共同发展的多层次、多形式的办学格局,在校生以万人计。其办学规模和办学效益在呼和浩特市的教育史、特别是高等教育史上实属空前,是过去不可想象的。并且形成了自身特色:同组建前的4所市属高校相比,在体制上由成人高校转变为普通高校,体现了职业学院体制上的优势;与区内同类职业技术院校相比又涵盖师范教育、远程教育,兼有跨省区联合办学和跨国院校联合办学,拓展了办学空间。

呼和浩特职业学院崛起于改革开放深化的历史时期,是一所新建的普通高等院校;同时又是一所在20世纪初发轫、历经百年、融汇诸多院校设施、师资,积淀深厚人文资源的老校。老校逢盛世,旧貌换新颜。2006年底,学院明确提出五年奋斗目标:"立足首府,面向全区,努力培养更多更优秀人才,为加快推进呼和浩特地区乃至全区工业化、城镇化进程提供人才保障和智力支持。"可以预见,在今后的岁月里,她必将谱写出新的教育诗篇、华彩乐章。

《百年历程:归绥师范学堂——呼和浩特职业学院·总述》
收入本书时改作现题

一部具有史学价值的书
——读《岁月留踪》有感

《岁月留踪》是呼和浩特市人大常委会从确立、设立到发展、完善，坚定地走中国特色民主政治道路的实录，是呼和浩特市政治文明建设的展示，是呼和浩特市人大献给新中国成立60周年、改革开放30周年的一份厚礼。

有幸参与本书的文字通稿工作，我得以先睹为快、细读文稿，感悟颇多。

《岁月留踪》共41篇，是市人大常委会领导的回忆录，以及谢世领导的子女缅怀先辈的文章。《岁月留踪》引导读者走进历史，触摸历史，思考历史，感受时代的风云际会，感受与我国改革开放同行的地方人大常委会的探索者、实践者们的功业，追寻着他们在庄严的岗位上践行"坚持中国共产党的领导、人民当家做主和依法治国有机统一"光荣使命的与时俱进的步履。

《岁月留踪》所反映的已经不止于30年间市人大常委会设立以来的历史进程；从市人大常委会以及相关人士述及的个人经历所折射的历史，已经上溯至20世纪30年代的红军时代。在本书中，凡在本地区乃至周边地区的某些重要重大史实及细节，诸如陕北"闹红"、延安整风、大生产，内蒙古自治运动，新中国成立后自治区在西部的剿匪平叛，蒙绥合并，牧区贯彻"三不两利"政策，结束"旗县并存、蒙汉分治"，改革开放之初推行家庭联产承包责任制，抗击"非典"战役，昭君文化节的形成……均有叙写，构成了一幅全景式的历史图画，翻腾着可感可触的时代风云。

从以上两类回忆性文字,我们可以得出结论:这本书留住的是时间和岁月的踪迹,定格的是参与制造历史者谱写的华章。

不论是年长的读者还是年轻的读者,不论是文史工作者还是人大工作者,凡是关注呼和浩特市历史和现实的人们,都可以从中获益,并且在某些方面受到启示,受到激励。诚如本书扉页所引俄罗斯革命民主主义者、思想家赫尔岑所言:"充分地理解过去,我们可以弄清现状,深刻地认识过去的意义,我们可以揭示未来的意义。"这就是本书所要达到的哲理目标。

这本书的装帧、版式设计典雅素淡大方;文中所配"老照片"和摄影作品,或显示市人大常委会历届领导及其活动,或再现本地区人文与自然景观,颇具历史感和观赏性,所谓"图文并茂"着实不为虚言;书末的附录一和附录二将市人大常委会主任、副主任、秘书长名录和未撰文的领导的简历作为资料存史,体现了编纂者严谨的态度和精巧的构思。总之,《岁月留踪》不仅是一部有特殊意义的严肃之作,也是一部具有史学价值的可读可藏之书。

《呼和浩特日报》2010年5月24日

拂去尘埃　尽显真相
——评《大盛魁闻见录》

呈现在我们面前的《大盛魁闻见录》，是 20 世纪五六十年代之交百余人口述老字号大盛魁，历经半个世纪之后一番再整理而问世的一部史料。

本地区旅蒙商"三大号"之冠的大盛魁，约起于清康雍年间，盛于清中晚期，衰于民国初年（1929 年），余绪延至新中国成立之前（1946 年），前前后后二百余载。旅蒙商对丝茶驼道的开辟，对内地边疆经济文化的交流，其意义和贡献业已形成共识。

关于大盛魁的著述，自 20 世纪 80 年代以来，时有面世。连影视界、文博界也对它产生了浓厚的兴趣：正在筹拍的百集电视剧《大盛魁》已作为重点文化项目出现在市政府的工作报告中，而"复原"后的大盛魁总号重现于呼和浩特市。这说明，原本是一种商业现象的大盛魁在今天已成为一种文化现象了。

本文要说的是，在一番"大盛魁热"中，这部《大盛魁闻见录〉的面世，其意义究竟何在？

首先是提供了研究旅蒙商经济活动的翔实、鲜活的第一手资料，提供了此前此后难得一见的原始档案。曾经活跃于本地区的旅蒙商代表商号大盛魁的档案，一部分存于蒙古国国家档案馆，其余则不见于现今博物馆、图书馆、档案馆；仅存档案在"文化大革命"之始、大盛魁经理离世之前亲自化为灰烬。

这样，百余人的口述记录就成了国内的"孤本"。这些口述人是大盛魁鼎盛至衰败的当事者和见证者——有的是创业人的后裔,有的是从业者及其眷属,有的是大盛魁的相与,内容涉及大盛魁创建、发展、没落、消亡的内部传闻和事实,它们透露着大盛魁经营理念、组织规模、交易运行、规章制度的诸多信息,集成了一部昔日漠南漠北广大地区经济活动的口述史。

尽人皆知,历史的书写者往往并不参与历史,于是口述史便显现了它存在的价值。这部《大盛魁闻见录》在众多关于旅蒙商著述中的特别意义或许正在于此。对于那些研究地域经济史的学者而言,它几乎可以视作必列的参考文献。大盛魁由盛而衰之因,往往被归之于外蒙古独立失去市场和末代经理不当的策略谋划;但偌大的企业竟在瞬间瘫痪,必有其更为深层的原因。在这个意义上,《大盛魁闻见录》也为研究者提供了一个历史的案例。

本书中的百余位口述人都是和大盛魁相关的不见经传的人物。他们各自的身份经历、社会地位、体验视角不同。但每个人自身却是一部历史,各有各的人生故事。他们在总号、分号,在京羊庄、孳生场,在南起湘鄂闽北至乌里雅苏台、库伦、科布多,北达俄罗斯的丝茶驼道上,惨淡经营,往来奔波……用心血书写着他们的荣耀、艰危和辛酸。因此,《大盛魁闻见录》又是一部旅蒙商的生活史和心性史,反映着从清至民国社会生活的一角。有学者说,"平民的日常生活才是最重要的历史",只有从他们的生活状态中"才能对一个时代作出更客观更准确的判断"。由是观之,则这百余人的口述对于历史学家的意义也就不言而喻了。而今天的读者自可从百余人口述的自己或记忆中的故事中,了解历史,甚至获取素材,激活灵感,裨益创作。

《大盛魁闻见录》是一部跨世纪的集体劳动的文化产品。从20世纪60年代口述记录,到本世纪70年代珍藏这些原始记录,到如今再整理公开出版,历经半个世纪的时代风雨;口述人及其记录者于存灝等前辈为旅蒙商的活动提供了实证实录,钱义及马静两代人的珍藏为旅蒙商活动的实录得以存世,而本书的主编代林的发现及两位副主编的通力再整理则将死资料化为一种公共资源、社会财富,同读者和关注旅蒙商的人们共享。三者都是《大盛魁闻见录》成书的不可或缺的要素。所有钟情、珍视、敬畏历史的发现、挖掘、记录的人都值得我们真诚的感谢。

与李蕙芳合撰
《呼和浩特晚报》2012年3月29日
发表时署名芷佑(两人笔名)

市政协文史工作刍议

文史工作是人民政协独具特色的工作内容之一,其功能是"存史、资政、团结、育人",其具体任务是征集、研究、编纂"三亲"(亲身经历、亲眼所见、亲耳所闻)为主体的纪实性史料。

改革开放30年来,在历届市政协的领导和文史工作者的辛勤努力下,市政协文史工作取得了可观的成绩。成立了文史委,编撰出版《呼和浩特文史资料》16辑。这些文史资料辑,自第十届委员会开始,由内部交流转向公开出版,面向社会,从而扩大了资料本身和呼和浩特市政协的影响。其中《呼和浩特文史资料选编》(市政协文史资料第10辑)还获得了自治区政协系统文史资料书刊一等奖(2000年),《青城老照片》(市政协文史资料第14辑)获得自治区"五个一工程"入选作品奖和市长特别奖(2003年)。尤其值得一提的是《呼和浩特政协志》的出版(2007年)——这是一部史料翔实、涵盖甚广、卷帙颇巨的部门志。市政协自身有志自此志开始,其文献价值和深远意义将随着历史的演进而日益显现。

近年来,特别是党的十七届六中全会提出了"文化强国"战略以来,在文化大繁荣、大发展的时代背景和历史机遇下,市政协文史工作如何迈出新步伐,成为摆在我们面前的一个新课题。为了在新形势下进一步做好政协史志工作,就必须正视市政协文史工作中存在的问题和困难,解决好文稿资料储备告罄、征集难度大、征集渠道日渐狭小、出版周期长等一系列问题。

1. 拓展史料征集内容与渠道

面对当代国内史学界"当代人述当代史"的潮流,政协文史工作者应当意识到自己的"生存危机",在征集内容、对象上,不可画地为牢,不可坐失良机,不可留下缺憾。除了继续坚持政协史料工作传统,抢救那些将成绝响的史料外,在史料的征集时限和内容上要与时俱进。

此外,为了适应经济社会的快速发展、新阶层的不断兴起以及历史进程中重大事件的不断涌现,政协的文史工作需要改变以往主要是邀请和依靠政协委员撰稿的现状,拓宽征集对象,把目光转向统一战线各界人士,以文会友,解决征集渠道日渐狭小、史料稿源匮乏的问题。

2. 坚持政协文史资料的特色

政协的文史工作有两大特色:一是"三亲"资料的价值;二是拾遗补阙的效用。正是这些特色,区别于党政部门的党史、方志,区别于高校的历史教材,更区别于大众读物的"戏说"。

"三亲"资料是亲见、亲闻、亲历者所述的历史,它提供了历史细节,从而活化了历史。当然,"三亲"资料的主观色彩是不可避免的。但或许正因为如此,才呈现了历史的丰富性、复杂性,为历史研究提供了思辨的空间与实证,还原了历史真相。这样的实例在当今的近现代史研究中屡见不鲜,即便当代兴起的"口述史"热,笔者认为也与新中国成立之初确定的人民政协的"三亲"资料之间有一定的渊源关系。因此,无论从理论抑或实践中,我们都不应当小觑"三亲"资料的征集、编纂和出版的意义,而应当秉承传统,不转向、不间断地持续下去。

同样应当坚持的政协文史资料的特色,是拾遗补阙。说到拾遗补阙,似乎有自贬身价之嫌。其实这只是一种角色定位而已,何况真正做到拾遗补阙也并非易事。没有全局的宏观视野,是难以发现遗漏和缺失的,更遑论"拾"与"补"。所以拾遗补缺的工作,实在是增加了而不是减少了政协文史工作的难度,是提高了而不是降低了政协文史工作的品位。

就市政协文史工作而言,例如近年来编纂出版的《蒙古学院》(市政协文史资料第 13 辑)、《百年历程:归绥师范学堂—呼和浩特职业学院》(市政协文史资料第 16 辑)、《呼和浩特政协志》,既是"三亲"史料,又是拾遗补缺的工作——它们分别填补了首府地区的蒙古族教育史、高等教育史和新中国成立后市政协的发生发展史,有着独一无二的史料价值。政协文史资料的"拾遗补阙"这一特色,应当继续保持并发扬光大。

3. 锤炼学习和研究的功夫

政协文史工作与其他专委会的工作相比有着更强的专业性。表面看来,它的成果是文史资料的编纂、出版,而这些成果实际上包含研究的工夫。如果说要建设学习型组织的话,那么文史和学习委员会尤其重要和需要落实。

研究什么？研究历史,研究同本地区历史相关的史料。不论其已经公开的还是有待挖掘而尚未刊布的,是成书的还是存储的;还要研究人,研究同本地区历史相联系的知情人、亲历者的状况,如此才能正确确定拾遗补缺和"三亲"资料征集的方向和途径。文史和学习委员会"摸清家底"的工作,是结出果实之前必不可少的耕耘和种植。

当然,对于政协文史工作而言,研究不是目的——这是不同于学者的研究之处;但研究却是前提,并且研究的过程也贯穿着广交朋友的团结的意义——这是不同于一般史志工作之处。市政协文史资料的精品,无一不是研究并团结同道一起合作的成果。没有"三亲"者的撰写(或口述)不行,没有专家的参与不行,没有政协文史和学习委员会工作人员的组织、推动甚至激励也不行,三者缺一不可。

在学习研究的基础上制定工作规划、科学确定选题,是做好政协文史工作的前提。但遗憾的是,虽然历届文史委员会都曾研制过选题大纲,可由于人员调整等原因,这些大纲因而失去了延续性和约束力。现在看来,大纲应提升为可行性、约束力较强的规划,以期有序有效地开展工作。

4. 重视整合资源与维护版权

当前,见诸报刊的"忆文"越来越多,回忆录越来越多,甚至出现了捉刀为当事人撰写、出版回忆文字的民间机构。面对这一文化现象,我们要思索的是,如何在贯彻政协文史工作宗旨、坚持政协文史资料特色、坚守政协文史工作岗位的原则下,整合社会资源,参与竞争。这些社会资源,包括政府所辖博物馆、档案馆、图书馆、方志办,同类民间机构,史学工作者,自由撰稿人等等。根据需要,联系、调动、吸纳、整合这些社会资源,参与到市政协文史资料的征集、研究、编纂上来。

我们要充分发挥政协人才荟萃、联系广泛的优势,开掘、利用内部资源,形成气候,形成制度。例如专委会内部,可按照规划中的选题和委员的专长分成若干小组,类似课题小组或者报刊的专栏责编。这样既可以避免人才资源的闲置,又不失为解决刊出周期长的一种办法。

与上述问题有两个连带问题需要特别提出:一是维权问题,一是编纂酬劳问题。市政协文史资料辑公开出版,需要提高知识版权意识;与此相应,撰稿人(包括口述整理人)、资料(口述、文献及线索)提供者、编辑、审校的酬劳,应当依据有关法律法规,参照正式书刊制定标准或办法,做到责权利的一致。这也是克服"稿荒"的途径之一。

结合以往市政协文史工作的经验、教训,更为今后的工作,谨提出以上不成熟的建议。不当之处,敬请指正。

与潘秋惠合撰
《呼和浩特政协》2012 年第 3 期

昭君事迹传播中的误读

作为术语的"误读"一词,见于比较文学,指文学作品跨民族跨国家传播过程中信息量的增减、扩缩、变异,乃至价值判断的取向。古今中外,对历史的误读也是传播过程中受传者参与的普遍现象,本不值得奇怪。但是两千年来,人们对昭君出塞史实的误读实在是太多而且太严重了。举其荦荦大者,昭君出塞前的形势,本来是汉强匈弱,人们却误以为汉弱匈强;本来是呼韩邪单于主动臣服汉朝并诚恳求亲,人们却误以为匈奴恃强兴兵索要美女;王昭君本来是自愿请求和亲,人们却普遍认为被迫无奈;昭君在汉宫本来是数年不见御悲怨累积,人们却宁肯相信她与汉元帝有真挚爱情……

史载昭君出塞在大关节处是清晰的。以时空顺序排列:南郡美丽的"良家子"→被选进长安、入后宫,数年不得见御,因幽禁的生活"积悲怨"→公元前33年,匈奴呼韩邪单于第三次"来朝",应汉元帝诏,自愿请行出塞和亲,是年元帝改元为竟宁,昭君20岁左右→出塞后为呼韩邪单于宁胡阏氏,生一子→公元前31年(汉成帝建始二年)呼韩邪单于死,求归汉,成帝敕令"从胡俗",改嫁呼韩邪单于大阏氏子复株累单于雕陶莫皋,生二女。

这便是《汉书·元帝纪》和《后汉书·南匈奴传》为我们提供的涉及王昭君的"简历"。同后世种种误读相较,这样的记载似乎过于简略,但是,唯其简略,方才接近于"全真"。

在昭君事迹的传播——人类通过语言符号或非语言符号的方式间接或直接地进行信息、观念与情感交流,即信息由点到面的沟通、传递与共享——过程中,历史事件被情节化了,其间的空白被想象填充,戏剧化了。按照信息论的一个公式:接收的信息量=log(后验概率/先验概率),换言之,先验概率是同接收的信息量成反比的,人们在得到信息之前,对其内容所知越少,越模糊,则获得的信息量越大;反之越少。昭君其人其事虽简,但给后人提供的信息量反而越大,再生力强,因而有可能、有条件进行大量的推测,并产生出花样繁多的、几乎要多少便有多少的文人创作和民间口头创作。

这些大量的文学作品与史实有何关系?从时序来说,应当是先有史(历史事实),后有文(历史的记载和描述),后者是前者的丰富和演绎。

从传播学角度来看,符号和意义的关系便可有更清晰的判断。符号是人类传播的介质,人类只有通过符号才能互相沟通信息。同时,任何符号者与一定的意义相联系,符号交流的实质是意义的交流。

传播过程中的意义有三种:传播者的意义、受传者的意义和情境意义。文史的作者可以视为传播者,民间有传播者也有受传者,不同的时代背景即情境意义。

需要注意的是,传播中的意义是人类赋予的,不存在超自然的绝对理性和绝对精神。"意义体现了人与社会、自然、他人、自己的种种复杂交错的文化关系、历史关系和心理关系"(郭庆光《传播学教程》转引张汝伦《意义的研究》,中国人民大学出版社1999年版)。既然关键在于意义,那么,后代文人墨客赋予昭君和亲的价值判断是什么?下面,笔者就昭君事迹传播中作为文化象征符号和体现各类意义的传播参与者和过程作一探索。

先看文字传播路线。昭君入后宫,在相传为东汉蔡邕所撰的《琴操》里平添了齐国王襄以其女昭君颜色皎洁有意进献的情节;又把昭君入汉宫"积悲怨",改为"至单于(庭),心思不乐",而且歌吟倾诉,"乃作《怨旷思维歌》";《后汉书》如实记载的昭君再嫁的明明是"妻前阏氏子",《琴操》却直书"子世违立,欲妻之",使人产生其亲子要妻母的错觉;在《后汉书》里记载成帝敕令昭君"从胡俗"再嫁,《琴操》却虚构了"昭君乃吞药死"的结局。西晋石崇《王昭君辞》把昭君出塞和亲说成是"昔为匣中玉,今为粪上英",渗透了大民族主义的情绪。昭君的数年后宫生活,于史无征,但在野史稗说里却有板有眼。先是南朝宋刘义庆在《世说新语·贤媛》提到:元帝依画工画图呼召宫女,宫女争宠,画工索贿,而王昭君"姿容甚丽,志不苟求,工遂毁其状,后匈奴求和,求美女于汉帝,帝以明君允行,既召见而惜之,但名字已去,不欲中改,于是遂行"。后是南朝梁吴均所撰《西京杂记》把《后汉书》所记"不得见御"具体化,把元帝图召宫女,独昭君不与更加情节化,其中对画工姓名(毛延寿等六人)、籍贯、擅长、受贿数额(多者10万,少者不下5万),以及案发、抄家、弃市,都写得活灵活现。

《琴操》也罢,《西京杂记》也罢,对王昭君的误读已经远离历史,走进文学,就是说,在昭君事迹的传播过程中,史实虽然失真、变形,但却获得了文学的意义的新的审美价值。其间原因,将在后文论述。然而有一点是肯定的,即《琴操》《西京杂记》等提供的非史实的信息,却给后代文人描写王昭君产生了消极影响,他们是把一个从悲剧命运挣脱出来"和蕃使者"的昭君塑造成一个悲剧性文学形象的始作俑者。

王昭君是历代文学艺术家歌咏和描写最多的历史人物之一。据统计,光是歌咏昭君的诗歌(诗、词、散曲、变文、转踏)就有1000余首,小说和搜集整理的民间故事近四十种,各类戏剧四十多种。这些有关昭君的作品,完全可以编成一部专题文学史。如果从文艺学—主题学的角度加以研究,昭君题材嬗变的历史,必然涉及历史学、文艺学、伦理学、社会心理学、民族学、美学以及传播学等学科,正是从这个意义讲,昭君已经不只是一个历史的存在,而且是一个具有丰富内涵的文化现象了。

当我们注目于封建文人歌咏王昭君的文字作品时,就会发现它们多是"词客各抒胸臆懑"(董必武《谒昭君墓》)的产物。其中抒发比较多的情绪有:

一、毛延寿索贿、昭君拒绝而导致远嫁的结局,容易引起那些有才有志而不被知遇、受到压抑的人士的共鸣,所以,历代文人便借哀叹昭君的"薄命",抒发个人的不平。"毛延寿画欲通神,忍为黄金不顾人"(唐李商隐《王昭君》),"只缘片纸聪明蔽,惆怅关山万里情"(清周三汲《昭君怨》),就是这种心理的反映。

二、自汉以降历朝历代,民族矛盾都是一个重要的问题,有时表现得非常尖锐,因而,许多人在对待少数民族的问题上,反对朝廷的屈辱妥协,抨击朝中大臣的腐朽无能,他们正好利用昭君出塞这个历史事件,倾注自己的民族主义感情,把她作为一个投降主义路线的牺牲品而大洒同情之泪。

三、历代文人在描写王昭君时,总是用封建阶级的道德标准来要求她。他们认为,王昭君既然被选入宫,就该从一而终,再嫁总是不光彩的,所以王昭君应该自杀,让她在出塞途中自杀,或者拒绝再嫁自杀;如果"自杀良不易",就"默默以苟生"(晋石崇《王昭君辞》)、"恋恋不忘君"(宋罗大经《鹤林玉露》),还有一条轻松的路可走——去成仙。如果有人据史写王昭君自愿请行,歌咏她"汉恩自浅胡自深,人生乐在相知心"(宋王安石《明妃曲》),就会遭来"悖理伤道"的指责。

在王昭君史实的传播中,口传方式是不容忽视的。两千年来,在汉族和北方少数民族中广泛流传着许许多多有关昭君的传说,特别是在昭君故乡湖北省和昭君出塞时居住过的内蒙古中西部地区,凡与昭君有关的一山一水,一草一木,几乎都有一个美丽的动人的故事。这些来自民间的口耳相传的昭君故事,有的已经融入古籍或诗文,在文人的笔下反映出来。近年来,经民间文学研究工作者搜集、整理,已出版专辑多部,还有一些散见于各类报纸杂志,如果淘汰那些基本内容重复的,凡三十余种。

既然昭君传说是传说,所以其"失真"自不待言,换言之,也是一样的误读。但值得注意的是,传说中的王昭君与封建文人笔下的王昭君截然不同:其感情倾向不再是怜悯的,而是赞美的;其形象不再是凄切的,而是崇高的。其中以唐代变文《王昭君》为代表。这些无名氏的集体创作,反映着人民群众的集体意识和共同信仰。虽然与文人创作同是史实的误读,但它更接近历史的精神。例如有一则传说:昭君本是天上的仙女,她看到人间胡汉纷争,就自愿请求下凡平息人间战乱。玉帝嘱咐她:两斗皆仇,两和皆友,要等到汉匈和睦相处、百姓安宁后再把她召回天宫。这曲折地反映出人民群众对昭君出塞和亲是肩负民族友好使命的朴素认识,对和平安宁生活的渴望。而在蒙古牧民的传说中,昭君乃是一位和平、幸福的女神。在今天,在人民的时代,内蒙古蒙汉各族人民将王昭君视作民族和谐、和睦对应的文化形象,是民族团结的象征,正因此,人们纪念她,褒扬她,赋予她新的当代意义。

综上所述,在昭君事迹的传播过程中,由于社会意识、时代风尚、美学意趣等等复杂的原因,人们从各自的理解和想象出发,使这个历史人物、历史事件因误读而产生变形,以至于人们把艺术形象当成了历史真实。这种现象在文学史上不止王昭君一例。《三国演义》描写的诸葛亮足智多谋、神机妙算,和他的历史原形并不相同,而长期以来,人们信以为真,正史所载的诸葛亮"治戎为长,奇谋为短"反而被人怀疑。历史和文学本来有亲缘性,产生这现象不足为怪;但历史和文学又毕竟是两个不同的范畴,要解读历史的真相,当然必须用历史的方法。但是作为文化研究,则似乎要复杂得多。笔者试图用传播学去理解、贯通历史与文学,给两个学科劝劝架,使我们在不同的语境下理解各自学科的意趣,"各守其土",岂不为妙? 推而广之,我们在各自领域中也不是如此吗? 强以一门学科的假设和原理去对另一门学科进行审美和价值判断,就差强人意了。

对于文化象征符号的王昭君,厘请其传播过程中的种种误读及其原因,对理解昭君文化应当是有益的。

与任志军合撰
《语文学刊》2017 年第 4 期

呼和浩特现代三十年文学

呼和浩特地区现代三十年的文学,是指自五四新文化运动波及本土至新中国成立初年的文学。其发生发展大体与中国现代文学的进程及趋势相一致,即文学与人民群众的结合,文学同进步的社会思潮及民族解放、人民革命运动的自觉联系。其基本特质是新民主主义的、反帝反封建的、人民大众的文学。不过,由于本地区处在塞北,经济社会发展较之内地大中城市落后的社情和蒙汉聚居的民情,因而现代三十年的文学具有地域性和民族性;在文学演进的各历史阶段,呈现出与内地大中城市的差异性。

一

20世纪20年代的呼和浩特(北洋政府统治时期和南京国民政府统治时期设归绥县和土默特旗)是一座遍布召庙的小城,也是长城内外物产贸易的集散地;居民以农民、牧民、手工业者、商人为主;文盲充斥,学校、报纸屈指可数;吟诗作赋无关百姓痛痒,是文人雅士的专利。但是这座塞外小城却依五四运动发祥地北京比邻的地利,有新思潮的激荡。

最早在本土传播新思想、新文化、新文学的正是经过五四运动洗礼,从北京高等学校毕业归来的青年知识分子。自1921年始,北京师范大学毕业生李广和,北京大学学生白映星、陈志仁先后在归绥中学、绥远师范学校、中山学院(20世纪20年代归绥仅有的3所中学和中专)通过介绍新文化书刊、新文学和外国文学作家作品,组织和指导学生读书活动,主持排演新剧(时称"文明戏",早期话剧),指导学生用白话作文,启迪蒙昧,灌输"德先生、赛先生"(民主、科学)的思想。他们在本土新文化极端贫瘠的土壤上耕耘,后来都结出了硕果,从他们任教的学校,走出了本土文学活动的骨干。

新文化的传播并不风平浪静。李广和于任教第二年即被绥远当局以"过激派"驱逐出境;绥远师范学生杨令德等因讥讽国文教师轻慢现代白话著述被校方开除;新剧演出后,守旧的市民观众困惑不解:"怎么学生娃娃都成了戏子了?"这些事例,都是新文化在前进道路上艰难行进的反映。

本土新文化的最初果实是刊物及其所载诗文。

1925年4月,《蒙古农民》面世。这个刊物是就读北京蒙藏学校的归绥中学、绥远师范学校、土默特高等小学毕业生多松年、云泽(乌兰夫)、奎璧等在新文化运动的先驱、中国共产党创始人之一李大钊直接指导下创办的。和一般新文化的同人刊物不同,其一,它是党团刊物,办刊人都是社会主义青年团员(后来转为共产党员)。他们通过诗文鲜明地宣传中国共产党的民主革命纲领;其二,它是面向农牧民被压迫被剥削的劳苦大众的,诗文十分通俗、口语化。这个刊物设有"醒人钟""好主意""蒙古曲"等多个栏目,反映蒙古族农牧民深受军阀、王公及其背后的"列强"的奴役之苦,"盼望受苦痛的人快些醒悟"。刊物创办人(撰稿人)后来都走上了职业革命的道路。

1925年下半年,绥远《西北民报》编辑、记者,归绥中学毕业生杨令德创办"火坑"副刊,随主报《西北民报》发行,翌年在北京印刷,单独出刊;随即又成立火坑社。这种先刊后社、刊社同体的培育作家作品的方式,显然受到北京大学师生的《新潮》与新潮社、鲁迅的《语丝》与语丝社的启示和影响。《火坑》与火坑社是本土首次出现、持续时间较长(至1932年)、影响较大的新文学刊物和社团。刊物的主要撰稿人有杨令德、霍世休、霍世昌、马映光、刘洪河、万斯年、万鸿年、陈永森等,社团实际负责人是杨令德。刊物登载诗歌、小说、散文、剧本等新兴文学体裁的作品，间或刊载翻译文学和文学评论。正如刊名所示，反映火坑似的社会现实，再现人们的生存困境和心灵痛苦是其作品的基调。火坑社杨令德1926年3月又创办《塞风》文学周刊，作为"火坑社出版物之二"，发表火坑社成员和青年学生的作品。火坑社及其《火坑》《塞风》培育和成长了一批以托克托青年为主体的作家群。他们是本土新文学园地的拓荒者，不少人此后坚持文学创作，成名成家。

　　本期重要新文化刊物还有绥远籍旅平学生会于1928年9月创办的政治文化综合性半月刊《绥远旅平同学会学刊》（以下简称《学刊》），北平出版，寄回绥远发行。《学刊》声明："为民众疾苦向外张扬，以谋拯救之方；对地方当局设法多方建议，以尽公民之责；对同学品行勉励规磨锻炼，以期互助之益"，所载文章有反映绥远民生疾苦的，有评议绥远政治、经济、文化问题的，为落后、闭塞的绥远吹进了一股清风，也为内地知识界和民众了解塞外提供了真实的信息，在平绥两地广有影响。《学刊》特约编辑宋之的、石寄圃后来成为全国著名的剧作家、摄影家，《学刊》所载本土作家李荣荫创作的二人台剧本《走西口》是迄今发现的《走西口》的最早文本。

　　历史地考察分析，以1915年9月《新青年》创刊为标志的五四新文化运动的巨浪波及归绥地区已近落潮；新派人物在本土传播新文化的范围和力度有限；以1917年初胡适《文学改良刍议》、陈独秀《文学革命论》发表为标志的新文学运动开始后多年，本土方有新文化、新文学刊物。因此本土本期新文学处于萌芽期，鲜见有影响的、成熟的作家作品。而驰名京师，有"塞北文豪"之誉的青年荣祥的诗歌全部是旧体。青年冷楚、青年云泽（乌兰夫）也是用旧体诗来表达自己的革命理想的；青年李裕智的新诗《献给青年》无疑是新诗的精品，可惜是诗人1927年牺牲后8年方得面世，而火坑社成员也还是"小荷才露尖尖角"。

二

1929年1月,南京国民政府改北洋政府时期的绥远特别行政区为绥远省,归绥县为绥远政治、文化中心,文学领域则进入了一个前所未有的新阶段——统称为塞北文学运动。

以时间论,塞北文学运动是以绥远反帝大同盟1932年下半年创办《血星》(初名《血腥》,同人刊物)杂志为开端,及至1937年塞原社等左翼文学社团联合组成抗日民族统一战线性质的群众团体——绥远文艺界抗敌协会成立、归绥沦陷(1937年10月14日)为止,历时6年;以参加者论,塞北文学运动的主体是以归绥为中心的绥远作家,还包括援绥抗日运动中来绥的北平、天津、上海等大城市的著名文化人;以结构成分论,既有20年代末兴起的"革命文学"(包括"新诗歌运动""戏剧运动"),又有"左联"后期倡导的"国防文学""抗战文学"。这一文学运动,其规模之大,范围之广,参加者之众,影响之深,均为前一阶段的本土文学所无,实属空前。

文学刊物蜂起,文学社团活跃。自《血星》创刊始,主要的文学刊物和社团有袁尘影、章叶频编辑的《塞原》旬刊,杜如薪、武达平、任子良、袁尘影、袁烙等人发起成立的塞原社,及其塞原社诗歌研究会《塞北诗草》(旬刊)、漠南剧社(话剧团体);杨令德编辑的《十字街头》(《塞风》),文艺界抗敌协会主办的《燕然》,以及以《绥远民国日报》《社会日报》《西北日报》为主报的"文学""骆驼草""洪荒"("新绥远")"边防文垒"等副刊。此外还有20年代成立的火坑社、本土第一个话剧团体绥远剧社,以及新成立的绥中文艺研究会、挺进社、心波社、小喇叭社等十余个。这些文学社团成员的政治身份有别,持续时间有长有短,影响所及有大有小,但都以各自的作品显示了塞北文学的实绩。

左翼文学思潮的深刻影响。塞北文学运动的起讫与"左联"成立及其活动同一时期,又处于世界范围的"红色的30年代"。塞原社成员发起和开展的塞北新诗歌运动是塞北文学运动的一支劲旅,与"左联"下属中国诗歌会有直接联系,其诗歌主张完全一致;马映光的文学评论《由辩证法的演进论现代中国所需要的文学》《创造劳动者的平民文学与知识阶段应有的觉悟》显系响应"革命文学";马映光、章叶频等对于左联周扬等人提出的"国防文学"口号的性质、内容的阐释以及"国防戏剧"的开展,在动员绥远作家抗日救亡活动和创作上,都与内地前进的文学思潮和运动同一步调。

"抗日战争之先声"(毛泽东语)的绥远抗战和全国援绥运动的鼓动。1931年日本关东军挑起"九一八"事变,蒋介石电令东北军"绝对不准抵抗",至翌年1月锦州为日军侵占,不到4个月东北全境沦于日寇铁蹄之下。日寇觊觎平津、华北。绥远地处华北,接壤平津,危在旦夕。全国抗日救亡运动兴起。1936年绥远抗战(保卫红格尔图之战、收复百灵庙之战和收复锡拉木楞庙之战)的胜利,激发了绥远民众高涨的爱国热情和知识界的国难意识,在塞北文学运动中均有巨大的回应——抗战成了重要题材,言志、抒情、议论、纪实作品更是充分发挥了文学的教育功能,取得了积极的社会效应。

中外杰出作家及其优秀作品的传播较之20年代火坑社时期更加普及。塞北文学运动中,鲁迅、郭沫若、茅盾、郁达夫、巴金、老舍、沈从文等新文学作家,丁玲、蒲风等左联青年作家及其新作,对他们的介绍、评论文字见诸本土报刊;英、法、德、俄重要作家,苏联高尔基、奥斯特洛夫斯基的主要作品的译文也同本土读者直接见面;更有美国记者斯诺的《西行漫记》的片段,以《斯诺与毛泽东会记》为题,冲破国民党当局的文网,在本土报刊转载。这些作品使读者大开眼界,也为本土文学青年提供了难得的范本。

本期本土文学的主要成就体现在作家及其作品中,作家数量和作品质量远非20年代可比。

由于时代的激荡,现实的刺激,以及中国诗歌会"新诗歌"的提倡,本期主要作家霍世休、霍世昌、马映光、杨植霖、武达平、韩燕如、苏谦益、霍世忠、章叶频、刘映元、刘洪河、李穆女、何润清等,几乎没有不写诗歌的,而且多是政治抒情诗。他们选择诗歌这样的抒情性文学体裁,倾诉沦陷区人民在日本侵略者铁蹄下的苦难,发出"打倒日本帝国主义""不做亡国奴"的呐喊。如《这时代的痛苦》(霍世休)、《血液在沸腾》《怒吼吧,狂风》(马映光)、《写在一九三五年的开头》《吼声》(杨植霖)、《火山》《新年哀歌》(武达平)、《杀回三岛去》《架起太平洋的肉桥》(韩燕如)、《血的激愤》(苏谦益)、《远征兵》(刘映元)、《赴敌》(刘洪河)、《最悲痛的日子》《一九三五年的前夜》(李穆女)等。这些诗篇有的悲愤,有的沉郁,有的激越,构成了诗坛的强音,极富鼓动性,堪称号角与战鼓。

也有捕捉一事一景,表现本土底层社会的,如霍世忠的《塞上曲》、刘映光的《归化城的牧歌》,写本土特有风物——在商路上日夜奔波的驼工;章叶频的《小玉子》《生活的担子》写卖笑的贫女、挑担卖水的老人。

诗是心灵的歌唱。霍世休的《我愿》、霍世昌的《归来了,故乡》、杨植霖的《闺怨》、武达平的《深山孤吟》、何润清的《病母身边》,虽是抒发个人情怀,但都是大时代中某一类人的典型情绪,并非"为赋新词强说愁"的浅吟低唱。

诗人们还不倦地探索诗艺。自由体、半自由体是多数诗人通常采用的诗歌形式。有的诗人则选择新格律体,如霍世休、韩燕如、刘洪河;政治抒情诗、抒情诗之外,出现了长篇叙事诗——霍世昌的《酒杯的故事》,剧诗——刘洪河的《赴敌》。

上述诗篇大都发表于本土文学刊物。刘映元的诗已走进赫赫有名的《大公报》,洪深、沈起予任主编的文学刊物《光明》,茅盾、楼适夷、罗荪、以群先后任主编的《文艺阵地》;常任侠在《大公报》撰文介绍《绥远青年诗人刘映元》。

20世纪20年代开始诗词创作的冯曦、荣祥都是绥远政要,前者时任绥远省建设厅厅长、绥远省代理主席,诗作多为言志,他的七律《纪绥灾》《书愤》《即事志感(二首)》《雪灾志感(二首)》抒发对政府赈灾不力的愤怒和自己在引黄工程中"功莫成"的愧疚。风格刚健、诗律谨严精工而不着痕迹。荣祥时任土默特旗总管,蒙古族,汉学深有造诣。他最有特色的是那些描绘本土名胜古迹的篇章。荣祥于旧诗各体兼擅,七古为最,代表作是《瑞芝歌》《草车行》。风格朴茂,技巧圆熟。1930年选录20世纪20年代以来创作的诗词200余首为《瑞芝堂诗抄》,是本土诗人出版的第一部诗歌集。

本期散文数量不少,质量不低。

杨令德的主业是编辑和记者,有"西北第一报人"之誉,其实是一位名实相符的"西北副刊第一人",本土主要文学刊物几乎都是在他主持或支持下创办的。他除了散见于报刊的新闻体裁外,还创作现代散文。1935年6月出版《伟大的工作》,大公报馆印刷发行,书名由大公报总编辑张季鸾题写。这是绥远新闻界、文学界正式出版的第一部现代散文集。内收散文(包括杂文、随笔)和文学评论、书评三十余篇。首篇《伟大的工作》,叙写妻子临产前后的情状,歌颂孕育生命者的伟大,笔墨繁富。《母亲》《母亲的痛苦》《母亲的病》回忆寡居母亲含辛茹苦的生活,歌颂培养子女的伟大,浸透了款款深情。收录本书的二十余篇议论性散文,如《论翻译》《鲁迅的刀笔》《普罗文学》《父与子》《巴克夫人在中国》《沈从文的〈蜜柑〉》等,或议事,或评文,都是缘事而发的有感之作,见地不俗,笔墨通脱。书中所附《兵燹杂记》,再现二三十年代之交兵燹下的绥西现实,虽以古代散文文体"杂记"名篇,实则是新兴文体"特写"。又,所附新诗三首,其中《生命之歌》抒发一代青年追求光明的典型情绪,是一首成熟的新格律体诗。

耐人寻味的是,上面提到的公开出版的第一部旧体诗歌集和第一部现代散文集出自20年代本土"文白之争"的双方——国文教师荣祥和亲授学生杨令德——之手;而在40年代的榆林,他们在抗日救亡的大潮中,在中共抗日民族统一战线的影响下,声气相求、同仇敌忾,共赴国难,结成文友、战友,是本土文学史的一段佳话。

记者袁尘影写有长篇游记《百灵庙行》,记述归绥—武川—召河—百灵庙的沿途见闻,再现了30年代塞外大地凄凉、破败的社会面貌和独特的蒙古族的风习,展示了内地民众难得一见的风俗画。有的散文作品在上海《申报·自由谈》《申报月刊》发表。

流寓内地的宋之的在黎烈文主编的《中流》创刊号发表《一九三六年春在太原》,刻画阎锡山治下的山西的社会百态,是现代文学史报告文学的名篇。

作为"感应的神经、攻守的手足"的杂文,是本期作家常用的散文文体,担当着"社会批评""文明批评"(鲁迅语)的职能。除抗战题材外,值得注意的是对知识界的解剖,如杨植霖的《名士风流我自知》批评旧文人名士风流对社会的贻害,《闲话'幽默'》批评不关痛痒的"幽默",《真战士的态度》批评知识界人士逃避现实的软弱;李穆女的《作家与吃饭》告诫作家关注时代,担当责任,不能"只知保养自己的肚皮";袁尘影的《胡适与江亢虎》笔锋直指来绥演讲的两位知名文化人"文言救国""九一八是自找的"等言论。上述杂文都切中肯綮,在国难当头之际激清抑浊,警示国人,和战斗的诗歌异曲而同工。

本期小说创作趋于成熟。无论其题材的广阔性,人物的多样性,再现社会人生的真实性以及艺术性,都浸透了强烈的现实主义精神。再现令人窒息的绥远社会现实,揭示下层人民的苦难生活和悲惨命运是本土小说的基本主题,农民、矿工、人力车夫、职员、妓女、狱吏、警察、士兵乃至僧人进入小说家视野,成为主人公。农村题材,农民的觉醒与抗争,尤其引人注目,如宋之的的短篇小说《充实之后》、何润清的短篇小说《董家沟》。这些小说的主题与"左联"作家茅盾的"农村三部曲"《春蚕》《秋收》《残冬》、叶紫的《丰收》等相通或接近。妇女题材的代表作是C.C女士的《出走》,一篇自传体小说,刻画反抗旧式婚姻的妇女同家庭的决裂。题材虽然不新,但在闭塞的绥远社会,仍然不失其警示妇女婚姻自主的意义。

本期本土作家的作品,以短篇小说为主,宋之的的《四子嫂》在《西北风》连载,是20世纪二三十年代本土鲜见的长篇小说;C.C女士的《孤雁》是一篇寓言体小说,表现先觉者的悲哀与孤独,别具一格。

本期本土小说家除上述之外,还有刘洪河、章叶频、袁尘影、袁烙、杨令德等。C.C女士以其妇女题材的小说见长,时人称之为可与庐隐比肩的女作家。

本期戏剧运动与抗日救亡运动、援绥抗日运动结合紧密,其主要表现是话剧演出的活跃。1932年绥远反帝大同盟发起成立的本土第一个话剧团体绥远剧社,1935年塞原社创建的话剧团体漠南剧团,虽然仅存在一年或两年,但演出抗日救亡剧作、中外戏剧家名作,在鼓舞民众共赴国难和普及话剧艺术方面,都值得一书;其成员创作的多幕剧、独幕剧、地方戏剧本,多发表于《社会日报》"戏剧专刊"和《绥远民国日报》"十字街头",是本土作家剧本创作的最初成果。

文学评论的虎虎生气是本期文学的特征之一。兴于上海等大城市的创造社、太阳社倡导的"革命文学"、"左联"为代表的普罗文学、"左联"后期倡导的"国防文学",通过本土作家的介绍、阐释、宣传,成为文学创作的先导。如杨令德的《革命文学》、马映光的《由辩证法的演进论现代中国所需要的文学》《国防文学的中心思想》、苏谦益的《今日文学的任务》、章叶频的《谈"国防文学"》、刘洪河的《在中国农村社会崩溃期中文学应有的表现》《由悲壮的五月谈到现代文学的使命》,等等。

章叶频是一位诗人,也是一位特别关注文学思潮和文坛动向的评论家,写有《现代诗歌两种流派的斗争》《一九三五年的中国诗坛》《关于诗歌创作上的几个问题》《戏剧的意识问题》《目前戏剧创作的主题》等。此外,霍世休的《王昭君的故事在中国文学史上的演变》(1934年),是本土较早研究王昭君及其文学题材的长篇论文,李穆女的《英美现代诗的特性》(1934年)是本土较早的比较文学论文,也都值得一书。

综上所述,本期的文学思潮与文学运动既同内地汇流,又有自身的一些特点；作家频现，创作趋于成熟，共同书写着呼和浩特现代文学的光彩篇章，也是30年代中国文学不可或缺的一页。

三

20世纪40年代的文学包括抗日战争和解放战争两个历史阶段的文学。

1937年"七七"事变后，抗日战争全面爆发。10月，归绥沦于日寇铁蹄之下，日寇扶植德穆楚克栋鲁普（德王）成立伪蒙疆自治政府，归绥改名为厚和特别市。

归绥沦陷前夕，武达平、章叶频等发起组织绥远民众抗日救亡会，其成员为绥远各界爱国人士，骨干是"民先""牺盟会"成员，办有《绥远抗战日报》（王毅然任总编辑），设有副刊"国防前线"（章叶频编辑），刊载抗战诗文。

归绥沦陷后，本土作家云散：有的流寓大后方国统区，如冯曦；有的随绥远省主席傅作义部队退守绥西，如荣祥、杨令德；有的投奔陕北、晋察冀抗日民主根据地或参加大青山抗日游击队，如武达平、杨植霖、章叶频等。

共产党领导的抗日民主根据地的文学，具有前所未有的广泛的群众性。大青山抗日根据地的军民用爬山调式的战歌鼓舞士气，用民谣体颂歌歌唱抗日英雄，歌唱八路军，歌唱游击队战士。本土作家在晋察冀抗日民主根据地参与创作或张贴街头诗，参与创作或演出街头剧；1942年成立的绥蒙军区剧社，演出新编历史剧《逼上梁山》、新歌剧《王秀鸾》等。杨植霖在领导大青山根据地游击战争中写有不少诗作，记录根据地军民抗日斗争，抒发烽火岁月中战士的生活和情怀，如七律《向贺龙请命》，七绝《率抗日团上大青山进行游击战》《会师》，民歌体新诗《组织抗日武装再次受挫》等等。章叶频在奔赴根据地前写诗表达《坚持长期抗战》《抗战必胜的信念》。

归绥中国守军与日寇的激战，日寇侵占归绥后的惨象，是作家铭诸肺腑的记忆。老诗人冯曦作旧体诗《离绥志感》，志"平绥沿路倒狂澜"，感"同仇还欲施兼并"。老诗人荣祥的歌行体《绥远既陷偕内犯难出走长句》，叙写"薄暮南城遭敌毁，闾阎远近哭声起。纷纷战士走北郊，奔腾若倾三峡水"的情势下，与故乡生离死别的场面，抒发"吾自有术光青史""大节不移国族羞"的情志，于乱离的痛彻中高扬着爱国主义精神。

作家杨令德以《大公报》驻榆林记者、特派员身份写有大量特写和报告文学，有记述中国军队高级将领傅作义、邓宝珊、马占山、何柱国、归绥沦陷区大青山敌后游击区军民奋勇抗敌、喋血疆场的人物特写；有记述蒙古达尔扈特部捍卫先祖成吉思汗陵寝事迹，包头地区抗日斗争《进步中的伊盟》等报告文学；也有赞扬蒙旗抗日领袖荣祥及其诗歌、阳翰笙的电影剧本《塞上风云》的文学评论，向全国人民展现了绥远地区抗战形势，蒙汉民众抗击日本侵略者的英雄业绩，揭露卖国求荣者的罪恶行径。上述文字以"抗战时期塞风丛书"的副题，结集为《活跃的北战场》（1940年）、《抗战与蒙古》（1940年）、《登厢集》（1941年）共36篇并中华全国文艺界抗敌协会实际负责人老舍《致榆林的文艺工作朋友们》一文（《登厢集》代序）出版，是抗战文学的重要收获。

1945年8月15日日本宣布无条件投降，中国人民的抗日战争取得胜利。1946年，国民党蒋介石集团挑起内战，中国共产党领导的人民解放战争开始。其时归绥市置于国民党政权统治之下，在人民解放军的包围之中。

归绥周围乡村、大青山北麓、土默川平原，传唱着群众自编的渴望翻身解放、欢庆革命战争胜利、歌颂共产党、毛主席的爬山歌。中国共产党领导下的绥远解放区文学艺术活动十分活跃。绥蒙地区党委办有《绥蒙日报》副刊，登载群众创作的诗歌、散文；绥蒙军区成立军区文工团，编创剧本、诗歌、快板、好来宝，结集为《绥远部队文艺创作汇集》出版；1946年9月，布赫任团长的内蒙古文工团在张家口成立，开展创作和演出活动。1947年底,华北人民政府归绥联络处派曹文玉、何树声帮助组织成立绥远青年学生会,戈耀任会长,成员发展至120人,会址设在归绥市内,学习毛泽东著作、党报文章,办墙报、贴传单、写文章,宣传共产党和平解放绥远的方针政策。1949年1月,绥远省人民政府领导的绥远省文工团在绥东解放区丰镇成立,成员达百余人,许多人后来成为内蒙古文化界艺术创作、艺术教育的骨干。

　　本期创作活跃的是杨植霖和布赫。杨植霖在繁忙紧张的战事、政务工作间隙,写有不少旧体诗:《第一次绥远战役》《解放卓资山》《夜围青城似铁箍》《集宁战役》《第二次绥远战役》《进城》等,这些纪实性诗篇,是解放战争时期绥远历次战役及至绥远和平解放的诗史。青年布赫在任内蒙古文工团团长期间,除组织、领导创作和演出活动外,写有话剧剧本《额尔登格》、舞蹈活报剧《内蒙古之路》(与吴晓邦合作)、秧歌剧《送公粮》等,贯彻落实《延安文艺座谈会讲话》指出的革命文艺动员群众、组织群众的作用,其风格和艺术形式和延安时代的文艺一脉相承。他参与创作的电影剧本《内蒙春光》,歌颂共产党领导下的"内蒙人民的胜利"(公映时片名,毛泽东命名),经东北电影制片摄制成后公映,社会反响巨大。1952年获第七届卡罗维·法利电影节电影剧本奖,本土作家的作品首次走出国门。

　　1949年"九一九"绥远和平解放,1949年10月中华人民共和国成立,历史开始了新纪元,呼和浩特的文学也掀开了新的一页。

《呼和浩特现当代文学史》第一编概述

新时期呼和浩特诗歌

从1976年开始,当代中国文学进入了一个新的历史时期;诗歌创作也走上了同新中国成立十七年诗歌(因"文化大革命"而中断)既有联系又明显不同的新阶段。这一时期呈现的繁富、多元的艺术局面,是"十七年"所难以比拟的。这是公认的对全国诗歌创作的一个总的评判,同样适用于本土诗坛——诗歌队伍空前壮大,创作活跃且趋于成熟,题材、形象、表现手法发生了重要变化,涌现了一批体式各异的优秀作品。

一

如果就"诗龄"而言,新时期本土诗坛的构成是这样一些诗群。

1. 以毕力格太、贾勋、张志良、周恩广等为代表的诗人。他们发表诗歌始于20世纪五六十年代,正当创作旺盛却因"文化大革命"而辍笔。他们沉寂多年的情思为改革开放的春风唤醒,喷涌而出。他们是本土"复出的诗人"。

毕力格太的诗集《爱的回声》(1986年)、《从荒野走上绿野》(1994年),富含蒙古民族生活内容,情绪乐观开朗,风格刚健清新,表达自由奔放。缅怀老一辈无产阶级革命家乌兰夫光辉业绩的《他没有远去》,讴歌土默川蒙汉民族人民革命友谊的《我们是同胞兄弟》等等,都是反思中的颂歌。

贾勋有诗集两部面世:《敕勒草》(1986年)和《天似穹庐》(1994

年)。贾勋的诗秉承古典诗歌营造意境的传统,力避大悲大喜的宣泄,后期之作融入中外现代派诗歌的通感、隐喻元素。贾勋的诗凝练、精致,耐人咀嚼。如《雨后访茅盾故居》(《人民文学》1999年第12期):"屋檐下的水珠还滴个不停,/尽管,小院里已息了苍茫夜雨。//我就是那颗迟到的水珠啊,/遗憾未滴进您醒着的子夜。//不过,今夜的雨还会下的,/因为,怀念又聚成了厚厚的云……"

张志良1954年初二时,以《沙漠里奇怪的事情》成名。"反右"以后被迫停止歌唱,新时期又放开喉咙。张志良的诗不以题材宏大、辞采富丽取胜,而在一般人习焉不察的平凡的人事中发现美,以几近白描的笔致抒写自己的独特感受和沉思。如《二泉映月》写聆听盲音乐家华彦钧(阿炳)的名作的感悟:"那是阿炳/清澈的眼睛/望得我磕磕绊绊/倒成了盲人。"

周恩广60年代成名,本期出版《草原之星》(1987年)、《八月雨》(1994年)、《碧绿的家园》(1996年)三部诗集。他的抒情诗着力描绘多姿多彩的草原风情,充盈着浓郁的诗情画意,因有"草原歌手"之誉。

2. 以杜逵为代表,包括刘世远、甘先文、戈夫、荣竹林、乌吉斯古冷、苏力亚、郝雄宇、王继周、郭钰、曹化一、高延青、石玉平等诗人,他们多是20世纪30年代末40年代生人,于新时期之初、正值壮年之际开始发表诗歌、出版诗集,共同构成了八九十年代本土诗歌园地的鲜丽景观。

杜逵在1990年至1999年十年间,出版诗集《情人的脚印》《火烧三月》《春华秋饮》等12部,诗人自称"大山的儿子",贯穿其全部诗歌创作的,是浓烈的对养育他的故土、亲人的挚爱与依恋。例如他刻画父亲:"在辽阔的田野上/他走着/踏着季节的韵脚/大地的旋律/在绿色的喧嚷的格调里/猫腰扶起一株弱苗/扶起一则滴翠的喜悦";又如他叙写乡间的爱情:"多半不识字/山歌便是别致的情书/清嗓小咳眉来眼去也是一种暗约。"运用通感刻绘细节,表现亲情、爱情。杜逵的诗境界开阔,诗风刚健。

3.以张天男为代表,包括王再平、张新生、高培萱、王树田、王发宾、刘锦中、乐奇、侯六九、云珍、郜贵、宫久生等诗人。他们生于20世纪50年代初、新中国成立后,开始发表作品正值青年,是本土"崛起的诗群"。他们的创作,有的受中国古代诗歌、现代诗歌(包括民歌)的影响,有的受西方现代派诗艺的浸染,呈现出较为"多元"的状态。

张天男八九十年代的诗作结集为《水上歌谣》(2009年)和《可疑的地址》。人的价值、自由和尊严受到诗人格外的关注与表现。他以人类灾难和生存困境为触发点的《口罩外的春天》《为在克拉玛依大火中丧生的小学生而作》《鲸之死》《南方的洪水》……体现了深刻的人文关怀、历史反思和批判精神。长诗《纸做的花园》围绕"纸做的花园"这一中心意象,酣畅淋漓地倾诉"啊,故国,我渴望你那宝剑的光芒/把我卑贱的生命照亮"撼人心魄的新时期青年的时代担当。张天男的诗立意高远,酣畅而又深沉。

4.梁彬艳、高朵芬、宋雨薇、尚丽清、安心、刘雅青、蒋静等诗人群。他们(上述青年诗人全部是女性)是20世纪60年代生人,"新诗潮"波澜乍起之时学诗写诗,在这个意义上,他们是本土的"新生代"。每人都有两部以上的诗集出版。她们的诗章在"自我表现"中折射着时代的面影和人们的生存状态。高朵芬的《安静的舞者》中的"我想做一只甲虫/在没有花的夜晚飞向你/在你开满雪花的梦边做梦……",比较"复出"后的诗人张志良的《二泉映月》,前者写观赏舞蹈,后者写聆听乐曲,其感受体悟,其表达手段的差异,不啻两个时代;而宋雨薇《浪漫夜》描写情爱场面、性心理的"越轨的笔致"更是前所未有。

二

本土诗歌的喜人局面得益于新时期开启的思想解放运动的推动,诗歌文体价值与特质的重新认识,以及纯文学刊物、特别是诗歌刊物的骤增。诗人们的真实情感开始复苏并有了发展。历史教训,社会现实,人民的命运、国家的前景、个人的生存状况，都在诗人的笔下得到个性化的、自由的表达；故土人文、草原风情更是诸多诗人钟情的题材，有新的发现，并赋予特有的美质。所有这一切，都突破了十七年诗歌中颂歌、战歌独尊的单一模式，也不再承载某些社会功能，从而使诗歌真正地成为心灵的歌唱，抒情言志，各尽其妙。有的雄浑豪放，有的深沉含蓄，有的清新质朴，有的哲理深厚，以真实的发自肺腑的情愫，与广大读者同振共鸣。

新时期以来，曾经被作为指导性创作原则的"民歌和古典诗歌相结合的基础上发展新诗"不再提及；曾经被纳入"逆流"打入另册的中国现代诗人、诗派文物似的出土；总称西方现代派诗歌的各样流派的涌进，总之，创作生态的宽松、宽容，使得诗歌形式（语言和表现手段）同样呈现出多元化的格局。

自由体、半自由体新诗是本土诗人坚持的诗歌形式。毕力格太、贾勋、杜遻、张天男等即是代表。此外，乌尔斯古冷的新诗集结有《高原月》（1993年）和《饮一杯月光》（2000年）两部，那些描绘草原景象和生活场面的诗篇，形象优美、意境深远，诗句舒放自如。苏力亚的诗多直抒胸臆，明白晓畅，结集为《深深的脚印》《永远的高山》等8部，《仰望大青山——为纪念乌兰夫同志百年诞辰而作》为其代表作。郝雄宇的新诗结集为《剪烛西窗》和《秋揽天山月》（2005年），其中抒情形象疏朗的山水诗和明丽哀婉的爱情诗别开生面。张新生以描绘工人生活起步，进而放歌草原风光与人物，晚近用蒙汉两种文字在网络世界驰骋。王树田除创作儿童诗歌外，另有即事即景的抒情之作《界碑之歌》《大窑随想》等富含哲思。王发宾青年时参与军事工程建设，写有大量格调高昂的军旅诗，转业地方后题材扩大，诗艺成熟，其《马奶酒》《瓜州夜月吟》等，想象灵动，意象繁富，取现代派手法而弃其晦涩。乐奇的诗以赞歌为主调，表现新人、新事、新风之美，展示长城、草原、大海之壮，情感激越，宜于朗诵，如《年轻人，趁我们还年轻》《长城，母亲的脊骨》等。侯六九颂扬劳动者的风采，他的《工程师》《隧道工》《咱也要使唤机器那玩艺儿》,语言质朴,有民歌风味。宫久生着眼家乡人事,抒情长诗《魅力玉泉》颂扬改革开放的巨变,《英雄礼赞》讴歌舍己救人的义举,于平朴中见真情。高朵芬有诗集《叮咚水》(1984年)《芬芬流韵》(2008年)出版,诗风清丽柔美,于山水草木人事间流淌着女诗人的情思。宋雨薇钟情于乡情、亲情和爱情,诗风婉约凄美,有诗集《浪漫夜》《独上兰舟》面世。尚丽清的诗作结集为《送一个月亮给知己》(2004年)《偷一个太阳给自己》(2005年)两部,其中表现尘嚣万丈的都市生活的诗篇,浸透着女诗人凝重的思索和体悟。刘雅青有两部诗集:《风中的云朵》(2007年)和《身后的风景》(2010年),在她的山水诗、咏物诗中,常常赋予抒情对象以刚强、独立、孤傲的人格和生存状态的拷问。蒋静的诗结集为《与梦相依》(1997年)和《一首诗的距离》(2012年),故乡的怀恋、生存的思考、未来的期许在诗作中刻下了深深印记。

写自由体、半自由体新诗的不止以上一些诗人,20世纪40年代有影响或十七年成名或新时期开始创作的作家也在本期发表新诗、出版诗集,例如杨植霖、韩燕如、云照光等,孙书祥、尚静波、高文修、王凡(心潮)、张明馥、张沛人、张计生等。

此外,也有探索新格律体的,如郜贵等,也有创作歌词的,如任卫新、尚静波、王再平、王发宾、高雁萍、冯建亭等。

20世纪20年代产生的现代文学新文体——散文诗在本地区开花结果。甘先文是本土较早地致力于散文诗创作的诗人,70年代末起发表大量散文诗,后结集为《人世·爱恋·自然》(1990年)。这些篇作寓哲理于具象之中,篇制短小,语言简洁,回响着泰戈尔的散文诗、冰心的哲理"小诗"的韵致。巴特尔运用散文诗形式,抒写"诗意随想"和"哲理随想",有《戊子年随想》(2009年)等出版,这些诗从渊源上解读,或偏于冰心体"小诗",或偏于鲁迅式"随感"。王再平的散文诗多以草原为题材,出版有《魂系草原》(1993年),以细密的描写,再现当代牧区习见的风情,文笔轻柔隽秀。高培萱散文诗中常见的草原、山乡、校园、母爱、友谊、爱情是其基本主题,有散文诗集《送你一片红叶》(1994年)面世。云珍的散文诗结集为《梦幻帆影》《飞行的麦穗》《潺溪的时间》《朝向苍茫》4部,表现客观生活触发下的思想感情的波动和片断,他充分调动现代派诗歌的手法,意象繁复。梁冰艳于普通的事物中"挖掘闪光、动人的东西"(当代诗人柯蓝语),赋予诗意,与他人合著的《流星雨》(1983年)中收有她总题为"心灵的音符"的散文诗25章。安心的散文诗偏于"自我表现"式的"絮语",生命的对话、爱的诉求、美的追问充盈其间,悲悯情怀一以贯之。

旧体诗词在本土诗坛拥有一片天地。其根本原因是全国范围的传统文化的复兴和诗人对古典诗歌艺术的追求。本土诗人中有的用两副笔墨——自由体新诗和旧体诗词抒情言志,如杜逯、张天男等,前者有《月声箫声》《春华秋饮》出版,情怀旷达,诗意浓郁,后者有《钓雪楼诗钞》面世,意境苍郁,造语险峻。戈夫的旧体诗结集为《朔暨集》,以五言体叙事,讴歌时代英模。荣竹林多用本土名胜古迹、历史掌故、风土人情入诗,乡土气息浓郁,有《竹林诗词选》面世。郭钰的诗词或记游感兴,或凭吊古迹,或咏物寄情,自创新体谓之"凤点头",诗词结集为《遗韵痴吟》(2004年)、《韵趣诗心》(2007年)。曹化一有《游子吟》《晚晴草堂诗稿》等10部诗词集出版,古体近体、小令长调兼擅,长于抒写性灵,尤其是"闲情"——读书人的心志和意趣。高延青以书画名世,积平生诗作为《梦寻天问·高延青韵语全稿》出版(2011年),作品创作时间的跨度长达半个世纪,既有时代演进的轨迹,又有个人生活的印痕,那些社会性题材或感时之作,真诚坦率,体现着诗人的家国情怀、忧患意识。石玉平的诗词结集为《闲情三片》(2004年),怀人悱恻哀婉,咏物寄情深远,写景常以画家笔墨出之,追求诗的绘画美。刘锦中致力于山水诗创作,有诗词集《踏遍青山》(2005年)和《江山流水》(2011年)面世,诗风壮美;所谓"新古体"的长诗《长江万里行》、192字的楹联《长城》是其代表作。刘立有诗词集《心旅集》出版(2013年),多为2000年以来创作的七律,社会意识强烈,诗意显豁。在众多旧体诗作中,董恒宇的四言古风引人注目,散见于区内外报刊的《河之东》《长白山吟》《祭黄帝陵二首》等,均为四言长句,融史哲于一炉,内涵丰赡,格调雄健。

相对旧体诗词复兴的,是民歌体的式微。爬山歌(陕北地区称为信天游)是本土民间文学样式之一,在40年代、50年代中期曾一度兴盛。新时期以来,由于生活方式、娱乐方式的多样化,这种可以歌唱的诗逐渐被新一代冷落,多数诗人也不再选择这一诗体表情达意。守望这片园地的,有刘世远、王继周等。刘世远创作的爬山歌体诗作,结集为《笑醒的乡村》(1992年)、《沃野情怀》(2003年)和《刘世远爬山歌集》出版,其中《大青山又唱起爬山调》,抒写当年八路军大青山游击队司令员姚喆改革开放之际回到山区看望乡亲的动人场面,追忆根据地军民团结抗日的岁月,真切感人,是一首民歌体佳作。

本土专为少年儿童创作童谣、儿歌、童话的是张锦贻、王继周、王树田等。张锦贻青年时代从事师范教育,70年代后期调入科研机构专事儿童文学研究,并开始创作,发表童谣和儿歌,结集为《黄黄的黄河旁》(2012年)、《远远的远山冈》(2012年)两部,包括谜语儿歌、游戏儿歌、学习儿歌、校园儿歌等,于童真童趣中显示着时代和地方特色。王继周有群众艺术教育和编辑经历,民间文学和儿童文学为其所长。他创作的童谣《小溪与沼泽》《地名谣》、儿歌《消灭害虫打胜仗》等,富于教诲性和趣味性,且有民歌风。王树田是本土较早从事儿童诗歌创作的诗人,结集有《草原新歌》(1977年)、《黑熊盖楼房》出版(1979年)。

三

艺术的表达是诗歌质量提升的标志,在有限的形式中展现无限的情思并且形成独特风格则是诗艺成熟的关键。新时期呼和浩特的诗歌从数量上和质量上都有长足的发展。现实生活——社会、自然、心性,扩展了诗人们的视野,中外诗歌滋养了诗人们的灵感,创作出一大批上乘之作,融入众星璀璨的当代诗坛,在草原上闪耀,杨植霖的叙事诗《青山儿女》(合著)、韩燕如的《谁能画尽这蓝旗的风流韵》、毕力格太的《人生三题》《花溪恋》、杜逯的《情人的脚印》《火烧三月》、王树田的《界碑之歌》、梁冰艳的《草原啊,飞翔的鹰》、张天男的《口罩外的春天》《从一只鹰开始》、敕勒川的《大风就那么刮着》、安心的《生命之舞》等等,曾获内蒙古索龙嘎奖或"五个一工程"奖,更迈向全国,赢得读者、同行和诗评家的首肯,在《人民日报》《人民文学》《诗刊》发表诗作的有贾勋、戈夫、乌吉斯古冷、张天男、敕勒川、王发宾、云珍、安心等。诗作入选《诗选刊》《读者》等各刊物的有毕力格太、甘先文、巴特尔、王再平、张天男、梁冰艳、塔娜、高培萱、冯建亭、尚丽清等,出现在全国各种笔会、赛事、选本中的也不在少数,有的选入教育部统编中学语文课本。总之,诗人们从各自熟悉的领域,感悟时代,绽放自我,以多样化的诗体,丰富着诗歌主情的特质,展现了呼和浩特诗歌的丰硕成果。呼和浩特诗歌创作已经达到了一个较高的层次。

与王发宾合撰
《呼和浩特现当代文学》第六编新时期诗歌概述

新时期呼和浩特散文与报告文学

历史转折、改革开放推动着文学事业的前进。"十七年"几度艰难地徘徊、思索,十年"文化大革命"曾经冷寂、荒芜的散文与报告文学终于随着新时期思想解放走上了一条宽广与自由的发展道路。无论在题材、样式还是艺术表现上,都有新的开拓,无论在数量还是质量上,都不亚于"十七年";而报告文学的成就和影响则仅次于同一时期的小说,超越诗歌和戏剧。这几乎是现当代文学史家的共识。

一

在上述时代与文学的背景上,本土散文与报告文学创作呈现出一派全新的景象。

空前庞大的创作群体。

从创作年龄看,有20世纪20年代中期以来各领风骚的杨令德、杨植霖、章叶频、韩燕如、云照光等老作家,有五六十年代初登文坛崭露头角的贾勋、毕力格太等中生代作家,有80年代开始创作即起点较高的张明馥、萨仁托娅、奥奇、兰宁远等一批颇能体现本土散文与报告文学实绩的新进作家,甚至有90后的贺静妮、贺静炜等青年作家。这是本土散文与报告文学创作"四世同堂"的动人格局。

从职业和民族看,有从事其他文学体裁创作的小说家、剧作家、诗人,有记者、编辑这样联系着媒体和受众的新闻工作者,有教师、党政干部——其中不少人有知青经历——以及各行各业的文学爱好者;有汉族、回族、满族,有汉语写作的蒙古族。30年间,本土散文与报告文学作者由"小众"而大众,由专业而业余是值得注意的发展趋势。

题材广泛,品种多样。

民族风物、乡土情怀是叙事抒情散文常见的题材,数量大,特色鲜明,佳制屡见。前者如高文修的《我始终迷恋着草原》、王再平的《锡林郭勒短章》、马逵雄的《穆斯林的一方天地》、博尔姬·塔娜的《千秋万代巴彦汉》、易书的《胡杨林:温暖如旧的记忆》,等等。后者如毕力格太的《青城八月山丹红》、吕聪敏的《故乡寻梦》、张培仁的《故乡的戏》、刘妙的《不息的泉》、苏芝英的《彩色的乡情》、高雁萍的《桥靠——一个消失在城市中的村庄》《南街旧梦今犹在》系列"青城故事",等等。郭钰、陈美荣、吴欣、张秉先、杨东升、易书……的不少回忆性、纪实性散文也都回味乡恋,释放乡愁,在观照现实的同时,展现五六十年代本土的黎民声色和市井气息。异地供职的军旅作家兰宁远在散文集《守望天堂》的篇章中,倾吐着对故乡的思念,对先人的缅怀,情文并茂,宛如牧歌。

20世纪90年代,当代文学兴起所谓文化散文。文化散文没有明确的界定,但通常是指取材具有历史文化内涵的自然事物或人文景观并诠释探究其历史文化精神的散文。本土文化散文开风气之先者当推诗人、剧作家贾勋。90年代初他以充盈着诗意的笔触叙写青城老故事,抒发绵绵乡土情。召庙寺院、街巷闾里、字画匾额、梨园优伶、文化名人、师友故旧、民俗形影……尽显笔底,各具巧思,2012年结集为《青城风物过眼录》出版,凡76篇。这些篇章兼具史学的理性和诗歌的美感,既有本土风物的怀恋,也有风光不再的叹息,是难得的、生动可感的本土人文画卷,散文创作的新收获,广受好评。

兰宁远的长篇文化散文《虹霓烈焰》立体地记录巴林奇石千万年沧桑的生命过程,展示蒙古人重信义、守誓言的民族性格。陈弘志的《方言咀英》以散文的笔致考释晋绥方言词语的词源,既是历史方言学著作,也是文化散文力作。荣盛的《在祖国各地蒙古族探索》、渠成荫的《呼和浩特市文脉寻踪》、陈耀东的《万驼之城》、谢荣霄的《纸的闲话》系列……都从不同的视角切入,从各自的路线出发,解读文化历史现象而又以学术文化内涵见长。

表现自我、表现性灵而蕴藉深沉的抒情散文——"十七年"斥为不健康,十年"文化大革命"中批为毒草、莠草——也破土而出,占一隅之地,90年代、新世纪成为常态。张明馥散文集《路上风景》《书中黄叶》《梦里落花》中富有特色的,是那些描绘女性世界以抒发个人情怀或直抒胸臆袒露心性的篇章,前者如《女人与哭》《女人与笑》《女人无故事》等"女人系列";后者如《倾诉》《我爱,我不爱》《不亦快哉》。女性散文的色彩浓重,文笔畅达明快。李悦的《寂寞》《雪》即景生情,不乏思想者的韵致,曹化一的《身边的风景》(散文集)品尝生存况味,篇章中蕴含书斋气息,刘进林的散文表观90年代青年心灵动态,兼有抒情小说之长……这些作品格调不一,其文学意义在于恢复一度中断的五四散文以作家个性为本位的传统。

改革开放之初的出国考察热和国人生活质量提升后休闲方式的变化催生了一批游记。记者型作家张明馥是重要的游记写手,有《乌兰巴托纪行》《浮光掠影看美国》《印度、尼泊尔文化之旅》《西行游记》近50篇,表现异国见闻和感受。同类作品还有荣盛的《我眼中的意大利》《旅德拾趣》、高文修的《赴美国考察散记》、陈耀东的《访蒙九章》、苏芝英的《走进澳洲》……这些游记的产生是"十七年"不可想象的;放眼国内大江南北,描摹祖国壮丽河山的有王温的《云山泉石,胜绝第一》、甄可君的《滇桂纪行》、刘巧妙的《天地一沙鸥》(散文集)等。贺静妮的《京源雏凤鸣》(散文集)、贺静炜的《北京之恋》(散文集)则是两位90后在首都中学寄读生活的真情写照,其时初中生贺静炜的《北京很美,但不属于我》一文曾经引发北京教育界关于如何对待在京务工子女问题的大讨论。

20世纪六七十年代鲜见本土作家撰写的杂文、书话、科学小品、教育小品以及两栖性散文诗(本书归入诗歌)在新时期散文园地绽放。

王德明和魏文平主要致力于杂文创作，坚守杂文主流的"社会批评"和"文明批评"，如王德明抨击贪腐的《马红妹的矫情》，魏文平批判束缚个性的《儒家文化》，郭钰的《清廉与清官》、杨俊文的《金丝绳捆不住爱情鸟》等。巴特尔、张明馥等人的优秀杂文编入中国杂文学会的选集中，魏文平有杂文集《犬吠集》出版。徐翔麟的散文集《夫妻兵法》《白人喷嚏集》中也收有不少杂文。

甄可君创作了不少科学小品，题旨涉及生态环境和伦理道德，如《干渴将威胁我们》《家庭不和谐音》。张植样多年坚持科学小品创作，著有《环境也是生产力》等。玉树田是本土藏书家中鲜见的书话作者，他的《聚书琐记》《拥雪斋书影》凡百余篇，写寻书、藏书、赏书、读书之乐。有教师经历的诗人巴特尔的《教育随想录》，贺云飞的《教坛拾零》培育出散文园地的新品种——教育小品。

新时期30年间，本土散文创作实绩显著。90年代后，诸多作家竞相结集出版个人作品，散见于报刊的更是不可胜数：作品走向全国，拥有广大读者。但是，和同一时期的本土作家创作的戏剧（主要是戏曲）、小说和诗歌相比，则稍嫌薄弱。其原因，一是非纸媒的冲击、自媒体的发达使读者选择性阅读日益多元化、碎片化、娱乐化；二是部分作者对散文的文体认识偏误，欠缺美学追求的自觉——实在说，散文对作者阅历、观察力、思考力的要求并不低于其他文学体裁，其文字要求甚或更高。作者功力不足，快餐散文于是风行。

二

报告文学（包括特写）是兼有新闻性和文学性的两栖文体，萌芽于20世纪20年代，成熟于30年代，而今已卓然独立于文学之林。

社会的政治、经济、文化、生态，乃至家庭、伦理、婚姻无不成为报告文学的观照对象；它同读者的关系，也从未像当代这样密切。改革开放以来经济建设的历史趋向和时代精神是本土报告文学的重要主题。

奥奇以对社会生活的高度关注与敏锐，创作《向世界挑战》《希望，在这片土地上滋生》。前者取材于内蒙古所产"仕奇"西装由贴牌、创牌再到世界名牌的成功之路；后者取材草原上牧民集资办学的新生事物。刘世远的《王学勤和他的伙伴们》讴歌农村发家致富的带头人。田培良的《好人丁新民》赞扬改革弄潮儿——民营企业家。王建平集中笔墨于新时期工人，作品结集《五月潮》。宋雨薇放眼自治区，描绘《富饶的内蒙古，可爱的人》（报告文学集）。陈耀东的《首府60年：与自治区一同成长，一路迅跑》《乳都解读》则全方位展现呼和浩特的历史变革和新时期社会经济发展成就。

作家们也关注并表现着本土的杰出人物。

牛玉儒、廷·巴特尔、金海……一个个闪光的名字借报告文学而全国传颂。尚静波的《特写牛玉儒》成功塑造呼和浩特市委书记牛玉儒"鞠躬尽瘁、死而后已""辛劳为民众"的公仆形象。萨仁托娅和杜·拉尔梅合写的《草原之子——廷·巴特尔》热情赞扬扎根草原、建设草原的知青英雄。田培良的《金海之歌》集中表现年轻教授金海生命晚期坚守信念、敬业不止、坚毅乐观的感人事迹。

张明馥写有近40篇文化名人的特写：台湾影视人、当代女作家、本土文史界前辈荣祥、杨令德，宗教人士札木苏以及新时期名满全国的表演艺术家、影视剧导演、摄影家、戏曲演员、通俗歌手。乌兰托娅则把她的关注寄于当代蒙古族医学家、艺术家、剧作家以及《名人和他们的母亲》（系列报告文学）。

此外，报告英雄模范群体的作品也在区内外产生影响，如马逵英《在友谊的海洋中》报道内蒙古艺术团国外演出的盛况，马逵雄《我国第一流女子柔道队》叙写内蒙古女子柔道的佳绩，贾文耀《托起第二轮太阳》赞颂电力系统的先进人物。

80年代中期，事件报告文学、问题报告文学有了长足发展。

事件报告文学的力作是蒙古族女作家萨仁托娅的《国家的孩子》，2006年出版后获自治区索龙嘎文学奖。这部长篇报告文学完整而详尽地复原了三年困难时期草原的真实面貌,饱含深情地讴歌草原人民接纳、养育南方三千孤儿的至诚的爱国情、至善的人性美。作品不仅复活了历史的记忆,而且激发了同一题材的戏剧、影视等文艺创作,齐声高唱中华民族大团结的时代强音。

军旅作家兰宁远的《飞天梦》全面再现了中国航天员群体乃至全体航天人几十年的奋斗史,描述1999年开始发射神舟一号飞船直到神舟七号飞船的历史事件,深入刻画的航天工程总设计师王永志、航天员杨利伟为代表的英雄集体为实现中华儿女飞天梦的航天精神。作品题材独特、题旨深刻,为读者打开了一幅中国航天事业发展的壮美画卷。国家出版总署在新中国成立60周年时,作为"国家向青少年推荐的百种优秀图书"之一推出。

揭示并剖析社会问题的报告文学——问题报告文学是"十七年""干预生活"在新时期的复苏与深化。奥奇的《悲情布日都》用愤懑的笔调描述沙尘暴造成的环境破坏景象,呼吁"人类的进步应该是与建设美好的生存环境同步进行"。但类似这样兼具思辨力和感染力的作品不多,这是本土报告文学创作的一个缺憾。

本土报告文学作家在艺术手法上也有探索与创新,在萨仁托娅、奥奇、兰宁远等人的报告文学中尤为自觉。他们从小说、传记、诗歌、电影文学等艺术样式中汲取营养,在立足生活真实不依靠虚构的前提下,在细节描写、蒙太奇结构、政论色彩上,在形象塑造、语言锤炼上,都各具特色,令读者和评论家赞赏。

《呼和浩特现当代文学史》第五编概述

过好自己选择的生活

一

人的一生要面对多次选择。正确的选择有助于事业的成功,人生价值的实现,生活的美满幸福。加入中国民主同盟是我们一生重要而又正确的选择。

我们这对"同学夫妻"是1982年12月9日支部通过入盟申请的,开会的那一天恰逢"一二·九"运动纪念日,所以记得格外清楚。那时候,"文化大革命"结束了,拨乱反正、正本清源,民主党派恢复活动。史载,1981年7月,中共中央统战部批复内蒙古自治区党委,同意在内蒙古自治区建立民主党派组织,并决定成立民盟内蒙古自治区筹备委员会。此前此后,民盟中央领导费老(孝通)、钱老(伟长)、叶老(笃义)、陶老(大镛)先后来呼或作学术报告或宣讲盟史,我们这些年轻的知识分子有幸亲承謦欬,一睹风采。

怀着景慕先贤、追随先进的真诚愿望,我们在筹委会副主任田慕潜大姐的勉励下,鼓足勇气呈上了申请书。谓之"勇气",是因为那时一般人对于民主党派的认识,不但没有今天这样的高度,而且有误解有曲解。申请加入民主党派,自愿成为"统战人士",需要冲破家庭和社会的阻力。20世纪80年代初的高频词自然是"思想解放",但"心有余悸"也同它如影随形。此后的事实是,对我们的入盟,亲戚疑虑重重,同事议论纷纷。

回首往事,恍如隔世,穿越感油然而生。

当年呈上申请书的心情又是怯怯的。这种"怯怯"是对民盟组织的敬畏之心。

我们崇敬民盟,如同仰望高山。民盟先贤为了"爆一声:'咱们的中国!'",呐喊、奔走、流血、牺牲。那是民主斗士的群体,那是为民请命的"中国的脊梁"。我们没有亲见、更没有亲历前辈为新中国奋斗的伟大实践,对于民盟的认识,有从现代史、文化史、文学史著述获得的,经历过一个朦胧到清晰、感性到理性、分散到比较系统的过程;也有从民盟成员领受的钦敬和熏陶——那是知识界的精英,各个学科灿若明星的名字,既遥远,又亲近,近似符号,却血肉丰满。我们20世纪60年代前期在内蒙古大学就读时钦敬的师长胡钟达先生即是其中的一位。我在中文系大二时读过先生发表在《内蒙古日报》上一篇关于呼和浩特建城史的长文。我长于呼和浩特,极欲了解它的历史,因而记住了先生的名字,虽然并不了解先生的其他史学成果,也不知道先生是1945年入盟的真正的老盟员。但对于从小有志于学的我们,高尚品德、庄严文字都是足以令人高山仰止、景行行之止理由。我们入盟时年届不惑,学术则刚刚起步,在迈向先辈、师长面前,还不知道那是一段艰辛跋涉的遥远的路程。

不过我们相信,"人皆可以为尧舜"。

二

我们是普普通通的知识分子,入盟后多了一重政治身份,因而也多了一份社会责任;与此相应,也拓展了精神空间,增添了潜在动力。盟员作家梁晓声说得好,民盟是"思想大家庭"。

"做一个好盟员"是我们入盟的第一课,并且从此成了我们坚守的信条。怎样才算得上一个好盟员?我们的体会是人品好,业务精,关注现实,参与盟务。

本职工作,我们不甘人后。我们是呼和浩特教育学院的教师,承担全日制普通高等教育教学任务外,积极投身20世纪八九十年代自治区开展的学历补偿教育、函授教育、成人学历教育、远程教育、中小学教师继续教育，讲授了语言文学专业的多门课程。学生遍布全区，在首府呼和浩特各中学的语文教师中比例甚高，特级教师、语文学科带头人、市级领导也不乏其人。作为教师，这是我们引以自傲的。

舌耕同时不忘笔耕。20世纪80年代，蕙芳在自治区文学评论界很是活跃。1982年，在内蒙古文坛关于郭沫若历史剧《蔡文姬》的争鸣中，她发表了《感情与责任的巨大冲突》，提出《蔡》剧主题新说（即文题），为现代文学史家所重。我们还积极参与高等院校校际学术活动，蕙芳参编《简明外国文学教材》《外国文学手册》，我们与同仁合著《美学基本理论》。三部著作都曾获奖，算是我们勉力于学的一点成绩。

我则较多地分身参与盟务。1984年7月2日至6日，民盟内蒙古第一次代表大会在呼和浩特市召开，全区109名盟员与会。大会选举产生了由14人组成的民盟内蒙古第一届委员会，主任委员李树元，副主任委员胡钟达、田慕潜。我侧身委员之间，盟龄最短，资历最浅，讲师也才刚刚评上，诚惶诚恐。但是，能在老一辈盟员的引领下工作，却是难得的机缘。我被任命宣传部副部长。宣传部没有部长，也没有专职干部。我主要负责编辑《内蒙古盟讯》，组稿、编辑、校对，跑印刷厂（其时铅字排版），只我一人。但我有所仰仗，分管领导正是敬爱的胡钟达先生。所以我虽然第一次做编辑，工作倒也大胆。

有两件事终身难忘，都潜移默化地对我后来的文字生活产生影响：一次得到的是教训，另一次是经验。

那一年，大约是1984年底或1985年初，"作协四代会"后，我在《内蒙古盟讯》转载了一篇报道，是中央高层领导对群众团体选举问题的谈话，我将其中涉及民主党派选举的一句话作标题，内文只字未动。不久盟中央有关部门（此处失记）来函询问报道的出处。我有些紧张，一面说明报道的出处复函，一面写好检讨书准备登在盟讯。检讨书写好后面呈胡先生指示。待我说明原委，胡先生拿起笔，删去了检讨书上言重的、自责的话，说：不要越描越黑。你转载没有注明出处，说明白就可以了。我的心一下子放在肚子里。因为我的困惑恰是我原文转载某报的文章,却何以代人作检讨。胡先生的话让我彼时心有所悟,此后也时有反刍:那是胡先生的舐犊之情吧?又不久,盟中央某部门来函指示:民盟选举按盟章办。我服膺上级领导的水平,也受到一次盟纪盟章教育。另一件事也和盟讯有关:请民盟区委向盟中央副主席楚老(图南)为《内蒙古盟讯》题写刊名。胡先生欣然应允,很快将楚老的题字交给我。凝视那散发着墨香的寓楷于隶的书法作品,我心花怒放。这就是今天《内蒙古盟讯》封面的五个字。担心误解这是网上下载的集字,所以盟讯主编、民盟区委副主委李相合接受了我的建议:封二、封四都有相关说明文字。有盟中央领导的殷切期望,有一茬又一茬编辑的辛勤工作,我们的盟讯定会越办越好。

三

退休之后,供职单位的工作交卸了,我们和民盟组织更亲近了;盟组织对我们这些老龄盟员更是关怀备至。

2006年6月的一天,蕙芳接到时任民盟呼和浩特市委主委董恒宇同志打到家里的电话,他希望我们撰写《呼和浩特民盟志》。蕙芳二话没说,欣然受命。两个月以后,初稿完成,经盟市委召开的审稿会通过,董主委给予热情肯定,顺利入编《呼和浩特市政协志》。我们随即作为此志特邀编辑,完成百万余字的统稿任务。我们想说,这是我们晚年生活的一个转折点——以此为发端我们与同仁合著《昭君文化研究》,为市人大常委会《岁月留踪》、回民区政协《回族史料》第八、九、十集统稿,参编《大盛魁闻见录》《百年历程:归绥师范学堂——呼和浩特职业学院》《内蒙古民间故事全书·呼和浩特卷》《呼和浩特现当代文学史》,任主编或副主编。我们参与这些文化事业,既为社会"做好事,做实事",又增长了见识,结交了朋友,丰富了晚年的精神生活。我们还热情百倍地参与自治区、呼和浩特市两级盟组织的活动,协助编辑区委历年《议政建言汇编》、编写《民盟呼和浩特市地方组织30年历程》。在这些活动中,我们践行盟员的义务,感受组织的信任和暖意,领略"工作着是美丽的"。

有限文字的背后总有故事。

2011年,新版电视剧《红楼梦》播出后,出现了新一轮"红楼梦热",各种评说不一而足,你来我往,煞是热闹。民盟中央主管主办的《群言》第10期刊发的署名彭俐的《"红楼"未建已坍塌》为蕙芳注目。彭文否定电视剧,旁及原著——小说《红楼梦》,认为《红楼梦》只是中国文学名著,远不是世界文学名著。蕙芳长期从事外国文学教学与研究,于是将《红楼梦》同世界级名著——巴尔扎克的《人间喜剧》、雨果的《悲惨世界》《巴黎圣母院》相比较,肯定《红楼梦》的思想艺术价值,写成《〈红楼梦〉的世界文学名著品格》,投寄《群言》。骨鲠在喉,一吐为快,她对自己的文章质量还是有信心的,但对于发表却不存希望,文末甚至没有注明联系方式。出乎意料,不到一周,蕙芳接到《群言》编辑冯岩同志打到家里的电话(她从民盟区委机关得知我们的宅电)。冯岩同志告知文章将在《群言》2011第1期发表,并告知文章的反应,彭俐的读后感……

放下电话,我们不禁激动并且感动起来。文章能上《群言》是荣耀,令人激动;得遇这样的编辑,在我们的文字生活中却是罕见,令人感叹唏嘘——这是久违的"韬奋精神"啊。至于蕙芳文章的刊发与否已经不重要了。

回顾在民盟精神烛照下走过的路程,我们常常感慨系之,谨录2015年纪念民盟呼和浩特市地方组织成立30周年时所作之诗结束拙文:"岁月催人老,弹指三十春。昔日芳草绿,今朝硕果红。拼力追先贤,不敢言事功。盟友如相问,冰心玉壶中。"

与李蕙芳合撰

《内蒙古盟讯》2017年4期,原题《人生的重要选择》

短章抒怀
DUANZHANGSHUHUAI

接班人之歌(节选)

灿烂的太阳
从东方升起
烈士纪念碑
在朝霞中耸立
金色的大字
镀满金色的阳光
辉映着
金色的天地
我手摸纪念碑
涌出了
千言万语
泪眼模糊
闪过那
战斗的往昔——
南昌城
抖动红缨的大刀
闪烁青辉
黄洋界
工农红军的土炮
淋满风雨
雨花台
血红的杜鹃花

渣滓洞
火焰般的诗句
长白山
风雪中的
篝火呵
把我的心头灼热
腊子口
火海中的
红旗呵
在我的眼前卷起
大渡河
滚滚的浪涛呵
把沿途的礁石
狠狠地拍击
长征路
步步的脚印呵
像红线
穿起二万五千里

呵
多少烈士的身躯
铸成这不朽的丰碑
像诗句
谱写了中国革命的
伟大史诗
多少烈士的鲜血
凝成那瑰丽的文字
一字字

一句句

刻在人民的心底

今天

我站在你的脚下

默默沉思

那面鲜艳的红旗

如何撑到底

凝眸远望

一群群海燕

在海面上展翅飞起……

补记

  原诗350行,内蒙古大学中文系60级五年级时5位同学于水生、马云学、王杰、田家辉、任贵共同创作。诗分序歌、缅怀我们红色的一代、投入斗争、尾声5节,王杰(后改名王凡,笔名心潮)发起,分头写作,我和王杰合成定稿。节选的这一节题为"缅怀",由我创作。内蒙古广播电台电台1964年"一二·九"全文播放我班在电台大厅录制的集体朗诵,校报《内蒙古大学》第95期(1965年1月1日)全文发表。

2017年6月

贺同学百年好合

刘海砍樵入山林，
辛夷千丈吐芳芬。
结实累累报樵郎，
合欢蜜蜜醉春风。

附记

  2007年早春我造访名画家、挚友刘峰兄，为《百年历程》组稿。刘兄是我一中初56班同学，后就读呼一师，忆及一师往事甚多，情节甚细，言及婚礼时张贴我所赠"藏头诗"，当面诵念。辛雅琴嫂插话："此诗婚礼上宾客争相抄写。"但全诗及本事我已失记，遂请刘兄再诵，我笔记，既而览之，叹曰："好诗好诗，而今作不出啦！"——作是诗时，我在内大读书，刘兄师范毕业留校任教，与辛燕莺成对，时在1962年。

致冯国华

当你白天蜷曲在猫耳洞
我正在伏案写我的讲稿
当你夜间拉响定向地雷
我正在点燃一支青城香烟
　　烟气缭绕
当你掷出一束手榴弹
我正在打开一瓶青岛啤酒
　　泡沫飞溅

当兵为什么光荣
你知道
我也知道

当你匍匐越过密集的雷区
我正在一步步跨上教学楼
当你就着雨水用固体燃料煮饭
我正在端开热气腾腾的一笼馒头
当你和邻近的哨位呼叫联系
我正在讲授鲁迅、郭沫若、殷夫

一个信念沟通我们
我知道
你也知道

当阵地的山岩被炮火烧得发白
这里的校园啊
　　　繁花似锦,绿茵如盖
当激战前的沉寂
　　　叫初上战场的勇士也感到神秘
这里的校里啊
　　　晚霞似火、灯光如昼
连神经迟钝的我也想漫步

四个月:三百课时,八十次战斗
我知道
你也知道

当弹弦套在指尖上
你一定更加意识到生命的价值
——它和民族、祖国、人民连在一起
当接受你庄严的军礼
我深深悟出"人民教师"的含义
——它和真理、信念、力量连在一起

老师在你心里
学生在我心里
你知道
我也知道

附记

  冯国华,1984年夏毕业于呼和浩特教育学院中文系后入石家庄军校,同年9月带职见习,战斗在云南老山前线,机智勇敢,荣立二等军功。1985年3月27日返校,以校友和英模身份作报告,本诗曾面赠冯国华。

1985年4月
《内蒙古盟讯》1986年第1期

你 我

——赠别启秀、梁冰、儒仪、振杰诸友

人生不相见,动如参与商。焉知二十载,重上君子堂。昔别君未婚,儿女忽成行。……

握着你们的手
心中涌出杜甫的诗句
也是分别二十年
我们重又相遇

你,不再那么清瘦
你,白发爬满了头
你是主席,你是作家
你是律师,你是教授[1]

但我们曾在一个屋顶下
读着同一本书
还有一个共同的姓名——
60 级学友

你跋涉在毛乌素的荒原
你为一句话写了294页检讨[2]
我们总算走出了风雨,看
孩子长得比我们还高

但主楼的灯光,至今
照着你的案卷,我的讲义
农场返校的雨夜中
背你的肩头还似当年,强健有力

宿舍,一盆盆冒着热气的泡脚水
教室,暖气片上烘干的窝头[3]
一个绰号,几句笑闹
这真实的故事只有你我知道[4]

握着你们的手
心中涌出一串串回忆
道一声珍重、珍重
一声珍重里有我的千言万语

注

1987年10月,母校内蒙古大学建校30周年,学友13日返校,午后聚餐,翌日同游青城名胜,午后联欢;16日晚为四友饯行,席间吟此赠别。

[1]梁启秀为清水河政协副主席,梁冰出版长篇小说《在达尔扈特部落》,屈振杰作律师,郭儒仪评了副教授。

[2]毛乌素沙漠在伊盟,为梁冰工作地;屈振杰在"文化大革命"中因一句话被有意曲解、"上纲"而遭围攻、打击,写了一摞(自云294页)检讨书。

［3］此大学一年级事，全班同学由校农场（在和林）背着行李，于黄昏起身徒步赶回学校；夜至近郊遇大雨，梁冰发病，同学轮流背往医院。

［4］三年困难时期，大学生粮食定量34斤/月，粗粮为主又缺油水，饥肠辘辘，校方设法，组织师生种地以自救。每每劳动回到宿舍，辄见一盆盆热水置地，校园菜地作轻微劳动之女生所为也。又时见窝窝头置于教室的暖气片上，其香诱人，饥者可取而食之。

［5］如称王璋为王胡，茹占鳌为茹柯夫斯基（毕业时更名茹柯即缘此）。外国文学三位老师皆有绰号，曰托尔斯泰（杜宗义先生）、安德鲁玛克（弓惠英先生）、宙斯（陈寿朋先生）。现代汉语胡瑞昌先生授课时喜征引胡裕树之说，故以是称之。间或因先生们讲授时的口误、口头禅，亦于宿舍作笑谈，女生尤甚。

1987年10月16日

等 待

——为《扬帆》创刊而作

当你们扬帆远去
一股莫名震颤涌上心头
恨不能化作鼓帆的风
恨不能把住你们掌舵的手

但我还有一颗年轻的心
企盼着等待着满载而归的船
眺望近了又近的帆影
还有一轮红日挂在桅杆

海面上有恶浪有风暴吧
这我知道。因为你们的归来
我会笑得像你们一样稚气
笑得忘却了岁月的流逝

1989 年 4 月 21 日

补记

《扬帆》系教育学院文学社团扬帆社所办刊物。

题《小草》

奉献给
　　游人一片绿绮
奉献给
　　沙原广袤希冀
奉献给
　　春的枝头
奉献给
　　秋的果实
为什么
　　总是一片鹅黄嫩绿
因为
　　饱吸了地母的乳汁
绿是生命
嫩是成熟的开始

1989 年 5 月 4 日

补记
　　《小草》系教育学院中文系学生刊物。

贺杭州教育学院校庆联语
——特格舍院长雅嘱

西子湖畔卅年育人地灵异彩出俊杰；
青城塞外一望盛会情深同道献芹意。

1991 年 1 月

补记

  1983 年 3 月，呼和浩特师专与呼和浩特教师进修学院合并，组建呼和浩特教育学院，特格舍任院长。此联即遵其所嘱而撰，本人时在中文系系主任任上。特院长退休若干年后，2003 年呼和浩特教育学院同其他 3 所成人高校合并组建呼和浩特职业学院，呼和浩特教育学院遂成历史名词，又逾十数年，特院长亦成古人。此联入书，谨记这一段历史且缅怀特格舍院长。

走进您的书斋

今年是闻一多先生百年诞辰,恰逢澳门回归,先生74年前所作诗篇《七子之歌·澳门》谱曲传唱海内外。今试依先生倡导之新格律体诗,奉献于集诗人、学者、民主战士于一身的伟大爱国者,民盟早期领导人,并贺澳门回归。

走进　走进您静谧的书斋
红烛焦灼地流着清泪[1]
一首首华丽的诗章盛开
慰藉的花　结成了快乐的果实

倾听　倾听您深沉的歌吟
丛菊久候着归来的主人[2]
一阵阵动地的罡风刮过
夜雾的城　要洗出金色黎明

领悟　领悟您不朽的诗魂
先生起誓——指着太阳[3]
为了爆一声　咱们的中国[4]
殷红的血　洒在昆明街上

追寻　追寻您匆促的步伐

桌上放一壶刚沏的苦茶[6]

听街头传来《七子之歌》

哀婉的曲　映着您满眼泪花

注

[1]先生的第一部诗集曰《红烛》。

[2]先生留美期间所作《忆菊》诗中盛赞菊花是"华胄的名花"。

[3]先生的新诗《你指着太阳起誓》中的句义。

[4]先生的新诗《一句话》中的句义。

[5]先生在新诗《口供》一诗中说自己的粮食是一壶苦茶。

1999 年 11 月 15 日

《内蒙古盟讯》1999 年第 3 期

心香遥祭胡先生

胡先生去世了。得知这个不幸的消息时，我的心被重重地一击，心绪变得很不宁静。我记忆中的先生，他高高的体态，清癯的面庞，温和的笑容再一次浮现在我的眼前。

我最初知道先生，是在20世纪60年代前期。我那时在内蒙古大学中文系就读，先生在历史系任教，系主任。虽不同系，但我对先生是心执弟子之礼的。所以，无论在什么场合，我从不以职务、官位称呼他。这个"先生"的说法，在我就是"可敬的老师"之意。记得那一年，《内蒙古日报》用几乎一个整版的篇幅，登载了先生的一篇纪念呼和浩特市建城历史的论文。我不是搞历史的，并不十分留意其中的论断，但论文严密的论证，流畅的文笔，以及历史科学的当代感，却给我留下了深刻的印象，而且从精神上方法论上对我后来的治学发生了潜移默化的影响。

1982年12月9日，我荣幸地被吸收加入民盟，动因之一，就是对老一辈盟员学者道德文章的崇仰，先生便是其中的一位。

1984年夏秋之交，民盟内蒙古一大召开。先生是大会主席团主席之一（另外还有李树元主委、田慕潜大姐等）。我是主席团成员，大会副秘书长，田大姐兼秘书长，另一位副秘书长是李增晞。大会有事须时时请示，这便和仰慕已久的先生有了频繁接触。那次会议已过17个春秋，往事如烟，其间零零碎碎的事情连先生也未必记得吧，于我却历历在目。那是一次主席团讨论区委委员候选人名单的会上。先生主持会议，大家纷纷评说表态。在说到一位候选人时（已经去世多年了），一位非主席团成员、帮助会务的处级干部也发了言，对这位候选人冠之以

"小科长",语带讥讽,暗含微词。我听了忒不是味儿,会下便和也是主席团成员的杜宗义先生交换意见,准备在主席团再议时说出我的看法。杜先生委婉地劝阻我,我没有被说服。我那时少年意气,到底还是在主席团会议上颇为严肃地、似乎有理有据地倾泻了我的不满。发言完了,似乎有点懊悔,但驷马难追了,也就不再去想。谁承想在大会结束的时候,那位干部竟主动地、单独地向我,对他本人在主席团会议上的那次发言婉转地表示歉意,并且向我索要"墨宝"。我的字岂能称之为"宝",这样谦和的态度显然是一种亲近的表示。这个一百八十度的大转变让我十分意外,其中的缘由我当时并未深究。但我一直以为,这肯定是胡先生做了工作。因为大会期间以及此后的区委会上,我都形成了一种印象:凡先生主持的会议,他总是最后发言;而他的发言又总是吸纳了与会者发言中正确的部分,又有升华;对不大正确的意见,也总是耐心倾听,从不插话,最后才有理有据地加以解释。先生从不因人废言,看人下菜。这仅仅是一个会议主持者的主持艺术吗?不!我认为这是一种为人的作风。什么叫"善纳雅言",什么叫"循循善诱",什么叫"尊重他人",这些抽象的概念在接触先生以后变得具体可感了。"海纳百川,有容乃大",诚哉斯言!一大会议上还有一件不为外人所知、深藏于心的微不足道的事:我在宣读大会闭幕式莅临的党政领导时,照本宣科"主持词"所列名单,在职务之后直呼其名。会下胡先生温和地告诉我,以后宣读这样的名单时,后面可以加上"同志"。我恍然大悟我之所以唐突与会领导的原因了。后来遇到这一类事,我都照此办理。这或许不足为训吧,但于我却是心慕"口"随。

一大之后,我和先生的接触就少了,即便接触也多在会议上,为了盟务的事。再后来,我辞去区委宣传部副部长之职,盟务工作很少与闻,和先生的接触就更少了。我所知道的是,先生的人品、作风有口皆碑,先生在自治区的盟务活动中发挥着任何人都不能替代的作用。先生在我们内蒙古盟员的心中,犹如一块发光的磁石。

1988年3月,在民盟自治区第二次代表大会上,先生因移家北京,请辞民盟区委副主委之职。(此前,得知他已辞去内大副校长、内蒙古人大常委会副主任之职了。)我作为"二大"代表,参加了那次会议。先生此举,引起与会代表不小的情绪波动,主席团反复向大家说明原因,抚慰大家的不安。为了先生在史学上再创辉煌,特别是外国古代史研究有新的突破,与会者才不得不十分遗憾地接受了先生的辞呈。先生离开他为之献身的内蒙古,离开爱戴他的内蒙古广大盟员,到北京了。此后,先生的消息渐阙。但我知道,凡有熟知先生的盟员进京出差开会,都要去看望先生,带回先生安康的消息,也带回先生对我们的关爱。

我从辗转的消息得知,先生曾对我寄予厚望。先生也曾理解我把精力集中在业务上而不担任区委专职干部的苦衷。而今我已年届花甲,在政治上学术上依然长进不大,百无一用,真是愧对先生!

胡先生去世了,去世五个多月了。我早该写一点文字缅怀他了。天恩也催促我好几回了。先生在历史学方面的成就,已有公论;先生对内蒙古民盟事业的贡献,他追求真理、淡泊名利的精神,严正刚直、醇厚亲和的风范,将常留在内蒙古民盟的历史上,常留在内蒙古那么多盟员的心中!我作为一个精神上受惠于先生的盟员,今天从我的记忆深处,撷取点点滴滴遥祭先生。"高山仰止,景行行止。虽不能至,然心向往之"我对先生就是怀着这样的心肠。

先生字钟达,于2000年9月10日在北京逝世,享年八十有一。《内蒙古日报》2000年9月21日,《光明日报》2001年2月2日相继为先生逝世发出讣告。

2001年3月2日
《呼和浩特盟讯》2001年第1期

谢周蒙师

卅年文上觅旧踪,笔走龙蛇励后生。
契阔青城春草绿,为师更谢师恩隆。

附记

  周蒙先生由冰城来呼,闻讯往拜。自内蒙古大学毕业一别三十八年,往日先生教诲情景历历在目,批改作文至今犹存。至先生内师大接待中心下榻处,我和蕙芳将赋得此章书于所著《美学基本理论》扉页奉上。

2003年4月3日

绝句四首

  2003年9月为母校呼和浩特一中百年华诞。其庆典因当年"非典"疫情推至翌年9月。同班22名学友,返校重聚。师友相逢,叙旧甚欢。天恩倡议录制专题片,嘱余作诗穿插于解说词——解说乃王天恩、罗漾瑜、郗丕武和我在制片时即兴发挥而已。

其一

母校焕然新妆成,几回风雨忆旧容。
鬓颜纵改心未改,记得芸窗朝夕同。

其二

谁有捷才似吾师,杏坛赢得大名知。
同门桃李域中遍,至今犹唱太白诗。[1]

其三

八旬夫子喜自强,当筵出语惊满堂。[2]
方直温厚犹如昨,吾侪成长赖师良。

其四

回首光阴似水东,瞬隔依稀旧音容。
此日故人重聚合,举杯频频月华明。

注

[1] 刘秉琦师所授《蜀道难》至今倒背如流,学友相见,互道:"这不是教我们'噫吁嚱'的刘老师吗?"
[2] 在师生欢聚之筵,请侯镇华师讲话,中有"当年中学缺人,我高中毕业留校教你们,现如今教小学也不够格",语毕,弟子们笑声满堂。

2004 年 7 月

献词：感恩与祝福

斗转星移，倏忽之间，母校始建已逾半个世纪，我们60级学生离开母校已历四十二个春秋。然而，时空割不断我们对母校永远的情思。

内蒙古大学，我们精神的家园，我们事业的起点，我们心中的明灯！

此刻，当母校五十华诞之际，我们从天南地北赶来，向创建内蒙古大学、汉语言文学专业的元老请安，向学兄学姐学弟学妹问候，向现今执教和管理的老师们，以及正在研修的年轻学友们致贺！

在这方沃土上，在五年的岁月中，我们承蒙春风的抚慰，雨露的滋润。

师恩难忘。

最难忘，首任校长、时任国务院副总理乌兰夫在全校师生大会发出宏愿——"内蒙古大学要万岁啊！"最难忘，于(北辰)校长时时出现在学生宿舍嘘寒问暖，成篇成段吟诵经典诗文；最难忘，词学大师夏承焘先生古调吟唱"长短句"，鲁迅研究专家李何林先生逐字逐句诠释《摩罗诗力说》；最难忘，首任系主任张清常先生、专业课各位老师劬劳传道授业解惑的情景，他的妙语警句口头禅，他们的授课风格，性情风度……

正是他们，我们可敬的师长，编织了我们多彩的人生，铺设了汉语言文学专业学术殿堂的基石。

师道铸魂。五十年，多少师长在这里舌耕笔耕，多少学子从这里走向社会，多少学科在这里结出累累硕果！

放眼校园，高楼林立，绿树成荫，秋光不老；环顾黉舍，学子潜修，师长弦诵，毓秀钟灵。我们的内蒙古大学，我们的中文系底蕴深厚而又独树一帜。

祝愿母校万古长青！祝愿中文系永远辉煌！

2007年9月1日

补记

　　这是2007年9月2日内蒙古大学暨中文系50周年庆典会上的发言稿,遵人文学院(原中文系)院长李树新之嘱,删去部分关于人文学院现状的文字,将发言限于5分钟。会上,李树新致辞,而后依次李作南先生讲话、齐冲天先生讲话。从我开始,依入学年为序讲话,所谓序长而不序爵。但"汉专"61级学友、某省部级高官发言,临时排在60级的我之前,这就序爵而不序长了。风气使然,无人介意。待到我发言时,台下新闻专业学生记者闻听呼和浩特职业学院任某,全都放下手中摄像录音器材。未几,他们又如闻号令,一齐手执器材,镜头直逼在下。发言毕,我走下讲台,学兄林方直(首届毕业生,留校任教,古典文学教授)、许名扬(首届毕业生,杰出的诗人)、我班同学和我握手称赞。同振共鸣而已,我愿已足,其余区区,何足道哉。又,校庆间求教齐冲天先生"岁寒然后知松柏之后凋也"句的"凋","万家墨面没蒿莱"句的"墨",齐先生引《尔雅》《说文》,解惑于我,疑团豁然开朗。当日有记:"校友聚会,齐先生解惑,胜于佳肴。"

瞬间的永恒

——为某儿童摄影室而作

妈妈把你拥在怀里
爸爸叫你早已想好的名字
宝宝,你的第一声啼哭
是我们永远的甜蜜

轻轻地按下快门
定格你童年的稚气
珍藏你成长的轨迹
——一家人幸福的记忆

这是瞬间,也是永恒
这是祝福,也是期望
大树把生命刻下年轮
童年写真把记忆收藏

2008 年夏

和董君二首

其一

且看岭南春,常思故乡人。
辞鼠迎牛日,遥寄祈福情。

其二

春风奋蹄好运来,花城一望盼雪皑。
闻得如丝椰林曲,亦有知音西口外。[注]

注
  其时热播《走西口》,故有此句。

2009 年元旦

附:董恒宇先生诗

牧童吹笛骑牛来,莽莽草原无雪皑。
问君何以四季调,一曲春柳冰河开。

双叶集

口 里 行[1]

八月二日至九日，民盟区委召开参政议政工作会议。其间赴晋考察并与晋省民盟同志交流。本人随行，旅次撰此，以记其盛，以抒其怀。返呼后稍作润饰，寄予晋蒙两地盟讯。

吕太二山奔眼底，[2]
大运一线穿三晋。[3]
回西口，[4]
过雁门，
游晋祠，
登悬瓮。[5]
大槐树下寻祖根，[6]
唐尧庙前思先民。[7]
赏永乐壁画，[8]
若吴带当风。
叹赵城经卷，
虽万劫犹存。[9]
更上层楼开襟怀，
吟哦五绝冠古今。[10]
愿天下有情人终成眷属，
西厢春雷第一声。[11]
秦砖汉瓦，
玉石铛鼎，

飞檐斗拱,
画梁雕栋。
开元铁牛九曲卧,[12]
宋代仕女容颜真。[13]
古柏沐细雨,
绿柳拂游人;
槐花紫薇争妍,
星光虹霓相映。
唐尧虞舜地老,
神州赤县天荒。
阅五千年山川故物,
听南北齐唱山西好风光。
车载融融笑语,
议访幽探胜;
路飘阵阵乐歌,
颂文脉相承。
一歌兮斯旅之和谐欢愉,
再歌兮斯旅之蕴含精深,
三歌四歌兮,
追随诸先进之步伐,
不知老之将至,
要青丝换取白发!

注

[1][4]本人祖籍山西汾阳府任家庄(今汾阳市峪道河镇任家庄村——此次赴晋时晋省盟友证之),父辈北迁朔平府(今山西右玉)。1941年,家母携长兄、次兄及襁褓中的我,乘牛(马)车经杀虎口来绥,其时家父已先一年至。家父一代称杀虎口内之晋人为口里人。本人此行为回乡之旅,故云

"口里行"——"行",兼诗体也。

[2]吕太:吕梁山和太行山,皆纵向,中部中条山,横向。

[3]大运:大同至运城之高速公路。

[5]悬瓮山在晋祠北,又名天龙山。

[6]大槐树为明代移民官署遗址。其时山西人密地瘠,朝廷强制移居,"走西口"或由此始。今大槐树在洪洞县,为第三代,树前立影壁,上书大字曰"根"。又,太原市花为槐。

[7]临汾南有尧庙,庙内供奉尧帝。晋省多庙,此其一也。解(晋音hai,去声)州关帝庙为国内武圣庙之最大者。

[8]永乐宫:道观,在芮城永乐镇,壁画为元人所制。此宫原本坐落于风凌渡,1962年移此。

[9]霍县古称赵县,有寺藏经卷。日寇侵晋追夺之,我军民转移保护得藏于今,经卷在中央,此地仅有藏经柜。

[10]指晋南永济之鹳雀楼,今楼名三字乃前中共中央总书记江泽民所书。

[11]皆为《西厢记》中语。元王实甫有感于礼教束缚人性,遂托李唐事以演绎情爱,设普救寺以编排故事。普救寺在永济,辟为景观,有西厢东厢之类,俗不可耐,大煞风景。

[12]永济临河,有镇河之铁牛,20世纪80年代发掘之唐开元遗物。今地面之铁牛为其复制品。

[13]晋祠圣母殿之宋代泥塑为国内罕见。

2010年8月中旬改定并注

《内蒙古盟讯》2010年第3期

《山西盟讯》2010年第4期

寻 觅

一九七四年十二月十四
可不是什么盛大的节日
但在我们的履历上
却写着一段难忘的记忆

接到调令，即刻收拾行装
校长匆忙召集教师相送
得知消息的学生簇拥而来
怀抱一个又一个明镜表达惜别的深情

此刻一别，再无音讯
送走了岁月，送起数不清的学生
如今白发满头，儿子的儿子也上了学
依旧忘不了那些孩子们的笑容

寻觅——你我都在寻觅
你寻觅当年的师长
在读书无用肆虐的年代
他帮你打开了智慧之窗

寻觅——你我都在寻觅
我寻觅当年的学生

那些没有被污染的心灵
　　还有他们的事业,他们的家庭

　　今天的相逢
　　是寻觅结出的快乐的果实
　　三十年后的重聚
　　让我们回忆那些美丽的日子

附记

　　2009年8月初的一天,"文化大革命"后期的大同县周士庄中学(后改名大同县二中)学生李保全、郭生祥至吾宅造访,告以工作后曾多方打听老师的消息,急欲谢师。郭返乡后将我们的消息传与同学,旋而袁静、梁万荣等纷纷来电话致意……在激动与回顾中作此。

2010年8月16日

大同行四首

2009年9月25日,应学生袁静等诚邀重返执教故地,于大同宏安酒店、返家后陆续写了几首诗,抄如下。

其一

三十六年后,来从故地游。
执手问名姓,惊呼岁月稠。
竞道当年事,经冬复历秋。
依稀旧音容,频频杯盈酒。
华发青丝人,重逢乐悠悠。
古都换新貌,情谊永长留。

其二

小站周士庄,乃在大同东。
忆昔而立时,于此舌耕勤。[1]
七旬人归来,桃李正芳芬。
黉舍依旧在,故人云散尽。
指看平畴处,旧居已不存。

其三

无瓜亦无园,居此故事多。
安家大队部,老母勤劳作。[2]
随媳鱼儿涧,携孙数蚁夥。[3]
吾妻抗迁校,因此遭贬谪。
为问东册田,单车飞陡坡。[4]
锄者忘其锄,非关秦罗敷。[5]
陡坡今不见,沿途植杨柳。

其四

校园正翻新,飞尘辨旧容。
人事有代谢,非复旧时景。
校长郭孝先,去岁作古人。
小厨曰戴先,快嘴杨茂林。
不见其人久,故事在心中。[6]
驱车西册田,平湖拂秋风。[7]

注

[1] 大同中学乃大同县所属,始建于1965年,校址初在大同市南关文化补习学校,后新建校舍于车站南之东风里。"文化大革命"中一度停办,后恢复,校址迁周士庄。余与妻在此教三届高中后返呼,时在1974年底。

[2] 瓜园,村名,在今大同县址西坪东,妻在瓜园高中教语文、政治、俄语,与军儿住大队部院一间半东正房。其时接家母来。我在瓜园南之许堡(属阳高县,后归大同县所辖)中学执鞭,周六回家,周日晚返校。

[3]瓜园公社为建水库,驱学生为劳力,将中学迁瓜园东鱼儿涧,蕙芳往,家母、军儿随之。祖孙数蚂蚁为乐。

[4]妻上书反对迁校遭报复,公社欲调其至东册田(册,当地人读如采,地在许堡南)。瓜园至许堡有45度长坡,妻乘自行车由瓜园经此飞车而下,至许堡同我相商从命否。言及此行,吾大惊。

[5]典见《汉乐府·陌上桑》。秦罗敷貌美,耕者望而停止劳作,乃侧写之范例。

[6]许堡中学乃县办高中,有学生食堂。在此用餐之教师仅吾一人。吾生而不食腌菜,戴特制小锅烩土豆,极香,伴粥下饭也。又,当年9月下旬从插队的北京知青处得知林彪出逃身死信息,惶惶告杨并嘱万不可泄。岂料翌日校长责吾此信确否,疑是谣言!测其意颇复杂,欲知而不敢轻信也。

[7]湖曰桑干,水库也。

2010年9月26日至10月2日

忆昔赠二王

赠文德兄

忆昔卅年前,同组相切磋。
孰料文革乱,血雨腥风多。
三反帽子飞,文网横竖罗。[1]
难辨席与帝,森严非谣诼。[2]
直言遭大难,多舛复坎坷。
十月云开日,坏人已成灰。[3]
君子有好报,笑看朝阳起。
飞越太平洋,悠哉平城居。[4]
寸阴倏忽间,恍如隔世违。
举头月华明,促膝如梦寐。

注

[1]"三反"谓"反军、反革(委会)、反社会主义"。

[2]王文德乃阳高中学同事,擅书法,"文化大革命"中学生诬其将"毛主席万岁"之"席"写作"帝"为罪;又,其日记中有言,谓最高领袖接见红卫兵时天安门"戒备森严"。此二罪,均系"现行"。以是遣返原籍劳教"三年又三月"(据王云)。

[3]"坏人"指阳高中学职员秦某,此人与工宣队合谋构陷师生,甚可恶。其名与"坏人"谐音。

[4]晚年文德、信梅夫妇因子女赴美。

赠连德兄

忆昔卅年前,同组相切磋。

文史至醋茶,天空复海阔。[1]

孰料文革乱,校园起兵戈。

合二而一论,君从杨献珍。[2]

壁上观毒草,小县有哲人。[3]

二平二民外,余独赏斯人。

一支笔常在,坏人等轻尘。

寸阴倏忽间,而今聚平城。

白发对银丝,红日正当空。

2011 年 12 月

注

[1] 余 1965 年 8 月始任教阳高中学,与同事王连德过从甚密。"文史"句乃连德兄对我溢美之词。

[2] 文革之乱连德兄首当其冲,其支持杨献珍"合二而一"的哲学论文被《光明日报》退回,学生以大字报张贴于墙。

[3] 阳高中学有"二平二民"之说,谓教师中之武国屏、黄志平、项敬民、陈鼎民;又有"张良韩信"之说,谓张福海、梁信、韩子谦、任志信及李良玉。均系学生编排。

附:连德兄手机短信(摘要)

回忆过去不胜唏嘘!岁月无情人有情,古稀伉俪仍清纯;出于污世而未染,古道热肠到如今。想当初,你俩夫帅妻靓耀人眼,到如今,两鬓斑白好精神。……看了你们的著述,还能找到流逝的时光和奋斗的足迹。

蛇年即兴赠妻

俩作者结婚照，1967年夏摄。

今年是我的年
一生穿行在草丛间
间或呼啸，仰望山岩
但不奢望，飞龙在天
蕙草的颜色是我的颜色
默默匍匐，永不改变
世有变色龙未有变色的我
今年也是你的年

2013年1月3日，于春节将至时

写给孙儿的诗

珠江上
皮划艇劈波斩浪
摇动的手臂不停,那是——
力争上游的同同

琴房里
手指跳出了欢快的乐音
阿坝的篝火映红笑脸,那是——
锲而不舍的同同

画室中
笔底黄灿灿的向日葵
闪光凝眸的神情,那是——
丹青妙手的同同

塞外芳草青青
爷爷奶奶飞向南岭
极目远眺,侧耳倾听,那是——
同同追求真善美的身影

2013年5月10日

示孙三首

孙儿纪同获广州市第十七届少年运动会皮划艇静水回旋男子少年甲组第一名,获奖前与父母合影,2017年8月摄。

其一

劈波斩浪技超群,苦累二载得双金。
领奖台上风光好,喜在眉梢笑在心。

其二

任尔风浪百尺高,纪元一四起新潮。
同龄少年谁得似?好将吾孙比英豪。

其三

岁月岂可任蹉跎,流金溢彩书写我。
嘱尔箴言应记取,一分耕耘一分禾。

注

纪同参加广州市第16届青少年运动会获皮划艇单人、双人冠军,甚欣慰,闻讯草成,短信传之。

2014年8月

戏作古风

情由同窗起,兴是清秋发。
相携试登高,心随雁行灭。
青山横北郭,黑水应不歇。
莫叹古来稀,共醉重阳节。

2015年重九邀一中高中挚友聚,席间口占

自　述

  2015年11月7日,在纪念民盟呼和浩特市地方组织成立30周年大会上,嘱以老盟员身份发言。临末吟诗一首。既发言,多溢美。民盟包头市委副主委田明先生当下作诗致贺。

岁月催人老,弹指三十春。
当年芳草绿,今朝硕果红。
拼力追先贤,岂敢言事功。
盟友如相问,冰心玉壶中。

附:田明先生诗

归绥细雨青山雪,寻贤访圣三十春。
谁人识得任先生,傲骨盟情古风存。

一剪梅·赠存厚

酒酣耳热说炎黄,
赤子衷肠,
热血满腔。
惊倒青涩笑痴狂。
痴又何妨,
狂又何妨。

上苍镌痕染鬓霜,
粉末飞扬,
华章溢香。
莫叹古稀放眼量。
岁月悠长,
友情绵长。

注
　　存厚汉姓李,蒙名曰苏力亚,土默特旗文庙街小学同学者也,长余两岁。有诗集八部赠余,读之怦然心动。晚岁常聚,于世同怀。

2016 年 6 月 3 日

父亲的酱园子

旧时制作、销售醋酱之类食品的作坊或店铺,称作酱园子。20世纪40年代至50年代初中期,归绥(今呼和浩特市)的酱园子,制作销售兼营的并不多,成规模且知名的,是福兴园。

福兴园坐落在旧城大御史巷(后更名玉石巷)中段路东。如今七十几岁的老年人大约都有记忆,当年旧城的少年,甚至把那大院当作捉迷藏的去处。

院子够大,足有四分之一足球场吧。迎人而立的是照壁,其上赫然楷体榜书"福"字。照壁后呈四合院格局,正北一溜平瓦房,居中的是柜房(零售也在这里)。醋、酱油、豆腐作坊分布在柜房两侧和东面。西南角是库房,门口卧着我儿时的朋友——一条大黄狗把守,我给它起名"四眼儿",因为那只大黄狗的额上有两片眼样的黑毛。院子当中布满了瓮、缸、坛子。这些瓮,和通常口小腹大的瓮不同,其高三尺余,口径也是三尺余,腹大底小,用来盛放腌制的酱菜之类的食品,上面扣着陶制的大盖。还有上釉的缸,高四尺余,口径尺半,缸盖也是上釉的,缸盖和缸沿穿起上锁,用来盛放酿好的醋、酱油。在那些陶制的瓮盖上涂满了粉笔黄天霸、武松……的画像,那是我童年的"杰作"。当院照壁南侧是一个长宽六尺、高三四尺的砖砌大池,是熏豆腐干的设施。

福兴园开业于1940年春,九股合资。资方(旧称财东)——父亲生前曾经口述于我——是韩守智、戴文祥、傅子成、陈德山、王运隆、齐华堂、张永恒、王金山和任连芬——我的叔父。父亲没有股份,出任经理(旧称掌柜或掌柜的),会计(旧称先生)李兴枝,是父亲的内兄,早年一起"闯关东"的伙伴。鼎盛时员工三五十人。

这家酱园子创办时,筹集资金,购置设备,延请师傅,都是父亲一人亲为。

父亲名连芳,字香圃,以字行。祖籍山西汾阳任家庄,光绪二十一年(1895年)生于山西右玉(清时属朔平府)。私塾二年后辍学,先后在山西寿阳、清徐的杂货铺学徒(旧称住地方),28岁"闯关东",由朋友保举,到黑龙江佳木斯一家叫福顺园的酱园子,先打杂喂猪,种园子,磨香油,后来跑街、要账,34岁开始"顶生意"(分红)。其间17年,修炼得不怕苦累,又通晓酱园子的一套营销和工艺。1939年,他回右玉探望我的母亲以及两个哥哥(我那时还没有出生),还有父亲奉为生父的他的叔父。因为"满洲国护照"过期,父亲不得返佳木斯,翌年"走西口"来到归绥(时称厚和),开始谋划新的生计。其时,我的叔父已先于父亲立足归绥,在一家(经营土特产的)山货铺任经理。父亲在归绥人地生疏,许是凭叔父的人际关系接洽股东、筹集资金。

当年归绥的酱园子有所谓东路班和西路班之说,前者指京津冀人士,后者指山西人士。福兴园是纯粹的西路班:父亲是山西人,他延请的师傅孙根正是山西榆次人,而且酿制器具多由山西太原运来,连照壁上的榜书,也是山西现代文化名人、书法家常赞春的手笔——父亲曾经告诉儿时的我,那是他亲往榆次常家庄园当面求来的,还说到润格润笔之类我半懂不懂的话。父亲在不经意间予我书法启蒙。照壁早已化作尘土,那"福"字在当下更算不得稀罕,但父亲求字的叙说以及"常赞春"这三个字却让我铭记至今⋯⋯

福兴园生产的食品种类不少:醋、酱油、酱砖(多售予旅蒙商),豆腐、豆腐干、酱豆腐(又称腐乳),酱菜(一种腌菜)、八宝菜(一种杂有多种块状腌菜的食品);此外还有不冠"酱"字的食品——挂面和只在腊月正月制作、出售的元宵。

福兴园俨然是一个具体而微的食品厂,而称誉归绥的是它的熏豆腐干和酱豆腐,用现今的话,就是品牌。

熏豆腐干(另外一种是卤豆腐干)在特制的方形砖砌池子里制作。

池子底部铺松木锯末,其上,池子的中间平置一张铁丝网。将压制成的豆腐干一块挨一块地摆在网上,而后点燃锯末,加盖密封;适时掀盖,翻豆腐干熏烤另一面,再次加盖密封。适时掀盖,焦黄鲜亮,香味扑鼻,可以出炉啦。这样的熏豆腐干,制作方法原始,但真正纯天然,今天已经随同它舌尖上的味道一起消失了。

酱豆腐的制作较为复杂,复杂在它的配方——当年是秘不示人的,父亲曾经抄在一个折子上给我的大哥,我见过,也听过父亲的叮咛。

时值夏季,店员们(旧称伙计)每人面前放着一个陶制坛子。那坛子高约尺半,口径尺余,上下宽窄一致。他们戴草帽、顶骄阳,坐在板凳上,把压制好的豆腐干和配好的曲霉一层隔一层地码在坛子里,最后漫以黄酒,加盖密封,历夏秋发酵。到腊月天,一坛坛酱豆腐成功了。父亲让寒假中我的大哥二哥和店员舁着坛子送到店铺。还有些要零售,就装在定制的口小腹大、高约半尺的陶罐里。直至第二年夏天新制,周而复始。

福兴园的酱豆腐口感极佳,保质期长久,在当年归绥很有名气。因为制作的配方独特合理,是父亲在佳木斯住地方时学到手的;还因为配方的曲霉都是真材实料,黄酒也是山西特产。如今,腐乳生产的流程和工艺早已现代化了,更有几种品牌销行全国,但老呼市人还是念念不忘福兴园的酱豆腐——那朱砂般的颜色,那醉人的酒香,那挟之不碎、食之醇和松软的酱豆腐啊。

坚持近十年的福兴园,终因股东经营上的分歧撤资,于1949年倒闭。父亲一定是心有不甘吧,又会同赵连城、李兴枝、王万山、孙根正、陈大魁,每人以21疋布之价集资,盘下福兴园的铺底,再组和记。众人推举父亲当经理。店址移至小南街,前店后厂。但规模已非昔比,经营三年后,因资本拮据,于1952年三组福兴久。福兴久合股者五人,每股旧币250万元,这五人是父亲和我叔父、陈礼、陈大魁父子,我舅父李兴枝。他们是资方也是劳方。父亲仍作经理。

1952年"三反五反"运动(在党政机关开展"三反":反贪污、反浪费、反官僚主义;在私营工商业开展"五反":反行贿、反偷税漏税、反盗骗国家财产、反偷工减料、反盗窃国家经济情报)中,福兴久评为"守法户"。1956年夏,社会主义三大改造(国家对农业、手工业和资本主义工商业生产资料所有制的社会主义改造)高潮中,福兴久被国家赎买,福兴久同人全部成为呼和浩特市酿造厂(厂址在三里营,后更名呼和浩特市食品厂)的职工。时年,父亲六十有二。

2018年3月

附 录

李蕙芳 任贵著述目录

1.《简明外国文学教材》 李蕙芳与同仁合作编著。撰写第一章古代欧洲文学、第二章中世纪欧洲文学。广西人民出版社1982年出版。1987年广西教育出版社出版修订本,同年获中南五省(区)优秀教育读物一等奖。

2.《外国文学手册》 李蕙芳与同仁合作编著。撰写古代欧洲文学和中世纪欧洲文学相关词条。北京出版社1984年出版。1987年第二次印刷,同年获全国优秀畅销书奖。

3.《内蒙古自治区各类成人中等专业招生复习考试大纲·语文》任贵与同仁合作编写。内蒙古教育出版社1998年出版。

4.《美学基本理论》任贵系主编之一、李蕙芳系副主编之一。任贵撰写第四编美育(第一章美育的界定和由来,第二章美育的性质和特征,第三章美育的作用和任务,第四章美育实施的内容和途径)。李蕙芳撰写绪论、第一编审美对象(第一章美的本质与特征,第二章美的形式和形式美,第三章美的形态,第四章艺术种类及其审美特征,第五章美的范畴)。内蒙古大学出版社1999年出版,同年获河北省第七届社会科学优秀成果三等奖、内蒙古第六届社会科学优秀成果优秀奖。

5.《昭君文化研究》(多人合著) 任贵撰写第二章王昭君和亲的历史真相,李蕙芳撰写第九章昭君文化是追求完美的文化。内蒙古人民出版社2004年出版。

6.《百年历程》 任贵系主编之一、李蕙芳系副主编之一。任贵撰写"院校春秋·总述";李蕙芳撰写"院校春秋·高等师范教育"。内蒙古人民出版社 2009 年出版。

7.《大盛魁闻见录》 任贵、李蕙芳系副主编。内蒙古人民出版社 2011 年出版。2012 年获内蒙古自治区第四届哲学社会科学优秀成果政府奖三等奖。

8.《内蒙古民间故事全书·呼和浩特卷》 任贵、李蕙芳系三主编之二。远方出版社 2017 年出版。

9.《呼和浩特市现当代文学史》 任贵、李蕙芳系副主编。任贵撰写第一编现代三十年文学概述、第六编新时期诗歌概述、第七编新时期散文与报告文学概述；李蕙芳撰写绪论、第二编新中国成立后十七年文学概述、第五编新时期小说概述、第九编新时期纪实文学概述、第十编新时期文学批评文论研究概述，第十编第九章第三节杨秉祺及其《古代散文体裁浅论》。远方出版社 2017 年出版。

另有编辑、统稿著述 10 部：

1.《外国文学作品选读习题集》 李蕙芳主编，主要撰稿人。内蒙古自治区教育厅师训处 1993 年颁行，供全区高师卫星电视、函授学员使用。

2.《中国现当代文学作品选读习题集》 任贵主编，主要撰稿人。内蒙古自治区教育厅师训处 1993 年颁行，供全区卫星电视、函授学员使用。

3.《呼和浩特市政协志》 任贵、李蕙芳系特约编辑、撰稿人。内蒙古人民出版社 2007 年出版。

4.《岁月留踪》 任贵、李蕙芳统稿。内蒙古人民出版社 2009 年出版。

5.《呼和浩特回族史料》第八集 任贵、李蕙芳统稿，呼和浩特市回民区政协文史资料，2010 年印行。

6.《呼和浩特回族史料》第九集 任贵、李蕙芳统稿。内蒙古人民出版社 2012 年出版。

7.《呼和浩特回族史料》第十集 任贵、李蕙芳统稿。内蒙古人民出版社2016年出版。

8.《民盟呼和浩特市地方组织三十年历程》 李蕙芳系副主编。撰写"(30年)风采历程"和"后记"。任贵审定。内部交流史料,2015年印行。

9.《青城谭故》 任贵编辑、统稿。市政协文史资料第二十辑,2017年印行。

10.《杏坛草》 任贵、李蕙芳自选集,2007年。

任贵的文学批评和文论研究

生平与创作

任贵,笔名之初、任冉、芷佑等。教授,中国现代文学研究会会员。1941年生于山西右玉,同年随其母亲投奔在归绥(今呼和浩特)谋生的父亲,落籍本土。父亲系手工业者,粗通文墨。1949—1960年,任贵在呼和浩特市土默特文庙街小学和一中读小学、初中和高中。1960年7月考入内蒙古大学中文系,学习勤奋刻苦,各学科成绩突出。大学期间,他和同学创作的短诗登载于《内蒙古日报》(1964.7.19),和王凡等共同创作的300余行的政治抒情诗《接班人之歌》登载于校刊(第95期,1964),并于当年"一二·九"以集体诗朗诵形式在内蒙古人民广播电台播放;和同学合撰、署名郗之夷的文学评论《两种世界观和两种方法论的分歧》登载于《内蒙古日报》(1964.11.18)。

1965年7月,任贵与他的同学、后来结为伴侣的李蕙芳以并列第一的成绩结束五年的大学生活,服从国家统一分配,分赴山西阳高县、大同县的中学教语文。一年后"文化大革命"爆发,他在县城的中学里感受了比他在三年自然灾害的饥饿更难隐忍的精神折磨;还因文字惹祸,因直言挨批,在"斗批改"中自危、迷茫,备受煎熬。"文化大革命"后期的1974年底,任贵和他的妻儿回到呼和浩特,任教于呼和浩特教师进修学校、呼和浩特教育学院,为成人大专生、普通大专生、学历后继续教育的中学语文教师讲授现代汉语、中国现当代文学、比较文学等课程。1986年起任中文系系主任至2003年退休。其间,获全国高等师范院校优秀教师奖(又称曾宪梓奖)。曾任呼和浩特市政协第七届、第八届委员(文史资料研究委员会副主任)、自治区政协第八届委员、自治区中小学教师继续教育专家咨询委员会成员等职。

党的十一届三中全会思想解放、实事求是的思想路线和一系列方针政策,使广大知识分子获得了"第二次解放",也点燃了任贵几近熄灭的对于文学的热情。在20世纪80年代全社会的"文学热"中,他应约为内蒙古人民广播电台的专栏节目"北国文坛""文学小辞典"撰稿,介绍中外文学名著和鉴赏知识,并且涉足文学评论,陆续发表《讨论,不应忘记作品——也谈历史剧〈蔡文姬〉》(《草原》,1980年第6期)、《评照日格巴图的侦探小说》(《内蒙古社会科学》,1982年第6期)、《再见吧,莫须有!——评〈公仆、我们在想什么……〉兼与张尚英讨论》(与李蕙芳合撰,《草原·资料汇编》第1辑,1982年11月)、《鄂伦春文学中的一束新花——敖长福创作简评》(《民族文艺论丛》,1984年第1期)、《时代洪流中的民族生活浪花——评孟和博彦的小说创作》(与李蕙芳合撰,《民族文艺论丛》,1984年第2期)等。

进入90年代,任贵倾力参与全区中小学语文教师学历补偿教育、学历后继续教育的教学计划研制和语文学科的教材建设,独立撰写学科大纲《鲁迅研究》《鲁迅作品研究》等4篇。此间与白贵共同主编《美学基本理论》(内蒙古大学出版社,1999年),发表《悲喜剧:由戏剧类型向美学范畴升华》(与李蕙芳合撰,《内蒙古大学学报》2002年第4期)《论荒诞》(与李蕙芳合撰,《广播电视大学学报》,2002年第2期)。

2003年退休后,主要从事文史资料的整理研究编撰。发表史论《昭君和亲的历史真相》(《昭君文化研究》第二章,内蒙古人民出版社,2004年3月);主编史志《百年历程——归绥师范学堂—呼和浩特职业学院》(内蒙古人民出版社,2009年10月);参编《呼和浩特市政协志》《岁月留踪》《大盛魁闻见录》《呼和浩特回族史料》(第八集、第九集)。间或撰写本土文史资料类书评。

2007年,任贵、李惠芳将发表或出版的文学批评、学术论文、论著、教学研究论文和诗歌散文筛选,结集为《杏坛草》,并序以《在有限文字的背后》,附以《存目篇》。

《讨论,不应忘记作品》及其他

《讨论,不应忘记作品——也谈历史剧〈蔡文姬〉》,这是一篇论争性的剧评。

《蔡文姬》是郭沫若1959年创作的一部五幕历史剧,发表于当年《收获》第3期。剧本发表不久即由北京人艺搬上舞台,成为当年文艺界盛事。同年5—8月,史学界、文艺界围绕历史和历史剧的关系、历史人物曹操的评价、《胡笳十八拍》作者的归属等问题展开了热烈的争论。20年后,即1978年5月,"四人帮"及其文艺专制覆灭两年后,《蔡文姬》由北京人艺复排重演,翌年又移植银幕,并且再度引起论争。

任贵始终关注这次论争。他针对发表于《草原》《鸿雁》的不少论者存在的远离文本、以今例古甚至情绪化倾向,发出了自己的声音。任贵的评论从《蔡文姬》的情节及其塑造的形象出发,对有些论者援引的史籍予以辨析,对误读、曲解甚至臆测史剧情节体现的内容予以诠释,批驳史剧中的"曹操破坏汉匈之间友好团结"的论断;批驳混同史籍与史剧评判蔡文姬是戚戚惨惨的弱女子形象的论断,进而以相当笔墨解读剧作的主人公并非如有的论者所指是曹操,而是蔡文姬,是郭沫若倾力刻画的、饱含着自身体验和血泪的艺术典型。并且提出"蔡文姬的感情变化的心理因素构成了剧本的戏剧冲突"的见解。评论写道:"论史要引证史籍,论文要分析作品;研究史实,必须有根有据,它不容虚构,创作史剧,为了突出历史的本质精神,以及文学特点和要求,则可以虚构和想象。"这可以视作任贵这篇评论所坚持的立场和原则,也正是他所质疑的有些论者的缺失和弊端。全文持论公允,分析中肯,《草原》编辑郭超认为"有总结意义"。

附录

《再见吧,莫须有!——评〈公仆,我们在想什么……〉兼与张尚英讨论》。这是一篇小说评论。

《公仆,我们在想什么……》是张彤创作的短篇小说,刊载于《草原》1982年第7期。小说以党的十一届三中全会后、20世纪80年代初北方某县落实党的农村经济政策,贯彻五届全国人大三次会议通过的新的选举法为背景,以主人公内视角、以该县人代会县长选举风波为中心情节,讴歌新时期党的基层干部,讴歌农村的变革,讴歌农民维护民主权利的信心和力量;也以相当笔墨揭示地县领导干部权钱交易的不正之风。小说发表后,《文艺报》1982年第10期刊发屠岸《让我们想一想》的短评予以肯定。小说在自治区也广受读者喜爱,《草原》因此加印。但是,这样一篇小说,连同它的作者却意外地受到某些人的挞伐。见诸文字的,便是全盘否定小说、"无限上纲"的《对莠言和莠草的认识》(《草原》1982年第12期,以下简称《莠言》)。

一篇新人创作的小说何以受到"爱之欲其生、恨之欲其死"的极端评价?在任贵(和另一位评论者李蕙芳)看来,肯定或否定,乃源于小说作者、读者、评论者对新时期初年党的农村政策和农村生活的不同的价值判断。而《莠言》散发的"文化大革命"思维的气息,也令他们生厌。所以,这篇评论题作《再见吧,莫须有!》,表达他们对"文化大革命"遗风的嘲讽。

评论笔带感情,酣畅淋漓,细致深入地分析小说情节、形象及其蕴含的意义,以三节文字"是歪曲生活,还是真实地反映生活""是否定成就,还是歌颂新生活""是宣扬自由主义,还是歌颂新生活"批驳强加于作品的"不实之词"、主观臆断的三顶"大帽子",认为:"小说歌颂了党的十一届三中全会以后农村落实生产责任制的胜利,特别是农民群众争取社会主义民主权利的胜利,歌颂了新时期新的生活和新的人物","小说对党的十一届三中全会后农民精神面貌的变化,把握十分准确",小说主人公任辅成是"三中全会以来迅速成长的革命化、年轻化、专业化的农村领导干部形象"。评论用一节文字揶揄《莠言》作者"摘句加拼凑"的"莫须有"逻辑和恶劣文风。

《再见吧,莫须有!——兼与张尚英讨论》的意义在于扶正祛邪。但是由于和小说的某些人物对号入座的当政者的行政干预,这篇编辑本拟刊登在《莠言》同期《草原》的评论,不得已收录在《草原·资料汇编》。这起"公案"折射的,乃是改革开放初期读者、作者、评论者、编辑和文坛、政界两种文学价值观的交锋,是关于社会主义民主、党组织生活的不正之风以及艺术民主、创作自由的不同认识的撞击。

《美学基本理论》及其他

《美学基本理论》,这是一部美学著作。全书30余万字,4编,分别是审美对象、审美意识、美的创造,美育。任贵除了完成主编职责外,独立撰写第四编美育。编下设四章:美育的界定和由来,美育的性质和特征,美育的作用和任务,美育实施的内容和途经。本书被自治区教育厅列入内蒙古中小学教师继续教育教材,推荐为师范院校美学教材、大学生素质教育内蒙古大学基地教材广为使用,颇具影响。也赢得学术界好评,获河北省第七届(1998—1999年)社会科学优秀成果三等奖、内蒙古自治区第六届社会科学优秀成果优秀奖。知名美学家胡经之、许桂良发表书评,称道该书"适应性强,逻辑性强","把艰深的美学理论问题,深入浅出地、层次清晰地阐发,使读者易于接受";称道该书"吸收了许多研究成果,并将最新美学研究的趋势反映在书中",而且"有不少创新"。

对本书第四编美育,胡经之的书评写道:"尤其值得称道的是美育部分。作为素质教育的美育不仅占了全书的4章,而且对美学、教育、艺术界对美育的理论观点条分缕析,进行归纳,在此基础上提出了很多论断。如将美育定义为'美育是一种以审美活动为前提的情感教育',令人信服。其他诸如'美育是实现人的全面教育'一节,从人类历史和文化发展的角度对美育作了恰当的界定;'美育同科学进步的关系'一节,从科学发展中人的精神危机的产生以及美育的疗效作用等,都作了有新意的论述。"

《论荒诞》,美学论文,探讨美学范畴——荒诞的演进过程和形成原因。范畴作为学术用语,是对本学科理论体系中反映客观事物联系的基本概念的更高层面的抽象概括。美学范畴研究历来为中外美学家所重。西方传统美学确认的范畴有优美、崇高、悲剧和喜剧。荒诞是20世纪西方美学家提出的一个新的美学范畴。论文对这一审美范畴的演进路线、思想文化文学背景作了令人信服的描述,对荒诞审美范畴和特征作了初步探索。全文立论的基点是"美学范畴是在逻辑与历史相统一的运动中产生的"和古今中外关涉荒诞的文学现象;认为荒诞经历了由艺术手法到文艺思潮流派,然后上升为审美范畴的过程。

作为艺术手法,荒诞存在于中外文学传统之中。论文分析了古希腊悲剧诗人、中世纪至18世纪欧洲古典作家但丁、莎士比亚、歌德、斯威夫特的作品,阿拉伯《一千零一夜》,中国《西游记》《聊斋志异》《红楼梦》的荒诞因素,其"特点就是以梦幻、鬼怪等非现实的艺术形式表现富于理性色彩的严肃主题"。

至20世纪60年代,欧美文学出现了一个后来被文学史家称为荒诞派戏剧的文学流派。论文认为,这是从荒诞艺术表现手法发展到文艺思潮的重要标志。在分析了该流派代表作家尤内斯库、贝克特的戏剧,表现主义卡夫卡、黑色幽默海勒、魔幻现实主义马尔克斯等现代派作家的小说后指出,现代派作家荒诞的新的内涵,是"人与世界、人与人、人与物、人与自我诸方面的不合理、不合常态、不合逻辑、不可理喻"即"用荒诞手法表现荒诞内容"。论文写道:"美学范畴总是在逻辑与历史相统一的运动中产生的。作为审美范畴的荒诞属于现代,正如崇高属于近代一样,它是现代西方文化与现代西方社会的产物。……20世纪的两次世界大战给人类带来的震撼远胜于各种理性主义的说教,传统西方文化所描绘的理想蓝图在严酷的现实面前被撕成碎片,成了虚幻的梦影。弗洛伊德学说从理论上提供了存在非理性世界的解释,人有潜意识、无意识,人有梦幻。科技的发展固然极大地丰富了人们的物质文明,但是也带来了生态环境的恶化,制造出威胁人类生存的高科技武器,并且使人与人之间的关系疏离……""正是在上述的社会、文化背景上,荒诞由一种艺术思潮流派上升为西方美学的重要审美范畴……其本质是现实的不合理性与人的灵魂深处竭力追求合理之间的冲突。"

论文对荒诞审美范畴的特征作了如下理论概括:人与世界的疏离导致的主体深刻地体验到的孤独、恶心、焦虑、畏惧等情感的反复倾诉和艺术上的反形式。并且就此逐一加以诠释。《论荒诞》对美学前沿课题的探索难能可贵,对文艺创作有启迪作用。

作品特色

任贵的文学评论和文论著作只是他全部文字的一部分。其余文字,尚有文学传记《风雨路上的足迹——薛庆煜先生访问记》《为人师表,风范长存——杨秉祺先生传略》《圣洁的事业——记主任医师苗文娟》,回忆散文《我们 30 班》以及抒发个人、生活、心性的新体旧体诗歌,仅少量载于市政协、市四区政协文史资料集或内部交流的文集或刊物,虽然读者面有限,却裨益其感悟人生、锤炼语言的能力。因为在任贵看来,评论者应当体验创作甘苦。

单就任贵的文学评论和美学论著,有如下特点。

其一,关注学术前沿动态,注目自治区汉语写作的少数民族作家作品。他的美学论文探讨的是美学范畴问题,属于美学研究的前沿。他的论争性评论就自治区某些文学现象或有争议的作品表达个人的独立思考。他的文学评论对象,无论其时在自治区已经知名或崭露头角,都是他的视野所及,对于新秀的鼓吹,尤为着力。

其二,坚持学理化批评。任贵从事的中外文学史和作家作品教学、研究的学养,使他长于从历史的、比较的眼光审视作家作品,在意社会文化背景的剖析、概念术语的准确运用。这一特点,于他的代表作可见一斑。例如《鄂伦春文学的一束新花——敖长福简评》一文论及敖长福小说的意义和特色,是在鄂伦春民族人口状况,由口头文学到"文人"创作状况以及新秀作者群的背景上展开的。《评照日格巴图的侦探小说》,开篇辨析侦探小说、惊险小说、古代公案小说的概念,描述英国福尔摩斯的探案小说,苏联、日本的惊险小说在中国的译介传播,然后切入议题,评论照日格巴图的侦探小说。这类评论既有宏观的视野,又有微观的分析。

其三,知人论世,细读文本。这种传统的文学批评方法,是任贵恪守的批评原则。他的有些评论文字,虽然是针对某一作家、其一作品而生发,但却顾及作家全人及其全部作品,往往在熟悉评论对象的生平思想,细读全部作品,写出读书笔记之后,方才构思为文,极少即兴之作,更无断章取义之弊,因而议论较为精当,行文甚是简洁,并且力图使文学批评和文学鉴赏融为一体。

《呼和浩特现当代文学史》第十编第二章
《呼和浩特现当代文学史》编写组撰稿

李蕙芳的文学批评与文论研究

生平与创作

  李蕙芳,湖南新化人。内蒙古文学艺术评论家协会会员。生于1941年11月,出身书香之家。父亲就读于清华大学历史系,毕业前数月病逝。母亲于省立六中高中毕业后从事小学教育,1962年病逝。受到双亲经历的影响,她从小便有志于学。1965年以与任贵并列第一名的优异成绩毕业于内蒙古大学中文系汉语言文学专业,从事中学语文教育13年,1978年8月调入呼和浩特师范专科学校(呼和浩特教育学院前身),从事大专文学教育21年,主讲外国文学和美学。1998年12月退休于呼和浩特教育学院(呼和浩特职业学院前身)。20世纪70年代迁移户口时,被更名为李惠芳,用过的笔名有李蕙芳、湘岩、潇岩、芷佑等,现专以原名为笔名。从中学到大学,倾心于文学作品阅读。大量的阅读,培养了对文学的浓厚兴趣,提高了写作水平,提升了精神境界,培养了求真向善的性格,同时改变了求学的方向,从准备学习数理转到文史。大学学业成绩优秀的李蕙芳,毕业后分配至山西省大同中学任教,情绪有些低落;但面对求知若渴的学生,她振作精神,因"业"制宜,以夯实语言文学基础、研究各种文学体裁及应用文体,特别是当时盛行的议论文体裁为目标,潜心教学,为日后从事高校文学教学研究和创作文学评论奠定了厚实基础。

  20世纪80年代,李蕙芳先后两次参与内蒙古文坛的作品讨论与争鸣,开始文学评论创作。第一次是1980年1月,关于郭沫若历史剧《蔡文姬》的讨论,话题涉及范围较广,以探讨《蔡文姬》主题为主。李蕙芳撰文《感情与责任的巨大冲突》(《草原》1980年第2期),提出主题新说,引起广泛关注。第二次是1982年,关于张彤小说《公仆,我们在想什么……》的讨论。面对当时尚存的一些不正常的文学批评之风,李蕙芳与任贵合作撰写了《再见吧,莫须有!》(《"草原"资料汇编第一辑》1982年11月)表达自己的见解,为抵制"文化大革命"遗风,也为该小说讨一个公道。

上述两篇评论产生积极反响,稿约多了起来。她陆续写出评论江浩1983年中篇新作的《感人的寻觅,可贵的探索》(《民族文艺论丛》1989年第3期)、评李慧鹃小说的《她在走自己的路》(《草原》1984年第5期)、评茨威格小说的《金钱·爱情·人道主义》(《内蒙古妇女》1984年第6期),与任贵合作撰写《评照日格巴图的侦探小说》(《内蒙古社会科学》1982年第6期)、评敖长福小说的《鄂伦春文学中的一束新花》(《民族文艺论丛》1984年第1期)、评孟和博彦小说创作的《时代洪流中的民族生活浪花》(《民族文艺论丛》1984年第2期)。

其间与同仁合著《简明外国文学教材》(李蕙芳撰写古代欧洲文学和中世纪欧洲文学),1982年5月由广西人民出版社出版,修订本1987年10月由广西教育出版社出版。同年10月获中南五省(区)优秀教育读物评奖委员会授予的一等奖。

在编写教材的同时,李蕙芳又与同仁合著《外国文学手册》(北京出版社1984年3月,1987年第二次印刷)。这部书获"1987年全国优秀畅销书"奖(由光明日报、中央电视台等10家媒体组成的"全国优秀畅销书评选委员会"评出)。

20世纪90年代至21世纪初,结合实施继续教育,同时也为运用美学方法评论文学作品,李蕙芳着重研究美学理论。她应邀主编《语文美育教学大纲》、与杜春滨合作主编《20世纪外国文学教学大纲》;与同仁合著《美学基本理论》(内蒙古大学出版社1999年10月),任副主编。其间骨折卧病在床近9个月,虽受病痛折磨,却有时间潜心读书写作,除了完成她本人承担的编著任务外,为及时付梓,又撰写了其他编著者尚未完成的章节。李蕙芳撰写的篇幅近半。这部著作凝结着她的智慧和心血。本书面世后,学界反应很好,1999年,获河北第七届社会科学优秀成果三等奖、内蒙古第六届社会科学优秀成果优秀奖。

《美学基本理论》的编著,引起李蕙芳对美学范畴的研究兴趣。21世纪初与任贵合作撰写了两篇涉及美学范畴的论文:《悲喜剧:由戏剧类型向审美范畴升华》(《内蒙古大学学报》2002年第4期)、《论荒诞》(《广播电视大学学报》2002年第2期)。

21世纪以来,李蕙芳关注文化、文学动态,有的放矢、有感而作。2002年,撰写《昭君文化是追求完美的文化》(载《昭君文化研究》内蒙古人民出版社2004年);2007年,撰写评哈代小说《德伯家的苔丝》的《命运悲剧的框架、社会悲剧的内涵》(《呼和浩特职业学院学报》2007年第4期);2011年,在新版电视剧《红楼梦》及其原著的讨论中,李蕙芳撰文3篇:《小说〈红楼梦〉的世界文学品格》(《群言》2011年第1期)《〈红楼梦〉能如此解读吗?》(《呼和浩特文艺》2011年第2期)《"红楼"之辩二题》(《呼和浩特职业学院学报》2011年第3期);2011年李蕙芳连续撰写《究竟是谁为诗歌辩护》(《北方新报》4月26日)《再议谁为诗歌辩护》(《北方新报》5月11日),针对论者《谁为诗歌辩护》(《北方新报》,4月12日)一文中提出的柏拉图为诗歌辩护之说,予以质疑并加考释,期望批评家以敬畏之心对待学术,救治浮躁病。其间参与文史资料的写作与编辑。已出版的有《呼和浩特市政协志》(特约编辑、撰稿人)《昭君文化研究》(合著)《岁月留踪》(统稿)《百年历程——归绥师范学堂—呼和浩特职业学院》(副主编、撰稿人)《大盛魁闻见录》(副主编)《呼和浩特回族史料》(第八集、第九集、第十集)(统稿)。同时撰写相关书评。

2007年,任贵、李蕙芳将发表或出版的文学批评、学术论文、论著(章节)、教学研究论文和诗歌、散文筛选结集为《杏坛草》,附以

《存目篇》。

《感情与责任的巨大冲突》
《小说〈红楼梦〉的世界文学名著品格》

《感情与责任的巨大冲突——试论历史剧〈蔡文姬〉的主题》是一篇论争性的文学批评之作。郭沫若1959年创作的历史剧《蔡文姬》引起过两次讨论与争鸣。第一次是剧本发表后的当年,文艺界即就曹操人物形象的评价,历史和历史剧的关系等问题,展开讨论与争鸣。第二次是1979年以后,内蒙古文艺界也加入了这次讨论。讨论中,探索《蔡文姬》主题的论文较多,有"为曹操翻案"说、"重睹芳华"说、"歌颂民族团结"说,也有人指出:"由于郭老也没能超越时代,在民族问题上……不自觉地在《蔡文姬》中流露了大汉族主义意识,起了伤害民族情感的效果",如此等等,不一而足。

李蕙芳撰写的评论对上述主题作了辨析后,提出主题新说:感情与责任的巨大冲突是《蔡文姬》的主题。李蕙芳认为"分析作品的主题,不能只看作者的宣言和意图,还要从作品的实际出发,即从作品描述的情节、主要人物的言行以及人物之间的关系去考察",曹操赎回文姬,文姬终于下定决心归汉,其目的是一个,即发挥文姬才能,对汉朝的文化作出贡献,文姬承担起这个责任就要承受骨肉分离的痛苦,这里描写的正是感情与责任的巨大冲突。

这篇评论在区内外产生较大反响。《草原》理论责编郭超认为论文作者是"一位有才华的女评论家";当年6月30日《文汇报》"争鸣栏"予以报道。评论发表9年后仍被两部著作收录和介绍:一部是中国社会科学出版社1989年7月出版的《中国现代文学研究:历史与现状》中将李蕙芳提出的主题新说列为《蔡》剧主题六说之一;一部是武汉大学出版社1989年6月出版的《文学风雨四十年——中国当代作品争鸣述评》,用一节篇幅介绍包括李蕙芳见解的主题新说。

2010年,新版电视剧《红楼梦》播出后,引发一番热议,不仅热议电视剧,也热议小说原著。各种见解五花八门。载于2010年第10期《群言》彭俐所撰《"红楼"未建已坍塌》(以下简称《坍塌》)提出小说《红楼梦》只是中国文学名著,远远不是"世界文学名著"。这种观点不仅贬损旷世奇书《红楼梦》,而且伤害中国古典文学。李蕙芳很快写出《小说〈红楼梦〉的世界文学品格》一文,提出与彭文相异的观点。

针对《坍塌》认为《红楼梦》"在方法论上没有提供给人类有价值的信息和观念""在生命哲学上不能给人类以积极的启示和教诲""在社会价值体系中,文学被看作是一种在心灵和精神的层面给人类提供能量和信念的作品"三个论断,李蕙芳通过与法国批判现实主义文学巨匠巴尔扎克的巨著《人间喜剧》作比较,得出早于巴尔扎克作品近一个世纪的《红楼梦》具有批判现实主义性质的结论,进而指出这是创作方法的创新。又通过与雨果的《悲惨世界》相比较,《红楼梦》在表现方法上不仅可与之比肩甚至有超越之处,从结构艺术而言,"人物情节更为繁复,结构更为宏大,却严谨而完整",从对照艺术来说,"雨果的对照带有夸张性,而曹雪芹的对照自然含蓄,不露斧凿痕迹"。以上论述,得出《红楼梦》在方法论上完全给人类提供了有价值的信息和观念的结论。

李蕙芳又通过对主人公之一的贾宝玉的思想性格的分析,指出"《红楼梦》颂扬纯洁的友谊、真挚的爱情、自主的婚姻,倡导自由意志、平等与仁爱,这是作品思想价值的一个重要方面,应当视为与欧洲人文主义文学有同等社会意义"。可见,在社会价值体系中,《红楼梦》在心灵和精神层面确实给人类提供了能量和信息。

李蕙芳以世界文学的视野、比较文学的方法、有理有据的分析、论证《红楼梦》不愧为世界文学名著。"红学"研究史上,王国维曾指出过,"《红楼梦》是宇宙之大著述""在美学意义上,超越了《浮士德》",李辰冬指出"只有莎士比亚与曹雪芹可比"。可惜均未展开论证,李蕙芳全面论证《红楼梦》具有"世界文学品格",具有开创性。

附 录

《美学基本理论》及其他

《美学基本理论》是一部美学著作,全书分为绪论和审美对象、审美意识、美的创造、美育四编。李蕙芳任副主编,并撰写绪论、审美对象编大部分章节、审美意识编美感心理分析章。本书在深入浅出地、层次清晰地阐发艰深的美学理论时,尚有不少创新,例如把一般作为美学范畴的"中和之美"上升至美的本质加以阐述;从东西方不同的哲学观、审美观考察中国古典美学范畴的壮美和西方古典美学范畴的崇高的成因。美学家胡经之评价本书"吸收了许多最新研究成果,并将美学研究最新趋势反映在书中"。

《悲喜剧:由戏剧类型向审美范畴升华》。这是李蕙芳与合作者探索审美范畴的力作。传统西方美学史的审美范畴有优美、崇高、悲剧和喜剧。后两种审美范畴的确立,是西方历代美学家从戏剧类型及各种艺术作品及现实生活中的悲剧、喜剧因素加以概括的结果。作为戏剧类型的悲喜剧最早出现于18世纪的法国。对这种戏剧类型的审美特征,评论家别林斯基曾有精辟的论述,而美学研究界至今未把悲喜剧列为审美范畴。

李蕙芳发现:悲喜剧的审美特征出现在各类艺术中,如西班牙小说家塞万提斯的小说《堂吉诃德》、中国文学家鲁迅的小说《阿Q正传》、法国电影《虎口脱险》等,都具有悲喜剧的审美因素。某种审美特征广泛存在于各类艺术中,就可以作为审美范畴来研究。因为范畴是本学科理论体系中反映客观事物联系的基本观念的更高层面的抽象概括。李蕙芳通过对《堂吉诃德》《阿Q正传》的比较分析,对悲喜剧作了界定:以悲剧因素和喜剧因素的高度融合和用"含泪的笑"来表现悲喜剧性格的人物。这种界定从非戏剧类型的小说中概括出来的,可见悲喜剧已从戏剧类型上升为审美范畴。本文被收录于2003年发现杂志社、中国管理科学研究学术委员会编辑出版的《中国当代思想宝库》。

作品特色

李蕙芳在谈到自己的学术道路时说,她从事外国文学教学20年,并不刻意追求成为一个外国文学研究专家,她看重的是获得广阔的文学视野;她自学、研究美学理论20年,也不在于成为一个美学理论家,她关注的是当代文坛,她要用较高的理论水平、用美学方法去评论当代文学作品,参与文学作品的讨论与争鸣。所以她的文学评论和理论著述呈现以下特点:其一,开掘较深。李蕙芳的文学批评是融合了美学批评的社会批评,既能发现作品的社会意义,又能阐述作品对真理、真情和美好生活的追求,作出较恰当的审美判断;其二,视野开阔。深厚的外国文学教学与研究基础使她获得开阔的文学视野,能够得心应手地运用比较文学的方法较准确地辨析作品的文野高下;其三,力求创新。文学评论的创新,是文学评论中具有评论家个人独特的发现、独到的见解的特征。这正是文学批评的价值所在。李蕙芳的文学批评所追求的就是力求创新。

李蕙芳文学评论的作品范围涉及古今中外,大体可以分为争鸣研讨类和正面评价研究类。争鸣类原本为表达她的独特发现与见解。研讨《蔡文姬》时提出主题新说;评析《德伯家的苔丝》时提出《苔丝》所表现的是镶嵌在命运悲剧框架中的社会悲剧。这种新见解,也可作为一种新的审美范式存在。在探索《红楼梦》时,除了充分论证《红楼梦》具有"世界名著品格"以外,还针对《红楼梦》是形象化的《资本论》的观点,用马克思的剩余价值观作为理论论据,用《诗经》中的叙事诗《氓》和明代小说《杜十娘怒沉百宝箱》作事实论据,无可争辩地指出所谓"形象化的《资本论》"的荒唐吹捧,既贬损了《资本论》,也无益于正确评价《红楼梦》;针对"《红楼梦》大力宣扬迷信说教"说,李蕙芳从驳斥其证据"命里注定"(指命运)入手,通过对中外文学史以"命运"为母题的文学作品的分析,辨析命运悲剧和社会悲剧的异同,指出《红楼梦》不是宣扬迷信说教的命运悲剧,而是镶嵌在命运悲剧里的社会悲剧,即使古希腊的命运悲剧,也不是宣扬迷信,而是谴责命运的无情,表现古希腊人对命运的抗争。

正面评论文学作品的论文,也有创见。如评内蒙古作家江浩1983年中篇新作的论文中,概括出江浩两部中篇新作的鲜明特色:"浓郁的草原风格和鲜明的时代气息的有机融合,古老的风俗习惯和新的人际关系的水乳交融,渗透着时代精神的民族心理素质的展示,打上了时代烙印的民族性格的刻画";评内蒙古达斡尔作家孟和博彦,肯定他的小说是"时代洪流中的民族生活浪花",其特点是"时代精神和民特点达到和谐统一";评价鄂伦春作家敖长福的作品,指出他的作品描绘了淳朴的社会生活,塑造了正直无私、乐于助人的民族性格,展示了鄂伦春人走过的艰难曲折的道路,表达出族人对走向未来的严峻思考;评价内蒙古作家李慧鹃的小说,分析出她小说的主题是"愚昧是社会前进的阻力之一"。上述作品李蕙芳均是首评人,上述观点均是她的创见。

难能可贵的是,李蕙芳还有理论创新。专家在评价她主撰的《美学基本理论》时,谈到过两方面的创新:一是把儒家提出的"中和之美"上升到美的本质来探索和论断,这在同类著作中还是第一次;二是中国古代文论只论及了壮美和阳刚之美,没有论及崇高,有学者把这种现象归结为历史条件,而李蕙芳则认为历史条件只能作为间接原因来考察,直接原因还要到东西方不同的哲学观和美学观中去考察。在探索审美范畴时,李蕙芳提出悲喜剧由戏剧类型向审美范畴升华的创见;在论述20世纪新出现的审美范畴"荒诞"时,通过论证,提出荒诞这一审美范畴的确立,经历了由艺术表现手法到文艺思潮流派,然后上升为审美范畴的过程。这是独具慧眼的见解。此外,李蕙芳的文学评论还有深入浅出、逻辑性强、富于情感等特点。

《呼和浩特现当代文学史》第十编第三章
《呼和浩特现当代文学史》编写组撰稿

读《美学基本理论》

许桂良

最近,内蒙古大学出版社出版的《美学基本理论》(任贵、李蕙芳、白贵等合著),是一本值得一读的书。这本教材的难得之处,首先是能把一些艰深的美学理论问题,深入浅出地、层次清晰地阐发清楚,使读者易于接受,教材特色和适应性很强。其次是有不少创新。例如儒家提出的"中和之美",有的论著、教材已把它作为美学范畴提出,而本书则把它上升到美的本质的探索和论断,这在同类著述中还是第一次。又如在审美范畴上,中国古代文化只论及了壮美和阳刚之美,没有论及崇高,有学者把这种现象归结为历史条件:"作为审美范畴的崇高,在西方是与资产阶级的革命要求相联系的""中国历史发展的具体情况,没有出现这种条件。"本书作者则认为,把一个审美范畴同某一历史条件联系,有些牵强;历史条件只能作为间接原因来考察,直接原因还要到东西方不同的哲学观和审美观中去考察。壮美以内容和形式相谐为特点,可以从中国古代哲学"天人合一""中庸之道"及审美观"中和之美"中得到印证;而崇高之美的特点是主客观在对立的冲突中趋向统一的动态美,可以从西方哲学人与自然、人与社会的矛盾对立关系中得到诠释。这不能不说又是创见。本书还加重了美育的研究,避免了一般美学论著对此的轻描淡写,而且吸纳了美育的一些新成果。第三,逻辑性强。这种特色既体现在体例安排上,又体现在对重要问题的论述上。例如对美的本质这一基本理论问题的论证,就采用了历史和逻辑相结合的方法。"美是人的本质力量的感性显现",这一观点已在80年代末的教材中出现,但阐述欠完备,本教材的作者分三个层次逐层深入地来揭示美的本质。第一层次,"美是人类的社会现象",从人类历史的发展中来阐述美的根源,即马克思提出的"劳动创造美";第二层次,"美是人的本质力量的对象化",这是对美的内容的高度概括,即马克思所提出的人的劳动、人的活动是"自由自觉"的;由此引入第三层"美是人的本质力量的感性显现"。这是核心层次,对这一层又分三个小层:"人的本质力量在社会实践中显现",这种显现令人产生"自由的愉快",这种显现必须具有"赏心悦目的形式",从而体现了内容与形式的统一。

《内蒙古日报》2005年5月30日

作者系河北大学教授

《美学基本理论》读后(节选)

胡经之

《美学基本原理》(任贵、李蕙芳、白贵等合著)是一本很有特色的书。该书吸收了许多最新研究成果,并将最新美学研究的趋势反映在书中。如书中的"美学科学的发展"一节,专门对当代中国美学研究作了评析,指出了实践美学、后实践美学、审美文化及美学发展应用化、精细化等重要现象。

其次,在"美的形态"一章中,特列了"科学美"和"技术美",从其本质到特征、对象、功能,都结合现实做了充分论述,这对当今大学生重视并从审美上把握科学技术的地位和本质有着不可忽视的意义。"各类艺术的审美"一章,对一些艺术种类进行了细致的分析,避免了一些同类教材泛泛而论的弊端。

本书尤其值得称道的是其美育部分。作为素质教育的美育部分不仅占了全书的四章,而且对美学、教育、艺术界关于美育的理论观点条分缕析,进行归纳,在此基础上提出了很多论断。如将美育定义为"美育是一种以审美活动为前提的情感教育",令人信服。其他各节也作出了有新意的论述。

《河北日报》2005年5月26日
作者系汕头大学教授

附　录

怀想海上花（节选）

沈胜农

　　我中了鲁迅拒荐"青年必读书"及个人主义的毒，从来拒斥别人的反刍吐哺，对推荐书目的做法不感兴趣，认为是"不通之一种"。但遇上真心喜欢爱投契的人物，便又会把他的推荐和选择作为自己的借镜，冀从中延续同志同气的快乐。

　　……………

　　最后一种比较特别：声名更小，并非出自某一专人之后，也不是著作，而是一部两册的资料书《外国文学手册》（北京出版社1984年3月一版）。它由一批大专院校教师编写，并约请著名学者、专家、研究人员审阅和供稿。我曾偶然翻出多年前中学时买的这本旧书，颇感其佳——

　　全书分7部分，包括"外国重要作家生平著作年表"（值得一提的是，每位作家都由高莽绘了形神俱肖的头像）、"外国文学名著介绍""外国现当代文学概况""世界文学史大事年表""名词解释""中国外国文学研究翻译工作者""外国文学论著、期刊简介"。附有索引、书影等。它虽然留存着20世纪六七十年代形势影响的痕迹，但基本客观公正；资料现在看来比较旧（一般截至80年代前期），但也够丰富的。尤其可赞的是编辑的用心、周到、认真、严谨。我特别喜欢"研究翻译工作者""论著、期刊简介"这两部分，由之对我国翻译群体有了较全面的基本认识，对其人其译许多零碎片段颇感兴趣，专门在笔记中摘录了一批，觉得可以仿郑逸梅体、作为"译林散叶"——就是说，从这些资料中，读出了趣味来。

更由此"发现"了一些名家旧译本的消息，当时翻看完后，便列了一个待觅书目，成为冬阳闲时的一点好消遣。

是的，闲来梳理和看看书目，就算一直买不到吧，这本身也是"望梅止渴"的自娱消遣。梅那样美，望一望、想一想、都足稍解疲乏苦渴了。——浮生长旅，哪能奢求更多呢？

《中华读书报》2005年8月10日

后　记

　　20世纪80年代初，我们参加内蒙古文联组织的两次现当代文学作品讨论，以此与文学评论结缘。30余年来，李蕙芳在国家级核心期刊、省市级报刊、高校学报发表文学评论、文论研究、作品解析50余篇，收入本书39篇。任贵撰写文学评论等20余篇，收入本书15篇。

　　我们的文学评论，追求文学史家的视野、阐扬文学的正气，努力遵循历史方法、美学方法、比较文学方法揭示评论对象的内涵与特色。颇感欣慰的是，这些评论表达了我们研读作品后的独到见解，具有原创性。

　　撰写文学评论、文论研究以外，李蕙芳还写有教育教学研究、昭君文化、回忆文字等20余篇，收入本书9篇；任贵写有教学论文、昭君文化、书评及回忆文字等20余篇，收入本书13篇。两人合撰的12篇，分别载入"双叶一"和"双叶二"。至于公开出版的各类著述中我们撰写的篇章，多未收入本书，仅列于附录之《李蕙芳任贵著述目录》。

　　收入本书的诗作，任贵的31首，李蕙芳的8首。我们的诗歌习作始于大学学习期间，断断续续至今，诗龄不短，大多没有发表。有叙事有抒情，有旧体有新诗，诗末多有补记或附记或注，从中可读出我们大致的生活轨迹和某些缘事而发的人生情怀。

　　本书的出版了却了我们的夙愿。在成书过程中，全国政协常委、内蒙古政协副主席、民盟内蒙古区委主委董恒宇先生，呼和浩特市作家协会名誉主席、一级作家尚静波先生拨冗作序；内蒙古教育出版社编审王占荣先生精心装帧设计，远方出版社副社长、编审周承英女士，编辑刘洪洋先生缜密审阅和编校，以上诸位的支持和劳作为本书增荣添誉。呼和浩特市铭泰精工印务有限公司经理张玉英女士热心玉成，在此一并致以诚挚的感谢！

作者
2017 年盛夏

图书在版编目(CIP)数据

双叶集 / 李蕙芳,任贵著. ——呼和浩特：远方出版社,2018.6

ISBN 978-7-5555-1145-8

Ⅰ.①双… Ⅱ.①李… ②任… Ⅲ.①社会科学-文集 Ⅳ.①C53

中国版本图书馆 CIP 数据核字(2018)第 142427 号

双叶集
SHUANG YE JI

作　　者	李蕙芳　任　贵
责任编辑	刘洪洋
装帧设计	雪　慧
出版发行	远方出版社
社　　址	呼和浩特市乌兰察布东路 666 号　邮编 010010
电　　话	(0471)2236471 总编室　2236460 发行部
经　　销	新华书店
印　　刷	呼和浩特市铭泰精工印务有限公司
开　　本	160mm×230mm　1/16
字　　数	392 千
印　　张	28.25
插　　页	2
版　　次	2018 年 6 月第 1 版
印　　次	2018 年 6 月第 1 次印刷
标准书号	ISBN 978-7-5555-1145-8
定　　价	68.00 元

如发现印装质量问题,请与出版社联系调换